Thomas A. Gutzwiller

Das CC RIM-Referenzmodell für den Entwurf von betrieblichen, transaktionsorientierten Informationssystemen

Mit 52 Abbildungen

Physica-Verlag

Ein Unternehmen des
Springer-Verlags

Priv.-Doz. Dr. Thomas A. Gutzwiller
Institut für Wirtschaftsinformatik
Hochschule St. Gallen
Dufourstraße 50
CH-9000 St. Gallen, Schweiz

ISBN 978-3-642-52406-6

CIP-Titelaufnahme der Deutschen Bibliothek
Gutzwiller, Thomas:
Das CC-RIM-Referenzmodell für den Entwurf von betrieblichen, transaktionsorientierten Informationssystemen / Thomas A. Gutzwiller. - Heidelberg : Physica-Verl., 1994
(Betriebs- und Wirtschaftsinformatik; Bd. 54)
ISBN 978-3-642-52406-6 ISBN 978-3-642-52405-9 (eBook)
DOI 10.1007/978-3-642-52405-9
NE: GT

7120/2202-543210 - Gedruckt auf säurefreiem Papier

Betriebs- und Wirtschaftsinformatik

Herausgegeben von

H. R. Hansen

H. Krallmann

P. Mertens

A.-W. Scheer

D. Seibt

P. Stahlknecht

H. Strunz

R. Thome

Vorwort

Die vorliegende Arbeit entstand in der Zeit von 1989 bis 1992 im Rahmen des Kompetenzzentrums 'Rechnergestütztes Informationsmanagement' (CC RIM) des Forschungsprogrammes 'Informationsmanagement 2000' (IM2000) am Institut für Wirtschaftsinformatik der Hochschule St. Gallen.

Mein aufrichtiger Dank gilt Herrn Prof. Dr. H. Oesterle, der mit dem Forschungsprogramm IM2000 die Forschungsumgebung für diese Arbeit geschaffen hat. Zu grossem Dank für zahlreiche engagierte Diskussionen bin ich meinen Kollegen im RIM-Team verpflichtet. Es sind dies namentlich K. Barthmes, M. Heym, W. Jenny, A. Koch, Dr. P. Lindtner und U. Sprenger.

Den Mitgliedern der Partnerfirmen des CC RIM, mit denen ich in den Jahren 1989 bis 1992 intensiv zusammenarbeiten durfte, bin ich ebenfalls in Dankbarkeit verbunden. Die Arbeitsgruppe des CC RIM hat entscheidend zum guten Gelingen der Arbeit beigetragen. Die zahlreichen Reviews, die zwischen 1989 und 1992 an gemeinsamen Workshops stattfanden, haben die Qualität des in dieser Arbeit beschriebenen Referenzmodells entscheidend mitbestimmt. Ich bin davon überzeugt, dass ohne diese wertvolle Interaktion sowie die enormen Vorarbeiten der Partnerfirmen das Modell niemals den heutigen Stand erreicht hätte. Bei den Mitarbeitern der Partnerfirmen des CC RIM handelt sich um die folgenden Damen und Herren:

Partner-unternehmen	**Vertreter in der CC-Arbeitsgruppe**	**Vertreter im CC-Beirat**
Bundesamt für Informatik	P. Christensen, Dr. D. Keller	R. Schärrer
Bühler AG	R. Gamma, G. Härtel	K. Kengelbacher
Gebrüder Sulzer AG	B. Hösli	V. De Martin
PTT	H. U. Marti, G. Krähenbühl, J. Reichen	H. U. Marti
Schweizerische Bank-gesellschaft	R. Ami, H. Färberböck, Ch. Henrici, S. Kasa	E. Bachofen, U. Osann
Schweizerischer Bank-verein	S. Breinbauer, W. Wälti	S. Fritsch
Swissair	J. Drabek, Dr. Ch. Haenggi, Dr. U. Matter, P. Sturzenegger	W. Hasler, S. Montani
Winterthur Versicherungen	Th. Hobi, P. Petrinec, H.P. Schwarz, H. Weber	Dr. H. Egli, S. Stoffel
"Zürich" Versicherungs-Gesellschaft	A. Meier, Dr. P. Morath, Dr. J. Remlinger, P. Winterberg	Dr. Ch. Jenny

Für die mehrmalige Durchsicht des Manuskriptes möchte ich Frau A. Glaus und Frau V. Sloof herzlich danken.

Nicht zuletzt danke ich meiner Frau Cati und meinen Kindern Roman, Marina und Dorian. Meine Familie hat es mir in der spärlichen, aber intensiven Zeit des Zusammenseins immer wieder erlaubt, Kraft für diese Arbeit zu schöpfen.

St. Gallen, im Dezember 1993 — Thomas A. Gutzwiller

Inhaltsübersicht

Inhaltsverzeichnis

1. Einleitung

1.1. Ausgangslage und Problemstellung

Die vorliegende Arbeit entstand im Rahmen des Kompetenzzentrums 'Rechnergestütztes Informationsmanagement' (CC RIM) des Forschungsprogrammes 'Informationsmanagement 2000' (IM2000) am Institut für Wirtschaftsinformatik der Hochschule St. Gallen.

Die Kompetenzzentren des Forschungsprogrammes IM2000 forschen anwendungsorientiert auf strategischen Gebieten der Wirtschaftsinformatik in enger Kooperation mit der Praxis.

Das Kompetenzzentrum RIM wurde im Jahre 1989 gegründet und verfolgte das Ziel,

ein Referenzmodell
für den Entwurf von betrieblichen, transaktionsorientierten Informationssystemen

zu erstellen. Das Referenzmodell sollte laut Zielsetzung den Charakter einer umfassenden Konstruktionslehre haben.

Die Gründe, welche die beteiligten Firmen veranlasst haben, eine Kooperation mit dem CC RIM einzugehen, lassen sich folgendermassen zusammenfassen:

- Heute sind viele Methoden und Werkzeuge für den Entwurf von Informationssystemen erhältlich. Keine der heutigen Methoden kann aber als vollständig bezeichnet werden. Das grösste Defizit herrscht heute bei der Modellierung der Informationsverarbeitung aus der betriebswirtschaftlichen Perspektive und in der Spezifikation eines EDV-Systems aus Sicht des späteren Anwenders, ohne schon auf technische Eigenschaften des Systems eingehen zu müssen.

- Ein Vergleich zwischen Entwurfsmethoden ist schwierig, da diese unterschiedliche Terminologien aufweisen und von ihrem strukturellen Aufbau her verschieden sind. Ein Methodenvergleich wird dadurch fast unmöglich und auf jeden Fall extrem aufwendig.

- Bei der Beurteilung von Methoden und Werkzeugen für den Entwurf von betrieblichen, transaktionsorientierten Informationssystemen fehlt eine Messlatte, an der die Güte einer Methode resp. eines Werkzeuges gemessen werden kann.

- Die Ausbildung der Systementwickler sollte weitgehend methodenneutral, aber dennoch umfassend gestaltet werden. Hierzu wäre ein vollständiges und konsistentes Referenzmodell erwünscht, das alle wesentlichen Aspekte im Sinne einer Konstruktionslehre zusammenfasst und in einem einheitlichen Rahmen behandelt.

1.2. Zielsetzung der Arbeit

Diese Arbeit entwickelte sich aus den Aktivitäten des CC RIM in den Jahren 1989 bis 1992. Entsprechend haben sich die Zielsetzungen dieser Arbeit aus den oben geschilderten Problemstellungen abgeleitet:

- Das Referenzmodell für den Entwurf von betrieblichen, transaktionsorientierten Informationssystemen soll heutige Entwurfsmethoden in einem vollständigen, widerspruchsfreien und konsistenten Modell konsolidieren. Das Modell hebt die betriebswirtschaftliche Betrachtungsweise bei der Modellierung des Informationssystems hervor und stellt dar, wie ein EDV-System aus Sicht des Benutzers (d.h. des späteren Anwenders) vollständig spezifiziert werden kann, bevor es gebaut wird.

- Das Referenzmodell soll für den systematischen Methodenvergleich herangezogen werden können. Konzepte von bestehenden Entwurfsmethoden sollen anhand des Referenzmodells verglichen und diskutiert werden können. Das Referenzmodell nimmt die Rolle einer vereinheitlichenden Terminologie ein, die eine allseits akzeptierte Semantik darstellt, anhand derer Konzepte aus Methoden besprochen werden können.
- Das Referenzmodell soll eine Messlatte für die Beurteilung von Methoden darstellen. Es soll für die Evaluation von Methoden und Werkzeugen herangezogen werden. Dies bedeutet, dass das Referenzmodell selbst den höchsten Gütegrad haben muss, damit es überhaupt als Messlatte dienen kann. Das Referenzmodell selbst kann deshalb nur aus der systematischen Analyse, Konsolidierung und Erweiterung von heutigen Entwurfsmethoden entstehen.
- Das Referenzmodell soll alle wesentlichen Konzepte für den Entwurf von Informationssystemen in einem einheitlichen, systematischen Rahmen darstellen. Ausgehend davon sollen didaktisch aufbereitete Schulungsunterlagen erstellt werden können. Die normierende Terminologie des Referenzmodells soll eine Standardisierung einleiten, auf deren Basis die Informatik-Ausbildung im Fachgebiet "Entwurf betrieblicher Informationssysteme" harmonisiert werden kann.

Die oben aufgeführten Zielsetzungen richten sich vor allem an Lehre und Praxis. Für die Wirtschaftsinformatik-Forschung verfolgt die vorliegende Arbeit zwei Hauptziele:

(1) Es soll ein Methodenbeschreibungsansatz entwickelt werden, mit welchem Entwurfsmethoden konzeptionell beschrieben werden können. Dieser Methodenbeschreibungsansatz ist als semi-formale Sprache auszugestalten, so dass die Ergebnisse des Methoden-Entwurfsprozesses strukturiert dargestellt werden, resp. dass bestehende Entwurfsmethoden strukturiert analysiert werden können.

(2) Das Referenzmodell soll ein vorgefertigter, umfassender Methoden-Entwurf (Template) werden, den Methodenentwickler verwenden können. Neue, partielle Ansätze für den Entwurf von Informationssystemen sollen zwecks Überprüfung ihrer Anwendbarkeit in das Referenzmodell eingebaut werden. Durch die Integration eines neuen, partiellen Ansatzes in das Modell soll die Positionierung des Ansatzes bezüglich seiner Vollständigkeit und Praktikabilität ermöglicht werden.

1.3. Ergebnisse der Arbeit

Diese Arbeit beinhaltet zwei hauptsächliche Ergebnisse. Es sind dies ein strukturierter Methodenbeschreibungsansatz und ein mit diesem Beschreibungsansatz abgebildetes Referenzmodell.

Die Schaffung eines Methodenbeschreibungsansatzes war notwendig, um eine strukturierte Analyse bestehender Entwurfsmethoden durchzuführen. Die einzelnen analysierten Entwurfsmethoden weisen alle unterschiedliche, mehr oder weniger formalisierte Beschreibungsstrukturen auf. Durch die Verwendung einer einheitlichen Beschreibungssprache kann zumindest auf der strukturellen Ebene eine Harmonisierung der Methoden herbeigeführt werden, so dass die Unterschiede zwischen den Methoden nur noch semantischer Art sind. Unterschiedliche Dinge können somit in derselben Syntax der Beschreibungsstruktur dargestellt werden.

Das Referenzmodell selbst ist ein konsolidiertes Modell der im Rahmen des CC RIM analysierten Entwurfsmethoden und ist ebenfalls - nebst den analysierten Methoden - in der einheitlichen Methodenbeschreibungsstruktur abgebildet.

Die Methodenbeschreibungssprache wird in Kapitel 2 entwickelt. Das Referenzmodell selbst ist in den Kapiteln 4 bis 6 dargestellt. Die spezifischen Modelle der analysierten Methoden sind nicht in dieser Arbeit aufgeführt. Sie sind in mehreren Arbeitsberichten des CC RIM dokumentiert [Barthmes 1; Barthmes 2; Heym 2; Heym 3]. Ein Methodenvergleich findet sich in [Färberböck e.a.].

1.4. Einordnung der Arbeit in die Betriebswirtschaftslehre

Die Betriebswirtschaftslehre befasst sich als angewandte Wissenschaft mit der Gestaltung und Lenkung von produktiven, sozialen Systemen. Der Führungsprozess wird dabei primär als Informationsverarbeitungsprozess verstanden [vgl. Ulrich 2, S. 13].

Wirtschaftsinformatik behandelt als wissenschaftliche Disziplin die Konzeption, Entwicklung, Einführung, Wartung und Nutzung von Systemen, in denen die computergestützte Informationsverarbeitung im Betrieb angewendet wird [vgl. Mertens e.a., S. 1]. Man spricht in diesem Zusammenhang auch von betrieblichen Anwendungen oder Applikationen und drückt damit aus, dass sie dem Anwender im Betrieb bei der Bewältigung seiner Aufgaben helfen.

Als anwendungsorientierte Wissenschaft konzentriert sich die Wirtschaftsinformatik darauf, Konzepte zu schaffen, die es ermöglichen, Informationstechnik-Lösungen (z.B. Datenbankverwaltungssysteme, Programmiersprachen, Dialogtechniken, Kommunikationsprotokolle etc.) auf betriebliche Problemstellungen anzuwenden, beziehungsweise aus Sicht der betrieblichen Praxis korrekter formuliert, die betriebliche Informationsverarbeitung mit Mitteln der Informationstechnik zu gestalten.

Wir verstehen Wirtschaftsinformatik als eine Disziplin der Betriebswirtschaftslehre, die sich mit der Gestaltung und Lenkung der formalen, computergestützten Informationsverarbeitung im Betrieb unter Nutzung der technischen Lösungsmöglichkeiten der Informatik befasst. Gestaltung und Lenkung des Informationssystems wird als Bestandteil der Unternehmensführung betrachtet [vgl. Oesterle 1, S. 11].

Die vorliegende Arbeit befasst sich ausschliesslich mit dem Gestaltungsaspekt von Informationssystemen, d.h. mit deren Entwurf. Damit Informationssysteme ingenieurmässig entwickelt werden können, braucht es Entwurfsmethoden. Methoden für den Entwurf betrieblicher Informationssysteme definieren den formalen Entwurfsprozess und die relevanten Entwurfsergebnisse, die zur Gestaltung von betrieblichen Informationssystemen benötigt werden.

Die Informationsverarbeitung in der Unternehmung lässt sich grob in die untenstehenden Klassen einteilen [vgl. Oesterle 2]. Das betriebliche Informationssystem besteht typischerweise aus Anwendungen folgender Systemtypen:

- Administrations- und Dispositionssystme bilden den Kern der betrieblichen Informationsverarbeitung und stellen die eigentlichen Abwicklungssysteme dar. Sie werden auch betriebliche Transaktionssysteme genannt, da sie den Sachbearbeiter bei der

Abwicklung geschäftlicher Transaktionen unterstützen (z.B. Auftrag erfassen, Auftrag stornieren oder Kunde löschen) oder selbständig dispositive Entscheide treffen und durchführen (z.B. in der Bestelldisposition oder in der Versandlogistik).

- Führungsinformations- und Kontrollsysteme verdichten Daten aus den Administrations- und Dispositionssystemen und stellen damit Führungsgrössen zur Verfügung, die der Lenkung des Unternehmens oder einzelner Bereiche innerhalb des Unternehmens dienen (z.B. Nachkalkulation, Absatzstatistik).

- Selbstmanagementsysteme dienen der Verwaltung persönlicher Daten auf dem PC. Sie umfassen Textverarbeitung, Graphik, Tabellenkalkulation, persönliche Datenverwaltung, Agenda etc..

- Büroinformations- und Kommunikationssysteme umfassen Lösungen zur Unterstützung horizontaler (Punkt-zu-Punkt-) Kommunikationsbedürfnisse der inner- und zwischenbetrieblichen Kommunikation (Text, Graphik, Telefon, Telex, Telefax, elektronische Post, elektronische Konferenzsysteme etc.).

- Archivierungssysteme stellen Lösungen bereit für die Archivierung der Geschäftsbelege und -korrespondenz auf elektronischen Medien.

- Expertisesysteme bieten Unterstützung an bei der Entscheidungsfindung in der Planung (z.B. beim Erstellen der Absatzplanung oder bei der Anlage der flüssigen Mittel) sowie in der Diagnostik (z.B. für den technischen Service von Maschinen).

- Beratungssysteme dienen der Unterstützung des Entscheidungsprozesses des Kunden (z.B. beim Autokauf, für die Ferienplanung, für einen optimalen Versicherungsschutz) und haben den Charakter einer Marktleistung.

- Technische Steuersysteme dienen der Steuerung von Maschinen, Förderbändern, Hochregallagern, Analysegeräten im Labor etc.. Es handelt sich hier um sog. Echtzeitsysteme, die Informationen aus Sensoren oder aus verbundenen Geräten (im Falle von Leitständen, die mehrere Maschinen koordinieren) sofort, wenn sie anfallen, und ohne Interaktion mit einem Anwender verarbeiten.

- Entwurfssysteme unterstützen den Ingenieur bei der Entwicklung neuer Produkte oder Verfahren durch interaktive Unterstützung im Entwurfsprozess, durch Simulation der Entwurfsergebnisse und durch Generierung von ausführbarem Code aus fertiggestellten Entwürfen für verschiedenste betriebliche Anwendungsbereiche.

Es gibt kein einheitliches Entwurfsverfahren für alle Systemtypen. Betriebliche Anwendungen lassen sich jeweils schwerpunktmässig einem Systemtyp zuordnen. Für die Gestaltung betrieblicher Anwendungen bilden sich spezialisierte Entwurfsmethoden heraus. Sie sind jeweils auf die dem Systemtyp zugrundeliegende Informationstechnik abgestimmt.

Die vorliegende Arbeit konzentriert sich ausschliesslich auf den Entwurf integrierter Administrations- und Dispositionssysteme, die den Kern des betrieblichen Informationssystems ausmachen und heute den grössten Teil der Kosten der betrieblichen Informationsverarbeitung verursachen.

Mit zunehmender Reife und Akzeptanz von Methoden für den Entwurf von Administrations- und Dispositionssystemen wird es möglich sein, die formalisierbaren Inhalte der Betriebswirtschaftslehre aus einzelnen Funktionsbereichen (z.B. aus Marketing und Verkauf, Beschaffung und Lagerhaltung, Produktion, Versand, Rechungswesen,

Personal) in Verbindung mit den Spezifika einzelner Branchen (z.B. Maschinenhersteller, Textilbetriebe, Banken, Lebensversicherungen, Luftverkehrsunternehmungen) in einer formalen Entwurfssprache zu strukturieren, indem diese Inhalte als fertige Informationssystem-Entwürfe dargestellt werden. Erste Ansätze in der Betriebswirtschaftslehre hierfür waren teilweise schon sehr früh erkennbar mit dem Kölner Integrationsmodell von [Grochla e.a.], mit der industriellen Datenverarbeitung von [Mertens] und neuerdings, schon sehr formal, mit den Datenmodellen von [Scheer 4].

1.5. Einordnung der Arbeit in die Informatik

Innerhalb der Informatikforschung befasst sich das Software-Engineering als eigenständige Disziplin mit der Bereitstellung von Softwaresystemen und Methoden für die Realisierung von EDV-Anwendungen. Hierzu gehören beispielsweise Entwicklungen für objektorientierte Programmiersprachen, Methoden für den Programm- und Datenbankentwurf, Software-Generatoren, Entwurfsdatenhaltungssysteme, Prototyping-Werkzeuge, Testhilfen, Software-Versions- und -Konfigurationsmanagement-Werkzeuge, Struktureditoren zum Editieren von Entwurfsergebnissen, Werkzeuge zur Messung der Software-Komplexität oder Expertensysteme zur Prüfung der Entwurfsqualität.

Wenn der Rechner den Entwurfsprozess integral unterstützt, sprechen wir von Computer Aided Software-Engineering (CASE): Ganze EDV-Anwendungen werden mit Hilfe von computergestützten Systemen selbst entwickelt.

In den späten 80'er Jahren haben sich die Bemühungen um CASE in zwei Richtungen auseinanderentwickelt, die heute die beiden Begriffe "Upper-CASE" und "Lower-CASE" prägnant umschreiben.

Lower-CASE befasst sich mit der technologieabhängigen Realisierung von EDV-Systemen. Für die Realisierung von EDV-Systemen werden Methoden und Werkzeuge bereitgestellt, wie z.B. Methoden der objektorientierten Programmierung und des objektorientierten Datenbankentwurfes, Klassenbibliotheken für die Realisierung von Client-Server-Applikationen oder Testwerkzeuge.

Upper-CASE befasst sich mit der möglichst technologieunabhängigen Konzeption von EDV-Systemen, d.h. mit der Modellierung der Informationsverarbeitung aus einer betrieblichen und nicht technischen Perspektive und der Spezifikation der EDV-Systeme, ohne auf technische Eigenschaften ihrer Realisierung eingehen zu müssen.

Das Forschungsgebiet des Lower-CASE ist eindeutig der Informatikforschung zuzuordnen. Im Upper-CASE-Bereich muss eine Differenzierung vorgenommen werden. Die werkzeugmässige Unterstützung des Upper-CASE im Sinne der Bereitstellung einer EDV-Anwendung zur Durchführung des Entwurfsprozesses ist eine Frage, mit der sich ausschliesslich die Informatikforschung beschäftigt. Die methodischen Konzepte des Upper-CASE allerdings gehören nicht mehr in die Kerninformatik. Da es hier um die Frage der Gestaltung des betrieblichen Informationssystems als Ganzes geht und die betriebswirtschaftlichen Fragestellungen überwiegen, besetzt dieses Feld der Forschung die Wirtschaftsinformatik.

Die vorliegende Arbeit befasst sich ausschliesslich mit dem Upper-CASE. Sie will die methodischen Ansätze des Upper-CASE aus Wirtschaftsinformatikforschung und Praxis in ein umfassendes Referenzmodell für Anwendungssysteme vom Typ "Administrations- und Dispositionssysteme" konsolidieren.

1.6. Forschungsmethodische Grundlagen der Arbeit

Wirtschaftsinformatik ist eine angewandte Wissenschaft. Diese zeichnet sich dadurch aus, dass [vgl. Ulrich 1, S. 178f]

- die zu lösenden Probleme in der Praxis entstehen,
- sie interdisziplinär ist,
- das Forschungsziel die Gestaltung der betrieblichen Wirklichkeit in Form von Handlungsanleitungen für die Praxis ist,
- ihre Aussagen normativ und wertend sind und
- ihr Fortschrittskriterium die praktische Problemlösungskraft ihrer Modelle und Handlungsanweisungen ist.

Auf der Grundlage dieser Charakteristika einer angewandten Wissenschaft wurde der Forschungsprozess für das Forschungsprogramm IM2000 definiert. Dieser ist in fünf Schritte aufgeteilt [s. Oesterle e.a., S. 35f]:

(1) Praxis und Wissenschaft definieren gemeinsam die Problemstellung.

(2) Die Wissenschaft strukturiert die Probleme und entwickelt Vorschläge für die Gestaltung der betrieblichen Wirklichkeit. Sie bringt ihr theoretisches Wissen und eigene Erfahrungen mit ein.

(3) Gemeinsam mit der Praxis werden Vorschläge überprüft und weiter verfeinert. Falls notwendig, werden Prototypen erstellt.

(4) Die Praxis setzt die Vorschläge um, d.h. sie gestaltet die betriebliche Wirklichkeit entsprechend den gemeinsam mit der Wissenschaft erarbeiteten Vorschlägen.

(5) Praxis und Wissenschaft überprüfen gemeinsam die Ergebnisse und entwickeln die Vorschläge weiter.

Die Arbeit im CC RIM hat forschungsmethodisch auf diesen fünf Schritten aufgebaut. Die Vorgehensweise und die wissenschaftliche Arbeitsweise ist nachfolgend beschrieben.

1.7. Vorgehen und wissenschaftliche Arbeitsweise

Die grundsätzliche Vorgehensweise im CC RIM gestaltete sich in den Jahren 1989 bis Anfangs 1992 folgendermassen:

(1) Im Jahr 1989 wurde eine vorläufige Version eines Referenzmodells erarbeitet. Diese Vorversion beschränkte sich auf das Metadatenmodell[1] [s. Gutzwiller/Oesterle 5 - 6].

(2) Auf der Basis dieses vorläufigen RIM-Referenz-Metadatenmodells wurde ein umfassendes Referenzbeispiel geschaffen [s. Gutzwiller/Oesterle 7 - 8]. Dieses Beispiel ist ein vollständiger Entwurf für ein Verkaufsinformationssystem eines Grosshändlers der Unterhaltungselektronik. Das Referenzbeispiel ist in der Struktur des Referenz-Metadatenmodells dokumentiert.

(3) Das Referenzbeispiel haben die Partnerfirmen auf die im CC RIM analysierten Methoden übertragen. Ziel der Implementation des Beispiels war es, die Konzepte der analysierten Methoden in der Praxis durch erfahrene Entwickler kritisch zu erproben. Folgende Methoden haben die Partnerfirmen im Rahmen des CC RIM detailliert analysiert[2,3]:

- CASE*Method von ORACLE aus England [s. ORACLE].
- Information Engineering Method nach Ernst & Young (IEM/EY)[4] aus den USA [s. NAVIGATOR/Overview Monograph].
- Information Engineering Method nach James Martin Associates (IEM/JMA) aus England [s. JMA/ISP; JMA/BAA; JMA/BSD; JMA/TD; JMA/C&T].
- Integrierte Software Technologie von Ploenzke (ISOTEC) aus der BRD [s. ISOTEC/VGK/ADM; ISOTEC/ISA/FAS; ISOTEC/SSF].
- Structured Analysis und Structured Design nach Yourdon, DeMarco, Gane und Sarson etc. (SA/SD) aus den USA [s. Yourdon; DeMarco; Gane/Sarson].
- Structured Systems Analysis and Design Method der britischen Regierungsstelle CCTA (SSADM) [s. SSADM 1 - 4].

---

1 Statt Metadatenmodell wird auch häufig der Begriff "Metamodell" verwendet.

2 Es wurden jene Methoden ausgewählt, welche die betriebswirtschaftliche Perspektive bei der Modellierung des Informationssystems im Vergleich zu anderen Entwurfsmethoden am besten behandeln.

3 Um wirklich repräsentativ für den Entwurf von betrieblichen, transaktionsorientierten Informationssystemen zu sein, müsste diese Liste auch die französische Methode MERISE [s. Tardieu e.a. 1; Tardieu e.a. 2] enthalten, die von ihrer Bedeutung her wie die anderen Methoden hätte systematisch untersucht werden sollen. Leider konnte jedoch im CC RIM keine Partnerfirma gefunden werden, die MERISE untersuchen wollte.

4 Die frühere Bezeichnung lautete "Information Engineering Method nach Arthur Young (IEM/AY)". Als neuere Bezeichnung wird für IEM/EY auch der Name "NAVIGATOR" verwendet.

(4) Parallel zur Übertragung des Referenzbeispiels auf die einzelnen zu analysierenden Methoden wurde in einem 'Methoden-Engineering'-Projekt die Methodenbeschreibungssprache sukzessive entwickelt, die es erlaubt, die analysierten Methoden sowie das Referenzmodell selbst in einer einheitlichen Beschreibungsstruktur vollständig zu modellieren. Die Methodenbeschreibungssprache ist in Kapitel 2 ausführlich dargestellt. Auf der Basis dieser Methodenbeschreibungssprache wurde nach mehreren Prototypen schliesslich das Werkzeug MERET[1] [s. Heym 1] geschaffen, das die rechnergestützte Methodenmodellierung erlaubt.

(5) Mit Hilfe des Werkzeuges MERET haben die Partnerfirmen in den Jahren 1990 und 1991 die wesentlichen, bewährten Konzepte der einzelnen zu analysierenden Methoden strukturiert beschrieben. Beschrieben wurde

- das Metamodell, das ein konzeptionelles Datenmodell einer Methode ist,
- das Dokumentationsmodell, d.h. die Ergebnisse, die eine Methode hervorbringt, ihre Strukturierung und ihre spezifische Sicht auf das Metadatenmodell und
- das Vorgehensmodell, das einzelne Entwurfsaktivitäten, ihre Ablauffolge und die Ergebnisverwendung einer Methode darstellt.

Mit MERET wurde für alle am CC RIM beteiligten Parteien die Basis geschaffen, um die Konzepte der einzelnen Methoden innert kurzer Zeit zu kommunizieren, zu verstehen und zu hinterfragen [s. Barthmes 1; Barthmes 2; Heym 2; Heym 3].

(6) Ausgehend von den methodenspezifischen Modellen und dem ersten Entwurf des Referenzmodells, wurde das hier in Kapitel 4 bis 6 beschriebene Referenzmodell im Jahr 1991 bis anfangs 1992 entwickelt. In das Referenzmodell sind alle wesentlichen und bewährten Konzepte der im CC RIM analysierten Methoden eingeflossen. Redundanzen wurden eliminiert und Lücken mit eigenen Gestaltungsvorschlägen gefüllt. Entstanden ist ein umfassendes Modell, das die Mitarbeiter der Partnerfirmen des CC RIM seit Mitte 1991 bis anfangs 1992 anlässlich mehrerer Workshops in gemeinsamen Reviews intensiv begutachtet haben. Das Referenzmodell beruht auf derselben Struktur wie die von den Partnerfirmen mit MERET erstellten methodenspezifischen Modelle.

Voraussetzung für die Entwicklung des Referenzmodells ist ein grundlegendes Verständnis des Verfahrens für den Entwurf betrieblicher, transaktionsorientierter Informationssysteme und das Wissen über die Wirkungsweise der einzelnen Konzepte in Entwurfsmethoden. Es stellt sich hier die Frage nach der geeigneten wissenschaftlichen Arbeitsweise für die Schaffung des Referenzmodells.

Bei der Schaffung der Beschreibungssprache wurden die zum heutigen Zeitpunkt bekannten Ansätze aus Forschung und Praxis analysiert, um aus der Vielzahl der partiellen Ansätze induktiv eine allgemeingültige, grobe Beschreibungsstruktur abzuleiten, die ihrerseits dann deduktiv ausgebaut wurde. Das Ergebnis dieses Prozesses wurde schliesslich in mehreren iterativen Schritten überprüft und korrigiert. Eine empirische Validierung mit statistisch signifikanten Aussagen war wegen der erheblichen Komplexität des Beschreibungsmodells und der iterativen Entstehungsweise nicht möglich. Die Tauglichkeit des

---

[1] Methodology Representation Tool.

Beschreibungsansatzes kann erst durch seine intensive Anwendung in realen Projekten beurteilt werden. Die Validierung wurde deshalb auf experimentellem Wege durch konkrete Projekte bei den Partnerunternehmungen im CC RIM durchgeführt. Sie fand statt durch den Bau mehrerer Prototypen des Werkzeuges MERET, welche die Parterfirmen im CC RIM jeweils in der praktischen Arbeit - bei der Beschreibung der von ihnen analysierten Methoden - überprüft haben. Der Validierungsprozess wurde so lange betrieben, bis die Beschreibungsstruktur stabil war, d.h. bis die von den Partnerfirmen in der Projektarbeit analysierten Methoden auch wirklich befriedigend mit dem Werkzeug MERET abgebildet werden konnten.

Auch das Vorgehen bei der Erarbeitung des Referenzmodells zeichnet sich durch die Kombination induktiver und deduktiver Elemente aus. Eine vorläufige Version des Referenzmodells, das ausschliesslich ein Metadatenmodell war [s. Gutzwiller/Oesterle 5 - 6], entstand aus einer ersten Analyse der methodischen Ansätze zum Entwurf betrieblicher Informationssysteme in induktiver Arbeitsweise sowie durch das Anbringen eigener Gestaltungsvorschläge. Auf der Basis dieser vorläufigen Version des Referenz-Metadatenmodells entstand das Referenzbeispiel [s. Gutzwiller/Oesterle 7 - 8], das die Partnerfirmen schliesslich auf die von ihnen analysierten Methoden übertragen haben. Die Übertragung des Referenzbeispiels bewirkte eine Überprüfung des Referenz-Metadatenmodells und eine Bewertung der analysierten Methoden. Bei inkompatiblen Konzepten zwischen Referenz-Metadatenmodell und einer analysierten Methode musste entschieden werden, ob das Referenz-Metadatenmodell angepasst werden muss resp. ob das Konzept in der analysierten Methode obsolet ist und somit nicht in das Referenz-Metadatenmodell Eingang finden wird. Dies führte schliesslich zu einer Überarbeitung des Referenz-Metadatenmodells und einer Bewertung der einzelnen Methoden [s. Färberböck e.a.]. Nachdem das Referenz-Metadatenmodell weitgehend stabil war, wurden in deduktiver Arbeitsweise, ausgehend vom Metadatenmodell unter Verwendung der Methodenbeschreibungssprache, das Referenz-Vorgehensmodell und das Referenz-Dokumentationsmodell abgeleitet. Durch die Anwendung der Methodenbeschreibungssprache konnte das Referenzmodell deduktiv auf formale Konsistenz und Vollständigkeit überprüft werden. Nachdem das Referenz-Vorgehens- und -Dokumentationsmodell abgeleitet worden war, fand schliesslich wieder eine Abstimmung mit den methodenspezifischen Modellen der analysierten Methoden statt, was erneut zu (allerdings kleineren) Anpassungen am Referenzmodell führte.

1.8. Aufbau der Arbeit

Die Arbeit ist folgendermassen aufgebaut:

- Kapitel 2 enthält eine Einführung in das Methoden-Engineering. Nach einer kurzen Darstellung des heutigen Standes des Methoden-Engineerings wird die Beschreibungssprache für die Methodenmodellierung hergeleitet. Das Referenzmodell in den Kapiteln 4 bis 6 ist in der dort entwickelten Beschreibungsstruktur modelliert.

- Kapitel 3 ist eine stark geraffte Zusammenfassung des Referenzmodells. Ziel dieses Kapitels ist es, die vier grundsätzlichen Betrachtungsebenen zu erklären, die im Entwurf von betrieblichen Informationssystemen vorhanden sind und schichtenweise aufeinander aufbauen. Das Verständnis der Betrachtungsebenen ist entscheidend für das Verständnis der gesamten Arbeit. Die dort verwendeten Begriffe werden allerdings erst in den Kapiteln 4 bis 6 erklärt.

- Kapitel 4 bis 6 beinhalten das eigentliche Referenzmodell. Das Referenzmodell ist in drei Sub-Referenzmodelle aufgeteilt, die jeweils einer in sich abgeschlossenen Entwurfsphase entsprechen. Es handelt sich dabei um die Sub-Referenzmodelle

  - der Voruntersuchung,
  - des Entwurfs des Soll-Geschäftssystems (Analyse) und
  - der Erstellung der logischen Systemspezifikation (System-Design).

  Die einzelnen Sub-Referenzmodelle sind gleich aufgebaut. Sie werden von einem Vorgehensmodell, einem Metamodell und einem Dokumentationsmodell beschrieben.

  Dem Leser sei folgendes Vorgehen empfohlen:

  - Phasenweises Durchlesen des Referenzmodells.
  - Vollständiges Lesen der Aktivitätenbeschreibung im Vorgehensmodell der dargestellten Phase.
  - Lesen der Metamodelle der dargestellten Phase. Auslassen der detaillierten Beschreibungen der Meta-Entitätstypen. Allenfalls diese detaillierten Beschreibungen konsultieren, wenn Unklarheiten bestehen.
  - Während des Lesens der Aktivitätenbeschreibungen jeweils zur Ergebnisbeschreibung verzweigen, um die Beispielsergebnisse zu studieren. Es soll immer zur Ergebnisbeschreibung aus der Aktivitätenbeschreibung verzweigt werden, wenn aus einer Entwurfsaktivität ein Ergebnis neu erzeugt wird.

- Kapitel 7 schliesslich beendet die Arbeit mit einem kurzen Ausblick.

2. Methoden-Engineering

Innerhalb des Software-Engineering und der Wirtschaftsinformatik ist Methoden-Engineering ein Thema, das seit Ende der 80'er Jahre als eigenständiger Bereich der Forschung behandelt wird. Methoden-Engineering wendet die Prinzipien von Entwurfsmethoden, d.h. den ingenieurmässigen Entwurf von Informationssystemen, auf den Entwurf von Entwurfsmethoden an. CASE-Konzepte werden auf die Entwicklung von Methoden übertragen. Während CASE sich um die rechnergestützte Entwicklung von Informationssystemen kümmert, befasst sich Methoden-Engineering mit der Vision

(a) des rechnergestützten, methodischen Entwurfes sowie

(b) der rechnergestützten, kontrollierten Ausführung

von Methoden [vgl. Smolander e.a.; Verhoef e.a.; Madhavji/Schäfer; Finkelstein; Boehm; Humphrey, S. 389 ff; Humphrey/Kellner; Hessinger].

Methoden-Engineering hat bei zunehmender Komplexität der betrieblichen Realität sowie der diese Realität abbildenden Informationssysteme einen hohen Stellenwert in der angewandten Informatikforschung. Der Themenkreis "Methoden-Engineering" ist jüngst als eine "long-term action" in die Forschungsagenda des amerikanischen Computer Science and Technnology Board aufgenommen worden [CSTB, S. 288f[1]]. Methoden Engineering ist - wie in Abb. 2./1 schematisch dargestellt - ein abstraktes Thema. Die zu formalisierenden Aspekte der realen Welt (Abstraktionsebene 0) werden in Informationssystemen (Abstraktionsebene 1) als Daten, Funktionen und Organisation abgebildet. Informationssysteme selbst werden unter Einsatz von Entwurfsmethoden (Abstraktionsebene 2) ingenieurmässig entwickelt. Die ingenieurmässige Entwicklung von Entwurfsmethoden selbst ist das Anliegen des Methoden-Engineerings (Abstraktionsebene 3).

Diese Arbeit befasst sich mit der Strukturierung von Ergebnissen beim Entwurf von Entwurfsmethoden. Der Aspekt der rechnergestützten Methodenausführung zur Unterstützung des Entwurfsprozesses ist nicht Gegenstand der Arbeit.

Kern dieses Kapitels ist ein vollständiges Dokumentationsmodell, das die Frage beantworten will, wie Entwurfsmethoden beschrieben werden können. Dieses Dokumentationsmodell wird ab Kapitel 4 zur Beschreibung des Referenzmodells (Kapitel 4 - 6) konsequent angewendet.

1 Siehe dort unter dem Stichwort "Automate Handbook Knowledge".

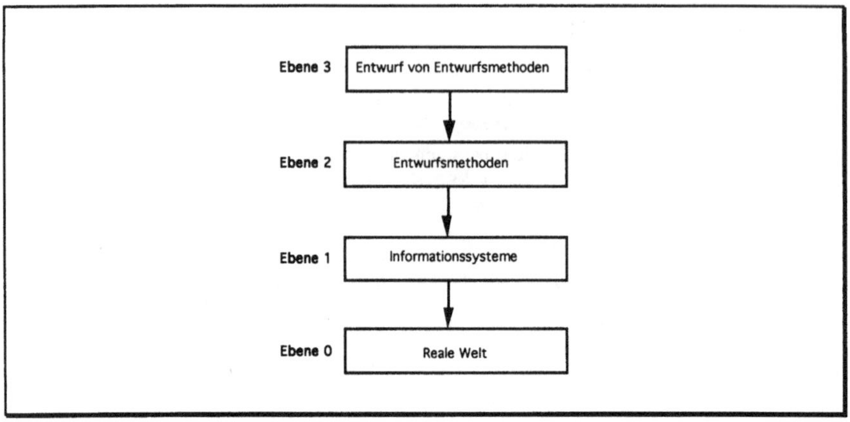

Abb. 2./1: Positionierung des Methoden-Engineering in den Abstraktionsebenen

2.1. Elemente der Methodenbeschreibung

Aus der Analyse der Literatur zahlreicher neuer, teilweise auch sehr unterschiedlicher Ansätze des Methoden-Engineerings (s. Pkt. 2.2.) lassen sich allgemeingültige Elemente der Methodenbeschreibung ableiten.

Die folgenden fünf Konzepte können Entwurfsmethoden beschreiben [vgl. Heym/Oesterle 1 - 2]:

(a) Entwurfsaktivitäten.

(b) Rollen.

(c) Entwurfsergebnisse.

(d) Metamodell.

(e) Techniken.

Bild 2.1./1 zeigt den Zusammenhang zwischen den einzelnen Konzepten. Im folgenden seien die Beschreibungskonzepte und ihre Beziehungen kurz erläutert:

a) Eine Aktivität ist eine Verrichtungseinheit, die darauf abzielt, ein oder mehrere definierte Ergebnisse zu erzeugen. Synonyme Bezeichnungen für den Begriff "Entwurfsaktivität" sind z.B. "Process", "Phase", "Stage", "Task", "Step" oder "Workstep"[1]. Beispiele für Entwurfsaktivitäten sind:

- "Feines Datenmodell durch Überarbeitung des Ist-Geschäftssystems bilden".
- "Spezifikation der Menu-Struktur".

---

[1] "Process" wird meistens als allgemeiner Begriff verwendet. "Phase" und "Stage" bezeichnen üblicherweise hoch aggregierte Aktivitäten. Die Begriffe "Task", "Step" oder "Workstep" werden für elementare, nicht weiter zerlegbare Aktivitäten verwendet.

- "Verteilung der Systeme auf Standorte planen".

Entwurfsaktivitäten sind strukturiert. Eine Entwurfsaktivität kann in mehrere Sub-Aktivitäten zerlegt sein. In diesem Zusammenhang wird von einer Aktivitäten-Struktur, -Hierarchie oder -Dekomposition gesprochen. Aktivitäten können auch in eine Ablauffolge gebracht werden, indem definiert wird, welche Aktivitäten vor resp. nach einer bestimmten Aktivität ablaufen. Wenn alle Aktivitäten-Ablauffolgen in ihrer Gesamtheit betrachtet werden, spricht man von einem Vorgehensmodell.

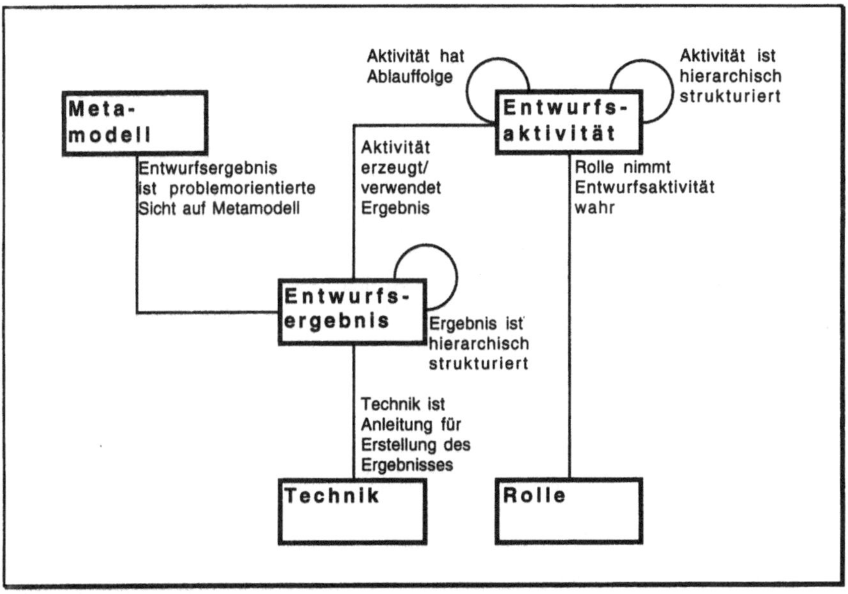

Abb. 2.1./1: Konzepte der Methodenbeschreibung

b) Entwurfsaktivitäten werden von Menschen oder Gremien in bestimmten Rollen (manchmal auch "Actors" genannt) wahrgenommen. Eine Rolle ist eine Zusammenfassung von Entwurfsaktivitäten aus der Sicht des Aufgabenträgers. Typische Beispiele für Rollen sind z.B.

- "Projektleiter",
- "Datenarchitekt",
- "Analytiker",
- "Projektausschuss" oder
- "Qualitätssicherer".

Rollen sind an Entwicklungsaktivitäten immer in einer bestimmten Form (z.B. "verantwortlich", "beratend", "ausführend", "abnehmend") beteiligt.

c) Ergebnisse halten den Entwurf fest. Entwurfsaktivitäten verwenden Ergebnisse als Input und erzeugen oder modifizieren ihrerseits Ergebnisse. Alternative Bezeichnungen für Ergebnisse in anderen Methoden-Engineering-Ansätzen sind "Deliverable", "Document", "Artifact", "Product" etc.. Ergebnisse können komplexbildend strukturiert sein, d.h. sie können in ihre Bestandteile zerlegt werden. Beispiele für Ergebnisse sind

- "Feines Organisationsmodell des Soll-Geschäftssystems",
- "Mengengerüst pro Geschäftsfunktion",
- "Menu-Struktur pro Applikation" oder
- "Liste der Ausführungsberechtigungsklassen".

Üblicherweise werden elementare Ergebnisse durch die Bildung einer Sicht auf das Metamodell (siehe weiter unten) beschrieben. Die Gesamtheit aller Ergebnisse einer Methode wird auch Dokumentationsmodell genannt.

d) Das Metamodell ist das konzeptionelle Datenmodell der Entwurfsergebnisse. Es stellt die atomisierten Bestandteile aller Entwurfsergebnisse in der Form eines Datenmodelles (mit Entitätstypen, Attributen und Beziehungen) übersichtlich dar. Gebräuchliche alternative Bezeichnungen für das Metamodell sind "Metadatenmodell" oder "konzeptionelles Data Dictionary / Repository Schema". Entitätstypen aus dem Metamodell werden auch Metamodell-Komponenten oder Meta-Entitätstypen genannt. Beispiele für Metamodell-Komponenten sind

- "Organisationseinheit",
- "Geschäftsfunktion",
- "Entitätstyp" oder
- "Applikation".

e) Techniken sind Anleitungen, wie ein Entwurfsergebnis oder eine Gruppe logisch zusammengehöriger Entwurfsergebnisse erzeugt werden. Während das Vorgehensmodell (siehe weiter oben Pkt. (a)) das Vorgehen im Grossen beschreibt, also festlegt, wann welche Entwurfsergebnisse erzeugt werden, beschreiben Techniken das Vorgehen im Kleinen, d.h. wie Ergebnisse produziert werden. Als Beispiele für Techniken können genannt werden:

- Konzeptionelle Datenmodellierung.
- Datenflussmodellierung.
- Entity-Life-History-Analyse.
- Dialogspezifikation.
- Stellenbildung.

Eine synonyme Bezeichnung für den Begriff "Technik" ist in den USA (verwirrenderweise) "Tool". Rechnergestützte Werkzeuge (z.B. strukturorientierte Editoren, Analysatoren oder Generatoren) unterstützen üblicherweise Techniken.

2.2. Bestehende Methodenbeschreibungsansätze

Die Formen der Methodenbeschreibung in den heute bekannten Ansätzen des Methoden-Engineering werden im folgenden durch Verweise auf die aktuelle Literatur skizziert. Bei der Umschreibung der Methoden-Engineering-Ansätze wird ausschliesslich auf den Aspekt der Methodenbeschreibung eingegangen (und nicht auf die rechnergestützte, kontrollierte Methodenausführung). Zu diesem Zweck werden ausschliesslich die in Pkt. 2.1. eingeführten Begriffe

- Aktivität,
- Rolle,
- Ergebnis,
- Metamodell und
- Technik

verwendet. Nur so ist es möglich, einen prägnanten Überblick zu geben, ohne eine detaillierte Beschreibung der einzelnen Ansätze jeweils in ihrer eigenen Terminologie reproduzieren zu müssen. Für eine detailliertere Beschreibung der einzelnen Ansätze sei auf die aufgeführte Literatur verwiesen.

Die Ansätze werden in drei Klassen eingeteilt:

- Standardisierungsbestrebungen (Pkt. 2.2.1.)

  Es handelt sich hier um Methodenbeschreibungsansätze, die von Standardisierungsgremien verwendet werden. Nicht der Methodenbeschreibungsansatz selbst bildet hierbei den Standard, sondern die mit diesem Ansatz beschriebenen Modelle.

- Forschung (Pkt. 2.2.2.)

  Dargestellt werden in diesem Kapitel vor allem Ansätze aus dem Umfeld der universitären Forschung sowie der den Universitäten nahestehenden Forschung. Dabei wird unterschieden zwischen den Ansätzen aus der Software-Engineering-Forschung der Kerninformatik und jenen aus der Wirtschaftsinformatikforschung. Bei den Software-Engineering-Forschungsarbeiten stehen die Methodenbeschreibungsansätze und weniger die Modelle, die durch Anwendung der Beschreibungsansätze entstehen, im Zentrum der Betrachtung. Die Modelle stehen dagegen in der Wirtschaftsinformatikforschung im Mittelpunkt.

- Praxis (Pkt. 2.2.3.)

  Die Praxis wendet Methoden und Werkzeuge für die Informationssystementwicklung an. Es werden kurz die Beschreibungsstrukturen von gängigen, kommerziell erhältlichen Entwurfsmethoden und von sog. Meta-CASE-Werkzeugen dargestellt. Es wird auch die gängige Beschreibungsstruktur von in der Praxis selbst entwickelten und eingesetzten Entwicklungsleitfäden aufgezeigt.

2.2.1. Standardisierungsbestrebungen

a) SSADM Tool Appraisal Scheme

Mit dem Appraisal Scheme für SSADM [SSADM 5, 6] werden CASE-Werkzeuge vom SSADM Research Center in Birmingham auf ihre SSADM-Konformität geprüft. Der Hauptbestandteil des SSADM Support Tool Conformance Appraisal Scheme ist ein detailliert ausgearbeitetes Metamodell der Methode SSADM. Dieses Metamodell ist "a model of the minimum information content required to support SSADM" [SSADM 7, S. 3]. Anhand des Metamodells werden CASE-Werkzeuge geprüft, ob sie die im Appraisal Scheme enthaltenen Metamodell-Komponenten, ihre Attribute und Beziehungen adäquat darstellen können.

b) Euromethod

Im Projekt Euromethod, das im Auftrag der Kommission der Europäischen Gemeinschaft durch ein paneuropäisches Firmenkonsortium der Softwareentwicklungsbranche abgewickelt wird, soll laut Projektplan eine einheitliche europäische methodische Basis für die Entwicklung von betrieblichen Informationssystemen bis zum Ende des Jahres 1994 geschaffen werden. Kern von Euromethod ist ein sog. "Structural Model" [s. Euromethod, S. 6 u. 12ff], das insbesondere fundamentale Entwicklungsaktivitäten und Entwicklungsergebnisse aufführen soll. Das Modell liegt heute auch als Entwurf noch nicht vor.

c) ISO Software-Engineering Reference Model

Ziel des ISO Software-Engineering Referenzmodells [s. Bytheway] ist umschrieben als "Defining Concepts and assigning terminology to concepts, so that comunications can be facilitated. ... It provides a taxonomy to classify the components of an information systems engineering environment" [Bérube/Thornton, S. 8]. Das Referenzmodell dient vor allem der sprachlichen Harmonisierung und soll damit die Grundlage für weitere Standardisierungen bieten. Das ISO Software-Engineering Referenzmodell soll gemäss einem ersten Entwurf u.a. Entwicklungsergebnisse und Entwicklungsaktivitäten und teilweise auch Rollen identifizieren und klassifizieren [Bérube/Thornton, S. 29ff]. Da die Klassifikation der Begriffe im Vordergrund steht, wird das Referenzmodell nicht den Charakter einer Referenzmethode erhalten. Ein fertiger Entwurf für das ISO-Referenzmodell liegt bis heute nicht vor.

d) ANSI Information Resource Dictionary Systems Standard (IRDS)

Der IRDS-Standard des American National Standards Institute legt die generellen Anforderungen fest, die "Information Resource Dictionary" Systeme (d.h. Entwicklungsdatenbanken) zu erfüllen haben [IRDS, S. 1]. In diesem Standard ist auch ein "Basic Functional IRD Schema" enthalten, dessen Zweck folgendermassen umschrieben ist: "to support intra- and inter-organization communications about information resources" [IRDS, S. 2-3]. Vom Beschreibungsansatz her ist das "Basic Functional IRD Schema" ein Metamodell, das aber ausschliesslich Lower-CASE-Informationen aufnimmt.

e) IBM AD/Information Model

Mit dem AD/Information Model [IBM 1 - 4] versucht die IBM im Rahmen ihrer Software-Entwicklungsstrategie "AD/Cycle" [IBM 5] eine Plattform für die Integration von Entwicklungswerkzeugen verschiedenster Hersteller anzubieten. Das AD/Information Model ist ein sehr detailliert ausgearbeitetes Schema einer Entwicklungsdatenbank[1], das den Anspruch erhebt, alle Phasen eines Systementwicklungsprojektes abzudecken. Das AD/Information Model hat die gleiche Zielsetzung wie das "Basic Functional IRD Schema", geht aber erheblich weiter als dieses und richtet sich primär an Hersteller von Entwicklungswerkzeugen. Da das AD/Information Model öffentlich zugänglich ist, soll es sich in der IBM-Umwelt zu einem Standard entwickeln, an dem sich die verschiedenen Hersteller von Entwicklungswerkzeugen orientieren. Vom Beschreibungsansatz her ist das AD/Information Model ein Metamodell, das seine Stärke im Lower-CASE-Bereich hat und dort sehr stark auf die IBM-Produkte ausgerichtet ist.

f) CASE Data Interchange Format (CDIF)

Mit dem CASE Data Interchange Format Standard (CDIF) versuchen verschiedene CASE-Hersteller unter der Federführung der amerikanischen Electronic Industries Association einen Standard zu definieren, anhand dessen es möglich sein sollte, Entwurfsdaten zwischen verschiedenen CASE-Werkzeugen mittels File-Transfer auszutauschen. Der CDIF-Standard legt im wesentlichen fest, wie das Transfer-File strukturell aufgebaut sein muss [CDIF 1] und welche Entwurfsobjekte [CDIF 2] und graphischen Informationen zu den Entwurfsobjekten [CDIF 3] überhaupt ausgetauscht werden können. Im Zentrum des Standards steht das CDIF-Metamodell [CDIF 2], das die austauschbaren Meta-Entitätstypen, ihre Attribute und Beziehungen festlegt. Das Metamodell übernimmt die Funktion eines "unifying Models", dessen Zweck folgendermassen umschrieben ist: "The semantics represented in the Semantic (CDIF[2])-Model do not represent any specific methodology, but provide a superset of the semantics required by existing methodologies for the areas covered in such a way that the semantics of any particular method can be mapped unambiguously both into and out of the Semantic (CDIF[3])-Model" [CDIF 2, S. 6]. Das CDIF-Metamodell verfolgt dasselbe Ziel wie das europäische Forschungsprojekt AMADEUS (s. weiter unten). Zum heutigen Zeitpunkt präsentiert sich das CDIF-Modell als ein minimales Modell für den Upper-CASE-Bereich, da es nur Elemente enthält, über die ein Konsens erreicht wurde. Dieser Ausschnitt ist aber leider entsprechend klein.

---

1 Die Entwicklungsdatenbank heisst in IBM-Terminologie "Repository" [s. IBM 1, S. 1].

2 Anmerkung des Verfassers.

3 Anmerkung des Verfassers.

2.2.2. Forschung

2.2.2.1. Software-Engineering-Forschung

a) "Software Process Programming"-Ansatz

Der aus den USA stammende Ansatz geht davon aus, dass der Softwareentwicklungsprozess selbst mit Mitteln der Programmierung, d.h. durch den Einsatz von entsprechenden Programmiersprachen, automatisch "ausgeführt" und damit kontrolliert werden kann. Die Beschreibungsansätze im Process Programming lehnen sich deshalb stark an die dahinterstehenden - speziell für diesen Zweck entwickelten - Programmiersprachen an. Der Process Programming Ansatz ist hervorragend geeignet, um die Struktur von Entwurfsaktivitäten und ihre Ablauffolge im Detail zu programmieren. Zahlreiche Beispiele zu Sprachen des Process Programming sind in [Perry, S. 151ff; Osterweil e.a.; Boehm/Belz, S. 49; Kaiser e.a.; Potts, S. 225; Shepard e.a.; Ambriola e.a., S. 187] enthalten. Wegen der starken Anlehnung an Programmiersprachen dient Process Programming allerdings weniger dem Entwurf von Aktivitäten und ihrer Ablauffolge, sondern mehr der Realisierung von automatisch "ausführbaren" Vorgehensmodellen in Entwurfsumgebungen. Als Hilfsmittel zur Konzeption ist der Ansatz vergleichsweise schwach, da die Modellierung der Entwurfsaktivitäten nur mit Konstrukten von Programmiersprachen möglich ist und die von Aktivitäten verwendeten resp. erzeugten Entwurfsergebnisse nur jeweils unzureichend als physische Datenstrukturen dargestellt werden können [vgl. Lehman, S. 112; Nakagawa/Futatsugi, S. 102].

b) EUREKA Software Factory

Im Rahmen des europäischen EUREKA-Projekts "Software Factory" soll ein Formalismus zur Modellierung und Steuerung des Softwareentwicklungsprozesses, d.h. des Ablaufes des Prozesses zur Erstellung von Software, entwickelt werden [Fernström, S. 93 ff; Hallmann, S. 163]. Der gewählte "Software Process Modelling"-Ansatz geht etwas über den vorhin dargestellten "Software Process Programming"-Ansatz hinaus, da das Modellierungsinstrumentarium mächtiger ist. Es berücksichtigt u.a. die Konzepte Rollen, Entwicklungsaktivitäten sowie Entwicklungsergebnisse. Ein Metamodell zur Beschreibung des konzeptionellen Datenmodells der Entwicklungsergebnisse existiert jedoch nicht. Entsprechende Prototypen entstehen auf der Basis von regel- resp. petrinetzbasierten Ansätzen [vgl. Hünnekens e.a., S.50; Deiters/Gruhn] .

c) AMADEUS-Projekt

Das europäische ESPRIT-Projekt "AMADEUS" [IPGM 1], das ein paneuropäisches Firmenkonsortium durchgeführt und im Jahre 1987 beendet hat, strebte u.a. an, einen systematischen Vergleich verschiedener Informationssystem-Entwurfsmethoden durchzuführen und daraus einen universellen Methodenbeschreibungsformalismus abzuleiten, der dazu dienen sollte, den Austausch resp. die Integration von Entwurfsdaten aus verschiedenen Methoden zu ermöglichen. Der Ansatz, der für dieses Vorhaben angewendet wurde, war ein sog. "Unified Model", das aus der Analyse bestehender Methoden abgeleitet worden ist. Bestehende Methoden wurden beschrieben, indem ihre spezifischen Metamodelle gebildet wurden. Diese methodenspezifischen Metamodelle wurden schliesslich zu einem "Unified Model" konsolidiert, das von der Struktur her ebenfalls ein Metamodell ist. Der Methodenvergleich fand statt, indem für jede Metamodell-Komponente des "Unified Model" die entsprechenden Komponenten in den methodenspezifischen Metamodellen angegeben wurden und vice-versa [s. IPGM 2, Appendix A]. Das "Unified Model" hatte somit für den Methodenvergleich die Rolle eines Referenz-Metamodells übernommen. Leider wurden in den Methodenbeschreibungen nur einige wenige und nur realisierungsbezogene Entwurfsmethoden aus dem Lower-CASE einbezogen, so dass die AMADEUS-Ergebnisse für das CC RIM von geringem Wert waren.

d) EPOS-Projekt

Das norwegische Forschungsprojekt EPOS[1] des Norwegian Institute of Technology in Trondheim mit dem gleichnamigen Prototyp einer Softwareentwicklungsumgebung befasst sich schwerpunktmässig mit den Themenstellungen des "Software Process Managements", d.h. der Steuerung des Projektvorgehens bei der Softwareerstellung, und zusätzlich des "Software Configuration Managements", d.h. dem Unterhalt von verschiedenen Versionen von Entwicklungsergebnissen [Conradi e.a.; Liu]. Wesentliche Elemente der Beschreibung für die Modellierung des Entwicklungsprozesses in EPOS sind strukturierte Entwicklungsaktivitäten und Entwicklungsergebnisse sowie entsprechende Input- und Output-Beziehungen zwischen Aktivitäten und Ergebnissen. Es existiert kein Metamodell zur Beschreibung des konzeptionellen Datenmodells der Entwicklungsergebnisse.

e) SOCRATES-Projekt

Im niederländischen Projekt SOCRATES der Universitäten Delft und Nijmengen [Verhoef e.a.; Brinkkemper e.a., S. 51] versucht man, einen Methodenmodellierungsansatz zu entwickeln, der die Grundlage für eine sog. "CASE-Shell"[2] bilden kann. Eine "CASE-Shell" ist in der Terminologie der Autoren ein generisches CASE-Werkzeug, das Wissen über Entwurfsaktivitäten und Entwufsdaten in einer Datenbank gespeichert hat und dieses Wissen während des Entwurfsprozesses entsprechend nutzt. Im Rahmen des Projektes konzentriert man sich zur Zeit darauf, eine geeignete Beschreibungstechnik für die Methodenmodellierung zu finden. Als Beschreibungselemente werden im wesentlichen ein Metamodell sowie ein Vorgehensmodell (Entwurfsaktivitäten mit entsprechender Ablauffolge) propagiert. Die Integration der Entwurfsaktivitäten mit dem Metamodell wird erreicht, indem für jede Entwurfsaktivität eine Sicht auf das Metamodell gebildet wird und entsprechende Operationen (erzeugen, modifizieren, löschen etc.) auf die einzelnen, in der Sicht vorhandenen, Metamodell-Komponenten formuliert werden [s. Verhoef e.a., S. 509ff].

1 Nicht zu verwechseln mit dem CASE-Werkzeug EPOS.

2 "CASE-Shells" werden auch "Meta-CASE-Werkzeuge" genannt. Siehe Pkt. 2.2.3.b).

f) SYTI-Projekt

Das finnische Projekt SYTI der Universität Jyväskylä mit dem Prototyp MetaEdit [Smolander e.a.] befasst sich schwerpunktmässig mit dem Datenaspekt von Entwurfsmethoden und -werkzeugen. Ziel des Projektes ist die Entwicklung einer Methode, nach der Entwurfsmethoden modelliert werden können. Im Zentrum dieser Methodenentwicklungsmethode steht das Metamodell. Metamodelle können mit dem Prototyp MetaEdit bearbeitet werden kann.

2.2.2.2. Wirtschaftsinformatikforschung

a) Scheer

Für die methodisch konsistente Umsetzung seiner EDV-orientierten betriebswirtschaftlichen Rahmenkonzepte in [Scheer 1] und [Scheer 2] hat Scheer an der Universität Saarbrücken eine "Architektur integrierter Informationssysteme" (ARIS) [s. Scheer 3] definiert. Diese legt fest, aus welchen Komponenten betriebliche Informationssysteme aufgebaut sind. Die ARIS-Architektur ist im wesentlichen ein umfassendes Metamodell, das analog dem untenstehenden IFIP WG 8.1 Modell einerseits nach den Lebenszyklusphasen und andererseits nach spezifischen problemorientierten Sichten zerlegt ist. Weiter enthält ARIS sehr grob festgelegte, informal beschriebene Entwurfsaktivitäten sowie eine rudimentäre Ablauffolge (Vorgehensmodell). Auf die Integration von Metamodell und Vorgehensmodell wurde verzichtet. Ein Dokumentationsmodell existiert nicht. Im Kern ist das ARIS-Modell von Scheer ein reines Datenmodell.

b) IFIP WG 8.1.

Die Aktivitäten der Working Group 8.1. der International Federation of Information Processing (IFIP) haben nach einer initialen Konferenz im Jahre 1982 zum Thema Methodenvergleich ("Comparative Review of Information Systems Methodologies" [s. Olle e.a. 1]) im Jahre 1988 in ein umfassendes Referenz-Werk gemündet, das versucht, die verschiedenen methodischen Ansätze des Informationssystementwurfs in einem konsistenten Modell zu konsolidieren [s. Olle e.a. 2]. Das Referenz-Werk der IFIP WG 8.1. ist ein reines Metamodell. Es ist nach den Phasen des Lebenszyklus aufgegliedert. Pro Phase bestehen weitere Teilmodelle, die je eine problemorientierte Sicht (Daten-, Funktions- oder Ereignis-Perspektive) umfassen. Das CC RIM (s. weiter unten), das 1989 seine Arbeit aufnahm, hat auf diesem IFIP-Modell aufgebaut und dieses Modell mit der vorliegenden Arbeit erheblich weiterentwickelt und in weiten Teilen auch restrukturiert.

c) IBM Forschungslabor Wien

Im Rahmen der Arbeiten am Softwareentwicklungswerkzeug ADPS[1] hat das Wiener IBM-Forschungslabor einen Beschreibungsansatz entwickelt, der dazu dient, den "Application Development Process" zu beschreiben, damit er anschliessend computergestützt gesteuert werden kann [Chroust; Chroust e.a. 1]. Die Elemente der Beschreibung des "Application Development Process" sind Aktivitäten, Ergebnisse und das Metamodell[2] [Chroust e.a. 2]. Aktivitäten haben einen definierten Ablauf (sog. Work-Flow). Sie übernehmen Ergebnisse (sog. Work-Objects), die in einem Metamodell abgebildet sind, in einem bestimmten Zustand und versetzen sie durch die Ausführung der in der Aktivität spezifizierten Tätigkeiten in einen anderen spezifischen Zustand.

d) Kompetenzzentrum RIM

Das Forschungsprojekt "Kompetenzzentrum Rechnergestütztes Informationsmanagement" (CC RIM) [Gutzwiller/Oesterle 1 - 2; Färberböck e.a.] an der Hochschule St. Gallen befasst sich u.a. mit der konzeptionellen Beschreibung von Methoden für den Entwurf betrieblicher, transaktionsorientierter Informationssysteme. Es wurde ein Prototyp eines Beschreibungswerkzeuges namens MERET[3] [s. Heym/Oesterle 1 - 2; Heym 1] erstellt und auf mehrere Entwurfsmethoden angewendet [s. Barthmes 1 - 2; Heym 2 - 3]. MERET erlaubt die konzeptionelle Beschreibung von Methoden. Die wesentlichen Elemente der Methodenbeschreibung in MERET sind Entwurfsaktivitäten, Entwurfsergebnisse, Entwurfstechniken, Rollen sowie das Metamodell.

2.2.3. Praxis

a) Kommerziell erhältliche Methodenhandbücher

Methodenhandbücher weisen strukturierte Methodenbeschreibungen auf. Folgende Elemente der Methodenbeschreibung werden z.B. bei den im CC RIM analysierten Methoden

- NAVIGATOR [NAVIGATOR/Overview Monograph],
- ISOTEC [ISOTEC/VGK/ADM; ISOTEC/ISA/FAS; ISOTEC/SSF],
- CASE*Method [ORACLE],
- SA/AD [Yourdon; DeMarco; Gane/Sarson],
- SSADM [SSADM 1 - 4] und
- IEM/JMA [JMA/ISP; JMA/BAA; JMA/BSD; JMA/TD; JMA/C&T]

angewendet:

---

1 Application Development Project Support.

2 Bei dem Metamodell handelt es sich um das AD/Information Model von IBM, das weiter oben (Pkt. 2.2.1.) beschrieben ist.

3 Methodology Representation Tool.

aa) Alle oben betrachteten Methoden weisen eine phasenorientierte, Top-Down-Zerlegung des Entwurfsvorgehens in Form von Aktivitäten auf.

bb) Die Beschreibung der aus/in Aktivitäten erzeugten/verwendeten Ergebnisse behandelt die Methoden SSADM, NAVIGATOR, IEM/JMA und ISOTEC. Die stringente, strukturierte Beschreibung elementarer Entwurfsergebnisse durch die Hinterlegung einer spezifischen Sicht auf das Metamodell ist lediglich in der Methode NAVIGATOR berücksichtigt.

cc) Mehr oder weniger ausgearbeitete Metamodelle kennen die Methoden ISOTEC und NAVIGATOR.

dd) Alle betrachteten Methoden haben nicht formalisierte, verbal formulierte Technikbeschreibungen. Techniken sind Anleitungen, wie ein Entwurfsergebnis oder eine zusammengehörige Gruppe von Entwurfsergebnissen (z.B. eine Dialogspezifikation, ein Datenflussmodell) zu produzieren sind.

ee) Mit den beteiligten Rollen am Entwurfsprozess befassen sich nur die Methoden CASE*Method und SSADM rudimentär, indem pro Entwurfsaktivität festgelegt wird, welche Rolle an der Ausführung der Aktivität beteiligt ist.

b) Meta-CASE-Werkzeuge

Bei diesen Werkzeugen handelt es sich um generische CASE-Werkzeuge, die von den Anwendern entsprechend den eigenen Bedürfnissen vollständig konfiguriert werden können [vgl. Alderson; Pocock; Norman e.a., S. 134 f]. Die Anpassbarkeit der Werkzeuge wird erreicht, indem das Metamodell des Werkzeuges, d.h. die Struktur der Werkzeugdatenbank, selbst definiert werden kann. Weiter muss dann noch spezifiziert werden, wie die Inhalte aus der Datenbank dem Benutzer im Dialog mit dem Werkzeug dargestellt werden, damit die Datenbankinhalte editiert werden können. Die Definition der Darstellung von Inhalten aus der Werkzeugdatenbank entspricht implizit der Definition von Entwurfsergebnissen.

c) Projektleitfäden in der Praxis

Grosse EDV-Abteilungen wenden oft selbstentwickelte Projektleitfäden an. Diese firmenspezifischen Leitfäden sind von kommerziell erhältlichen Referenzleitfäden abgeleitet. In der Schweiz ist ein bekannter Referenzleitfaden etwa der IFA-PASS [IFA]. Wesentliche Beschreibungselemente solcher Projektleitfäden sind meistens die zu absolvierenden Entwicklungsaktivitäten und die zu produzierenden Entwicklungsergebnisse. Weniger häufig werden auch die für die Produktion der Ergebnisse einzusetzenden Techniken aufgeführt und beschrieben [vgl. IFA, S. 0/26f].

2.2.4. Zusammenfassung

Abb. 2.2.4./1 stellt die in den vorhergehenden Abschnitten skizzierten Ansätze, ohne bewerten zu wollen, überblicksmässig dar. Die Matrix zeigt die Konzepte auf, welche die in der Vertikalen aufgeführten Methodenbeschreibungsansätze schwerpunktmässig unterstützen. Die Methodenbeschreibungsansätze sind in der Reihenfolge ihrer Aufzählung in Pkt. 2.2.1. bis Pkt. 2.2.3. aufgeführt.

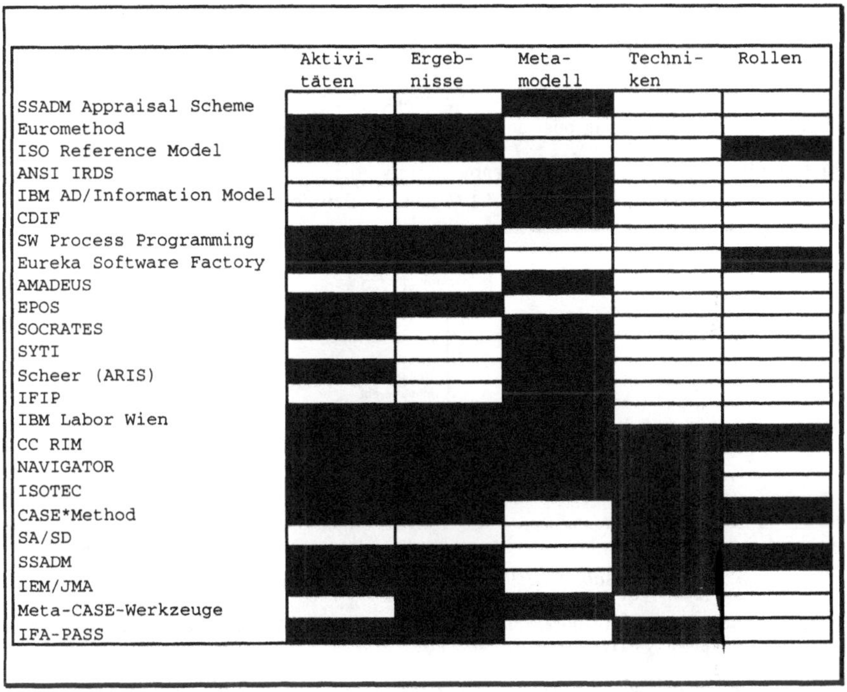

Abb. 2.2.4./1: Unterstützte Konzepte der verschiedenen Methodenbeschreibungsansätze

2.3. Methodenbeschreibungsmodell

Wie aus der Zusammenfassung in Pkt. 2.2.4. ersichtlich ist, bilden nach der Anzahl Nennungen die Konzepte "Entwurfsaktivität", "Entwurfsergebnis" und "Metamodell" die wichtigsten Komponenten der Methodenbeschreibung. Sie sollen im folgenden weiter detailliert werden. Die Konzepte "Technik" und "Rolle" werden im Rahmen dieser Untersuchung nicht weiter betrachtet; eine Konkretisierung ist zu finden in [Heym/Oesterle 1 - 2].

2.3.1. Metamodell

Ein Metamodell ist im wesentlichen ein Entity-Relationship-Modell [s. Chen]. Es stellt die Struktur von Entwurfsdaten, über alle Entwurfsergebnisse gesehen, übersichtlich als Datenmodell dar. Das Datenmodell umfasst Meta-Entitätstypen[1], Attribute und Beziehungen.

Da nicht alle Metamodell-Komponenten mit ihren Beziehungen sinnvoll strukturiert auf ein A4-Blatt passen, resp. ein Gesamtmodell auf einem A0-Blatt zu unübersichtlich ist, wird das Metadatenmodell üblicherweise in problemorientierte Sichten ("externes Modell" [vgl. Schlageter/Stucky, S. 30]) aufgeteilt. Jede problemorientierte Sicht fasst thematisch zusammengehörige Meta-Entitätstypen zusammen (z.B. Meta-Entitätstypen, welche die Organisation, die Verteilung oder den Dialogentwurf beschreiben).

Meta-Entitätstypen werden im Datenmodell als Rechtecke repräsentiert. Beziehungen werden als Kanten dargestellt. Abb. 2.3.1./1 zeigt ein Beispiel hierfür.

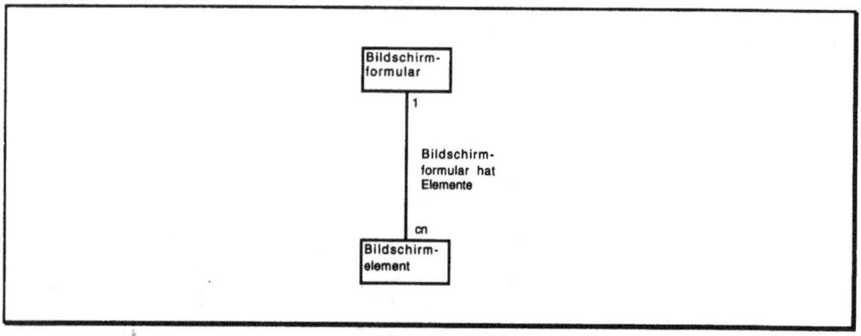

Abb. 2.3.1./1: Beispiel für ein Metamodell

Folgende Beziehungstypen sind zugelassen: 1:1, 1:c, 1:cn, 1:n, c:c, c:cn, c:n, cn:cn, cn:n und n:n [vgl. Zehnder 1, S. 31f].

Der Unterschied zwischen konditionalen und nicht-konditionalen Beziehungen ist genau zu beachten:

- Eine "1:cn"-Beziehung zwischen Entitätstyp A und B bedeutet, dass eine Entität aus A zum Zeitpunkt ihrer Identifikation im Entwurfsprozess unabhängig existieren kann, ohne dass eine Beziehung zu einer Entität aus B bestehen muss.
- Eine "1:n"-Beziehung zwischen Entitätstyp A und B bedeutet, dass zum Zeitpunkt der Identifikation einer Entität aus A mindestens eine Entität aus B existieren muss, die in einer Beziehung zur Entität aus A steht.

Anhand des obigen Beispiels in Bild 2.3.1./1 lässt sich dies folgendermassen verdeutlichen: Zum Zeitpunkt der Identifikation eines Bildschirmformulars müssen die Bildschirmelemente noch nicht identifiziert sein. Ein Bildschirmformular kann im Entwurf zunächst einmal identifiziert werden, ohne dass die genauen Bildschirmelemente bekannt sind. Wäre

---

1 Für den Begriff "Meta-Entitätstyp" wird auch das Synonym "Metamodell-Komponente" verwendet.

die Beziehung zwischen Bildschirmformular und Bildschirmelement vom Typ "1:n", würde dies bedeuten, dass ein Bildschirmformular im Entwurf nur dann identifiziert ist, wenn die Bildschirmelemente ebenfalls schon festliegen. Diese Beziehung zeigt somit funktionale Abhängigkeiten auf [vgl. Ferstl/Sinz, S. 13 f]. Sie machen damit implizit Aussagen zum Entwurfsvorgehen.

Metamodell-Komponenten werden nach einem einheitlichen Raster beschrieben:

(a) Bezeichner.

(b) Synonyme.

(c) Komponenten-Typ.

(d) Verbale Beschreibung.

(e) Beziehungen.

(f) Attribute.

Nachfolgend ist das Beschreibungsraster für Metamodell-Komponenten im Detail erklärt:

a) Der Bezeichner entspricht dem verwendeten Namen der Metamodell-Komponente.

b) Synonyme Bezeichnungen, wie z.B. in anderen Entwurfsmethoden gängig, werden ebenfalls aufgeführt. Es wird jedoch kein Anspruch auf Vollständigkeit erhoben. Die Verwendung synonymer Bezeichnungen soll lediglich helfen, beim Leser Assoziationen zu den ihm bekannten Begriffen herzustellen. Findet er in der Liste der Synonyme einen ihm bekannten Begriff, wird ihm das helfen, die Metamodell-Komponente besser zu verstehen.

c) Jeder Meta-Entitätstyp ist von einem bestimmten Komponenten-Typ. Es werden folgende Komponenten-Typen unterschieden [s. Gutzwiller/Oesterle 1, S. 52f]:

- Fundamental

  Eine fundamentale Komponente ist eine unabhängige Komponente, deren Existenz nicht von anderen (nicht-fundamentalen) Komponenten abhängt. Fundamentale Komponenten werden auch Kern-Entitätstypen [vgl. Vetter 1, S. 158 f][1] genannt.

- Spezialisierung

  Eine spezialisierte Komponente ist ein Sub-Typ einer fundamentalen Komponente[2] [vgl. Brodie, S. 33; Smith/Smith, S. 107 ff].

- Strukturell

  Eine strukturelle Komponente dient dazu, die komplexbildende Zusammensetzung ("besteht aus", "ist Bestandteil von") oder die klassenbildende Gliederung ("ist Super-Typ von", "ist Sub-Typ von") von

---

1 Dort als "Kernentitätsmengen" und "Kernbeziehungsmengen" bezeichnet.

2 Oder eine weitere Spezialisierung einer schon spezialisierten Komponente.

Meta-Entitäten darzustellen[1]. Strukturelle Komponenten entstehen vor allem aus der Auflösung rekursiver Beziehungen [vgl. Zehnder, S. 50].

- Zentrale Tabelle

  Eine Komponente vom Typ "zentrale Tabelle" dient der Definition von Aufzählungstypen, d.h. einer abgeschlossenen Menge vordefinierter Codes, die je nach beschriebener Methode variieren kann ("methodology dependent component" [Olle e.a. 2, S. 64]).

- Assoziativ

  Eine assoziative Komponente resultiert aus der Auflösung von komplexen Beziehungen[2] zwischen zwei Komponenten.

Im Datenmodell haben die Metamodell-Komponenten ihrem Typ entsprechend eine eigene Darstellung (s. Abb. 2.3.1./2).

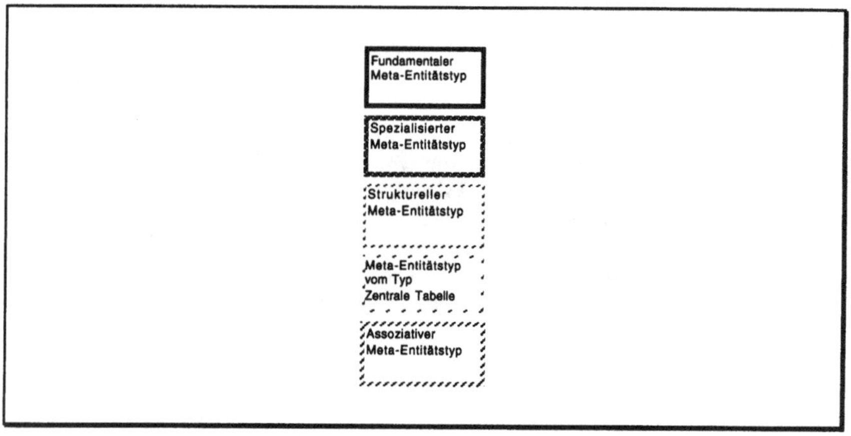

Abb. 2.3.1./2: Symbole für die Darstellung der Typen von Metamodell-Komponenten

d) Die verbale Beschreibung ist eine kurze textliche Definition des Meta-Entitätstyps. Sie ist eine Zusammenfassung der wesentlichen Attribute und Beziehungen der beschriebenen Metamodell-Komponente.

e) Alle Beziehungen, in die ein Meta-Entitätstyp involviert ist, sind bei der Beschreibung der Metamodell-Komponente aufgeführt und verbal beschrieben. Dies soll verhindern, dass der Leser sich die Beziehungen selbst aus den verschiedenen problemorientierten Sichten zusammensuchen muss. Bei der Beschreibung einer Beziehung wird jeweils die Sicht angegeben, in der die Beziehung zu finden ist.

---

[1] Zum Unterschied zwischen komplexbildender und klassenbildender Abstraktion siehe [Oesterle, S. 68ff].

[2] Komplexe Beziehungen sind c:c-, c:cn-, c:n-, cn:cn-, cn:n- und n:n-Beziehungen, also alles Beziehungen, welche keine "1"-Kardinalität haben.

f) Die Attribute von Meta-Entitätstypen werden verbal beschrieben. Sie können des weiteren hierarchisch strukturiert und mit einer Kontrollstruktur versehen sein. Zugelassen sind folgende Konstrukte [vgl. Heuer, S. 40 ff; Gutzwiller, S. 39 ff]:

- Elementar

  Das Konstrukt "Elementar" ist das Standardkonstrukt für Attribute. Ein Attribut A_i ist elementar, wenn es nicht strukturiert ist, d.h. keine Sub-Attribute enthält.

Bezeichnung:	**Bildschirmelement**
Synonyme:	-
Komp.Typ:	Spezialisierung (von Listen-/Bildschirmelement).
Beschreibung:	Bildschirmelemente beschreiben die Struktur von Bildschirmformularen.
Beziehungen:	Zu "Bildschirmformular" (Sicht 5): Ein Bildschirmformular enthält mehrere Bildschirmelemente. Zu "Listen-/Bildschirmelement" (Sicht 5): Ein Bildschirmelement ist ein Listen-/Bildschirmelement.
Attribute:	Element - Nummer des Bildschirmelementes. Verwendungsart des Bildschirmelements - Angabe, wie das Bildschirmelement verwendet wird: E = Das Bildschirmelement dient der Eingabe von Daten. A = Das Bildschirmelement dient nur der Ausgabe von Daten. B = Beides: Eingabe und anschliessend Ausgabe. Bildschirmelement-Attribute (optional) - Angabe weiterer Attribute des Bildschirmelementes, wie z.B. Farbe oder Ausrichtung (linksbündig, rechtsbündig, zentriert).

Abb. 2.3.1./3: Exemplarische Beschreibung einer Metamodell-Komponente

- Optionalität

  Ein Attribut A_i kann optional sein (bzw. darf Nullwerte enthalten). Die Optionalität wird vor allem dann verwendet, wenn eine "c:c"-, "c:cn"- oder "c:n"-Beziehung nicht aufgelöst wird. Die Optionalität wird folgendermassen dargestellt:

  A_i(optional)

- Sequenz

  Die Sequenz ist das Standard-Konstrukt für strukturierte Attribute. Ein Attribut A_i kann die untergeordneten Attribute A_{i1} - A_{in} haben:

  A_i
    A_{i1}
    ...
    A_{in}

- Iteration

  Ein Attribut A_i kann beliebig viele Wiederholungen einer Gruppe, bestehend aus den Attributen A_{i1} - A_{in}, haben. Die Iteration wird dann verwendet, wenn eine komplexe Beziehung vom Typ "cn:n", "cn:cn" oder "n:n" nicht aufgelöst wird. Die Wiederholung wird in [Jackson]-Notation als "*" dargestellt:

  $A_i(*)$
    A_{i1}
    ...
    A_{in}

- Selektion

  Ein Attribut Ai kann exklusiv alternative Sub-Attribute A_{i1} - A_{in} haben. Die Selektion wird in [Jackson]-Notation als "o" dargestellt:

  $A_i(o)$
    A_{i1}
    ...
    A_{in}

Bild 2.3.1./3 zeigt eine exemplarische Beschreibung eines Meta-Entitätstyps anhand der Komponente "Bildschirmelement" (s. Pkt. 6.2.5.2.).

Abb. 2.3.1./4 fasst die konzeptionelle Beschreibungsstruktur für das Metamodell als "Meta-Metamodell" (Datenmodell des Metamodells) zusammen.

Eine Metamodell-Komponente ist von einem bestimmten Typ. Sie kommt in einer oder mehreren problemorientierten Sichten vor. Sie ist in Beziehungen involviert, wobei jede Beziehung von einem bestimmten Typ ist. Eine Metamodell-Komponente hat ggf. synonyme Bezeichner. Attribute beschreiben Meta-Entitätstypen. Jedes Attribut hat genau ein Kontrollkonstrukt. Ein Attribut kann hierarchisch strukturiert sein.

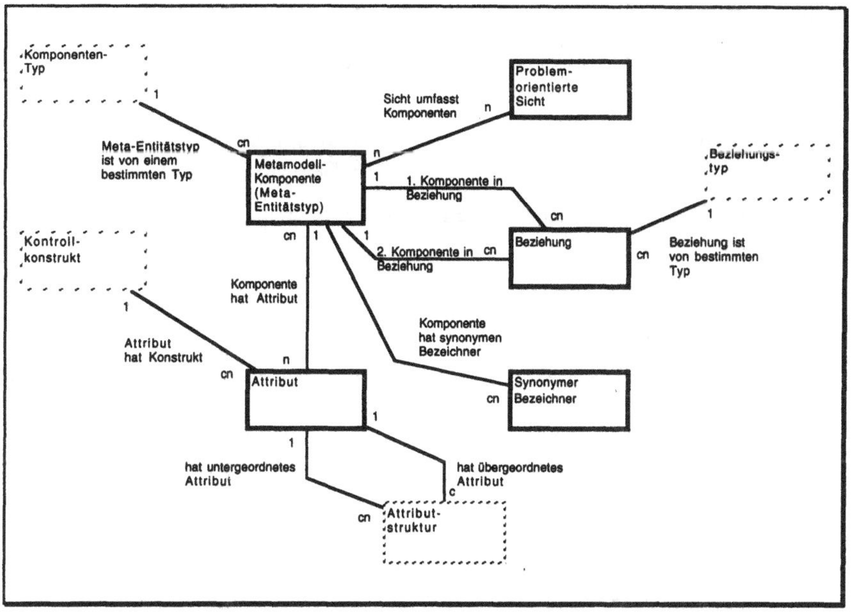

Abb. 2.3.1./4: Konzeptionelle Beschreibungsstruktur für das Metamodell

2.3.2. Entwurfsergebnisse (Dokumentationsmodell)

Entwurfsergebnisse sind die Einheiten, die von Entwurfsaktivitäten verarbeitet werden. Sie sind die Resultate aus Entwurfsaktivitäten, die in weiteren, später ablaufenden Aktivitäten als Eingabe verwendet werden. Die Gesamtheit aller Entwurfsergebnisse heisst Dokumentationsmodell.

Entwurfsergebnisse können bottom-up zu Aggregaten zusammengefasst werden. Damit kann eine Gruppe von logisch zusammengehörigen Entwurfsergebnissen unter einem Bezeichner angesprochen werden. Abb. 2.3.2./1 zeigt Beispiele für aggregierte Entwurfsergebnisse (s. auch Pkt. 5.3.).

- Datenmodell des Ist-Geschäftssystems
  - Gesamtdatenmodell (Ist).
  - Beschreibung von Entitätstypen (Ist).

- Feines Datenmodell des Soll-Geschäftssystems
  - Gesamtdatenmodell (Soll, fein).
  - Beschreibung von Entitätstypen (Soll, fein).
  - Beschreibung von Beziehungen (Soll, fein).
  - Beschreibung von Attributen (Soll, fein).
  - Beschreibung von Integritätsbedingungen (Soll, fein).
  - Beschreibung von Überlappungen von Entitätstypen (Soll, fein).

Abb. 2.3.2./1: Beispiele für Entwurfsergebnisse

In Bild 2.3.2./1 sind zwei aggregierte und acht elementare Entwurfsergebnisse dargestellt. Elementare Entwurfsergebnisse sind im Text als solche gekennzeichnet, indem sie einen Punkt (".") am Ende ihres Bezeichners aufweisen.

Ein elementares Entwurfsergebnis hat eine bestimmte Darstellung. Die Darstellung ist eine Beschreibungsstruktur, die festlegt, wie ein Ergebnis dokumentiert wird. Grundsätzlich sind verschiedene syntaktische Formen für ein und dieselbe Darstellung denkbar.

Bezogen auf die obigen elementaren Entwurfsergebnisse in Abb. 2.3.2./1 wären als Darstellungen zu nennen

- Gesamtdatenmodell,
- Beschreibung von Entitätstypen,
- Beschreibung von Beziehungen,
- etc..

Die Darstellung "Gesamtdatenmodell" dient z.B. der Dokumentation der elementaren Ergebnisse "Gesamtdatenmodell (Ist)" und "Gesamtdatenmodell (Soll, fein)".

Bei der Beschreibung der Darstellung kommt es nicht auf die syntaktische Form an, sondern darauf, welche Entwurfsdaten grundsätzlich für die Dokumentation eines Ergebnisses dargestellt werden sollen. Deshalb werden Darstellungen formal beschrieben, indem definiert wird, welche Attribute aus welchen Meta-Entitätstypen in einer Darstellung vorkommen. Es wird also von jeder Darstellung aus eine Sicht auf das Metamodell gebildet. Als weiterer, konkretisierender Beschreibungsbestandteil wird eine mögliche syntaktische Form für die Darstellung anhand eines Beispieldokuments gezeigt.

Abb. 2.3.2./2 enthält eine exemplarische Beschreibung der Darstellung "Gesamtdatenmodell" mit ihrer Sicht auf das Metamodell. In dieser Sicht sind Attribute aus den Meta-Entitätstypen "Entitätstyp", "Beziehung" und "Entitätstyp in Beziehung" aufgeführt (s. Pkt. 5.2.2.1. ff)[1].

Im Abb. 2.3.2./3 ist ein Beispieldokument für die Darstellung "Gesamtdatenmodell" aufgeführt.

---

[1] Um den Umfang des Textes nicht zu vergrössern, werden in den Kapiteln 4 - 6 die Sichten auf das Metamodell jeweils nur mit Verweis auf die darin enthaltenen Meta-Entitätstypen (jedoch nicht auf Stufe Attribut) dargestellt.

Darstellung "Gesamtdatenmodell"

Sicht auf das Metamodell:

```
Entitätstyp
  ET-Nr.
  ET-Name
Beziehung
  Bez.-Nr.
  Beziehungstyp
  Beziehungsname
Entitätstyp in Beziehung
  Beziehung
  Entitätstyp
```

Abb. 2.3.2./2: Exemplarische Beschreibung einer Darstellung

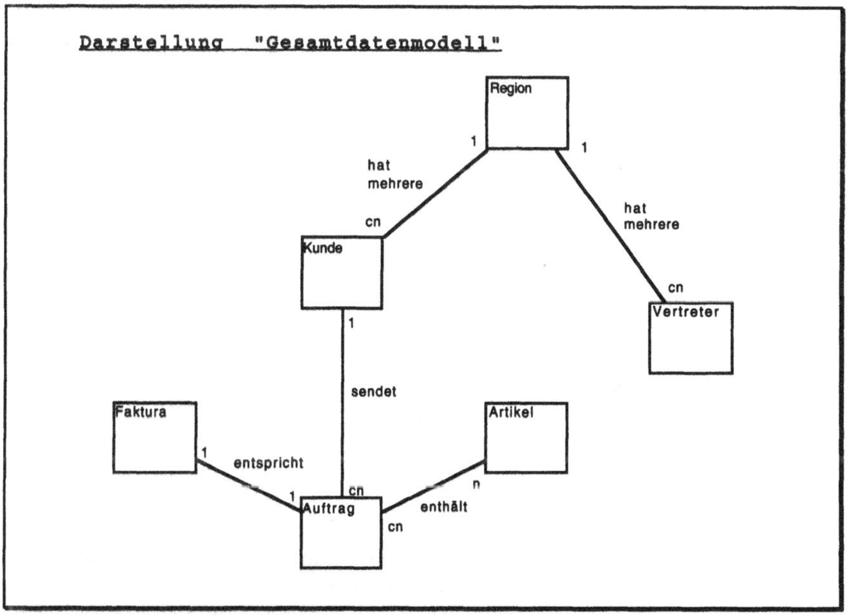

Abb. 2.3.2./3: Beispieldokument für eine Darstellung

Abb. 2.3.2./4 zeigt zusammenfassend die konzeptionelle Beschreibungsstruktur für das Dokumentationsmodell (Datenmodell des Dokumentationsmodells). Im Zentrum der Betrachtung steht das elementare Entwurfsergebnis. Entwurfsergebnisse können hierarchisch strukturiert sein. Ein elementares Entwurfsergebnis wird durch eine Darstellung beschrieben. Eine Darstellung kann der Beschreibung von mehreren verschiedenen Entwurfsergebnissen dienen (z.B. bei der Unterscheidung von Ist- oder Soll-Modellen; siehe Bild 2.3.2./1). Die Darstellung selbst wird beschrieben durch die Bildung einer Sicht auf Attribute von Meta-Entitätstypen des Metamodells. Zur Verdeutlichung einer Darstellung kann ein Beispieldokument aufgeführt werden.

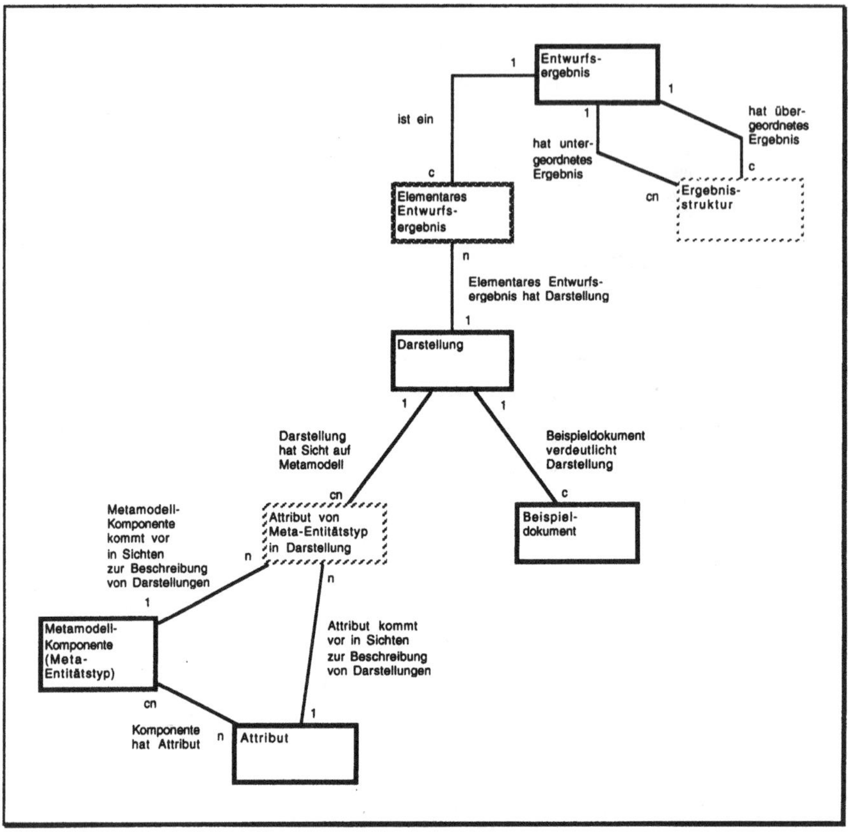

Abb. 2.3.2./4: Konzeptionelle Beschreibungsstruktur für das Dokumentationsmodell

2.3.3. Entwurfsaktivitäten (Vorgehensmodell)

Im Zentrum des Vorgehensmodells stehen die Entwurfsaktivitäten und ihre Ablauffolge. Entwurfsaktivitäten sind planbare Verrichtungen, die Ergebnisse erzeugen.

Entwurfsaktivitäten können hierarchisch strukturiert sein. Durch die Strukturierung entsteht eine Top-Down-Aktivitäten-Hierarchie.

Eine Aktivität, die weiter zerlegt ist, wird aggregierte Aktivität genannt. Aggregierte Aktivitäten können danach klassifiziert werden, ob sie iterativ oder nicht iterativ sind. Die Sub-Aktivitäten einer iterativen Entwurfsaktivität werden mehrmals zyklisch durchschritten.

Eine nicht weiter zerlegte Aktivität heisst elementare Entwurfsaktivität. Eine elementare Entwurfsaktivität zeichnet sich dadurch aus, dass sie bei ihrer Ausführung immer dieselben (Output-) Entwurfsergebnisse erzeugt. Der Aspekt, dass alle Ergebnisse bei der Durchführung einer elementaren Entwurfsaktivität erzeugt werden, ist das entscheidende Kriterium für den richtigen Feinheitsgrad bei der hierarchischen Zerlegung von Entwurfsaktivitäten bis auf die elementare Stufe.

Abb. 2.3.3./1 zeigt Beispiele von Entwurfsaktivitäten, die z.T. hierarchisch gegliedert sind (vgl. Pkt. 5.1.).

```
A.2.1. Informationen über das Ist-Geschäftssystem logisch darstellen
A.2.2. Daten- und Funktionsmodell durch Überarbeitung des Ist-
       Geschäftssystems bilden
  A.2.2.1. Varianten von groben Daten- und Funktionsmodellen durch
           Überarbeitung des Ist-Geschäftssystems bilden
    A.2.2.1.1. Grobes Datenmodell durch Überarbeitung des Ist-
               Geschäftssystems bilden
    A.2.2.1.2. Grobes Funktionsmodell durch Überarbeitung des Ist-
               Geschäftssystems bilden
    A.2.2.1.3. Bewertung der Variante
  A.2.2.2. Varianten gesamthaft bewerten und eine Variante wählen
           bzw. zusammensetzen
  ...
```

Abb. 2.3.3./1: Beispiele für hierarchisch strukturierte Aktivitäten

Bei der Aktivität "A.2.2.1. Varianten von groben Daten- und Funktionsmodellen durch Überarbeitung des Ist-Geschäftssystems bilden" handelt es sich beispielsweise um eine iterative Aktivität (siehe weiter unten).

Aktivitäten werden in einer Ablauffolge geordnet. Die Gesamtheit aller Ablauffolgen wird Vorgehensmodell genannt. Aktivitäten können grundsätzlich

- sequentiell hintereinander,
- parallel oder
- selektiv zueinander

ablaufen. Abb. 2.3.3./3 zeigt einen Ausschnitt aus dem in Kapitel 5 entwickelten Vorgehensmodell als Beispiel. In diesem Bild wird die Dekompositions- und Ablaufstruktur gleichzeitig sichtbar. Die verwendeten Symbole sind in Abb. 2.3.3./2 erklärt. Bei den schwarzen Verbindungspunkten handelt es sich um sog. Konnektoren, die zur Strukturierung des Vorgehensmodells verwendet werden[1].

Folgende Konstrukte stehen zur Modellierung des Vorgehens zur Verfügung:

a) Sequenz

Die Sequenz zeigt auf, dass Aktivitäten hintereinander ablaufen. Beispielsweise läuft Aktivität "A.2.2.1.3. Bewertung der Variante" nach der Aktivität "A.2.2.1.1. Grobes Datenmodell durch Überarbeitung des Ist-Geschäftssystems bilden" ab.

[1] Konnektoren können als "leere" Aktivitäten interpretiert werden. Die weissen Konnektoren in Abb. 2.3.3./3 (A1, A2) sind Anschlusspunkte, wenn das Modell nicht auf eine Seite passt.

b) Iteration

Aggregierte Aktivitäten können iterativ ablaufen. Die Sub-Aktivitäten werden mehrmals nacheinander wiederholt. Die aggregierte Aktivität wird als Rechteck dargestellt. Die Iteration wird in [Jackson]-Notation mit einem Stern ("*") in der Ecke oben rechts dargestellt. Die Sub-Aktivitäten, die wiederholt durchlaufen werden, erhalten ein eigenes Sub-Vorgehensmodell. Aktivität "A.2.2.1. Varianten von groben Daten- und Funktionsmodellen durch Überarbeitung des Ist-Geschäftssystems bilden" in Abb. 2.3.3./3 ist iterativ. Sie hat ein eigenes kleines Sub-Vorgehensmodell.

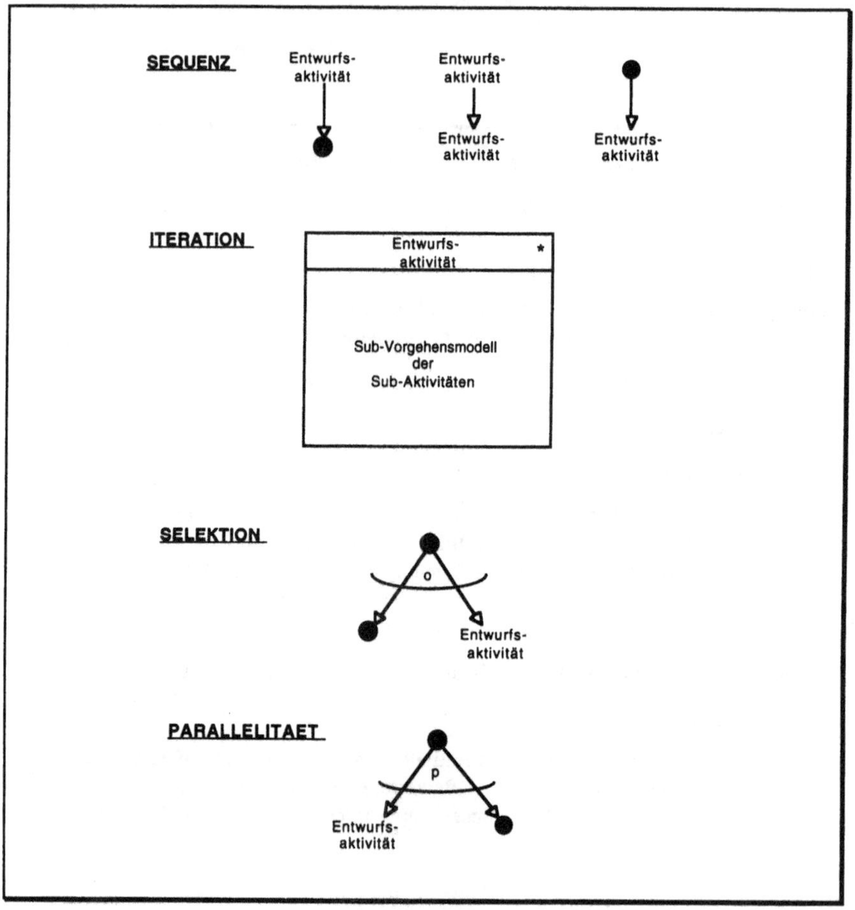

Abb. 2.3.3./2: Verwendete Symbole für das Vorgehensmodell

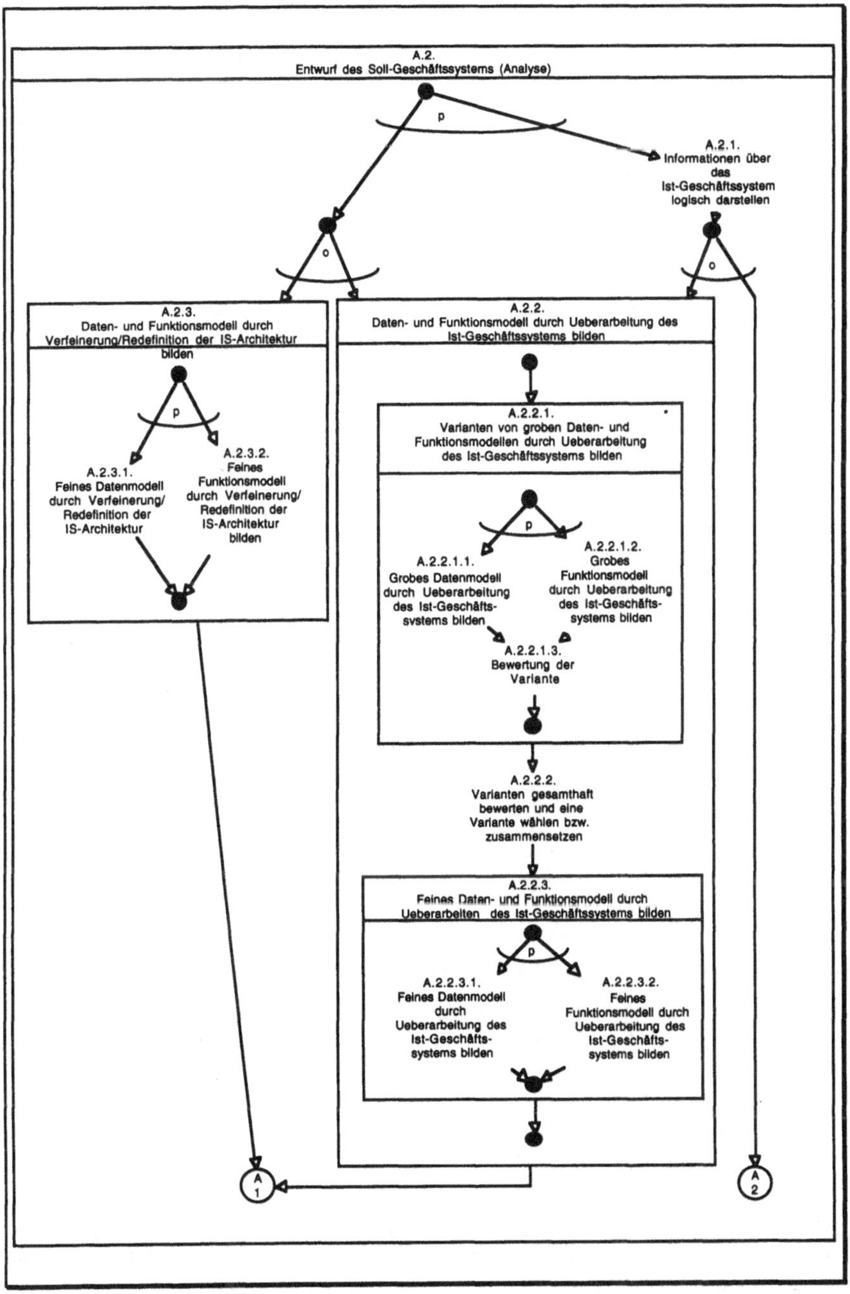

Abb. 2.3.3./3: Beispiel eines Vorgehensmodells

c) Selektion

Bei einer Selektion (exklusives Oder) wird aus einer Gruppe möglicher Abläufe[1] genau eine ausgewählt. Beispielsweise existiert eine Selektion zwischen Aktivität "A.2.2. Daten- und Funktionsmodell durch Überarbeitung des Ist-Geschäftssystems bilden" und "A.2.3. Daten- und Funktionsmodell durch Verfeinerung/Redefinition der IS-Architektur bilden". Eine dieser beiden Aktivitäten muss ausgeführt werden.

d) Parallelität

Wenn zwei Aktivitäten gleichzeitig ausgeführt werden können, liegt Parallelität vor. Bei der Parallelität können aus einer Gruppe möglicher Abläufe alle gleichzeitig wahrgenommen werden. Die Aktivitäten "A.2.3.1. Feines Datenmodell durch Verfeinerung/Redefinition der IS-Architektur bilden" und "A.2.3.3. Feines Funktionsmodell durch Verfeinerung/Redefinition der IS-Architektur bilden" werden beispielsweise parallel ausgeführt.

Wie aus dem Beispiel in Abb. 2.3.3./3 ersichtlich ist, ist das Vorgehensmodell als ein gerichteter Graph realisiert [vgl. Wilson, S. 106 ff], der azyklisch ist. Der Graph hat einen definierten Anfang, eine prinzipielle Richtung und ein definiertes Ende. Es existieren verschiedene Kombinationen von Wegen, um den Graphen abzuschreiten. Auf jeder Entwurfsaktivität resp. auf jedem Konnektor sind die nächsten erreichbaren Aktivitäten resp. Konnektoren spezifiziert. Zyklen werden nur in einer kontrollierten Art zugelassen, indem iterierende Aktivitäten spezifiziert werden können, die jeweils ihr eigenes Sub-Vorgehensmodell haben. Ein Sub-Vorgehensmodell hat alle Eigenschaften eines Vorgehensmodells.

Entwurfsaktivitäten verwenden Entwurfsergebnisse. Voraussetzung, dass eine Aktivität überhaupt ausgeführt werden kann, ist das Vorhandensein des benötigten Inputs. Dies ist vor allem bei parallelen Aktivitäten zu beachten. Ggf. muss eine Aktivität warten, bis der benötigte Input vorhanden ist, wenn dieser durch eine parallel ablaufende Aktivität erst noch erzeugt werden muss. Beispielsweise kann Aktivität "A.2.2.1.3. Bewertung der Variante" aus Abb. 2.3.3./3 erst ausgeführt werden, wenn die Ergebnisse der parallel zueinander ablaufenden Aktivitäten "A.2.2.1.1. Grobes Datenmodell durch Überarbeitung des Ist-Geschäftsystems bilden" und "A.2.2.1.2. Grobes Funktionsmodell durch Überarbeitung des Ist-Geschäftssystems bilden" vorliegen.

Eine elementare Entwurfsaktivität hat einen Input, der während der Ausführung der Aktivität entsprechend zu neuen Entwurfsergebnissen transformiert wird. Eine Input-Gruppe für eine Entwurfsaktivität ist eine Gruppe von Entwurfsergebnissen oder von bereits existierenden weiteren Dokumenten. Letztere sind Objekte, die selbst nicht durch vorhergehende Entwurfsaktivitäten erzeugt worden sind, z.B. der Projektauftrag oder ein schriftlich vorliegendes Unternehmenskonzept.

Es ist auch möglich, dass für eine elementare Entwurfsaktivität alternative Input-Gruppen existieren. Dies ist der Fall, wenn eine Entwurfsaktivität zu den gleichen Ergebnissen kommt, aber aus alternativen Inputs wählen kann. Abb. 2.3.3./4 (vgl. Pkt. 5.5.1.) zeigt ein Beispiel hierfür. Die zwei Input-Gruppen sind durch ein "oder" getrennt.

---

[1] Eine Gruppe möglicher Abläufe ist durch den Vorgänger identifiziert. Zu einem Vorgänger können mehrere Nachfolger existieren.

Input-/Output-Beschreibung für Aktivität "A.2.1. Informationen über das Ist-Geschäftssystem logisch darstellen"

Input:

- Initiale Dokumentation des Ist-Geschäftssystems.
- Kontext-Diagramm (Ist).
- Datenflussdiagramm (Level 1) (Ist).
- Gesamtdatenmodell (Ist, grob).

oder

- Initiale Dokumentation des Ist-Geschäftssystems.
- Liste der projektrelevanten Entitätstypen.
- Liste der projektrelevanten Datenbanken.
- Liste der projektrelevanten Geschäftsfunktionen.
- Liste der projektrelevanten Applikationen.

Output (neu):

- Datenmodell des Ist-Geschäftssystems
  - Gesamtdatenmodell (Ist).
  - Beschreibung von Entitätstypen (Ist).
- Funktionsmodell des Ist-Geschäftssystems
  - Dekomposition der Geschäftsfunktionen (Ist).
  - Verbale Beschreibung der Geschäftsfunktionen (Ist).
  - Datenflussdiagramme (Level 1 bis n) (Ist).
  - Beschreibung von Datenspeichern (Ist).
  - Beschreibung der Operationen von elementaren Geschäftsfunktionen (Ist).
- Organisationsmodell des Ist-Geschäftssystems
  - Organigramm (Ist).
  - Matrix Organisationseinheit/Geschäftsfunktion (Ist).

Output (hinzufügend):

- Problem-/Anforderungsliste.

Abb. 2.3.3./4: Beispiel einer Input-/Output-Beschreibung für eine elementare Aktivität

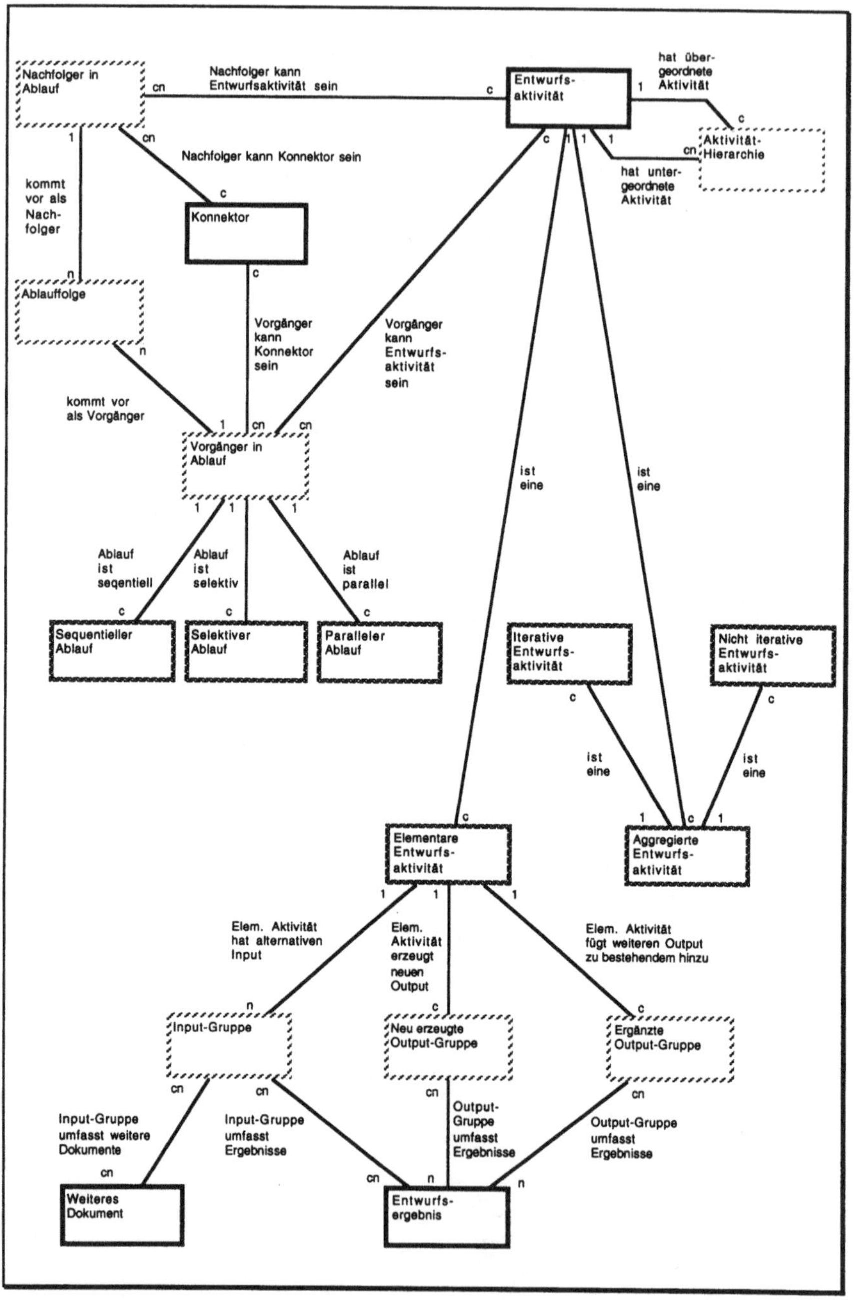

Abb. 2.3.3./5: Konzeptionelle Beschreibungsstruktur für das Vorgehensmodell

Der Output einer elementaren Entwurfsaktivität kann danach differenziert werden, ob er neu erzeugt wird oder ob ein bestehender Output, den schon eine vorgängige Aktivität erzeugt hat, mit weiteren Inhalten ergänzt wird. In Abb. 2.3.3./4 ist die durch die Entwurfsaktivität neu erzeugte Output-Gruppe sowie eine ergänzte Output-Gruppe sichtbar.

Modifikationen im Sinne von Korrekturen an bestehenden Entwurfsergebnissen werden nicht explizit aufgeführt, da diese im Entwurfsprozess an jeder beliebigen Stelle auftreten können.

In Abb. 2.3.3./5 ist die konzeptionelle Beschreibungsstruktur des Vorgehensmodells nochmals als Datenmodell zusammenfassend dargestellt. Im Zentrum des Vorgehensmodells steht die Aktivitäten-Hierarchie sowie die Ablauffolge von Aktivitäten. Zur Strukturierung des Ablaufes werden Konnektoren benützt. Die Sequenz, die Selektion und die Parallelität dienen als Kontrollkonstrukte zur Darstellung der Art des Ablaufes. Die Iteration wird im Rahmen aggregierter Aktivitäten zugelassen. Die Integration in das Dokumentationsmodell erfolgt auf der Ebene der elementaren Entwurfsergebnisse.

3. Der Software-Lebenszyklus

EDV-Anwendungen für Administrations- und Dispositionssysteme unterstützen die Geschäftsabwicklung. Bis eine Applikation an den Anwender im Fachbereich ausgeliefert wird, müssen mehrere Konkretisierungsstufen im Entwurf durchschritten werden. Zuoberst stehen die betriebswirtschaftlichen Vorstellungen des Fachbereichs, d.h. des Managements und der Fachexperten in der Linie, über die Art und Weise der Geschäftsabwicklung im betrachteten Untersuchungsausschnitt. Zuletzt schliesslich steht das EDV-System selbst als ein technisches System von Programmen und Datenbankstrukturen.

Diese Kluft zwischen betriebswirtschaftlichen Vorstellungen des Soll-Geschäftssystems und technischem EDV-System zu überwinden, ist Aufgabe des Wirtschaftsinformatikers.

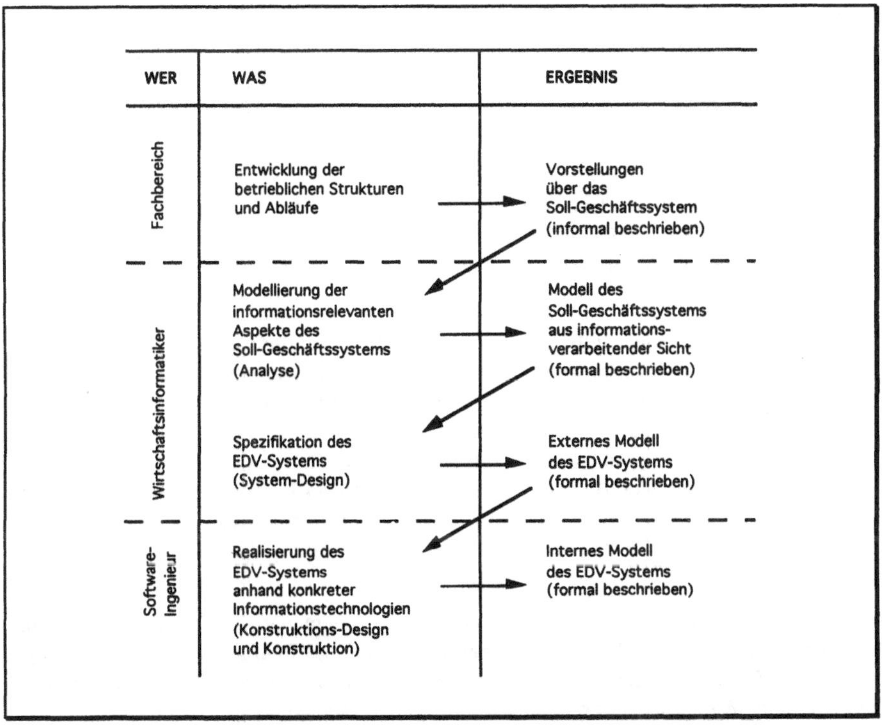

Abb. 3./1: Aufgabenteilung im Entwurfsprozess

Wie aus Abb. 3./1 ersichtlich ist, hat der Wirtschaftsinformatiker zwei Schnittstellen zu behandeln: Jene zum Fachbereich und jene zur Software-Entwicklung.

Der Fachbereich, d.h. das Linien-Management oder Fachexperten aus der Linie, ist verantwortlich für die Entwicklung der betrieblichen Strukturen und Abläufe. Bis heute hat sich in der Organisationslehre keine formale Entwurfssprache für die Gestaltung der betrieblichen Strukturen und Prozesse herausgebildet. Die Vorstellungen über das Soll-Geschäftssystem sind daher in der Praxis, wenn überhaupt, nur informal beschrieben.

Wenn Applikationen erstellt werden, muss gewährleistet sein, dass diese das Geschäft im Sinne der Vorstellungen des Fachbereichs unterstützen. Es wird deshalb ein deskriptives, formales Modell des Soll-Geschäftssystems erstellt, das die relevanten betriebswirtschaftlichen Aspekte aus informationsverarbeitender Sicht zusammenfasst.

Wenn der Fachbereich eine klare Vorstellung vom Soll-Geschäftssystem hat, wird der Wirtschaftsinformatiker die informationsverarbeitenden Aspekte der zukünftigen Geschäftsabwicklung in seinem formalen Modell nur nachbilden. Sind die Vorstellungen des Fachbereiches hingegen sehr vage, wird der Wirtschaftsinformatiker selbst zum Entwickler der zukünftigen betrieblichen Abläufe und Strukturen, indem er versucht, ein Modell des Soll-Geschäftssystems zu bilden, und übernimmt damit Aufgaben, die in der Verantwortung des Fachbereiches liegen. In der realen Praxis stellt sich eine starke Interaktion zwischen Fachbereich und Wirtschaftsinformatiker im Modellierungsprozess ein. Der Fachbereich geht von bestimmten Vorstellungen aus, die der Wirtschaftsinformatiker aus informationsverarbeitender Sicht modelliert. Er stösst während des Modellierungsprozesses auf inkonsistente und fehlende Aussagen oder entwickelt aus den erworbenen Kenntnissen der Informationszusammenhänge eigene Vorstellungen zur Geschäftsabwicklung, die er schliesslich mit dem Fachbereich abstimmt. Durch die permanente Interaktion zwischen Fachbereich und Wirtschaftsinformatiker während des Modellierungsprozesses entsteht meistens eine gegenüber der ursprünglichen Vorstellung veränderte Geschäftslösung.

Wir gehen in der vorliegenden Arbeit davon aus, dass die Entwicklung der betrieblichen Strukturen und Abläufe (Fachbereich) und deren formale Modellierung (Wirtschaftsinformatiker) gemeinsam und nicht nacheinander - wie in Bild 3./1 idealtypisch suggeriert - abläuft.

Die zweite Schnittstelle ergibt sich zwischen Wirtschaftsinformatiker und Software-Ingenieur. Wenn der Wirtschaftsinformaiker die zukünftige Geschäftslösung modelliert und damit verstanden hat, ist er erst in der Lage, eine Spezifikation (Vorgabe) für die zu realisierende EDV-Lösung zu machen. Aufgabe des Wirtschaftsinformatikers ist es, die zukünftige EDV-Lösung so zu spezifizieren, dass sie für den zukünftigen Anwender verständlich ist, damit der Anwender die Spezifikation noch abnehmen kann, bevor das EDV-System gebaut wird. Hier sprechen wir von einem externen Modell des EDV-Systems, das die Verarbeitung auf dem Rechner zwar formal spezifiziert, aber nicht auf Aspekte der Realisierung eingeht.

Der Software-Ingenieur realisiert schliesslich das System nach den Vorgaben, die im externen Modell der EDV-Lösung beschrieben sind. Für die Realisierung selbst braucht es auch entwerferische Tätigkeiten: Die interne Struktur des EDV-Systems muss auf die dem System zugrundeliegende Informationstechnologie abgestimmt sein.

In diesem Kapitel wird aufgezeigt, wie der Entwurf von Informationssystemen, ausgehend von der in Abb. 3./1 dargestellten idealtypischen Aufgabenteilung, in vier Betrachtungsebenen unterteilt werden kann. Diese Segmentierung ist die Grundlage für die vorliegende Arbeit, auf der das Referenzmodell aufbaut. Darin widerspiegelt sich auch das grundsätzliche Vorgehen für die Projektarbeit beim Entwurf von Informationssystemen. Die einzelnen verwendeten Begriffe werden in diesem Kapitel nicht erklärt. Sie werden in den Kapiteln 4 bis 6 detailliert beschrieben.

3.1. Betrachtungsebenen im Entwurf betrieblicher Informationssysteme

Die Segmentierung der Betrachtungsebenen im Entwurf betrieblicher Informationssysteme orientiert sich an der IFIP-Klassifikation, wie sie in [Olle; Olle e.a. 2] angewendet ist. Wir unterscheiden im Entwurf die vier unterschiedlichen Ebenen

- Informationssystem-Architektur,
- Modell des Geschäftssystems,
- externes Modell der EDV-Lösung und
- internes Modell der EDV-Lösung,

die jeweils eigene, in sich abgeschlossene Modelle hervorbringen, die das Informationssystem zunehmend konkretisieren.

3.1.1. Informationssystem-Architektur

Die Informationssystem-Architektur (IS-Architektur) ist ein grob und breit angelegtes Modell eines Soll-Geschäftssystems, das die informationsverarbeitenden Aspekte der zukünftigen Geschäftslösung in der Form

- der wesentlichen Geschäftsfunktionen,
- der wesentlichen Daten (Entitätstypen) zur Unterstützung des Geschäftes und
- der groben Aufbauorganisation

der Unternehmung (bei grossen Unternehmungen auch nur für einen Funktionsbereich, eine Division oder einen sog. Integrationsbereich[1]) darstellt[2] [vgl. Oesterle e.a., S. 155ff; Devlin/Murphy, S. 62; Gallo, S. 29f; Olle e.a. 2, S. 207ff; Zachman, S. 285; Mertens e.a., S. 175ff; Krcmar; Klein; Meador; Meier 1].

Geschäftsfunktionen werden zu Applikationen und Entitätstypen zu Datenbanken gebündelt. Applikationen und Datenbanken sind die wesentlichen Planungs- und Realisierungseinheiten für die Umsetzung einer IS-Architektur. Die Begriffe "Applikation" und "Datenbank" ziehen sich durch alle Betrachtungsebenen hindurch und bilden damit den Ordnungsrahmen für die Steuerung der Informationssystem-Entwicklung.

Eine IS-Architektur ist das Ergebnis einer Informationssystemplanung, die periodisch (alle drei bis sieben Jahre) stattfindet und laufend fortgeschrieben wird. Ausgehend von einer vorher durchgeführten strategischen Unternehmensplanung oder bereits vorhandener

---

1 Ein Integrationsbereich ist eine Zusammenfassung mehrerer Geschäftsfunktionen, deren Informationsverarbeitung über die im Unternehmen vorhandenen organisatorischen Grenzen hinweg integriert werden soll [vgl. Oesterle e.a., S. 111ff]. Integrationsbereiche spielen vor allem in grossen, dezentralisierten Unternehmungen (z.B. international tätigen Transport-Unternehmungen) eine Rolle.

2 In der Folge sprechen wir von "unternehmensweiten" Modellen, wenn wir Modelle über (1) die gesamte Unternehmung, (2) einen Funktionsbereich oder (3) einen Integrationsbereich meinen.

Unternehmens- und Funktionsbereichsstrategien, werden bei einer Informationssystemplanung vor allem folgende Fragen beantwortet [vgl. Curth/Wyss, S. 11f]:

- Für welche Bereiche (Funktionsbereiche oder Integrationsbereiche) sollen Applikationen und Datenbanken bereitgestellt werden? Welche Leistungen erbringen diese zur Unterstützung des Geschäftes? Wie werden Erfolgsfaktoren gezielt unterstützt?
- Welche Ziele werden mit der Bereitstellung von Applikationen und Datenbanken verfolgt? Handelt es sich um Ziele zur Stärkung der Wettbewerbsposition, zur Realisierung von Rationalisierungspotentialen, zur technologischen Erneuerung, zur Verstärkung der Kontrolle, zur Realisierung von Sozialzielen etc.?
- Welchen Einfluss hat das neu- bzw. rekonzipierte Informationssystem auf das Geschäft? Was wird sich im organisatorischen Aufbau und Ablauf, in der Produktstruktur, in den Fertigungsabläufen, in den Distributionskanälen, im Controlling etc. ändern, damit die durch das Informationssystem zu erfüllenden Ziele resp. durch die Informationssystemplanung neu erkannten Potentiale realisiert werden können?

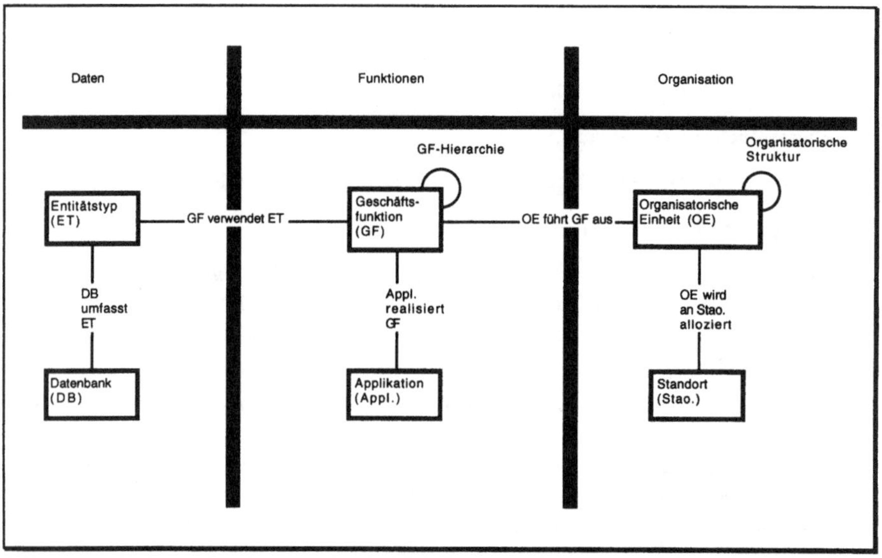

Abb. 3.1.1./1: Rudimentäres Metamodell für die IS-Architektur

Hauptbestandteil der IS-Architektur sind drei Modelle [vgl. Oesterle e.a., S. 109ff]:

(1) Ein konzeptionelles, "unternehmensweites" Datenmodell, das die wesentlichen Entitätstypen mit ihren Beziehungen zueinander darstellt sowie diese Entitätstypen in Datenbanken gruppiert. "Konzeptionell" wird das Datenmodell deshalb genannt, weil es ein abstrahiertes Datenmodell ist, das die Geschäftslösung und nicht die EDV-Lösung beschreibt [vgl. Vetter 1, S. 35].

(2) Ein konzeptionelles, "unternehmensweites" Funktionsmodell, das die wesentlichen Geschäftsfunktionen darstellt, diese mit dem Datenmodell in Verbindung bringt und sie schliesslich zu Applikationen gruppiert. Auch hier bezieht sich der Begriff "konzeptionell" auf die abstrakte Geschäftslösung.

(3) Ein "unternehmensweites" Organisationsmodell, das die wesentlichen zukünftigen Organisationseinheiten darstellt, strukturiert, sie Standorten zuweist und mit dem Funktionsmodell verbindet. Da das Organisationsmodell in dieser Betrachtungsebene üblicherweise noch nicht auf der Einheit "Stelle" operiert, wird auch der Begriff "Makro-Organisationsmodell" verwendet [vgl. Jacob/Mende, S. 12].

Abb. 3.1.1./1 zeigt die wesentlichen Inhalte der drei Modelle anhand eines rudimentären Metamodells.

3.1.2. Modell des Geschäftssystems

Ein Modell eines Geschäftssystems detailliert eine IS-Architektur resp. einen Ausschnitt daraus. Dies geschieht immer im Rahmen eines konkreten Projektes zur Realisierung eines neu definierten resp. zur Rekonzeption eines bereits existierenden Teiles des Informationssystems.

Ein Modell des Geschäftssystems ist ein zukunftsgerichtetes Modell, das aus informationsverarbeitender Sicht darstellt, wie das Geschäft im untersuchten Ausschnitt strukturiert ist und wie es grundsätzlich abläuft. Das Modell des Geschäftssystems soll helfen, die Informationszusammenhänge des Geschäftes im Untersuchungsausschnitt systematisch darzustellen, damit insbesondere im Fachbereich, d.h. bei den späteren Anwendern des EDV-Systems, über die Art und Weise der Geschäftsabwicklung Einigkeit herrscht, bevor die Geschäftslösung in die EDV-Lösung umgesetzt wird.

Zukunftsgerichtete Modellierung des Geschäftes im Zusammenspiel von Fachbereich und Wirtschaftsinformatiker bedeutet auch, dass die Strukturen und Abläufe im Geschäft unter Einbezug der Möglichkeiten der integrierten Informationsverarbeitung neu überdacht werden. Die spezifisch an den Möglichkeiten einer integrierten Informationsverarbeitung orientierte Betrachtungsweise beim Entwurf der betrieblichen Strukturen und Abläufe ist in den letzten Jahren unter dem Schlagwort "Business Process Redesign" [s. Davenport/Short] bekannt geworden. Ein methodischer Ansatz hierzu wird z.B. in [Jacob/Mende, S. 51 ff] vorgeschlagen.

Ein Modell eines Geschäftssystems beinhaltet, wie die IS-Architektur, drei Sub-Modelle mit Aussagen zu Daten, Funktionen und zur Organisation:

(1) Das konzeptionelle Datenmodell des Untersuchungsbereiches fasst alle Aussagen zum Datenaspekt des zukunftsgerichteten Geschäftssystems zusammen, indem Entitätstypen mit ihren Attributen (Merkmalen) beschrieben und diese in Datenbanken zusammengefasst werden. "Konzeptionell" nennt sich das Datenmodell deshalb, weil es rein geschäftliche Belange behandelt und nicht die EDV-Lösung skizzieren will. Es handelt sich hier im wesentlichen um eine detailliertere Beschreibung des projektrelevanten Ausschnittes aus der IS-Architektur.

(2) Das konzeptionelle Funktionsmodell beinhaltet die Geschäftsfunktionen des Untersuchungsausschnittes. Von besonderem Interesse bei der Modellierung des funktionalen Aspektes des Geschäftssystems sind die elementaren Geschäftsfunktionen, die Reaktionen auf bestimmte externe Ereignisse darstellen. Diese Geschäftsereignisse können temporaler Natur sein (z.B. Tages- oder Monatsende) oder entsprechen Kommunikationsflüssen von externen Agenten, deren hereinkommende Daten verarbeitet werden müssen. Externe Agenten stellen die initialen Produzenten resp. finalen Konsumenten von Daten dar. Da sie ausserhalb des

Untersuchungsausschnittes liegen, können sie als "Kunden" aufgefasst werden, die Leistungen erwarten. Auf der Ebene der elementaren Geschäftsfunktionen wird der Geschäftsablauf im Detail festgelegt, indem elementare Geschäftsfunktionen miteinander (ggf. über mehrere Ogranisationseinheiten hinweg) verkettet werden. Auch hier ist das Funktionsmodell wieder "konzeptioneller" Natur, da es nur das Geschäftssystem in abstrakter Form beschreiben will und auf Belange der EDV-Lösung noch nicht eingeht. Es handelt sich auch hier, wie beim Datenmodell, um eine Verfeinerung resp. eine detailliertere Beschreibung des projektrelevanten Ausschnittes aus der IS-Architektur.

(3) Das Makro-Organisationsmodell behandelt die Aufbauorganisation im Untersuchungsbereich des Projektes, legt die von Organisationseinheiten auszuführenden elementaren Geschäftsfunktionen fest und stellt anhand des erwarteten Mengengerüstes die Verteilung der Organisationseinheiten auf Standorte im Detail dar. Auch hier handelt es sich um eine Detaillierung des projektrelevanten Ausschnittes der IS-Architektur.

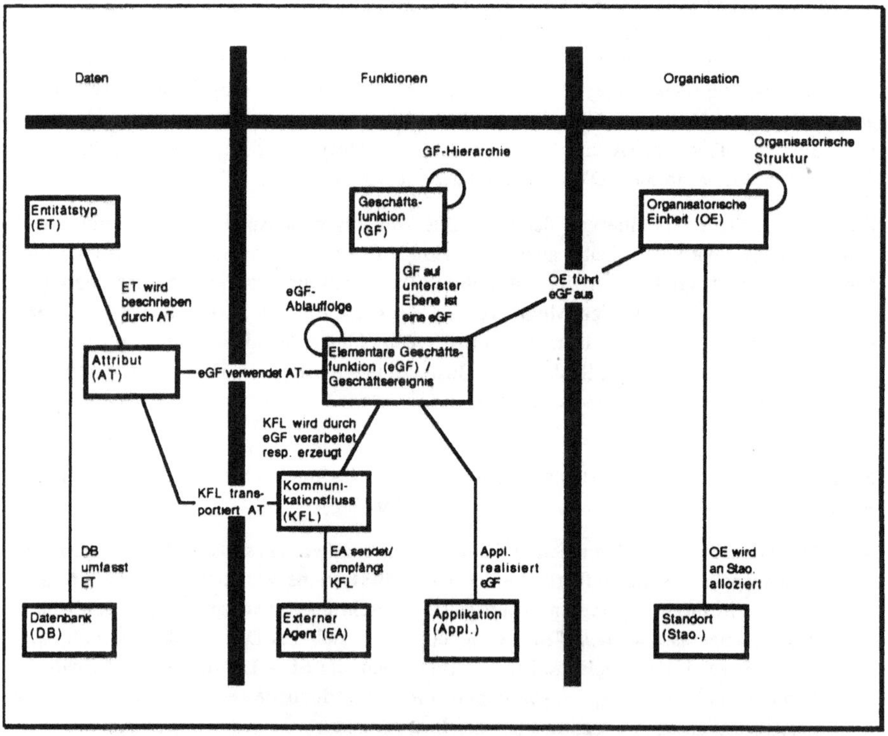

Abb. 3.1.2./1: Rudimentäres Metamodell für das Modell des Geschäftssystems

Abb. 3.1.2./1 fasst die wesentlichen Inhalte eines Modells zur Beschreibung des Geschäftssystems aus informationsverarbeitender Sicht nochmals als rudimentäres Metamodell zusammen. Das detaillierte Metamodell ist in Pkt. 5.2. beschrieben und umfasst 44 Meta-Entitätstypen.

3.1.3. Externes Modell der EDV-Lösung

Ein externes Modell einer EDV-Lösung setzt ein Modell eines Geschäftssystems in

- eine Spezifikation der zukünftigen EDV-Lösung sowie
- ein Mikro-Organisationsmodell, das die Stellenbildung behandelt,

um. Die Struktur und die Abläufe des EDV-Systems werden ausgehend von den gewünschten Strukturen und Abläufen im zukünftigen Geschäftssystem verbindlich festgelegt. Die EDV-Lösung, die später eingeführt wird, muss dieser Spezifikation entsprechen.

Ein externes Modell der EDV-Lösung spezifiziert die Applikationen und Datenbanken soweit, dass diese anschliessend mit bestimmten Programmiersprachen, Betriebssystemdiensten, Datenbankverwaltungssystemen, Netzwerkdiensten und Benutzeroberflächen konstruiert werden können.

"Extern" ist das Modell deshalb, weil die Spezifikation zwar den Leistungsumfang im Detail festlegt, nicht aber darauf eingeht, wie die Leistung zu erbringen ist. Struktur und Ablauf des EDV-Systems können spezifiziert werden, ohne gleich festzulegen, wie die Umsetzung technisch auszusehen hat. Umgekehrt muss jedoch bei der Konstruktion der technischen Lösung unmissverständlich klar sein, was das EDV-System überhaupt zu leisten hat.

Bestandteile eines externen Modells der EDV-Lösung sind ein logisches Datenmodell der Datenbanken, ein logisches Funktionsmodell der Applikationen und ein Mikro-Organisationsmodell für den durch das Projekt abgedeckten Untersuchungsbereich:

(1) Das logische Datenmodell spezifiziert die Datenbankstruktur der zu realisierenden Datenbanken. "Logisch" wird das Datenmodell deshalb genannt, weil es nicht auf die Terminologien und Strukturen der Datenbankverwaltungssysteme, mit deren Hilfe die Datenbanken später realisiert werden sollen, Rücksicht nehmen muss [vgl. Zehnder 2, S. 268]. Der logische Datenbankentwurf wird heute üblicherweise mit der Technik der relationalen Datenmodellierung für alle Typen von Datenbankverwaltungssystemen durchgeführt [vgl. Vetter 2, S. 391ff]. Es werden Tabellen (abgeleitet aus Entitätstypen) und Spalten von Tabellen (abgeleitet aus Attributen von Entitätstypen) spezifiziert[1] sowie ihre Verteilung festgelegt.

(2) Das logische Funktionsmodell spezifiziert pro Applikation die gewünschten Verarbeitungen in Form von logischen Transaktionen[2]. Logische Transaktionen werden zu einem grossen Teil aus elementaren Geschäftsfunktionen abgeleitet. Für den Online-Teil wird der Dialogablauf mit den beteiligten Bildschirmformularen sowie deren Aufbau festgelegt. Ebenso werden die Listen, die produziert werden müssen, festgelegt, und ihre Struktur wird definiert. Die Batch-Verarbeitung wird spezifiziert. Auch hier bezieht sich der Begriff "logisch" auf eine zielsystemunabhängige Spezifikation der Verarbeitung.

---

1 Zum Unterschied von Entitätstyp/Attribut zu Tabelle/Spalte siehe Pkt. 6.1.1..

2 Siehe Pkt. 6.1.2.1. zur Definition des Begriffs "logische Transaktion" sowie zum Unterschied zwischen logischer Transaktion und elementarer Geschäftsfunktion resp. Geschäftsereignis.

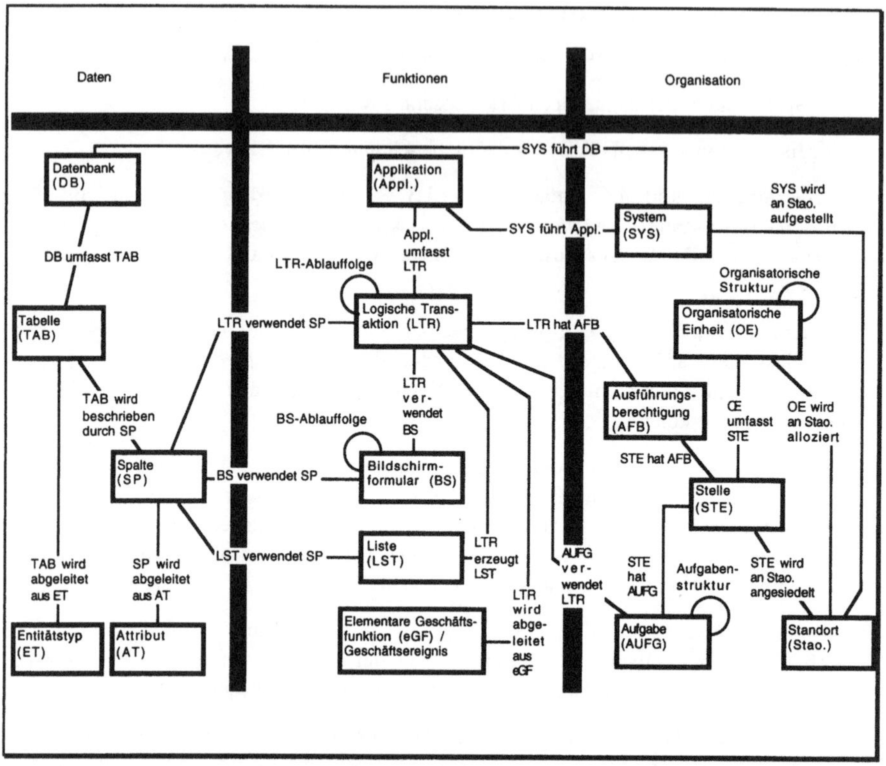

Abb. 3.1.3./1: Rudimentäres Metamodell für das externe Modell der EDV-Lösung

(3) Das Mikro-Organisationsmodell befasst sich schwerpunktmässig mit der Stellenbildung. Wenn an der Struktur und am Ablauf des Geschäftes Aenderungen vorgenommen wurden, die mit der Einführung der zu realisierenden EDV-Lösung in Kraft treten, wirkt sich das aus auf die Aufgaben, welche die Stellen wahrzunehmen haben. Konkret bedeutet dies, dass

- die Stellenbildung vor dem Hintergrund eines geänderten Geschäftssystems nochmals durchgeführt wird,
- die Stellenbeschreibungen entsprechend angepasst werden,
- die Stellen auf die Standorte neu verteilt werden und insbesondere die damit verbundenen Kapazitäten der einzelnen Stellen neu berechnet werden,
- die Ausführungsberechtigungen geregelt werden und
- der Zugang von Stellen zu den verschiedenen geplanten und/oder vorhandenen Rechnersystemen neu festgelegt werden muss.

Für die zentralen und dezentralen Rechnersysteme, die an definierten Standorten aufgestellt werden, ist festzulegen, welche Applikationen und Datenbanken diese führen.

Abb. 3.1.3./1 veranschaulicht die Inhalte des externen Modells der EDV-Lösung anhand eines rudimentären Metamodells. Das detaillierte Referenz-Metamodell umfasst insgesamt 69 Meta-Entitätstypen und ist in Pkt. 6.2. im Detail beschrieben.

3.1.4. Internes Modell der EDV-Lösung

Die vierte und letzte Ebene der Beschreibung von Informationssystemen ist die Ebene der Konstruktion der EDV-Lösung als ein Softwaresystem.

Wenn das EDV-System durch das externe Modell der EDV-Lösung spezifiziert ist, kann der Software-Ingenieur diese Spezifikation in physische Datenbankstrukturen und Programmstrukturen umsetzen. Dies geschieht mit Hilfe von bestimmten Programmiersprachen, Betriebssystemdiensten, Datenbankverwaltungssystemen, Netzwerkdiensten sowie von Benutzeroberflächen für den Dialogentwurf.

Auf der Datenseite geht es darum, aus der logischen Datenbankspezifikation einen physischen Datenbankentwurf zu erstellen, der auf die Eigenheiten und die Terminologie des Datenbankverwaltungssystems, in der eine Datenbank implementiert werden soll, Rücksicht nimmt. Beispielsweise wird eine Tabelle des logischen Datenentwurfes auf einem Filing-System oder einem CODASYL-Datenbankverwaltungssystem in einen Recordtyp, auf einer IMS-DB in einen Segmenttyp und auf einem relationalen System in eine DB-Tabelle abgebildet. Es existieren Abbildungsregeln, wie logische Datenbankstrukturen in physische Datenbankstrukturen zu transformieren sind [vgl. Vetter 2, S. 391ff]. Diese Abbildungsregeln sind spezifisch auf den Typ des Datenverwaltungssystems (z.B. konventionelle Filingsysteme; netzwerkartige, hierarchische, relationale oder neuerdings auch objektorientierte Datenbankverwaltungssysteme) ausgerichtet.

Auf der Funktionsseite geht es darum, die funktionale Spezifikation in Programme umzusetzen, diese Programme von ihrem Aufbau her zu strukturieren sowie den Ablauf festzulegen. Hauptanliegen des Entwurfes des Softwaresystems ist es, die Software so zu konstruieren, dass ein maximaler Grad an Wiederverwendbarkeit von Softwarekomponenten erzielt wird. Der objektorientierte Entwurf von Softwaresystemen trägt diesem Anliegen besonders Rechnung [vgl. Champeaux/Faure; Fleischer e.a.; Schaschinger e.a.; Behdjati e.a.], indem Objekttypenhierarchien resp. -netzwerke[1] gebildet werden, die primär dazu dienen, die Funktionalität in Form von mehrfach verwendbaren Prozeduren (in der objektorientierten Terminologie auch "Methoden" genannt) zu organisieren.

Der Daten- und Funktionsentwurf ist auf der Ebene des internen Modells der EDV-Lösung über Datenstrukturen gekoppelt. Datenstrukturen beschreiben die Struktur der Daten, wie sie sich der Applikation präsentieren, z.B. als DB-View, als DB-Record, als Bildschirm oder als Listen. Wenn ein Programm resp. eine mehrfach verwendbare Prozedur diese Dinge bearbeiten will, geschieht dies über Variablen, die entsprechend korrespondierende Datenstrukturen aufweisen. Nur die Variablen selbst enthalten konkrete Werte, d.h. Daten, die bearbeitet werden können.

---

1 Durch die Objekttypenhierarchien resp. -netzwerke entstehen sog. Vererbungsstrukturen.

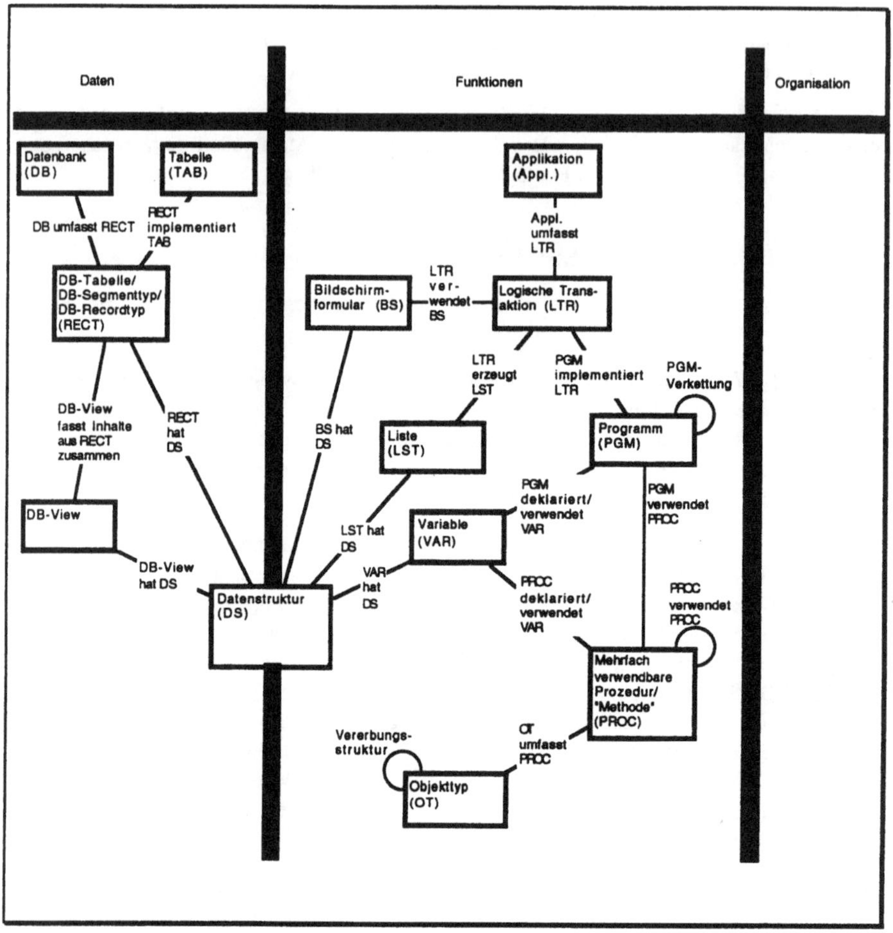

Abb. 3.1.4./1: Rudimentäres Metamodell für das interne Modell der EDV-Lösung

Das interne Modell der EDV-Lösung besteht somit aus zwei Submodellen:

(1) Das physische Datenmodell, das den logischen Datenentwurf pro Datenbank in eine physische Datenbankstruktur umsetzt. Der Begriff "physisch" wird verwendet, weil der Entwurf auf dieser Ebene für ein konkretes Datenbankverwaltungssystem gemacht wird und deshalb die spezifischen Eigenheiten (z.B. zugelassene Namensbildung, Clustering, Buffering oder Zugriffsmethoden) dieses Systems berücksichtigt werden müssen.

(2) Das physische Funktionsmodell, das im wesentlichen den strukturellen Aufbau des Softwaresystems (Objekttypenhierarchie resp. -netzwerk) sowie die wesentlichen Abläufe (z.B. Programmverkettungen zur Steuerung der physischen Transaktionsabläufe in einem TP-System[1], prozedurale Ablauflogik innerhalb von Programmen und mehrfach verwendbaren Prozeduren oder Aufrufbeziehungen von mehrfach

---

[1] Teleprocessing-System (z.B. CICS oder IMS-DC).

verwendbaren Prozeduren) darstellt. Der Begriff "physisch" wird auch hier verwendet, weil der Entwurf nicht losgelöst von der konkreten Implementationsumgebung durchgeführt werden kann. Der "physische" Funktionsentwurf muss auf die verwendeten Datenbanksysteme, Programmiersprachen, Netzwerkdienste etc. Rücksicht nehmen.

Abb. 3.1.4./1 stellt die wesentlichen Inhalte des internen Modells der EDV-Lösung überblicksmässig als rudimentäres Metamodell dar.

Im Rahmen dieser Arbeit wird auf die Konstruktion von EDV-Systemen nicht weiter eingegangen. Ein gültiges Referenzmodell für diesen Bereich kann zum heutigen Zeitpunkt schlecht erstellt werden, da die in diesem Bereich angetroffenen Technologien zu vielfältig sind, als dass sich daraus ein allgemeingültiges Referenzmodell ableiten liesse, das alle gängigen Konzepte konsistent konsolidieren könnte.

3.1.5. Zusammenfassung

Abb. 3.1.5./1 stellt die Betrachtungsebenen im Entwurf betrieblicher Informationssysteme mit ihren Teilmodellen überblicksmässig dar. Insgesamt wurden elf Modelle auf vier Ebenen identifiziert. Die Modelle sind jeweils nach den Kriterien "Daten", "Funktionen" und "Organisation" klassifiziert.

	Daten	Funktionen	Organisation
Informationssystem-Architektur	'unternehmensweites' konzeptionelles Datenmodell	'unternehmensweites' konzeptionelles Funktionsmodell	'unternehmensweites' Makro-Organisationsmodell
Modell des Geschäftssystems	konzeptionelles Datenmodell des Untersuchungs-bereiches (Projekt)	konzeptionelles Funktionsmodell des Untersuchungs-bereiches (Projekt)	Makro-Organisationsmodell des Untersuchungs-bereiches (Projekt)
Externes Modell der EDV-Lösung	logisches Datenmodell der Datenbank(en) des Projektes	logisches Funktionsmodell der Applikation(en) des Projektes	Mikro-Organisationsmodell des Untersuchungs-bereiches (Projekt)
Internes Modell der EDV-Lösung	physische Datenbank-struktur(en) der Datenbank(en) des Projektes	physische Programm-struktur(en) der Applikation(en) des Projektes	

Abb. 3.1.5./1: Betrachtungsebenen beim Entwurf betrieblicher Informationssysteme

Den roten Faden durch diese Betrachtungsebenen bilden die Begriffe "Datenbank" für den Datenaspekt, "Applikation" für den funktionalen Aspekt und "Organisatorische Einheit" für die organisatorische Dimension. Dies wird anhand der rudimentären Metamodelle in Abb. 3.1.1./1 - 3.1.4./1 gut ersichtlich. Datenbanken und Applikationen bilden den Ordnungsrahmen für die kontrollierte Weiterentwicklung des Informationssystems. Sie sind der Orientierungspunkt in der Planung des Informationssystems.

Die vorliegende Arbeit konzentriert sich auf die Ebenen "Modell des Geschäftssystems" und "Externes Modell der EDV-Lösung". Die detaillierten Modell-Strukturen sind in den Kapiteln 5 und 6 dargestellt.

3.2. Entwurfsphasen bei der Entwicklung betrieblicher Informationssysteme

Die oben dargestellten Betrachtungsebenen beim Entwurf betrieblicher, transaktionsorientierter Informationssysteme bilden den Rahmen für das Vorgehen in einem Projekt.

In einem Projekt können die folgenden Entwurfsphasen unterschieden werden:

(1) Voruntersuchung.

(2) Entwurf des Soll-Geschäftssystems.

(3) Logische Systemspezifikation für das EDV-System.

(4) Konstruktions-Design und Konstruktion des EDV-Systems,

Die Phasen (1) - (3) sind in den Kapiteln 4 bis 6 im Detail als Referenzmodell beschrieben.

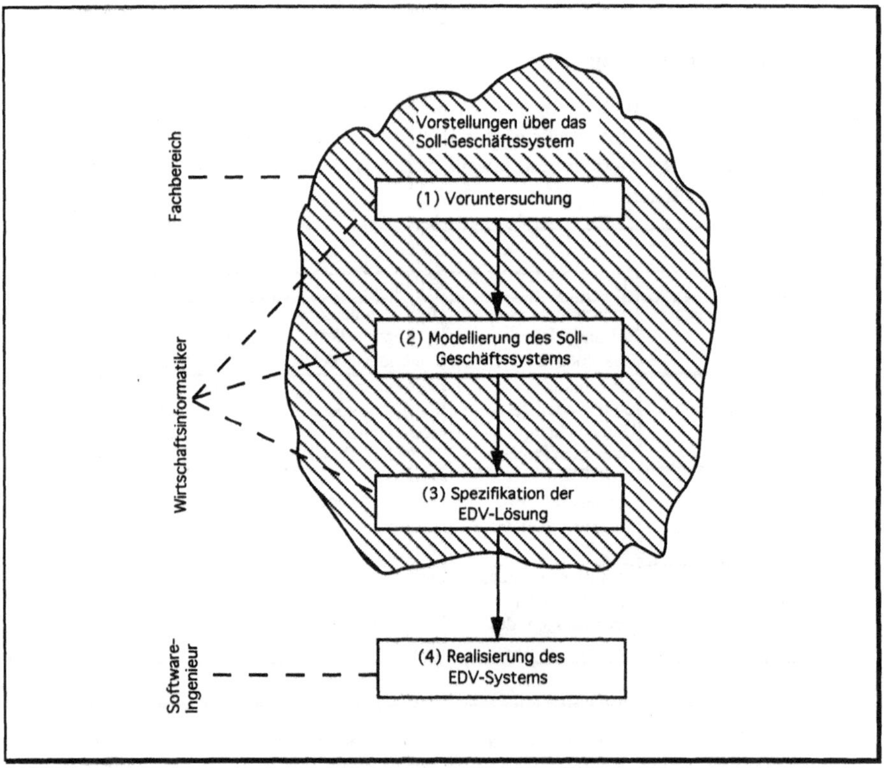

Abb. 3.2./1: Aufgabenteilung im Entwurfsprozess (revidiert)

In der Voruntersuchung geht es aus Entwurfssicht vor allem darum, das Geschäftssystem grob abzugrenzen. Es muss explizit festgelegt werden, wo die System-Grenzen der zu realisierenden EDV-Lösung liegen. Erst dann kann das Projekt überhaupt geplant werden.

Im Entwurf des Soll-Geschäftssystems wird das vom Fachbereich entwickelte Soll-Geschäftssystem modelliert. Wir gehen im Rahmen dieser Arbeit davon aus, dass die Entwicklung der zukünftigen betrieblichen Strukturen und Abläufe durch den Fachbereich gemeinsam mit der formalen Modellierung dieser Geschäftslösung durch den Wirtschaftsinformatiker durchgeführt wird. Am Ende dieser Entwurfsphase liegt ein konzeptionelles Daten-, Funktions- und Organisationsmodell vor, das aus informationsverarbeitender Sicht darlegt, wie das Geschäft in dem durch das Projekt zu bearbeitenden Untersuchungsbereich in Zukunft ablaufen soll, noch ohne auf Belange des EDV-Systems einzugehen.

Abb. 3.2./1 zeigt eine revidierte Fassung von Abb. 3./1, die der Aussage Rechnung tragen will, dass Entwicklung des Geschäftssystems (durch den Fachbereich) und formale Modellierung (durch den Wirtschaftsinformatiker) simultan stattfinden. Der Fachbereich trägt die Verantwortung für das Soll-Geschäftssystem. Der Wirtschaftsinformatiker versucht die formalisierbaren Aspekte der Informationsverarbeitung festzuhalten.

Aufbauend auf dem Modell des Geschäftssystems, wird bei der logischen Systemspezifikation eine detaillierte Spezifikation für das zu schaffende EDV-System erstellt. Ebenfalls wird die Organisation im Detail in Zusammenarbeit mit dem Fachbereich geplant. Für die detaillierte Modellierung der Organisation müssen entsprechend die Vorstellungen des Fachbereichs bezüglich Geschäftslösung weiterentwickelt werden. Aus diesem Grund überlappt die schraffierte Fläche, welche die Vorstellungen des Fachbereichs darstellt, auch diese Entwurfsphase.

Die Abgrenzung zwischen den Phasen 2 und 3 dient der Stabilisierung des Entwurfes zu einem frühen Zeitpunkt. Die logische Systemspezifikation ist vom Volumen her wesentlich umfassender und von der Strukturierung her erheblich komplexer als das Modell des Soll-Geschäftssystems. Das Modell des Soll-Geschäftssystems ist ein sogenanntes essentielles Modell, dass die wesentlichen Grundzüge der Informationsverarbeitung im Geschäftssystem aufzeigt. Die logische Systemspezifikation führt dieses Modell weiter, ergänzt es um viele weitere Aspekte (siehe Kapitel 6), die auf der Ebene der Geschäftssystemodellierung nicht essentiell, aber für die Spezifikation der EDV-Lösung unabdingbar notwendig sind. Durch die explizite Bestätigung des Modells des Soll-Geschäftssystems am Ende der Phase 2 soll erreicht werden, dass die Phase 3 auf einem stabilen Geschäftsmodell aufsetzt, damit dieses nicht vom Fachbereich während der Erstellung der EDV-Spezifikation wieder verworfen und restrukturiert wird. Dies hätte unangenehme Auswirkungen auf die Struktur der EDV-Lösung, indem diese permanant restrukturiert werden müsste. Da hier aber viel mehr Details im Spiel sind, würde dies zu einer unkontrollierbaren Situation führen.

Die letzte Entwurfsphase ist die des Konstruktions-Designs und der Konstruktion der EDV-Lösung. In dieser Phase wird die Systemspezifikation, die als externes Modell der EDV-Lösung vorliegt, in physische Datenbankstrukturen und Programmstrukturen umgesetzt.

Die Abgrenzung zwischen Entwurfsphase 3 und 4 ergibt sich durch den Wechsel des Aufgabenträgers: Der Wirtschaftsinformatiker spezifiziert die Lösung; der Software-Ingenieur realisiert sie. Die Phasenabgrenzung begründet sich - wie die Trennung zwischen Phase 2 und 3 - auch damit, dass das EDV-System zuerst spezifiziert sein muss, bevor es konstruiert werden kann. Ohne Vorlage einer Spezifikation müsste auf Konstruktions-

Ebene laufend umstrukturiert werden, was sehr aufwendig ist, weil auf dieser höchsten Detaillierungsstufe des Informationssystems die Übersicht schnell verlorengeht.

In den folgenden Kapiteln wird das Referenzmodell für den Entwurf betrieblicher Administrations- und Dispositionssysteme im Detail dargestellt. Kapitel 4 enthält die Voruntersuchung, Kapitel 5 stellt den Entwurf des Soll-Geschäftssystems dar und Kapitel 6 befasst sich schliesslich mit der Erstellung der logischen Systemspezifikation. Das Referenzmodell geht ausschliesslich auf Aspekte des Entwurfes ein. Aspekte der Qualitätssicherung, des Versions- und Konfigurationsmanagements, der Projektplanung, -steuerung und -kontrolle werden hier nicht behandelt. Diese weiterführenden Aspekte werden momentan im CC RIM bearbeitet, wo bis Ende 1993 ein umfassendes Managementmodell für die Entwicklung betrieblicher, transaktionsorientierter Informationssysteme entsteht.

4. Referenzmodell der Voruntersuchung

Der Zweck der Voruntersuchung liegt aus Entwurfssicht vor allem darin,

- ein Projektarchiv mit Dokumentation über das Geschäftssystem aufzubauen,
- den Untersuchungsbereich des Projektes klar abzugrenzen und
- Probleme und Anforderungen zu dokumentieren

[vgl. SSADM 1, S. F-FS-5 ff; JMA/BAA, S. 387 ff; NAVIGATOR/Analysis Phase Manual, S. 1-23 ff].

4.1. Aktivitäten der Voruntersuchung

Die Voruntersuchung lässt sich ihrem Zweck entsprechend folgendermassen gliedern:

```
A.1.1. Informationen über das Ist-Geschäftssystem sammeln
A.1.2. Durchführung der Systemabgrenzung
  A.1.2.1. Relevanten Ausschnitt aus der IS-Architektur bestimmen
  A.1.2.2. Untersuchungsbereich bestimmen / Systemgrenze abstecken
A.1.3. Initiale Probleme und Anforderungen darstellen
A.1.4. Planung der Analyse
```

Die Ablauffolge der Aktivitäten der Voruntersuchung ist in Bild 4.1./1 dargestellt.

4.1.1. Informationen über das Ist-Geschäftssystem sammeln

Der Zweck dieser Aktivität besteht darin, ein Projektarchiv über das Ist-Geschäftssystem aufzubauen und sich mit dem Untersuchungsbereich vertraut zu machen.

Der Projektauftrag wird analysiert, und man versucht, schriftliche Dokumente zu erhalten, die das Ist-Geschäftssystem, in dessen Rahmen ein neues Informationssystem entstehen soll, beschreiben.

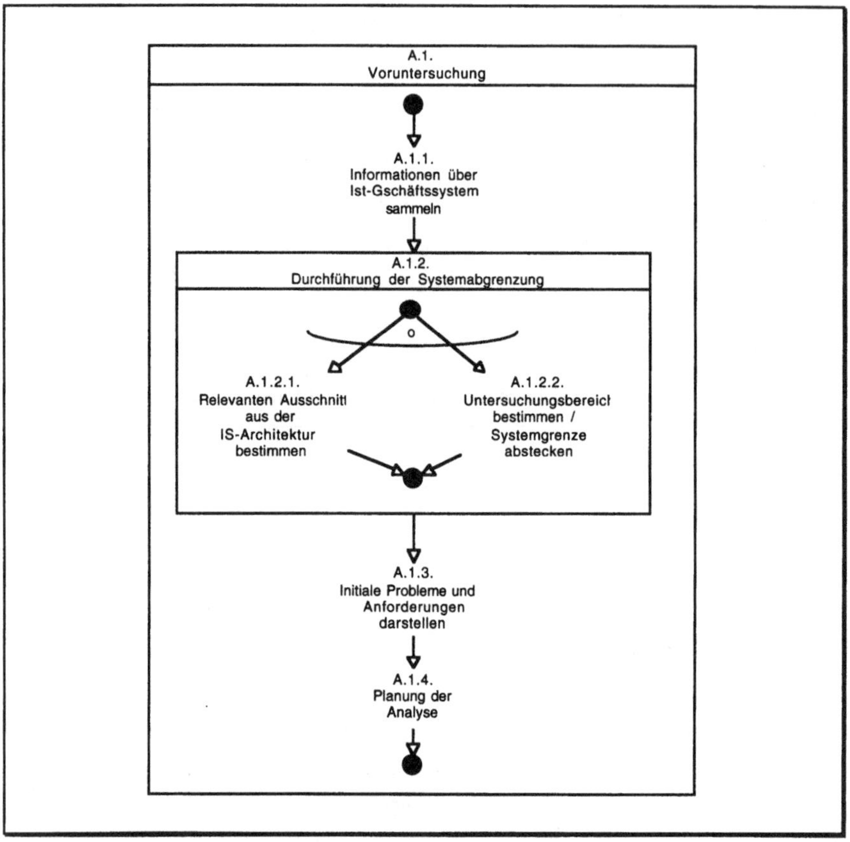

Abb. 4.1./1: Ablauffolge der Aktivitäten der Voruntersuchung

Bei dieser Dokumentation kann es sich z.B.

- um das schriftlich formulierte Unternehmenskonzept [s. Ulrich 2, S. 99 ff],
- um die bestehende Systemdokumentation der existierenden EDV-Lösung (Dialoge, Listen, File- und Datenbankbeschreibungen),
- um die bestehende, heute installierte EDV-Infrastruktur (Computer, Terminals, Drucker etc.),
- um einen Satz aller vorgedruckten Formulare,
- um Organigramme sowie um ablauforganisatorische Regelungen,
- um für das Projekt relevante fachliche Unterlagen (wie z.B. Tarif-Handbücher oder Artikelgruppen-Strukturen) oder/und
- um Gesprächsnotizen aus Interviews

handeln.

Input:

- Projektauftrag.
- Unternehmenskonzept.
- Bestehende Systemdokumentation für Benutzer und Informatiker.
- Bestehende organisatorische Regelungen.
- Weitere projektrelevante Dokumentation.

Output (neu):

- Initiale Dokumentation des Ist-Geschäftssystems.

Nachdem eine erste Orientierung über das bestehende Ist-Geschäftssystem anhand der beschafften Dokumente und der Analyse des Projektauftrages erfolgt ist, geht es darum, das Projekt abzugrenzen, um den Untersuchungsbereich für die Analyse klar abzustecken.

4.1.2. Durchführung der Systemabgrenzung

Die Systemabgrenzung legt den Untersuchungsrahmen für die Analyse fest. Die Abgrenzung kann grundsätzlich auf zwei Arten durchgeführt werden: Wenn eine IS-Architektur existiert, kann für die Abgrenzung der relevante Ausschnitt aus den übergeordneten Modellen, die im Rahmen der IS-Architektur erstellt wurden, bestimmt werden. Wenn keine IS-Architektur existiert, müssen die Systemgrenzen explizit neu modelliert werden.

4.1.2.1. Relevanten Ausschnitt aus der IS-Architektur bestimmen

Falls eine IS-Architektur existiert, wird der Untersuchungsbereich abgegrenzt, indem der relevante Ausschnitt aus der IS-Architektur bestimmt und (elektronisch oder auf Papier) verfügbar gemacht wird. Hierbei handelt es sich um Ausschnitte aus dem unternehmens- oder bereichsweiten[1] Datenmodell und Funktionsmodell. Meistens wird der relevante Ausschnitt der IS-Architektur schon als Bestandteil des Projektauftrages mitgeliefert [s. JMA/BAA, S. 402].

Die explizite Aufzählung der betroffenen Entitätstypen und Datenbanken[2] sowie Geschäftsfunktionen und Applikationen[3] aus den unternehmensweit gültigen Modellen ermöglichen eine scharfe Systemabgrenzung.

---

1 In der Folge wird nur noch von unternehmensweiten Modellen gesprochen, auch wenn damit bereichsweite Modelle nicht ausgeschlossen sind.

2 Eine Datenbank ist eine logische Gruppierung von Entitätstypen, die unter Berücksichtigung ihrer Speicherung, Verarbeitung und Verwendung von den Geschäftsfunktionen gruppiert werden [s. Hilbers, S. 54]. Jeder Entitätstyp geht in genau eine Datenbank ein.

3 Zum Begriff "Applikation" s. [Hilbers, S. 50]. Die Information Engineering Methodology verwendet hier auch den Begriff "Business System" [s. JMA/ISP, S. 261ff]. Eine Applikation wird durch die Zusammenfassung (Clustering) von Geschäftsfunktionen und ihrer Datenverwendung gebildet. Jede nichtmanuelle Geschäftsfunktion geht in genau eine Applikation ein.

```
Input:

- Projektauftrag.
- Unternehmensweites Datenmodell.
- Unternehmensweites Funktionsmodell.

Output  (neu):

- Liste der projektrelevanten Entitätstypen.
- Liste der projektrelevanten Datenbanken.
- Liste der projektrelevanten Geschäftsfunktionen.
- Liste der projektrelevanten Applikationen.
```

Eine Definition der Komponenten einer IS-Architektur ist z.B. enthalten in [Hilbers; Oesterle e.a.; Olle e.a. 2; JMA/ISP; NAVIGATOR/Planning Phase Manual].

4.1.2.2. Untersuchungsbereich bestimmen / Systemgrenze abstecken

Falls keine IS-Architektur besteht, die schon einen Rahmen für das Projekt bietet, muss die Systemgrenze explizit modelliert werden. Diese kann mit der Hilfe eines Kontext-Diagramms [vgl. SSADM 2, S. RA-DFM-27; Gane/Sarson, S. 50ff] dargestellt werden, das alle heute bekannten Kommunikationsflüsse im Bereich des geplanten Informationssystems von resp. zu den externen Agenten aufzeigt. Die Diskussion mit den Benutzern, welche bestehenden Kommunikationsflüsse das geplante Informationssystem nun verarbeiten resp. erzeugen können muss, führt zur erwünschten Systemabgrenzung.

Eine weitere Verfeinerung findet statt, indem das Kontext-Diagramm in Diskussion mit den zukünftigen Anwendern und durch Studium der bestehenden Dokumentation des Ist-Geschäftssystems in ein Datenflussdiagramm der ersten Stufe (Level 1) aufgebrochen wird, das die fünf bis 15 Geschäftsfunktionen des Ist-Geschäftssystems enthält.

Als Systemabgrenzung kann ebenfalls ein initiales, grobes Datenmodell des Ist-Geschäftssystems dienen [s. SSADM 2, RA-SM-16], das alle im Untersuchungsbereich relevanten Kern-Entitätstypen [vgl. Vetter 1, S. 158][1] ausweist.

---

[1] Dort als "Kernentitätsmengen" und "Kernbeziehungsmengen" bezeichnet.

```
Input:

- Projektauftrag.
- Initiale Dokumentation des Ist-Geschäftssystems.

Output (neu):

- Kontext-Diagramm (Ist).
- Datenflussdiagramm (Level 1) (Ist).
- Gesamtdatenmodell (Ist, grob).
```

4.1.3. Initiale Probleme und Anforderungen darstellen

Nachdem die Systemgrenze durch die Bestimmung des relevanten Ausschnittes aus der IS-Architektur resp. durch die explizite Modellierung der Systemgrenze definiert ist, sollen alle Probleme und Anforderungen, die bis zu diesem Zeitpunkt aufgekommen sind, formal in einer Problem-/Anforderungsliste gesammelt werden.

Zweck der Problem-/Anforderungsliste ist es, zu lösende Probleme resp. zu erfüllende funktionale oder nicht funktionale Anforderungen aufzuführen, damit der Entwurf zu bestimmten Review-Zeitpunkten geprüft werden kann.

Quellen für die Problem-/Anforderungsliste sind einerseits der Projektauftrag, andererseits die Gespräche und Interviews, die mit den Benutzern während der Sammlung von Informationen über das Ist-Geschäftssystem und bei der Systemabgrenzung geführt worden sind.

```
Input:

- Projektauftrag.
- Initiale Dokumentation des Ist-Geschäftssystems.

Output (neu):

- Problem-/Anforderungsliste.
```

4.1.4. Planung der Analyse

Nachdem der Projektauftrag verstanden und der Untersuchungsbereich klar abgegrenzt ist sowie die initialen Probleme und Anforderungen festgehalten sind, kann die Planung der Analyse, die zum Ziel hat, ein Soll-Geschäftssystem zu modellieren, angegangen werden.

Die Hauptergebnisse der Planung der Analyse umfassen

- einen Aktivitätenplan,
- einen Ergebnisplan,
- einen Mitarbeiter-Einsatzplan sowie
- projektspezifische Standards wie Namenskonventionen, Qualitätsstandards etc..

Da diese Aktivität mehr Management- als Entwurfscharakter hat, wird sie nicht näher betrachtet (s. Pkt. 3.2.).

Input:

- Projektauftrag.
- Liste der projektrelevanten Entitätstypen.
- Liste der projektrelevanten Datenbanken.
- Liste der projektrelevanten Geschäftsfunktionen.
- Liste der projektrelevanten Applikationen.
- Problem-/Anforderungsliste.

oder

- Projektauftrag.
- Kontext-Diagramm (Ist).
- Datenflussdiagramm (Level 1) (Ist).
- Gesamtdatenmodell (Ist, grob).
- Problem-/Anforderungsliste.

Output (neu):

- Detailprojektplan für die Analyse.

4.2. Metamodell der Voruntersuchung

Das Metamodell zeigt die Datenseite der Voruntersuchung.

Im Metamodell sind alle formalisierbaren Bestandteile der Ergebnisse der Voruntersuchung enthalten. Bei der Beschreibung der Ergebnisse der Voruntersuchung (s. Pkt.4.3.) wird pro Ergebnis jeweils eine entsprechende Sicht auf das Metamodell gebildet.

Folgende Meta-Entitätstypen wurden für die Voruntersuchung identifiziert (alphabetisch geordnet):

Fundamental und Spezialisierung
- Applikation
- Beziehung
- Datenbank
- Datenfluss
- Datenspeicher
- Datenspeicherverwendung
- Entitätstyp
- Externer Agent
- Geschäftsfunktion
- Kommunikationsfluss

Strukturell Geschäftsfunktion-Hierarchie Zentrale Tabelle Datenspeicher-Verwendungsart Assoziativ Entitätstyp in Beziehung

Das Metamodell der Voruntersuchung ist in drei problemorientierte Sichten aufgeteilt. Die erste Sicht behandelt die funktionale Perspektive und die zweite Sicht die Datenperspektive. Die dritte Sicht zeigt schliesslich den Zusammenhang zur IS-Architektur auf.

4.2.1. Geschäftsfunktionen und Datenflüsse

Sicht 1 in Bild 4.2.1./1 stellt die funktionale Perspektive dar, wie sie für die Voruntersuchung verwendet wird.

Zentrales Element bildet die Geschäftsfunktion, die hierarchisch zerlegt sein kann. Der Name des Wurzelknotens in der Geschäftsfunktionshierarchie entspricht dem Namen des zu analysierenden Geschäftssystems (z.B. "Verkauf").

Für diese oberste Geschäftsfunktion kann zur Systemabgrenzung (s. Pkt. 4.1.2.2. u. Pkt. 4.3.6.) ein Kontext-Diagramm erstellt werden, das die Kommunikationsflüsse im Umfeld des Ist-Geschäftssystems zeigt. Ein Kommunikationsfluss symbolisiert den Transport von Daten zwischen dem analysierten Geschäftssystem und der Aussenwelt. Externe Agenten stellen die Aussenwelt dar. Sie sind die finalen Konsumenten resp. die initialen Produzenten von Informationen.

Falls nebst dem Kontext-Diagramm noch ein Datenflussdiagramm der obersten Stufe für das Ist-System zwecks Systemabgrenzung erstellt wird (s. Pkt. 4.1.2.2. u. 4.3.7.), werden die Geschäftsfunktionen des Ist-Systems mit ihren Kommunikationsflüssen und zusätzlich mit ihren Datenspeicherverwendungen aufgeführt. Ein Datenspeicher stellt permanent gespeicherte Daten dar (z.B. "Kundenbestand" oder "Fakturabestand"), auf welche die Geschäftsfunktionen wiederholt zurückgreifen. Mit welchen Datenspeichern eine Geschäftsfunktion auf welche Art interagiert[1], zeigt die Komponente "Datenspeicherverwendung". Jede Datenspeicherverwendung ist von einer bestimmten Art.

Kommunikationsflüsse und Datenspeicherverwendungen sind Subtypen von Datenflüssen. Jeder Datenfluss ist entweder ein Kommunikationsfluss oder eine Datenspeicherverwendung.

Üblicherweise steht am Ende der Voruntersuchung eine zweistufige Geschäftsfunktionshierarchie. Der Wurzelknoten bildet das zu analysierende Geschäftssystem (z.B. "Verkauf"). Die Blattknoten auf der zweiten Stufe bilden die Hauptgeschäftsfunktionen (z.B. "Kunden verwalten", "Aufträge verwalten" und "Aufträge prüfen und ausführen").

---

[1] z.B. Lesen von Daten, Erzeugen von Daten etc..

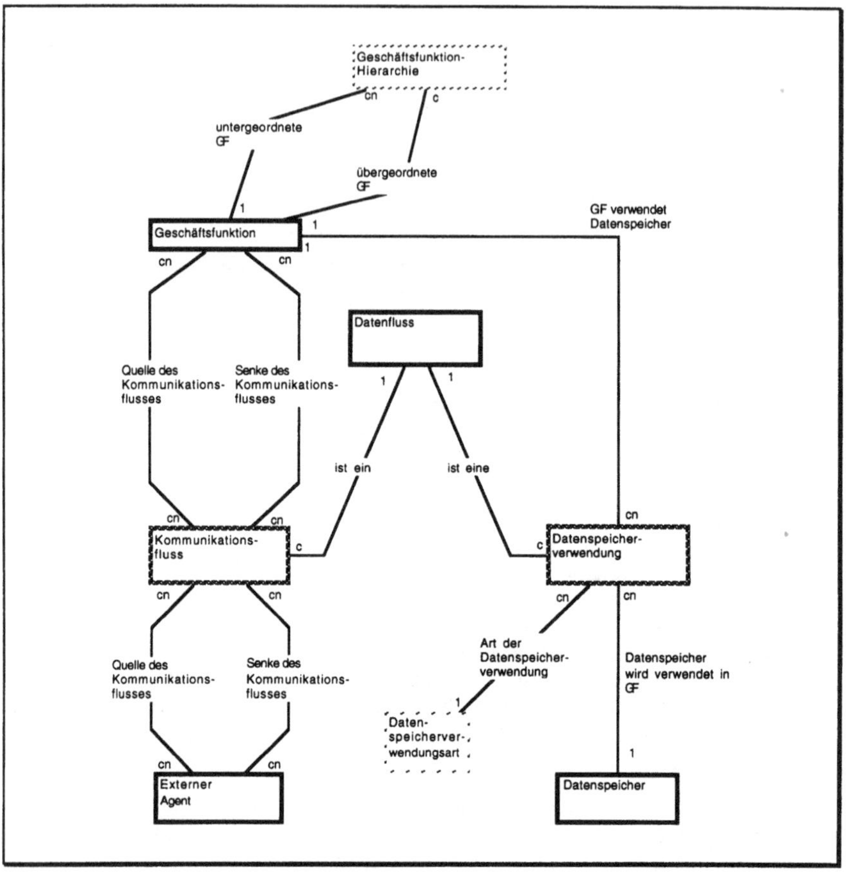

Abb. 4.2.1./1: Sicht 1 - Geschäftsfunktionen und Datenflüsse

Nachfolgend sind die einzelnen Meta-Entitätstypen strukturiert beschrieben.

4.2.1.1. Geschäftsfunktion

Synonyme: Funktion, Process, Activity, Business Activity, GF

Komp.Typ: Fundamental

Beschreibung: Eine Geschäftsfunktion ist eine funktionale Verarbeitungseinheit, die aus einer geschäftlichen (betriebswirtschaftlichen) Perspektive erhoben wurde.

Bei der Geschäftsfunktion ist nicht bestimmt, ob und wie sie durch die EDV unterstützt ist oder nicht.

Geschäftsfunktionen werden hierarchisch strukturiert (s. Komponente "Geschäftsfunktion-Hierarchie"). In einer typischen Ist-Systemanalyse werden im Rahmen der Voruntersuchung ca. fünf - 15

Geschäftsfunktionen auf der ersten Hierarchiestufe (Level 1) identifiziert.

Beziehungen: Zu "Geschäftsfunktion-Hierarchie" (Sicht 1): Eine Geschäftsfunktion hat eine oder keine übergeordnete Geschäftsfunktion.

Zu "Geschäftsfunktion-Hierarchie" (Sicht 1): Eine Geschäftsfunktion hat eine, keine oder mehrere untergeordnete Geschäftsfunktionen.

Zu "Kommunikationsfluss" (Sicht 1): Eine Geschäftsfunktion kann einmal, keinmal oder mehrmals Quelle von Kommunikationsflüssen sein. Die Quelle eines Kommunikationsflusses können eine, keine oder mehrere Geschäftsfunktionen sein.

Zu "Kommunikationsfluss" (Sicht 1): Eine Geschäftsfunktion kann einmal, keinmal oder mehrmals Senke von Kommunikationsflüssen sein. Die Senke eines Kommunikationsflusses können eine, keine oder mehrere Geschäftsfunktionen sein.

Zu "Datenspeicherverwendung" (Sicht 1): Eine Geschäftsfunktion verwendet einen, keinen oder mehrere Datenspeicher.

Zu "Applikation" (Sicht 3): Wenn die Geschäftsfunktion EDV-gestützt ist, wird sie in genau einer Applikation realisiert. Eine Applikation umfasst eine oder mehrere Geschäftsfunktionen.

Attribute: GF-Nr. - Nummer zur Identifikation der Geschäftsfunktion.

Name - Name der Geschäftsfunktion.

Applikation (optional) - Name der Applikation, in der die Geschäftsfunktion realisiert wird.

4.2.1.2. Geschäftsfunktion-Hierarchie

Synonyme: Funktionsstruktur, Functional Decomposition

Komp.Typ: Strukturell (von Geschäftsfunktion)

Beschreibung: Geschäftsfunktionen können in untergeordnete Geschäftsfunktionen zerlegt werden.

Diese komplexbildende Zerlegungsbeziehung ist keine Verwendungsbeziehung ("ruft auf") und auch keine klassenbildende Beziehung ("ist Spezialisierung von").

Beziehungen: Zu "Geschäftsfunktion" (Sicht 1): Eine Geschäftsfunktion hat eine oder keine übergeordnete Geschäftsfunktion.

Zu "Geschäftsfunktion" (Sicht 1): Eine Geschäftsfunktion hat eine, keine oder mehrere untergeordnete Geschäftsfunktionen.

Attribute: Übergeordnete Geschäftsfunktion - Nummer der übergeordneten Geschäftsfunktion.

Untergeordnete Geschäftsfunktion - Nummer der untergeordneten Geschäftsfunktion.

4.2.1.3. Externer Agent

Synonyme: External Unit, externe Einheit, EA, externes System

Komp.Typ: Fundamental

Beschreibung: Ein externer Agent ist eine Organisation, eine Benutzergemeinschaft, ein Informationssystem etc., das ausserhalb des Untersuchungsbereiches der gegenwärtigen Analyse ist, aber dennoch über Datenflüsse mit dem Geschäftssystem, das analysiert wird, interagiert. Die externen Agenten können als die finalen Konsumenten resp. initialen Produzenten von Informationen angesehen werden. Sie repräsentieren die Umwelt für den durch die Analyse untersuchten Teilausschnitt.

Beziehungen: Zu "Kommunikationsfluss" (Sicht 1): Ein externer Agent kann einmal, keinmal oder mehrmals Quelle von Kommunikationsflüssen sein. Die Quelle eines Kommunikationsflusses können ein, keine oder mehrere externe Agenten sein.

Zu "Kommunikationsfluss" (Sicht 1): Ein externer Agent kann einmal, keinmal oder mehrmals Senke von Kommunikationsflüssen sein. Die Senke eines Kommunikationsflusses können ein, keine oder mehrere externe Agenten sein.

Attribute: EA-Code - Abkürzung für den externen Agenten.

EA-Name - Name des externen Agenten.

4.2.1.4. Datenspeicher

Synonyme: Information Set, Data Store, DS, Informationsklasse

Komp.Typ: Fundamental

Beschreibung: Ein Datenspeicher steht für eine Kategorie von auf Dauer gespeicherten Daten. Auf diese Daten soll wiederholt zugegriffen werden können. Der Datenspeicher liefert (nebst den Kommunikationsflüssen) die Eingabedaten für eine oder mehrere Geschäftsfunktionen. Eine oder mehrere Geschäftsfunktionen erzeugen resp. mutieren/löschen Daten in Datenspeichern.

Beziehung: Zu "Datenspeicherverwendung" (Sicht 1): Ein Datenspeicher wird von einer, keiner oder mehreren Geschäftsfunktionen verwendet.

Attribute: DS-Nummer - Fortlaufende Nummer des Datenspeichers.

DS-Name - Name des Datenspeichers.

4.2.1.5. Datenfluss

Synonyme: Flow, Data Flow, DF

Komp.Typ: Fundamental

Beschreibung: Ein Datenfluss symbolisiert den Transport von bestimmten Daten zwischen Geschäftsfunktionen, externen Agenten und Datenspeichern.

Ein Fluss kann ein Kommunikationsfluss oder eine Datenspeicherverwendung sein (s. Komponenten "Kommunikationsfluss" und "Datenspeicherverwendung").

Beziehungen: Zu "Kommunikationsfluss" (Sicht 1): Ein Datenfluss kann ein Kommunikationsfluss sein.

Zu "Datenspeicherverwendung" (Sicht 1): Ein Datenfluss kann eine Datenspeicherverwendung sein.

Attribute: Fluss-Nr. - Eindeutige Nummer des Flusses.

Fl.-Art - Art des Flusses: Kommunikationsfluss oder Datenspeicherverwendung.

Fl.-Name - Name des Flusses.

4.2.1.6. Kommunikationsfluss

Synonyme: -

Komp.Typ: Spezialisierung (von Datenfluss)

Beschreibung: Der Kommunikationsfluss ist eine Spezialisierung von Datenfluss.

Ein elementarer Kommunikationsfluss hat immer genau eine Quelle, die eine Geschäftsfunktion oder ein externer Agent sein kann, und genau eine Senke, die wiederum eine Geschäftsfunktion oder ein externer Agent sein kann.

Ein Kommunikationsfluss, der durch eine eindeutige Flussnummer identifiziert wird, kann in der Beschreibung in mehrere elementare Kommunikationsflüsse zerfallen, da Flüsse auf verschiedenen Verfeinerungsstufen von Geschäftsfunktionen aufgeführt werden. Somit kann ein Kommunikationsfluss potentiell mehrere Quellen und Senken haben. Ebenso ist es denkbar, dass verschiedene externe Agenten gleichzeitig Sender oder Empfänger von Kommunikationsflüssen sind.

Beziehungen: Zu "Geschäftsfunktion" (Sicht 1): Eine Geschäftsfunktion kann einmal, keinmal oder mehrmals Quelle von Kommunikationsflüssen sein. Die Quelle eines Kommunikationsflusses können eine, keine oder mehrere Geschäftsfunktionen sein.

Zu "Geschäftsfunktion" (Sicht 1): Eine Geschäftsfunktion kann einmal, keinmal oder mehrmals Senke von Kommunikationsflüssen sein. Die

Senke eines Kommunikationsflusses können eine, keine oder mehrere Geschäftsfunktionen sein.

Zu "Externer Agent" (Sicht 1): Ein externer Agent kann einmal, keinmal oder mehrmals Quelle von Kommunikationsflüssen sein. Die Quelle eines Kommunikationsflusses können ein, keine oder mehrere externe Agenten sein.

Zu "Externer Agent" (Sicht 1): Ein externer Agent kann einmal, keinmal oder mehrmals Senke von Kommunikationsflüssen sein. Die Senke eines Kommunikationsflusses können ein, keine oder mehrere externe Agenten sein.

Zu "Datenfluss" (Sicht 1): Ein Datenfluss kann ein Kommunikationsfluss sein.

Attribute:

Fluss - Nummer des Flusses, der eine Geschäftsfunktion resp. einen externen Agenten mit einer Geschäftsfunktion resp. einem externen Agenten verbindet.

Elementare Flüsse (*) - Auflistung der elementaren Flüsse des Kommunikationsflusses.

Von (o) - Quelle des elementaren Kommunikationsflusses.

Geschäftsfunktion - Nummer der Geschäftsfunktion, falls die Quelle des Kommunikationsflusses eine Geschäftsfunktion ist.

Externer Agent - EA-Code des externen Agenten, falls die Quelle des Kommunikationsflusses ein externer Agent ist, d.h. ausserhalb des betrachteten Systems entspringt.

Zu (o) - Senke des elementaren Kommunikationsflusses.

Geschäftsfunktion - Nummer der Geschäftsfunktion, falls die Senke des Kommunikationsflusses eine Geschäftsfunktion ist.

Externer Agent - EA-Code des externen Agenten, falls die Senke des Kommunikationsflusses ein externer Agent ist.

4.2.1.7. Datenspeicherverwendung

Synonyme: -

Komp.Typ: Spezialisierung (von Datenfluss)

Beschreibung: Die Datenspeicherverwendung ist eine Spezialisierung von Datenfluss.

An dieser Stelle wird gezeigt, welche Geschäftsfunktionen mit welchen Datenspeichern in welcher Art interagieren. Es wird also gezeigt, dass Daten aus bestimmten Datenspeichern in Geschäftsfunktionen eingehen und dass Daten aus bestimmten Datenspeichern von Geschäftsfunktionen erzeugt resp. mutiert/gelöscht werden.

Beziehungen: Zu "Geschäftsfunktion" (Sicht 1): Eine Geschäftsfunktion verwendet einen, keinen oder mehrere Datenspeicher.

Zu "Datenspeicher" (Sicht 1): Ein Datenspeicher wird von einer, keiner oder mehreren Geschäftsfunktionen verwendet.

Zu "Datenfluss" (Sicht 1): Ein Datenfluss kann eine Datenspeicherverwendung sein.

Zu "Datenspeicherverwendungsart" (Sicht 1): Jede Datenspeicherverwendung ist von einer bestimmten Art. Eine Datenspeicherverwendungsart kommt in einer, keiner oder mehreren Datenspeicherverwendungen vor.

Attribute: Fluss - Nummer des Flusses, der die Beziehung "Geschäftsfunktion - Datenspeicher" herstellt.

Geschäftsfunktion - Nummer der Geschäftsfunktion, die mit dem Datenspeicher interagiert.

Verw.Art - Art der Verwendung des Datenspeichers durch die Geschäftsfunktion (s. Komponente "Datenspeicherverwendungsart").

Datenspeicher - Nummer des Datenspeichers, der von der Geschäftsfunktion verwendet wird.

4.2.1.8. Datenspeicherverwendungsart

Synonyme: Involvement Type

Komp.Typ: Zentrale Tabelle

Beschreibung: Ein Datenspeicher kann auf mehrere Arten von einer Geschäftsfunktion verwendet werden (z.B.: als Eingabe, als Ausgabe, für Löschung, für Mutation).

Beziehung: Zu "Datenspeicherverwendung" (Sicht 1): Jede Datenspeicherverwendung ist von einer bestimmten Art. Eine Datenspeicherverwendungsart kommt in einer, keiner oder mehreren Datenspeicherverwendungen vor.

Attribute: Verw.Art - Code für die Art der Verwendung.

Beschreibung - Detaillierte Beschreibung der Verwendungsart.

4.2.2. Entitätstypen und Beziehungen

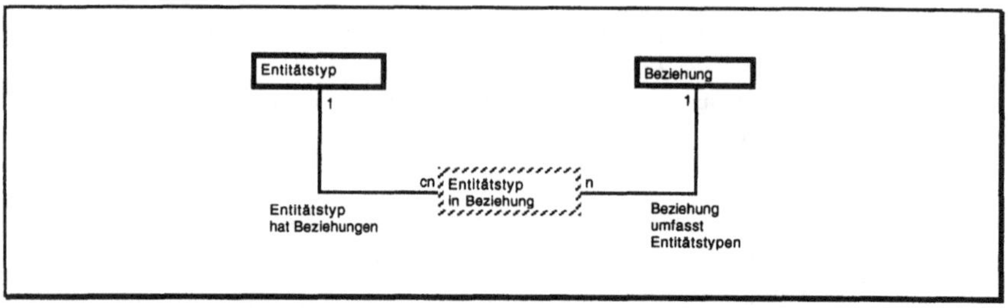

Abb. 4.2.2./1: Sicht 2 - Entitätstypen und Beziehungen

Bild 4.2.2./1 mit Sicht 2 zeigt den Datenaspekt der Voruntersuchung. Es werden, ebenfalls für die Systemabgrenzung, alle heute im Ist-Geschäftssystem bekannten Kern-Entitätstypen und Beziehungen in einem Datenmodell dargestellt. So entsteht ein Datenmodell mit den ca. fünf bis 15 wichtigsten Entitätstypen sowie den Beziehungen zwischen diesen.

4.2.2.1. Entitätstyp

Synonyme: Entity Type, Objektklasse, ET

Komp.Typ: Fundamental

Beschreibung: Ein Entitätstyp repräsentiert die Klasse von gegeneinander abgrenzbaren Objekten (Entitäten) derselben Objektklasse aus der realen Welt (z.B. Entitätstyp "Kunde", "Vertrag" oder "Faktura").

Beziehungen: Zu "Entitätstyp in Beziehung" (Sicht 2): Ein Entitätstyp ist in eine, keine oder mehrere Beziehungen involviert.

Zu "Datenbank" (Sicht 3): Ein Entitätstyp ist Bestandteil genau einer Datenbank. Eine Datenbank umfasst einen oder mehrere Entitätstypen.

Attribute: ET-Nr. - Eindeutige Nummer des Entitätstyps.

ET-Name - Name des Entitätstyps.

Datenbank- Name der Datenbank, in die der Entitätstyp eingeht.

4.2.2.2. Beziehung

Synonyme: Relationship

Komp.Typ: Fundamental

Beschreibung: Eine Beziehung verbindet mehrere Entitätstypen miteinander unter Angabe der Rolle der Beziehung (Bezeichnung der Beziehung) und des Beziehungstyps zwischen den Entitätstypen.

Beziehungen: Zu "Entitätstyp in Beziehung" (Sicht 2): Eine Beziehung umfasst einen oder mehrere Entitätstypen.

Attribute: Bez.-Nr. - Eindeutige Nummer der Beziehung.

Beziehungstyp - Typ der Beziehung: 1:1, 1:c, 1:cn, 1:n, c:c, c:cn, c:n, cn:cn, cn:n, n:n.

Beziehungsname - Name der Beziehung.

4.2.2.3. Entitätstyp in Beziehung

Synonyme: Entity Type in Relationship

Komp.Typ: Assoziativ

Beschreibung: In dieser Komponente werden die Entitätstypen aufgeführt, die an einer Beziehung beteiligt sind. Üblicherweise sind dies zwei Entitätstypen. Es sind aber auch Fälle denkbar, in denen mehr als zwei Entitätstypen an einer Beziehung partizipieren oder in denen nur ein Entitätstyp eine Beziehung zu sich selbst hat.

Beziehungen: Zu "Entitätstyp" (Sicht 2): Ein Entitätstyp ist in eine, keine oder mehrere Beziehungen involviert.

Zu "Beziehung" (Sicht 2): Eine Beziehung umfasst einen oder mehrere Entitätstypen.

Attribute: Beziehrung - Nummer der Beziehung.

Entitätstyp - Nummer des Entitätstyps.

4.2.3. Zusammenhang zur Informationssystemplanung

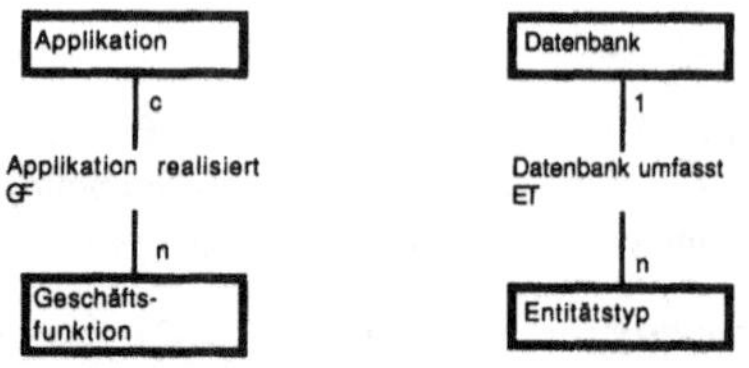

Abb. 4.2.3./1: Sicht 3 - Zusammenhang zur Informationssystemplanung

Sicht 3 in Bild 4.2.3./1 veranschaulicht den Zusammenhang mit der Informationssystemplanung, falls bei der Systemabgrenzung Ergebnisse aus der Informationssystemplanung genutzt werden.

Die Informationssystemplanung mündet in eine Liste von Applikationen und Datenbanken, die mittel- bis langfristig realisiert werden sollen.

Eine Applikation ist eine Zusammenfassung von Geschäftsfunktionen, die EDV-gestützt ausgeführt werden sollen. Die Applikation ist eine thematische Gruppierung von Geschäftsfunktionen. Die Gruppierung der Geschäftsfunktionen ergibt sich vor allem durch die Nutzung derselben Daten. Eine Datenbank ist eine thematische Gruppierung von Entitätstypen. Die Systemabgrenzung kann durchgeführt werden, indem projektrelevante Entitätstypen und Geschäftsfunktionen sowie die dazugehörigen Datenbanken und Applikationen genannt werden.

4.2.3.1. Applikation

Synonyme: Business System, Applikationssystem

Komp.Typ: Fundamental

Beschreibung: Eine Applikation realisiert eine oder mehrere Geschäftsfunktionen. Die Zusammenfassung (Clustering) von Geschäftsfunktionen und ihren Datenverwendungen bildet die Applikation. Jede nichtmanuelle Geschäftsfunktion wird durch eine Applikation realisiert.

Beziehungen: Zu "Geschäftsfunktion" (Sicht 3): Wenn die Geschäftsfunktion EDV-gestützt ist, wird sie in genau einer Applikation realisiert. Eine Applikation umfasst eine oder mehrere Geschäftsfunktionen.

Attribute: Applikations-Name - Name der Applikation.

4.2.3.2. Geschäftsfunktion

Siehe Beschreibung in Pkt. 4.2.1.1..

4.2.3.3. Datenbank

Synonyme: Logische Datenbank, Data Store

Komp.Typ: Fundamental

Beschreibung: Eine Datenbank ist eine Gruppe von Entitätstypen, die unter Berücksichtigung ihrer Speicherung, Verarbeitung und Verwendung durch Geschäftsfunktionen zusammangefasst worden sind. Jeder Entitätstyp geht in genau eine Datenbank ein.

Beziehungen: Zu "Entitätstyp" (Sicht 3): Ein Entitätstyp ist Bestandteil genau einer Datenbank. Eine Datenbank umfasst einen oder mehrere Entitätstypen.

Attribute: Datenbank-Name - Name der Datenbank.

4.2.3.4. Entitätstyp

Siehe Beschreibung in Pkt. 4.2.2.1..

4.3. Ergebnisse der Voruntersuchung

Dargestellt sind jene Ergebnisse, die durch die Voruntersuchung erzeugt wurden. Pro Ergebnis wird ebenfalls eine Sicht auf das vorher entwickelte Metamodell beschrieben.

Die Ergebnisse der Voruntersuchung sind:

```
Ergebnisse:

Initiale Dokumentation des Ist-Geschäftssystems.

Liste der projektrelevanten Entitätstypen.

Liste der projektrelevanten Datenbanken.

Liste der projektrelevanten Geschäftsfunktionen.

Liste der projektrelevanten Applikationen.

Kontext-Diagramm (Ist).

Datenflussdiagramm (Level 1) (Ist).

Gesamtdatenmodell (Ist, grob).

Problem-/Anforderungsliste.

Detailprojektplan für die Analyse.
```

4.3.1. Initiale Dokumentation des Ist-Geschäftssystems

Die initiale Dokumentation des Ist-Geschäftssystems ist ein Zusammenzug resp. ein projektrelevanter Ausschnitt von bereits existierenden Dokumenten wie z.B. das schriftlich formulierte Unternehmenskonzept, Beschreibung von Dialogen, Listen und Datenbanken, Beschreibung der bestehenden installierten EDV-Infrastruktur, vorgedruckte Formulare für Sachbearbeiter, Organigramme, Kostenstellenstrukturen, Organisationshandbücher sowie von Notizen, die bei Gesprächen mit Benutzern angefertigt wurden.

Sicht auf das Metamodell:

Keine Entsprechung. Informale Beschreibung.

4.3.2. Liste der projektrelevanten Entitätstypen

Die Liste der projektrelevanten Entitätstypen dient der Projektabgrenzung. Sie kann erstellt werden, wenn ein unternehmensweites Datenmodell vorliegt.

Sicht auf das Metamodell:

Entitätstyp

Beispiel:

Partner
Bewerber
Kunde
Vertreter
Region
Auftrag
Faktura
Artikel

4.3.3. Liste der projektrelevanten Datenbanken

Die Liste der projektrelevanten Datenbanken dient der Projektabgrenzung und nennt alle (bereits existierenden oder zukünftigen) Datenbanken, die für das zu schaffende Informationssystem relevant sind.

Sicht auf das Metamodell:

Datenbank
Entitätstyp

Beispiel:

Geschäftspartnerdatenbank mit Entitätstypen
  Partner
  Bewerber
  Kunde
  Vertreter
  Region

Auftragsdatenbank mit Entitätstyp
  Auftrag

Fakturadatenbank mit Entitätstyp
  Faktura

Artikeldatenbank mit Entitätstyp
  Artikel

4.3.4. Liste der projektrelevanten Geschäftsfunktionen

Die Liste der projektrelevanten Geschäftsfunktionen dient ebenfalls der Projektabgrenzung. Sie wird aus dem unternehmensweiten Funktionsmodell erstellt.

Sicht auf das Metamodell:

Geschäftsfunktion

Beispiel:

Bewerber aufnehmen/verwalten
Kunde aufnehmen/verwalten
Auftrag erfassen/verwalten
Auftrag abwickeln

4.3.5. Liste der projektrelevanten Applikationen

Ebenfalls der Projektabgrenzung dient die Liste der projektrelevanten Applikationen. Diese nennt alle Applikationen, die gemäss Informationssystemplanung im Rahmen des Projektes zu realisieren sind.

Sicht auf das Metamodell:

Applikation
Geschäftsfunktion

Beispiel:

Applikation *Kundenverwaltungssystem* umfasst Geschäftsfunktionen
  Bewerber aufnehmen/verwalten
  Kunde aufnehmen/verwalten

Applikation *Auftragsverwaltungssystem* umfasst Geschäftsfunktion
  Auftrag erfassen/verwalten

Applikation *Auftragsabwicklungssystem* umfasst Geschäftsfunktion
  Auftrag abwickeln

4.3.6. Kontext-Diagramm (Ist)

Das Kontext-Diagramm dient der Projektabgrenzung, wenn für die Abgrenzung nicht auf eine bestehende IS-Architektur zurückgegriffen werden kann.

Das Kontext-Diagramm stellt das Ist-Geschäftssystem dar [s. SSADM 4, S. D-PD-34]. Es zeigt alle heute bestehenden Kommunikationsflüsse im Umfeld des durch das Projekt zu definierenden Informationssystems. Das System wird mit dem späteren Anwender abgegrenzt, indem besprochen wird, welche Kommunikationsflüsse das Informationssystem verarbeiten resp. erzeugen können muss.

Sicht auf das Metamodell:

Geschäftsfunktion
Externer Agent
Datenfluss
Kommunikationsfluss

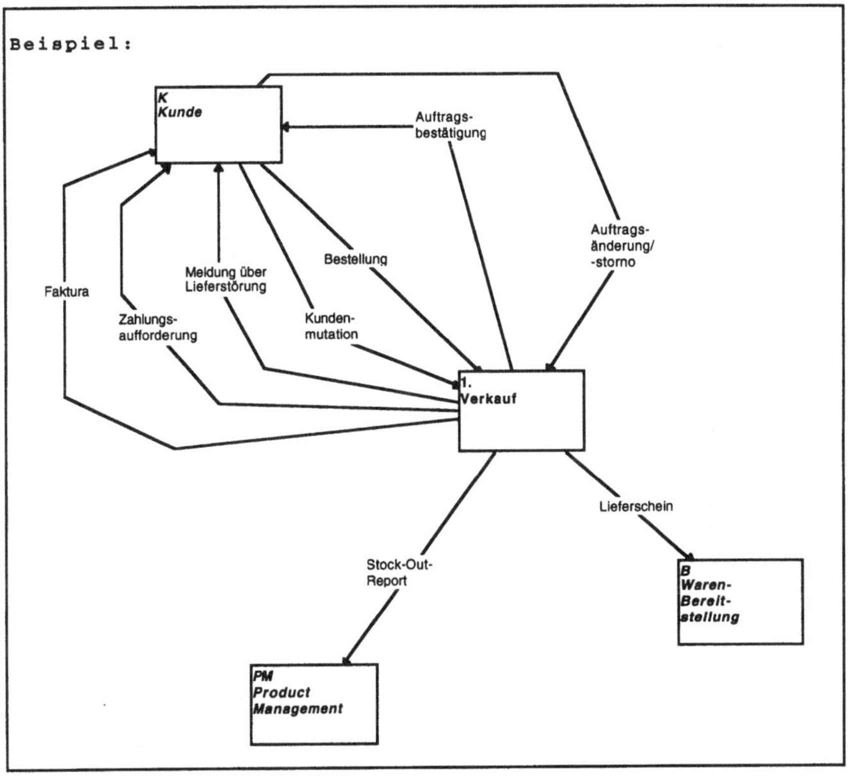

Im Zentrum steht das zu modellierende Informationssystem, hier gezeigt am Beispiel für die Geschäftsfunktion "Verkauf". Darum herum gruppieren sich die externen Agenten. Es werden alle für das zu realisierende Informationssystem relevanten Kommunikationsflüsse aufgezeigt, die gegenwärtig von und zu den externen Agenten fliessen.

4.3.7. Datenflussdiagramm (Level 1) (Ist)

Das Datenflussdiagramm der ersten Stufe des Ist-Geschäftssystems dient ebenfalls der Systemabgrenzung. Es umfasst ca. fünf bis 15 Geschäftsfunktionen. Es ist eine Verfeinerung des Kontext-Diagramms, indem jedem Kommunikationsfluss die empfangende resp. erzeugende Geschäftsfunktion zugeordnet wird. Es werden auch Datenspeicher eingeführt. Erwünschte Abfragen oder Berichte werden nicht in das Datenflussdiagramm als Geschäftsfunktionen aufgenommen [s. SSADM 2, RA-DFM-23]. Diese sollen in der zu erstellende Anforderungsliste enthalten sein. Auf eine detaillierte Beschreibung der Geschäftsfunktionen, Datenspeicher und Datenflüsse wird noch verzichtet.

Im untenstehenden Beispiel finden wir als Verfeinerungen von "Verkauf" die Geschäftsfunktionen "Kunden verwalten", "Aufträge verwalten" und "Aufträge prüfen und ausführen". Zusätzlich zum Kontext-Diagramm wurden die Datenspeicher "Kundenbestand", "Auftragsbestand", "Artikelbestand" und "Fakturabestand" eingeführt.

Sicht auf das Metamodell:

Geschäftsfunktion
Geschäftsfunktion-Hierarchie
Externer Agent
Datenfluss
Kommunikationsfluss
Datenspeicher
Datenspeicherverwendung
Datenspeicherverwendungsart

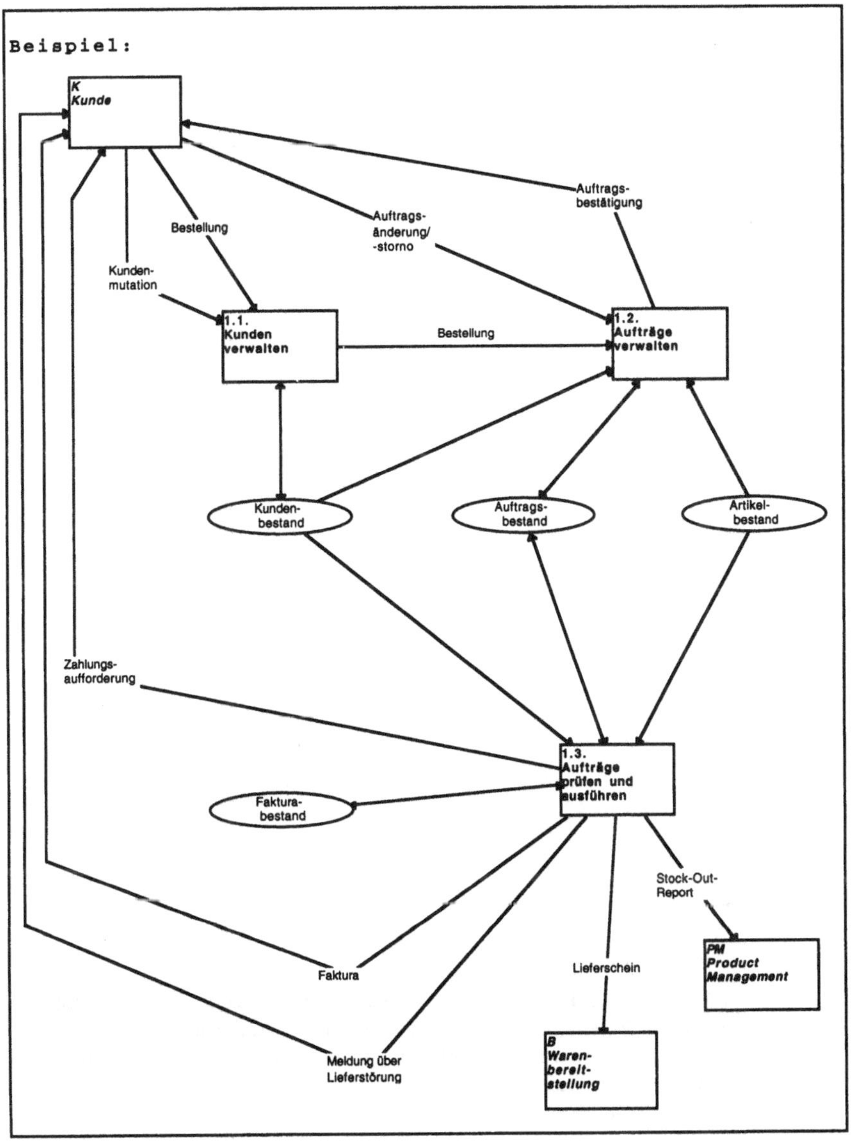
Beispiel:
K
Kunde
Bestellung
Kunden-
mutation
Auftrags-
änderung/
-storno
Auftrags-
bestätigung
1.1.
Kunden
verwalten
Bestellung
1.2.
Aufträge
verwalten
Kunden-
bestand
Auftrags-
bestand
Artikel-
bestand
Zahlungs-
aufforderung
1.3.
Aufträge
prüfen und
ausführen
Faktura-
bestand
Stock-Out-
Report
PM
Product
Management
Faktura
Lieferschein
Meldung über
Lieferstörung
B
Waren-
bereit-
stellung

4.3.8. Gesamtdatenmodell (Ist, grob)

Das grobe Datenmodell des Ist-Geschäftssystems dient der Systemabgrenzung. Es umfasst die fünf bis 15 wichtigsten Kern-Entitätstypen. Die Entitätstypen und Beziehungen werden noch nicht detailliert beschrieben.

Sicht auf das Metamodell:

Entitätstyp
Beziehung
Entitätstyp in Beziehung

Beispiel:

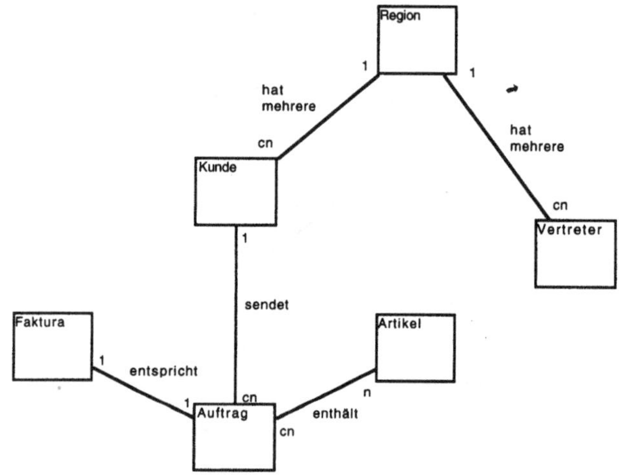

4.3.9. Problem-/Anforderungsliste

Die Problem-/Anforderungsliste ist ein informales Dokument, das zu lösende Probleme bzw. zu erfüllende Anforderungen funktionaler oder nicht funktionaler Art aufführt. An den entsprechenden Reviews kann der Besteller des Informationssystems (Auftraggeber) schliesslich im Projektverlauf prüfen, ob die aufgeführten Probleme gelöst und die Anforderungen erfüllt sind resp. werden können.

Die Problem-/Anforderungsliste wird während des ganzen Projektes mitgeführt. Einzelne Punkte können darauf im Projektablauf abgezeichnet werden. Andere Punkte kommen später dazu.

Sicht auf das Metamodell:

Keine Entsprechung. Informale Beschreibung.

Beispiel:

Problem: Es kann im heutigen EDV-System nicht festgehalten werden, durch welchen Vertreter ein Auftrag akquiriert worden ist.

Problem: Bisher wurden Kunden ungepruft erfasst. Dies führt dazu, dass viele Kunden mit schlechter Bonität vorhanden sind.

Anforderung: In Zukunft soll jeder Auftrag einem Vertreter zugeordnet werden, damit sporadisch eine Leistungskontrolle stattfinden kann.

Anforderung: In Zukunft sollen nur solche Bewerber als Kunden erfasst werden können, deren Bonität das Finanzwesen geprüft und für positiv befunden hat.

Anforderung: Aufträge müssen, auch wenn sie erledigt sind, zu Statistikzwecken noch während drei Jahren im System verfügbar sein.

4.3.10. Detailprojektplan für die Analyse

Der Projektplan der Analyse ist ein Instrument für den Projektleiter, um die weitere Arbeit zu strukturieren und den Aufwand hierfür detaillierter zu planen. Der Plan legt die zu erreichenden Ergebnisse, die auszuführenden Aktivitäten, ihre Abhängigkeiten, die Review-Termine und -Inhalte, die Aufgaben und die Ergebnisverantwortung einzelner Projektbeteiligter fest. Ebenfalls denkbar ist, dass der Projektplan auch projektspezifische Standards wie z.B. Namenskonventionen oder bestimmte Qualitätsanforderungen beinhaltet.

Sicht auf das Metamodell:

Keine Entsprechung. Informale Beschreibung.

5. Referenzmodell für den Entwurf des Soll-Geschäftssystems (Analyse)

Der Zweck der Phase "Soll-Geschäftssystem entwerfen" besteht darin, ein vollständiges, zukunftsgerichtetes konzeptionelles Geschäftsmodell für den Untersuchungsbereich aus informationsverarbeitender Sicht zu erstellen.

Oft wird für diese Aktivität der Begriff "Analyse" verwendet. Obwohl der Begriff mehrdeutig ist, wird der Begriff im folgenden für den Entwurf des Soll-Geschäftssystems gebraucht.

Es geht darum, alle Daten und Geschäftsfunktionen im Untersuchungsbereich zu modellieren, die Interaktion zwischen Daten und Geschäftsfunktionen zu beschreiben sowie die Nutzung von Daten durch Organisationseinheiten und die Verteilung von Geschäftsfunktionen auf Organisationseinheiten auzuzeigen; die Analyse will die Informationszusammenhänge des Geschäftes, die im Untersuchungsbereich zukunftsgerichtet modelliert werden, prägnant darzustellen. So werden die geschäftlichen Rahmenbedingungen, unter denen die später EDV-Lösung entsteht, allen Beteiligten klar. Die Analyse macht jedoch noch keine Aussagen zur EDV-Lösung. Sie konzentriert sich ausschliesslich auf die essentiellen, konzeptionellen Aspekte der Informationsverarbeitung bei der Gestaltung der geschäftlichen Lösung (s. Kapitel 3).

5.1. Aktivitäten des Entwurfes des Soll-Geschäftssystems

Die Analyse lässt sich folgendermassen gliedern:

```
A.2.1. Informationen über das Ist-Geschäftssystem logisch darstellen
A.2.2. Daten- und Funktionsmodell durch Überarbeitung des Ist-
       Geschäftssystems bilden
  A.2.2.1. Varianten von groben Daten- und Funktionsmodellen durch
           Überarbeitung des Ist-Geschäftssystems bilden
    A.2.2.1.1. Grobes Datenmodell durch Überarbeitung des Ist-
               Geschäftssystems bilden
    A.2.2.1.2. Grobes Funktionsmodell durch Überarbeitung des Ist-
               Geschäftssystems bilden
    A.2.2.1.3. Bewertung der Variante
  A.2.2.2. Varianten gesamthaft bewerten und eine Variante wählen
           bzw. zusammensetzen
  A.2.2.3. Feines Daten- und Funktionsmodell durch Überarbeitung des
           Ist-Geschäftssystems bilden
    A.2.2.3.1. Feines Datenmodell durch Überarbeitung des Ist-
               Geschäftssystems bilden
    A.2.2.3.2. Feines Funktionsmodell durch Überarbeitung des Ist-
               Geschäftssystems bilden
A.2.3. Daten- und Funktionsmodell durch Verfeinerung/Redefinition der
       IS-Architektur bilden
  A.2.3.1. Feines Datenmodell durch Verfeinerung/Redefinition der IS-
           Architektur bilden
  A.2.3.2. Feines Funktionsmodell durch Verfeinerung/Redefinition der
           IS-Architektur bilden
A.2.4. Definition von Entitätstypen-Lebenszyklen
A.2.5. Organisationsmodell des Soll-Geschäftssystems erstellen
A.2.6. Soll-Modell an Ist-Geschäftssystem auf Vollständigkeit und
       Korrektheit überprüfen
```

```
A.2.7. Bestätigung der Analyse
A.2.8. Identifikation von Applikationen und Datenbanken
A.2.9. Verteilung der Applikationen und Datenbanken
  A.2.9.1. Varianten von technischen Systemumgebungen bilden
    A.2.9.1.1. Daten- und Applikationsverteilung beschreiben
    A.2.9.1.2. Bewertung der Variante
  A.2.9.2. Varianten gesamthaft bewerten und eine Variante wählen
           bzw. zusammensetzen
A.2.10. Planung des Designs
```

In der Analyse werden zwei grundsätzliche Vorgehensweisen unterschieden:

(1) Die erste Vorgehensweise basiert stark auf dem Ist-Geschäftssystem. Beispiel hierfür ist z.B. die Methode SSADM [s. SSADM 1 - SSADM 4]. Ausgehend von einem Modell des Ist-Geschäftssystems, werden Varianten von Soll-Geschäftssystemen entworfen, die gegenüber dem Ist-Geschäftssystem verbessert worden sind. Die Varianten werden dann bewertet. Anschliessend wird eine Variante ausgewählt und durch eine weitere Überarbeitung des Ist-Geschäftssystem-Modells verfeinert. Die Methoden ISOTEC [s. ISOTEC VGK/ADM] und insbesondere auch frühere Versionen der Methode Structured Analysis (SA) [s. Yourdon, S. 319 ff] basieren wesentlich auf dem Ist-Geschäftssystem, schlagen aber keine Variantenbildung vor.

(2) Die zweite Vorgehensweise orientiert sich stark an einem schon existierenden groben Modell des Soll-Geschäftssystems, das in einer vorgängigen Informationssystemplanung skizziert wurde. Die Methoden Information Engineering Methodology [s. JMA/ISP; JMA/BAA], ORACLE CASE*Method [s. ORACLE] oder NAVIGATOR [s. NAVIGATOR/Planning Phase Manual; NAVIGATOR/Analysis Phase Manual] sind Vertreter von Methoden, die von einer Informationssystemplanung ausgehen. In diesem Fall entsteht das Modell des Soll-Geschäftssystems nicht anhand einer Optimierung des Ist-Geschäftssystems, sondern durch die Verfeinerung bzw. Redefinition des relevanten Ausschnittes aus der vorgegebenen IS-Architektur. Das Ist-Geschäftssystem wird in der Regel analysiert, um das Soll-Geschäftssystem auf Vollständigkeit und Korrektheit zu überprüfen. Eine Ist-System-Analyse dient auch dazu, das Risiko bei der Ablösung von alten Informationssystemen abschätzen zu können (z.B. Risiken bei der Datenübernahme oder bei der Ablösung von einzelnen Applikationsteilen).

Die Ablauffolge der Aktivitäten der Analyse ist in Bild 5.1./1 dargestellt.

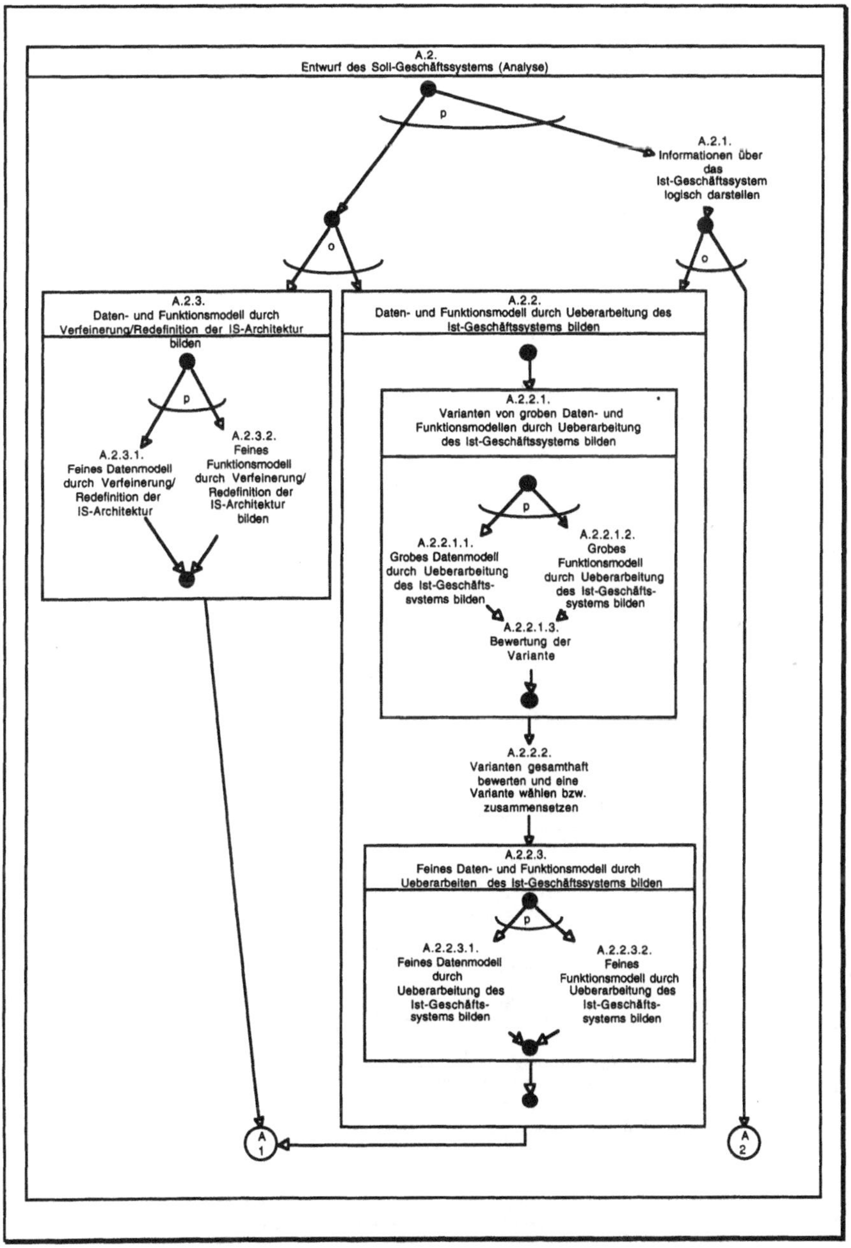

Abb. 5.1./1: (wird fortgesetzt): Ablauffolge der Analyse-Aktivitäten

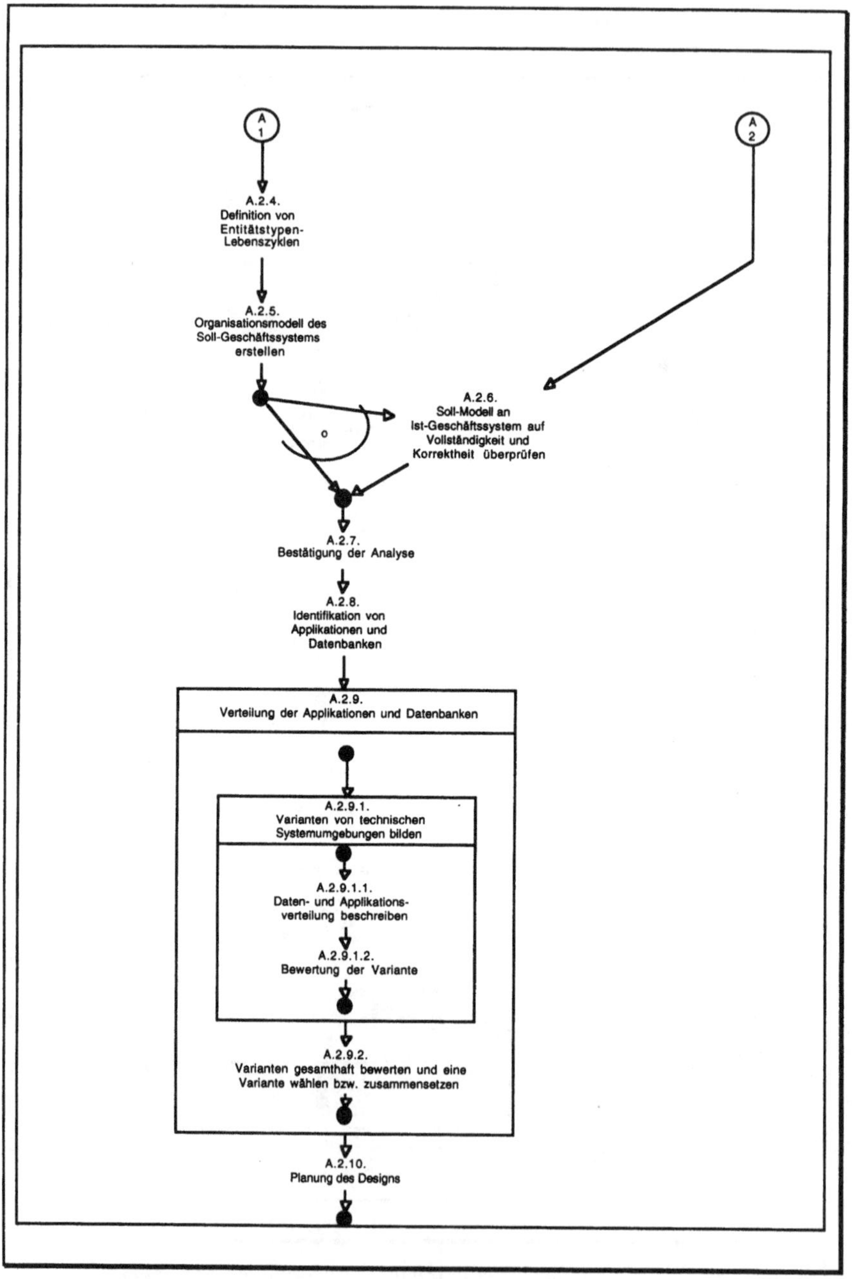

Abb. 5.1./1: (Fortsetzung): Ablauffolge der Analyse-Aktivitäten

5.1.1. Informationen über das Ist-Geschäftssystem logisch darstellen

Das exisitierende, heute betriebene Ist-Geschäftssystem wird aus zwei unterschiedlichen Gründen modelliert:

Das Modell des Ist-Geschäftssystems kann als Ausgangspunkt für die Modellierung des Soll-Geschäftssystems dienen, wie dies z.B. in den Methoden SSADM oder ISOTEC [s. ISOTEC VGK/ADM, S. 104] der Fall ist. Methoden und Autoren differenzieren das Ist-Geschäftssystem weiter nach dem Gesichtspunkt "physisch" und "logisch" [s. z.B. Yourdon, S. 319 ff]. Das physische Ist-Geschäftssystem ist ein getreues Funktionsmodell des vorliegenden Geschäftssystems, unabhängig davon, ob es automatisiert ist, manuell betrieben wird oder eine Mischform daraus darstellt. "Physisch" wird ein Modell dann genannt, wenn in diesem Modell noch physische Angaben wie Orte, Personen, Geräte, Stellen, Karteikästen, Dateien, Archive etc. vorkommen.

Ein logisches Modell ist ein physisches Modell, das von physischen Angaben befreit worden ist. D.h. physische Details werden unterdrückt bzw. in einer logischen Form als Datenflüsse, Geschäftsfunktionen oder Datenspeicher ausgedrückt. Dieser Prozess wird auch "Logisierung" genannt. Eine detaillierte Beschreibung der Logisierung findet sich z.B. in [SSADM 2, S. RA-DFM-33ff].

Ein logisches Geschäftssystem umfasst ein logisches Funktionsmodell, das aus dem physischen Funktionsmodell logisiert worden ist, und ein logisches Datenmodell. Beim Datenmodell wird üblicherweise nicht zwischen einem physischen und logischen unterschieden, sondern es wird direkt auf dem logischen Modell aufgesetzt. Für die weitere Arbeit verstehen wir unter "Modell des Ist-Geschäftssystems" das logische Funktionen- und Datenmodell des Ist-Geschäftssystems.

Ein Modell des Ist-Geschäftssystems kann am Ende der Analyse auch dazu dienen, den vorliegenden Entwurf des Soll-Geschäftssystems auf Vollständigkeit und Korrektheit zu überprüfen. Dieses Vorgehen wird z.B. in Information Engineering Methodology angewendet. Eine "Logisierung" des Ist-Funktionsmodells ist nicht notwendig, wenn das Ist-Modell nur für Validierungszwecke herangezogen wird, da sich der Aufwand der "Logisierung" für den angestrebten Verwendungszweck nicht rechtfertigt.

Quellen für die Modellierung des Ist-Geschäftssystems sind:

- Die initiale Dokumentation des Ist-Geschäftssystems.
- Falls die Systemabgrenzung in Aktivität "A.1.2.2. Untersuchungsbereich bestimmen / Systemgrenze abstecken" durchgeführt wurde: Das Kontext-Diagramm, das erste grobe Ist-Datenflussdiagramm auf oberster Stufe und das grobe Ist-Datenmodell.
- Falls die Systemabgrenzung in Aktivität "A.1.2.1. Relevanter Ausschnitt aus der IS-Architektur bestimmen" durchgeführt wurde: Die Liste der projektrelevanten Entitätstypen, Datenbanken, Geschäftsfunktionen und Applikationen.

Hauptergebnisse der Aktivität sind drei Ist-Teilmodelle:

(1) Das Datenmodell des Ist-Geschäftssystems, bestehend aus dem Gesamtdatenmodell (ein Entity-Relationship Diagramm) und Beschreibungen von Entitätstypen. Üblicherweise werden die Attribute von Entitätstypen mittels relationaler Datenanalyse und kanonischer Synthese "bottom-up" durch Analyse des Bestehenden (Dialoge, File-Strukturen, Listen, vorgedruckte

Formulare) erhoben und strukturiert [vgl. JMA/BAA, S. 297ff; SSADM 2, S. RA-SM-22f]. Auf die Beschreibung von Integritätsbedingungen wird i.d.R. verzichtet.

(2) Das Funktionsmodell des Ist-Geschäftssystems, das aus einer Dekomposition der Ist-Geschäftsfunktionen, verbalen Beschreibungen der Ist-Geschäftsfunktionen, Datenflussdiagrammen über mehreren Stufen (Level 1 bis n), der Beschreibung von Datenspeichern und der Beschreibung von Operationen von elementaren Geschäftsfunktionen besteht. Auf die detaillierte Beschreibung von Datenflüssen wird für das Ist-Modell meist verzichtet. Die Datenspeicher werden beschrieben, indem pro Datenspeicher festgelegt wird, welche Entitätstypen aus dem Ist-Datenmodell dieser enthält. Die Beschreibung von Operationen elementarer Ist-Geschäftsfunktionen beschränkt sich i.d.R. auf Entitätstypen. Pro elementare Geschäftsfunktion wird ausgesagt, welche Entitätstypen sie in welcher Art (erzeugend, lesend, modifizierend etc.) verwendet. Das Ist-Funktionsmodell kann alternativ in zwei verschiedenen Versionen vorliegen, nämlich in einer "physischen" und in einer "logischen" Version. Falls das Ist-Funktionsmodell nur für die Validierungszwecke in Aktivität "A.2.6. Soll-Modell an Ist-Geschäftssystem auf Vollständigkeit und Korrektheit überprüfen" verwendet werden soll, reicht das physische Modell dafür vollständig aus, es muss nicht "logisiert" werden. Dies ist dann der Fall, wenn das Soll-Geschäftssystem über die Aktivität "A.2.3. Daten- und Funktionsmodell durch Verfeinerung/Redefinition der IS-Architektur bilden" entsteht. Wenn hingegen das Ist-Funktionsmodell die Basis für die Erarbeitung des Soll-Funktionsmodells bildet (Aktivität "A.2.2. Daten- und Funktionsmodell durch Überarbeitung des Ist-Geschäftssystems bilden"), ist das physische Modell nur ein Zwischenergebnis auf dem Weg zum logischen Modell.

(3) Zur Abrundung des Ist-Geschäftsmodells gehört auch das Organisationsmodell des Ist-Geschäftssystems. Obwohl dies in keiner der im Rahmen dieser Arbeit analysierten Methoden explizit vorkommt, sollte dies Bestandteil eines vollständigen Ist-Modells sein, insbesondere dann, wenn das Soll-Organisationsmodell aus einer Überarbeitung des Ist-Modells hervorgeht und nicht bereits im Rahmen einer Informationssystemplanung grob erarbeitet wurde und nur noch verfeinert werden muss. Das Organisationsmodell des Ist-Geschäftssystems sollte mindestens ein Organigramm (Organisationseinheiten und ihre Unterordnung) sowie eine Zuordnung von Geschäftsfunktionen zu Organisationseinheiten (Matrix Organisationseinheit/Geschäftsfunktion) beinhalten.

Üblicherweise entstehen durch die Analyse des Ist-Geschäftssystems weitere Probleme, oder es treten neue Anforderungen auf, so dass die Problem-/Anforderungsliste fortgeschrieben wird.

```
Input:

- Initiale Dokumentation des Ist-Geschäftssystems.
- Kontext-Diagramm (Ist).
- Datenflussdiagramm (Level 1) (Ist).
- Gesamtdatenmodell (Ist, grob).

oder

- Initiale Dokumentation des Ist-Geschäftssystems.
- Liste der projektrelevanten Entitätstypen.
- Liste der projektrelevanten Datenbanken.
- Liste der projektrelevanten Geschäftsfunktionen.
- Liste der projektrelevanten Applikationen.

Output (neu):

- Datenmodell des Ist-Geschäftssystems
  - Gesamtdatenmodell (Ist).
  - Beschreibung von Entitätstypen (Ist).
- Funktionsmodell des Ist-Geschäftssystems
  - Dekomposition der Geschäftsfunktionen (Ist).
  - Verbale Beschreibung der Geschäftsfunktionen (Ist).
  - Datenflussdiagramme (Level 1 bis n) (Ist).
  - Beschreibung von Datenspeichern (Ist).
  - Beschreibung der Operationen von elementaren Geschäfts-
    funktionen (Ist).
- Organisationsmodell des Ist-Geschäftssystems
  - Organigramm (Ist).
  - Matrix Organisationseinheit/Geschäftsfunktion (Ist).

Output (hinzufügend):

- Problem-/Anforderungsliste.
```

5.1.2. Daten- und Funktionsmodell durch Überarbeitung des Ist-Geschäftssystems bilden

Die Erarbeitung des Daten- und Funktionsmodells des Soll-Geschäftssystems durch die Überarbeitung des Ist-Geschäftssystems ist alternativ zur Aktivität "A.2.3. Daten- und Funktionsmodell durch Verfeinerung/Redefinition der IS-Architektur bilden" zu sehen. Im ersten Fall wird das Daten- und Funktionsmodell durch die genaue Analyse des Bestehenden erstellt, im zweiten Fall durch die sukzessive Verfeinerung und Redefinition der IS-Architektur, die in einer vorhergehenden Informationssystemplanung erstellt wurde.

Wenn nicht verbindlich in einer IS-Architektur fixiert, stehen grundsätzlich mehrere Möglichkeiten für die Gestaltung des Soll-Geschäftssystems offen. Es kann deshalb angebracht sein, Varianten von groben Daten- und Funktionsmodellen zu bilden, diese bezüglich organisatorischer Implikationen, Kosten-/Nutzen-Überlegungen, einzugehender Risiken bei der Realisierung etc. gesamthaft zu bewerten und anschliessend eine Variante zu wählen, bzw. die guten Elemente aus mehreren Varianten zu einer weiter zu verfeinernden Variante zusammenzusetzen.

5.1.2.1. Varianten von groben Daten- und Funktionsmodellen durch Überarbeitung des Ist-Geschäftssystems bilden

5.1.2.1.1. Grobes Datenmodell durch Überarbeitung des Ist-Geschäftssystems bilden

Ausgehend vom Kontext-Diagramm, dem Daten-, Funktions- und Organisationsmodell des Ist-Geschäftssystems sowie der Problem-/Anforderungsliste, wird ein Datenmodell gemeinsam mit dem parallel entstehenden Funktionsmodell als grobe Lösungsvariante für ein Soll-Geschäftssystem skizziert.

Die wesentlichen Quellen für die Überarbeitung des Ist-Datenmodells zu einem Soll-Datenmodell sind

- die nichtfunktionalen Anforderungen aus der Problem-/Anforderungsliste (z.B.: die Anforderung "Kunden sollen durch genau einen verantwortlichen Vertreter betreut werden" macht es notwendig, Kunden Vertretern zuzuordnen),
- die funktionalen Anforderungen aus der Problem-/Anforderungsliste (z.B.: die Anforderung "Monatlich soll eine Statistik erscheinen, welche die Umsätze pro Vertreter ausweist" macht es erforderlich, Aufträge Vertretern zuzuordnen),
- das Ist-Datenmodell selbst, das ergänzt und ggf. durch Abstraktion (z.B. durch Zusammenlegung von Entitätstypen) restrukturiert wird, und
- das grobe Soll-Funktionsmodell, das parallel entsteht und dessen transportierte und gespeicherte Daten (Datenflüsse und Datenspeicher) im Datenmodell implizit reflektiert sein müssen.

Das grobe Datenmodell einer Lösungsvariante besteht aus einem konzeptionellen Datenmodell, das durch ein umfassendes Entity-Relationship Diagramm als Gesamtmodell repräsentiert wird. Auf dem groben Soll-Modell sind insbesondere die Kardinalitäten nicht bis ins Detail analysiert (so kann z.B. mit "n"-Kardinalitäten für "n"- und "cn"-Fälle operiert werden), und "n:n"-Kardinalitäten müssen nicht aufgelöst sein. Hingegen sollten alle fundamentalen Entitätstypen der Lösungsvariante sowie die wichtigsten Beziehungen zwischen diesen aufgeführt sein. Zumindest alle fundamentalen Entitätstypen werden verbal beschrieben und durch die Angabe ihrer wichtigsten Attribute konkretisiert.

Input:

- Initiale Dokumentation des Ist-Geschäftssystems.
- Kontext-Diagramm (Ist).
- Datenmodell des Ist-Geschäftssystems
- Funktionsmodell des Ist-Geschäftssystems
- Organisationsmodell des Ist-Geschäftssystems
- Grobes Funktionsmodell des Soll-Geschäftssystems (Variante)
- Problem-/Anforderungsliste.

```
Output  (neu):

- Grobes Datenmodell des Soll-Geschäftssystems (Variante)
  - Gesamtdatenmodell (Soll, grob, Variante).
  - Beschreibung von Entitätstypen (Soll, grob, Variante).
```

5.1.2.1.2. Grobes Funktionsmodell durch Überarbeitung des Ist-Geschäftssystems bilden

Ausgehend von denselben Inputs wie bei der Erarbeitung des groben Datenmodells der Lösungsvariante, wird auch das grobe Funktionsmodell erarbeitet.

Die wesentlichen Quellen für die Erarbeitung des Funktionsmodells sind

- Probleme und Anforderungen aus der Problem-/Anforderungsliste (z.B.: die Anforderung "Bevor ein Bewerber als Kunde aufgenommen wird, soll seine Bonität überprüft werden" macht es notwendig, die Geschäftsfunktionen "Bewerbung erfassen", "Bonitätsanfrage veranlassen", "Bewerbung akzeptieren" etc. aufzunehmen),
- das Ist-Funktionsmodell, das aufgrund der genannten Probleme und Anforderungen nun restrukturiert wird, und
- das grobe Soll-Datenmodell, das parallel entsteht und das im Funktionsmodell implizit reflektiert sein muss, indem für jeden Entitätstyp ein passender Datenspeicher vorhanden sein muss oder indem für das Anlegen oder Verändern eines fundamentalen Entitätstyps jeweils eine Geschäftsfunktion vorhanden sein sollte.

Das grobe Funktionsmodell einer Lösungsvariante umfasst eine Geschäftsfunktionshierarchie, die Datenflussdiagramme zu den entsprechenden Geschäftsfunktionen sowie eine verbale Beschreibung pro Geschäftsfunktion mit Angaben, was die Geschäftsfunktion leistet. Üblicherweise wird noch davon abgesehen, die Datenflüsse und die Datenspeicher in Detail zu beschreiben. Die Geschäftsfunktionen-Ablauffolge wird auch später beschrieben. In diesem Stadium werden die Operationen der elementaren Geschäftsfunktionen meist noch nicht beschrieben, da das Datenmodell noch unvollständig ist. In einer mittleren Analyse entstehen so bis zu 40 Geschäftsfunktionen, die über ca. drei Hierarchiestufen gegliedert werden.

Als Geschäftsfunktionen sollen nur sog. "essentielle" Funktionen aufgeführt werden. Essentiell ist eine Funktion dann, wenn

- sie geschäftlich relevant ist (z.B.: "Büros reinigen", "Büromaterial verwalten" oder "Datensicherung durchführen" steht nicht in direktem Zusammenhang mit dem Geschäft),
- sie nicht die Benutzung eines Hilfsmittels darstellt (z.B.: "Kopieren" oder "Telephonieren"),
- sie neue, geschäftlich relevante Daten erzeugt oder bestehende modifiziert,
- sie nicht die Reaktion auf eine Ausnahmesituation wie z.B. einen Lieferantenboykott, einen Stromausfall oder die Behandlung eines Fehlers darstellen,

- sie nicht in jedem Informationssystem vorzufindende technische Gegebenheiten wie z.B. die Archivierung/Reaktivierung von Daten, die Validierung von Daten oder den Import/Export von Daten beschreibt.

In der Regel werden Abfragen oder Berichte (z.B. "Monatliche Statistik der Vertreterumsätze erstellen") nicht als Geschäftsfunktionen in einem Funktionsmodell aufgeführt, da diese sehr einfach als individuelle Anforderung in der Anforderungsliste geführt werden können (z.B.: "Monatlich soll eine Statistik erscheinen, welche die Umsätze pro Vertreter ausweist"). Die Einführung von Abfragen in der Form selbständiger Geschäftsfunktionen hat für das Funktionsmodell nur die negative Auswirkung, dass das Modell unnötigerweise aufgebläht wird.

Die zu starke Bindung an das Ist-Funktionsmodell bei der Erstellung des Soll-Funktionsmodells kann zuweilen stark kreativitätshemmend sein. Hier kann ein "bottom-up"-Ansatz, der unter der Bezeichnung "Event Partitioning" [vgl. Yourdon, S. 333 ff; McMenamin/Palmer, S. 49 ff] bekannt geworden ist, sehr hilfreich sein:

- Im Ist-Funktionsmodell werden die Kommunikationsflüsse (Datenflüsse zwischen Geschäftsfunktionen und externen Agenten oder anderen Geschäftsfunktionen) herausgesucht. Jeder Kommunikationsfluss, der von aussen eintrifft, stellt den Eintritt eines Ereignisses dar, welches es zu verarbeiten gilt. Zu jedem Ereignis wird eine auf das Ereignis reagierende elementare Geschäftsfunktion identifiziert. Z.B.: Der Kommunikationsfluss "Auftragsstorno", der das Ereignis "Kunde storniert Auftrag" darstellt, führt zur elementaren Geschäftsfunktion "Auftrag stornieren".

- Es werden temporale Ereignisse gesucht, die ebenfalls von zu schaffenden elementaren Geschäftsfunktionen verarbeitet werden. Ein temporales Ereignis ist zeitgebunden, d.h. es tritt regelmässig immer wieder ein, oder es tritt ein, wenn eine gewisse Zeitdauer verstrichen ist. Z.B.: Jeden Abend müssen die zur Ausführung fälligen Aufträge bestimmt werden. Entsprechend muss hierfür die elementare Geschäftsfunktion "Fälligkeit prüfen/bearbeiten" geschaffen werden.

So entsteht eine Menge von elementaren Geschäftsfunktionen, die jeweils ein Ereignis verarbeiten[1]. Diese können nun "rückwärts" bottom-up integriert werden, indem die elementaren Geschäftsfunktionen entsprechend ihrer Datenverwendung gruppiert werden. Dieser Vorgang wird dann "Upward Leveling" genannt.

---

1 Wenn die Optik der Ereignisse in der Analyse dominiert, können generell elementare Geschäftsfunktionen und Ereignisse als synonyme Begriffe betrachtet werden. So definiert z.B. die Methode SSADM das Ereignis folgendermassen [SSADM 4, S. D-GLO-25]: "An event is identified as whatever triggers a process (on a Data Flow Diagram) to update the values or status of the system. An event may cause more than one entity to be changed. In the logical system, an event initiates an update process". Der SSADM-Begriff "Process" hat in der Uebersetzung dieselbe Bedeutung wie "Geschäftsfunktion".

Input:

- Initiale Dokumentation des Ist-Geschäftssystems.
- Kontext-Diagramm (Ist).
- Datenmodell des Ist-Geschäftssystems
- Funktionsmodell des Ist-Geschäftssystems
- Organisationsmodell des Ist-Geschäftssystems
- Grobes Datenmodell des Soll-Geschäftssystems (Variante)
- Problem-/Anforderungsliste.

Output (neu):

- Grobes Funktionsmodell des Soll-Geschäftssystems (Variante)
  - Dekomposition der Geschäftsfunktionen (Soll, grob, Variante).
  - Datenflussdiagramme (Level 1 bis n) (Soll, grob, Variante).
  - Verbale Beschreibung der Geschäftsfunktionen (Soll, grob, Variante).

5.1.2.1.3. Bewertung der Variante

Jede einzelne Variante sollte individuell bewertet werden, damit Entscheidungskriterien für die Auswahl einer Variante vorliegen.

Entsprechend sollten pro Variante folgende Aussagen gemacht werden [vgl. SSADM 4, S. D-PD-27f]:

- Vorteile der Lösung im Vergleich zum heutigen Geschäftssystem insb. bezüglich der Lösung von bekannten Problemen im Ist-Geschäftssystem.
- Nachteile der Lösung im Vergleich zum Ist-Geschäftssystem.
- Erfüllung der gestellten Anforderungen.
- Organisatorische Implikationen bei der Realisierung des vorgeschlagenen Geschäftssystems (Auswirkungen auf die heutige Aufbau- und Ablauforganisation).
- Grobe Kosten-/Nutzenüberlegungen bei der Realisierung der vorgeschlagenen Geschäftslösung.
- Einzugehende Risiken bei der Migration, d.h. bei dem Wechsel von der alten auf die neue Geschäftslösung. In diesem Fall sind insbesondere auch Aussagen zum Risiko der Datenmigration wichtig.
- Auswirkungen auf das Personal und auf die Ausbildung.

Input:

- Datenmodell des Ist-Geschäftssystems
- Funktionsmodell des Ist-Geschäftssystems
- Organisationsmodell des Ist-Geschäftssystems
- Grobes Datenmodell des Soll-Geschäftssystems (Variante)
- Grobes Funktionsmodell des Soll-Geschäftssystems (Variante)
- Problem-/Anforderungsliste.

```
Output (neu):

- Verbale Bewertung der Lösungsvariante des Soll-Geschäftssystems.
```

5.1.2.2. Varianten gesamthaft bewerten und eine Variante wählen bzw. zusammensetzen

Die gesamthafte Bewertung der Lösungsvarianten führt dazu, dass einer Variante für die weiteren Arbeiten der Vorzug gegeben wird, resp. dass aus den gesamthaft zu bewertenden Varianten schliesslich eine gebildet wird, welche die positiven Elemente aus mehreren angebotenen Varianten enthält.

Die vorliegende Aktivität stützt sich einerseits auf die Inhalte (Datenmodelle und Funktionsmodelle) und andererseits auf die schon erarbeiteten verbalen Bewertungen der Lösungsvarianten und mündet in eine globale Beurteilung. Diese ist ein informelles Dokument, das im wesentlichen begründet, wieso die ausgewählte resp. die zusammengesetzte Lösungsvariante bevorzugt wurde.

Jede Anforderung aus der Problem-/Anforderungsliste wird schliesslich abgezeichnet. Damit wird insb. für den Auftraggeber des Projektes für jede von ihm gestellte Anforderung klar, ob

- diese zum jetzigen Zeitpunkt schon erfüllt wurde,
- diese definitiv nicht erfüllt werden kann/soll,
- Aussagen über die Erfüllung der Anforderung erst zu einem späteren Zeitpunkt gemacht werden können.

```
Input:

- Varianten von Soll-Geschäftssystemen

Output (neu):

- Globale Variantenbewertung aller Soll-Geschäftssysteme.
- Ausgewähltes grobes Soll-Geschäftssystem
  - Grobes Funktionsmodell des Soll-Geschäftssystems (gewählte
    Variante)
    - Dekomposition der Geschäftsfunktionen
      (Soll, grob, gewählte Variante).
    - Datenflussdiagramme (Level 1 bis n)
      (Soll, grob, gewählte Variante).
    - Verbale Beschreibung der Geschäftsfunktionen
      (Soll, grob, gewählte Variante).
  - Grobes Datenmodell des Soll-Geschäftssystems (gewählte Variante)
    - Gesamtdatenmodell (Soll, grob, gewählte Variante).
    - Beschreibung von Entitätstypen (Soll, grob, gewählte Variante).

Output (hinzufügend):

- Problem-/Anforderungsliste.
```

5.1.2.3. Feines Daten- und Funktionsmodell durch Überarbeitung des Ist-Geschäftssystems bilden

Nachdem die weiter zu verfeinernde Variante des groben Soll-Geschäftssystems vorliegt, können parallel zueinander das feine Datenmodell und das feine Funktionsmodell erstellt werden.

Die Vorgehensweisen hierfür sind prinzipiell offen. Es ist einerseits möglich, sich anfänglich stärker auf das Datenmodell zu stützen, um dann anschliessend zu untersuchen, ob alle Entitätstypen von elementaren Geschäftsfunktionen verarbeitet (angelegt und verändert/gelöscht) werden und ob sich Attribute auch in Datenflüssen wiederfinden. Andererseits ist es auch möglich, sich anfangs stärker auf das Funktionsmodell zu konzentrieren und dort insbesondere alle Datenflüsse zu beschreiben, indem festgelegt wird, welche Attribute sie transportieren. Diese Attribute müssen schliesslich in das Datenmodell integriert werden.

5.1.2.3.1. Feines Datenmodell durch Überarbeitung des Ist-Geschäftssystems bilden

Zweck dieser Aktivität ist die Erstellung eines feinen, vollständigen, konzeptionellen Datenmodells für den Untersuchungsbereich.

Im Gegensatz zum groben Datenmodell, das aus der Aktivität "A.2.2.1.1. Grobes Datenmodell durch Überarbeitung des Ist-Geschäftssystems bilden" entsprungen ist, weist das feine Datenmodell zusätzlich folgende Eigenschaften auf:

- Alle Entitätstypen sind vollständig beschrieben, insb. sind alle Attribute zu den Entitätstypen identifiziert.
- Alle komplexen[1] und rekursiven[2] Beziehungen sind aufgelöst.
- Alle Identifikationsschlüssel liegen fest.
- Die Integritätsbedingungen sind definiert (s. Pkt. 5.3.14.).
- Die Überlappungen zwischen Entitätstypen sind dokumentiert, und die Überlappungsgrade sind eruiert. Eine Überlappung liegt dann vor, wenn dieselbe Entität (Objekt der realen Welt) zwei oder mehreren Entitätstypen zugeordnet werden kann. So kann z.B. eine Person oder Firma dem Entitätstyp "Kunde" und "Lieferant" zugeordnet werden. Es kann der Fall sein, dass z.B. 20% der Kunden auch Lieferanten sind.
- Alle Attribute sind beschrieben. Die Beschreibung konzentriert sich auf die fachliche Bedeutung der Attribute.
- Alle Attribute aus dem Ist-Datenmodell wurden in das Soll-Datenmodell einbezogen.
- Jedes Attribut sollte im Funktionsmodell in mindestens zwei Datenflüssen zwischen einer elementaren Geschäftsfunktion und einem Datenspeicher vorkommen. Der erste

---

1 Komplexe Beziehungen sind c:c-, c:cn-, cn:cn-, cn:n- und n:n-Beziehungen, also alles Beziehungen, die keine "1"-Kardinalität haben.

2 Eine rekursive Beziehung existiert dann, wenn ein Entitätstyp eine Beziehung zu sich selbst hat.

Datenfluss legt das Attribut in den Datenspeicher, der zweite Datenfluss verwendet das Attribut.

- Jeder Entitätstyp und jedes Attribut sind im Funktionsmodell in mindestens einem Datenspeicher enthalten. Der Datenspeicher selbst bildet mit den Entitätstypen und den Attributen, die er hält, eine Sicht auf das Datenmodell.
- Alle Entitätstypen und Attribute sollten von elementaren Geschäftsfunktionen verwendet werden (in Operationen wie erzeugen, lesen, modifizieren etc.).

Die wesentlichen Quellen für die Erstellung des feinen Soll-Datenmodells sind:

- Das grobe Soll-Datenmodell der zu verfeinernden Lösungsvariante.
- Das Ist-Datenmodell, dessen Attribute alle in das neue Soll-Datenmodell einfliessen müssten.
- Das grobe Soll-Funktionsmodell und das feine Soll-Funktionsmodell. In der Anfangsphase der Modellierung wird zunächst stark auf das grobe Soll-Funktionsmodell zurückgegriffen. Im Zeitablauf wird dieses zusehends durch das feine Soll-Funktionsmodell, das parallel entsteht, abgelöst.

Unterstützend kommen noch die folgenden Quellen, die das Ist-System beschreiben, hinzu:

- Die initiale Dokumentation des Ist-Geschäftssystems, die in Aktivität "A.1.1. Informationen über das Ist-Geschäftssystem sammeln" bereitgestellt wird.
- Das Organisationsmodell des Ist-Geschäftssystems in Ermangelung des Organisationsmodells des Soll-Geschäftssystems, das erst später entsteht.
- Die funktionale Beschreibung des Ist-Systems mit dem Kontext-Diagramm und dem Funktionsmodell.

Input:

- Initiale Dokumentation des Ist-Geschäftssystems.
- Kontext-Diagramm (Ist).
- Datenmodell des Ist-Geschäftssystems
- Funktionsmodell des Ist-Geschäftssystems
- Organisationsmodell des Ist-Geschäftssystems
- Ausgewähltes grobes Soll-Geschäftssystem
- Feines Funktionsmodell des Soll-Geschäftssystems

Output (neu):

- Feines Datenmodell des Soll-Geschäftssystems
  - Gesamtdatenmodell (Soll, fein).
  - Beschreibung von Entitätstypen (Soll, fein).
  - Beschreibung von Beziehungen (Soll, fein).
  - Beschreibung von Attributen (Soll, fein).
  - Beschreibung von Integritätsbedingungen (Soll, fein).
  - Beschreibung von Überlappungen von Entitätstypen (Soll, fein).

5.1.2.3.2. Feines Funktionsmodell durch Überarbeitung des Ist-Geschäftssystems bilden

Parallel zum feinen Datenmodell entsteht auch das feine Funktionsmodell für das Soll-Geschäftssystem.

Falls das Funktionsmodell im Gegensatz zum Datenmodell früher entsteht, kann die Funktionsmodellierung dazu dienen, Attribute zu sammeln, um diese Attribute dann in der Datenmodellierung zu verwenden. Es wird im Funktionsmodell dargestellt, welche Attribute die einzelnen Datenflüsse transportieren. Für Datenspeicher müssen die Attribute, die ein Speicher hält, theoretisch nicht explizit modelliert werden, da diese über die Datenflüsse, die in einen Datenspeicher eingehen und wieder von ihm ausgehen, automatisch abgeleitet werden können.

Falls das Datenmodell vor dem Funktionsmodell entwickelt worden ist, kann das Datenmodell bei der Funktionsmodellierung für folgende Prüfungen herangezogen werden:

- Jedes Attribut sollte im Funktionsmodell als Minimalregel in mindestens zwei Datenflüssen zwischen einer elementaren Geschäftsfunktion und einem Datenspeicher (sog. Datenspeicherverwendungen) vorkommen. Es muss einmal in einen Datenspeicher eingehen, und es muss diesen mindestens einmal verlassen.

- Da der Datenspeicher mit den Entitätstypen und den Attributen, die er hält, eine Sicht auf das Datenmodell bildet, muss jeder Entitätstyp und jedes Attribut in mindestens einem Datenspeicher enthalten sein.

- Jeder Entitätstyp und jedes Attribut müsste von elementaren Geschäftsfunktionen verwendet werden (in Operationen wie "Erzeugen", "Lesen," "Modifizieren" etc.). Theoretisch müsste jedes Attribut von mindestens einer Funktion erzeugt werden, von mindestens einer Funktion gelesen und von mindestens einer Funktion modifiziert oder gelöscht werden. In diesem Zusammenhang wird auch von den Effekten (oder "Expected Effects" [vgl. JMA/BAA, S. 210]) elementarer Geschäftsfunktionen auf das Datenmodell (Entitätstypen und Attributen) gesprochen.

Das feine Funktionsmodell des Soll-Geschäftssystems weist gegenüber dem groben Modell folgende weitere Eigenschaften auf:

- Die Geschäftsfunktionshierarchie und die Datenflussdiagramme sind durch den Abgleich mit dem Datenmodell nun vervollständigt. Alle Geschäftsfunktionen sind verbal beschrieben. Diese Beschreibung legt nochmals textuell dar, was die Geschäftsfunktion leistet.

- Es wurde eine Ablauffolge für elementare Geschäftsfunktionen entworfen. Diese Ablauffolge elementarer Geschäftsfunktionen wird für zwei wesentliche Dinge verwendet: Sie ist zum einen die Basis für die Definition von Entitätstypen-Lebenszyklen, die vorwiegend aus Qualitätssicherungsgründen erstellt werden (s. Aktvität "A.2.4. Definition von Entitätstypen-Lebenszyklen"). Zum anderen stellt sie den Übergang in das Design (Erstellen der logischen Systemspezifikation) sicher. Alle elementaren Geschäftsfunktionen werden in logische Transaktionen überführt (s. Aktivität "A.3.2.1. Identifikation von logischen Transaktionen", Pkt. 6.1.2.1.). Die Ablauffolge von elementaren Geschäftsfunktionen kann als erster Ansatzpunkt für den Entwurf des Transaktionsnetzwerks (s. Aktivität "A.3.2.2. Transaktionsnetzwerk entwickeln", Pkt. 6.1.2.2.) übernommen werden.

- Die externen Agenten sind verbal beschrieben.
- Die Datenspeicher sind vollständig beschrieben. Jeder Datenspeicher stellt eine Sicht auf das Datenmodell dar, indem in der Beschreibung des Datenspeichers festgehalten wird, welche Entitätstypen und Attribute dieser hält.
- Die Datenflüsse sind vollständig beschrieben. Auch jeder Datenfluss stellt eine Sicht auf das Datenmodell dar, wenn für jeden Datenfluss festgehalten wird, welche Attribute aus welchen Entitätstypen dieser transportiert.
- Die Operationen von elementaren Geschäftsfunktionen sind beschrieben. Es wird dargestellt, welche Effekte (Erzeugen, Lesen, Modifizieren und Löschen) elementare Geschäftsfunktionen auf Entitätstypen und in einer detaillierteren Form auf Attribute von Entitätstypen haben.

Die Hauptquellen für die Erstellung des feinen Funktionsmodells sind:

- Das grobe Funktionsmodell der zu verfeinernden Lösungsvariante.
- Das Ist-Funktionsmodell, das noch wesentlich detaillierter beschrieben ist als das grobe Soll-Funktionsmodell.
- Das grobe sowie später das feine Datenmodell des Soll-Geschäftssystems.

Unterstützend können insbesondere für Rückfragen bei Unsicherheit noch folgende sich auf das Ist-System beziehende Quellen beigezogen werden:

- Die initiale Dokumentation des Ist-Geschäftssystems (Formulare, Dialog-Beschreibungen, etc.).
- Das Organisationsmodell des Ist-Geschäftssystems. Das Organisationsmodell des Soll-Geschäftssystems wird erst später erarbeitet.
- Das Kontext-Diagramm, das alle Aussenbeziehungen des Geschäftssystems zeigt.

Input:

- Initiale Dokumentation des Ist-Geschäftssystems.
- Kontext-Diagramm (Ist).
- Datenmodell des Ist-Geschäftssystems
- Funktionsmodell des Ist-Geschäftssystems
- Organisationsmodell des Ist-Geschäftssystems
- Ausgewähltes grobes Soll-Geschäftssystem
- Feines Datenmodell des Soll-Geschäftssystems

```
Output  (neu):

- Feines Funktionsmodell des Soll-Geschäftssystems
  - Dekomposition der Geschäftsfunktionen (Soll, fein).
  - Datenflussdiagramme (Level 1 bis n) (Soll, fein).
  - Verbale Beschreibung der Geschäftsfunktionen (Soll, fein).
  - Beschreibung der Ablauffolge elementarer Geschäftsfunktionen
    (Soll, fein).
  - Beschreibung von externen Agenten (Soll, fein).
  - Beschreibung von Datenspeichern (Soll, fein).
  - Beschreibung von Datenflüssen (Soll, fein).
  - Beschreibung der Operationen von elementaren Geschäfts-
    funktionen (Soll, fein).
```

5.1.3. Daten- und Funktionsmodell durch Verfeinerung/Redefinition der IS-Architektur bilden

Die Modellierung des Daten- und Funktionsmodells durch Verfeinerung/Redefinition der IS-Architektur ist alternativ zur Aktivität "A.2.2. Daten- und Funktionsmodell durch Überarbeitung des Ist-Geschäftssystems bilden". Im letzteren Fall wird das Daten- und Funktionsmodell durch die genaue Analyse des Bestehenden erarbeitet. Es liegt keine IS-Architektur vor, da vorher keine Informationssystemplanung durchgeführt wurde.

Hier wird von einem vorgegebenen, groben, zukunftsgerichteten Daten- und Funktionsmodell, das im Rahmen einer Informationssystemplanung erarbeitet wurde, ausgegangen. Da der Rahmen eines groben Soll-Geschäftssystems damit schon vorgegeben ist, erübrigt es sich, Varianten von Soll-Geschäftssystemen zu bilden.

Aus einer Informationssystemplanung dürfen üblicherweise folgende Entwurfsergebnisse erwartet werden [vgl. Olle e.a. 2, S. 241f; JMA/ISP; NAVIGATOR/Planning Phase Manual]:

- Der relevante Ausschnitt aus dem unternehmensweiten[1] Datenmodell.
- Die relevanten Geschäftsfunktionen und ihre Dekomposition aus dem unternehmensweiten Funktionsmodell. Üblicherweise werden die Geschäftsfunktionen auf der untersten Ebene immer noch sehr grob strukturiert sein (z.B. "Bewerber erfassen/verwalten", "Kunde aufnehmen/verwalten", "Auftrag erfassen/verwalten" oder "Auftrag abwickeln").
- Die Interaktion der Geschäftsfunktionen auf unterster Hierarchiestufe mit den Entitätstypen aus dem Datenmodell als Bestandteil des unternehmensweiten Funktionsmodells. Manchmal sind die Geschäftsfunktionen auf der untersten Ebene schon Applikationen zugeordnet und die Entitätstypen in Datenbanken gruppiert. Diese Informationen werden vor allem später für die logische Systemspezifikation (s. Pkt. 5.1.8. f) verwendet.
- Der relevante Ausschnitt aus dem unternehmensweiten Organisationsmodell, der überblicksmässig die Soll-Aufbauorganisation, die Durchführung von Geschäftsfunktionen oder, auf einer gröberen Ebene, die Anwendung von Applikationen in Orga-

[1] In der Folge wird von unternehmensweiten Modellen gesprochen, auch wenn damit (unternehmens-) bereichsweite Modelle nicht ausgeschlossen sind. Ein "Unternehmens-Modell" ist ein Modell, das im Rahmen einer Informationssystemplanung vorgängig erstellt wurde.

nisationseinheiten sowie die Nutzung von Daten (Entitätstypen oder, mit weniger Detail, Datenbanken) durch Organisationseinheiten aufzeigt.

Im Zuge des weiteren Entwurfes werden diese Modelle konkretisiert, indem sie verfeinert resp. bei fortschreitender Analyse redefiniert, d.h. durch besseres Wissen über den Untersuchungsbereich ersetzt werden. Entsprechend muss dann auch die IS-Architektur nachgeführt werden.

Eine Bewertung der entstehenden Modelle im Sinne der Aktivität "A.2.2.1.3. Bewertung der Variante", ist nicht notwendg, da davon ausgegangen wird, dass das grobe Soll-Geschäftssystem bereits bei der Durchführung der Informationssystemplanung aus einer unternehmensweiten Perspektive bewertet worden ist.

Das feine Daten- und Funktionsmodell können parallel zueinander entwickelt werden. Je nach Ansatz ist es möglich, sich zuerst stärker auf das Daten- oder Funktionsmodell zu stützen.

Stützt man sich anfangs stärker auf das Datenmodell, kann dieses dazu verwendet werden, zu untersuchen,

- ob elementare Geschäftsfunktionen alle Entitätstypen und Attribute von Entitätstypen verarbeiten (anlegen und verändern/löschen),
- ob alle Entitätstypen und Attribute sich auch in Datenspeichern wiederfinden,
- ob ein Attribut sich in einem Kommunikationsfluss wiederfindet (z.B. das Attribut "Kundenrabattsatz" muss wohl dem externen Agenten "Kunden" in einem Kommunikationsfluss mitgeteilt werden) oder
- ob jedes Attribut in mindestens zwei Datenspeicherverwendungen (Datenflüsse zwischen Geschäftsfunktion und Datenspeicher) vorkommt. Dies ist dann der Fall, wenn (1) das Attribut in den Datenspeicher gelegt wird (Erzeugung) und wenn (2) es von diesem entnommen wird (Lesen).

Solche Prüfungen führen in der Regel zur Definition neuer Geschäftsfunktionen und Datenspeicher.

Stützt man sich anfänglich dagegen stärker auf das Funktionsmodell, kann dies ebenfalls dazu verwendet werden, eine Reihe von Überprüfungen vorzunehmen, die in der Regel zur Modifikation resp. Erweiterung des Datenmodells führen. Insbesondere müssen die Attribute,

- die in einem Datenfluss transportiert werden,
- die in einem Datenspeicher gehalten werden,
- auf denen elementare Geschäftsfunktionen operieren (s. Pkt. 5.1.3.2.),

im Datenmodell enthalten sein.

5.1.3.1. Feines Datenmodell durch Verfeinerung/Redefinition der IS-Architektur bilden

Zweck dieser Aktivität ist das Erstellen eines vollständigen, feinen, konzeptionellen und zukunftsgerichteten Datenmodells für den Untersuchungsbereich, das dieselben Eigenschaften aufweist, wie ein Datenmodell, das durch die Aktivität "A.2.2.3.1. Feines Datenmodell durch Überarbeitung des Ist-Geschäftssystems bilden" entworfen wurde (s. Pkt. 5.1.2.3.1.).

Die wesentlichen Quellen, die zur Erstellung des feinen Soll-Datenmodells zur Verfügung stehen, sind:

- Die Projektabgrenzung bei den Daten (Entitätstypen und Datenbanken).
- Die funktionale Projektabgrenzung (Geschäftsfunktionen und Applikationen).
- Das unternehmensweite Datenmodell.
- Das unternehmensweite Funktionsmodell.
- Das unternehmensweite Organisationsmodell, das übersichtsmässig darstellt, welche Datenbanken/Entitätstypen sowie Applikationen/Geschäftsfunktionen durch Organisationseinheiten genutzt resp. ausgeführt werden.
- Die Problem-/Anforderungsliste, deren funktionale und nichtfunktionale Anforderungen ihren Niederschlag im Datenmodell haben.
- Das feine Funktionsmodell, das parallel entsteht.

Bei der Erstellung des Datenmodells ist der Entwickler besonders auf intensive Benutzer-Unterstützung angewiesen, da das Soll-Modell ohne Umweg über ein Ist-Modell entwickelt wird. Ebenfalls muss ggf. zur Unterstützung der Modellierung auch die initiale Dokumentation des Ist-Geschäftssystems herangezogen werden.

Die Eigenschaften, die ein vollständiges feines Datenmodell für ein Soll-Geschäftssystem aufweisen sollte, wurden bereits in Pkt. 5.1.2.3.1. für Aktivität "A.2.2.3.1. Feines Datenmodell durch Überarbeitung des Ist-Geschäftssystems bilden" genannt. Die untenstehenden Eigenschaften sind teilweise eine Wiederholung:

- Alle Entitätstypen und alle Attribute sind identifiziert und vollständig beschrieben.
- Alle komplexen und rekursiven Beziehungen sind aufgelöst.
- Alle Integritätsbedingungen (Eindeutigkeit, referentielle Integrität und freie Konsistenzbedingungen) liegen fest.
- Die Überlappungen von Entitätstypen sind dokumentiert.
- Alle relevanten Attribute aus dem unternehmensweiten Datenmodell sind einbezogen.
- Jedes Attribut sollte im Funktionsmodell in mindestens zwei Datenspeicherverwendungen vorkommen. Einmal wird das Attribut in den Datenspeicher gelegt, ein anderes Mal wird es aus dem Datenspeicher geholt.
- Jeder Entitätstyp und jedes Attribut muss in mindestens einem Datenspeicher enthalten sein.

- Jeder Entitätstyp und, auf einer detaillierteren Stufe, jedes Attribut eines Entitätstyps müssen von elementaren Geschäftsfunktionen verwendet werden (durch Operationen wie "Erzeugen", "Lesen", "Löschen" etc.).

```
Input:

- Liste der projektrelevanten Entitätstypen.
- Liste der projektrelevanten Datenbanken.
- Liste der projektrelevanten Geschäftsfunktionen.
- Liste der projektrelevanten Applikationen.
- Unternehmensweites Datenmodell.
- Unternehmensweites Funktionsmodell.
- Unternehmensweites Organisationsmodell.
- Feines Funktionsmodell des Soll-Geschäftssystems
- Initiale Dokumentation des Ist-Geschäftssystems.
- Problem-/Anforderungsliste.

Output (neu):

- Feines Datenmodell des Soll-Geschäftssystems
  - Gesamtdatenmodell (Soll, fein).
  - Beschreibung von Entitätstypen (Soll, fein).
  - Beschreibung von Beziehungen (Soll, fein).
  - Beschreibung von Attributen (Soll, fein).
  - Beschreibung von Integritätsbedingungen (Soll, fein).
  - Beschreibung von Überlappungen von Entitätstypen (Soll, fein).
```

5.1.3.2. Feines Funktionsmodell durch Verfeinerung/Redefinition der IS-Architektur bilden

Zweck dieser Aktivität ist die Erstellung eines vollständigen Funktionsmodells des Soll-Geschäftssystems, das folgende Eigenschaften aufweist (s. auch Pkt. 5.1.2.3.2.):

- Die vollständige Geschäftsfunktions-Hierarchie und Datenflussdiagramme sind vorhanden.

- Alle Geschäftsfunktionen sind verbal beschrieben.

- Die Ablauffolge auf Ebene der Elementarfunktionen ist vollständig spezifiziert.

- Die externen Agenten sind beschrieben.

- Die Datenspeicher und die Datenflüsse sind vollständig beschrieben.

- Die Operationen der elementaren Geschäftsfunktionen sind beschrieben.

- Das Funktionsmodell ist mit dem Datenmodell abgeglichen. Welche Situation nach einem korrekten Abgleich herrschen sollte, wurde schon mehrfach beschrieben (s. Pkt. 5.1.2.3.1., Pkt. 5.1.2.3.2. u. Pkt. 5.1.3.1.)

Den Rahmen für die Modellierung bildet der relevante Ausschnitt aus der IS-Architektur.

Das grundsätzliche Vorgehen für die Erstellung des Funktionsmodells ist deshalb top-down. Die Geschäftsfunktionen aus der IS-Architektur, die für das Projekt relevant sind, werden weiter verfeinert bzw. redefiniert. Dazu ist eine hohe Benutzer-Interaktion notwendig, da das Soll-Modell ohne Umweg über ein Ist-Modell entworfen wird. Das Ist-

Modell soll später lediglich dazu dienen, den Entwurf auf Vollständigkeit und Korrektheit zu überprüfen.

Die Anwendung des ereignisorientierten "Event Partitioning"-Ansatzes (s. Pkt. 5.1.2.1.2.) für die Erstellung des Funktionsmodells in der "bottom-up"-Richtung ist aber auch hier grundsätzlich möglich, wenn zuerst systematisch versucht wird, die Kommunikationsflüsse und temporalen Ereignisse im Untersuchungsabschnitt zu ermitteln.

Für die Erstellung des feinen Soll-Funktionsmodells stehen folgende Quellen zur Verfügung:

- Die Projektabgrenzung bei den Daten (Entitätstypen und Datenbanken) und bei den Funktionen (Geschäftsfunktionen und Applikationen).
- Das unternehmensweite Funktionsmodell.
- Das unternehmensweite Datenmodell.
- Das unternehmensweite Organisationsmodell, das die grundsätzliche Verteilung von Daten und Funktionen auf Organisationseinheiten zeigt.
- Das feine Datenmodell, das parallel entsteht.
- Die initiale Dokumentation des Ist-Geschäftssystems.
- Die Problem-/Anforderungsliste, deren funktionale Anforderungen in Geschäftsfunktionen resultieren.

Input:

- Liste der projektrelevanten Entitätstypen.
- Liste der projektrelevanten Datenbanken.
- Liste der projektrelevanten Geschäftsfunktionen.
- Liste der projektrelevanten Applikationen.
- Unternehmensweites Datenmodell.
- Unternehmensweites Funktionsmodell.
- Unternehmensweites Organisationsmodell.
- Feines Datenmodell des Soll-Geschäftssystems
- Initiale Dokumentation des Ist-Geschäftssystems.
- Problem-/Anforderungsliste.

Output (neu):

- Feines Funktionsmodell des Soll-Geschäftssystems
  - Dekomposition der Geschäftsfunktionen (Soll, fein).
  - Datenflussdiagramme (Level 1 bis n) (Soll, fein).
  - Verbale Beschreibung der Geschäftsfunktionen (Soll, fein).
  - Beschreibung der Ablauffolge elementarer Geschäftsfunktionen (Soll, fein).
  - Beschreibung von externen Agenten (Soll, fein).
  - Beschreibung von Datenspeichern (Soll, fein).
  - Beschreibung von Datenflüssen (Soll, fein).
  - Beschreibung der Operationen von elementaren Geschäftsfunktionen (Soll, fein).

5.1.4. Definition von Entitätstypen-Lebenszyklen

In dieser Entwurfsaktivität wird analysiert, wie sich Entitäten aus Entitätstypen in ihrem Lebenslauf verhalten, d.h. vom Zeitpunkt, ab dem sie für das Geschäft von Interesse sind, bis zu jenem Zeitpunkt, wo sie für das Geschäft nicht mehr relevant sind.

Entitätstypen-Lebenszyklen werden dann modelliert, wenn das Daten- und Funktionsmodell weitgehend abgeschlossen sind, d.h. alle Entitätstypen und alle elementaren Geschäftsfunktionen bekannt sind.

Für jeden Entitätstyp - oder zumindest für jeden fundamentalen Entitätstyp (s. Pkt. 2.3.1.) - wird analysiert, welche Status er kennt und welche elementaren Geschäftsfunktionen[1] welche Status bewirken. Bei dieser Betrachtung kann auch analysiert werden, welche elementaren Geschäftsfunktionen in welchen Statusübergängen (Wechsel von einem Status in einen anderen) beteiligt sind. Eine Grundlage hierfür bilden die in einer Vorgängeraktivität modellierten Geschäftsfunktions-Ablauffolgen.

Durch die Analyse von Entitätstypen-Lebenszyklen werden vor allem noch fehlende elementare Geschäftsfunktionen erkannt, die in das Funktionsmodell des Soll-Geschäftssystems bottom-up integriert werden müssen. Dadurch wird die Geschäftsfunktionshierarchie (Dekomposition der Geschäftsfunktionen) in der Breite erweitert. Die Datenflussdiagramme werden erweitert. Es entstehen neue Datenflüsse, die beschrieben werden müssen. Es bilden sich ebenfalls neue Ablauffolgen elementarer Geschäftsfunktionen. Ebenso müssen die Operationen der neu identifizierten Geschäftsfunktionen beschrieben werden.

Die Ergebnisse der Analyse von Entitätstypen-Lebenszyklen sind:

- Eine Aufzählung der Zustände der einzelnen Entitätstypen. Z.B. kennt der Entitätstyp "Auftragskopf" die Zustände "nicht existent", "in Bearbeitung", "ausführbar", "zurückgewiesen", "nicht lieferbar", "gesplittet", "storniert" und "erledigt".

- Eine Aufzählung aller möglichen Zustandsübergänge pro Entitätstyp in der Form "Ursprungszustand - elementare Geschäftsfunktion, die den Zustandsübergang bewirkt, - Zielzustand". Dabei ist es durchaus möglich, dass eine elementare Geschäftsfunktion von mehreren Ursprungszuständen ausgehen kann und eine Entität in einen von mehreren möglichen Zielzuständen versetzen kann. Der gleiche Zustandsübergang sollte aber eigentlich nur von einer elementaren Geschäftsfunktion bewirkt werden. Z.B.: Nur die elementare Geschäftsfunktion "Auftrag stornieren" soll den Entitätstyp "Auftragskopf" vom Zustand "ausführbar" in den Zustand "storniert" versetzen können.

Die Analyse von Entitätstypen-Lebenszyklen dient auch oft dafür, weitere Attribute von Entitätstypen zu identifizieren, d.h. die Beschreibung von Attributen und Entitätstypen wird erweitert. Es handelt sich dabei vor allem um solche Attribute, die den Zustand einer Entität speichern. Im Falle des Entitätstyps "Auftragskopf" wäre ein Attribut "Auftragsstatus" denkbar.

---

[1] In der Analyse von Entitätstypen-Lebenszyklen werden häufig auch Ereignisse einzelnen Entitätstypen gegenübergestellt. Dies ist z.B. in der Methode SSADM der Fall. Da aber Ereignisse analog wie elementare Geschäftsfunktionen beschrieben werden (s. Pkte. 5.1.2.3.2. u. 5.2.4.), ist dies gleichbedeutend.

Den Input für die Analyse von Entitätstypen-Lebenszyklen bilden das feine Daten- und Funktionsmodell des Soll-Geschäftssystems. Daraus sind vor allem folgende Ergebnisse von Interesse:

- Das Gesamtdatenmodell, das alle Entitätstypen enthält.
- Die Beschreibung der Entitätstypen, insb. die Attribute der Entitätstypen, damit eruiert werden kann, ob bereits ein Attribut vorhanden ist, das den Status speichern soll.
- Die Dekomposition der Geschäftsfunktionen, die als Blattknoten alle elementaren Geschäftsfunktionen enthält. Diese Dekomposition wird durch die Identifikation weiterer elementarer Geschäftsfunktionen sicherlich in der Breite erweitert. Daraufhin müssen auch entsprechend die Datenflussdiagramme und die weiteren Beschreibungen des Funktionsmodells wieder à jour gebracht werden.
- Die Beschreibung der Ablauffolge elementarer Geschäftsfunktionen. Diese kann einen ersten Hinweis für mögliche Statusübergänge für Entitätstypen geben.
- Die Beschreibung der Operationen von elementaren Geschäftsfunktionen. Aus dieser Beschreibung kann eruiert werden, welche Geschäftsfunktionen mit welchen Entitätstypen interagieren. Hier interessieren vor allem jene Interaktionen, die Daten von Entitäten erzeugen, verändern oder löschen. Die lesende Verwendung von Daten interessiert hingegen nicht.

Input:

- Feines Datenmodell des Soll-Geschäftssystems
- Feines Funktionsmodell des Soll-Geschäftssystems

Output (neu):

- Beschreibung der möglichen Zustände von Entitätstypen (Soll, fein).
- Beschreibung der Zustandsübergänge von Entitätstypen (Soll, fein).

Output (hinzufügend):

- Dekomposition der Geschäftsfunktionen (Soll, fein).
- Datenflussdiagramme (Level 1 bis n) (Soll, fein).
- Verbale Beschreibung der Geschäftsfunktionen (Soll, fein).
- Beschreibung der Ablauffolge elementarer Geschäftsfunktionen (Soll, fein).
- Beschreibung von Datenflüssen (Soll, fein).
- Beschreibung der Operationen von elementaren Geschäftsfunktionen (Soll, fein).
- Beschreibung von Attributen (Soll, fein).
- Beschreibung von Entitätstypen (Soll, fein).

5.1.5. Organisationsmodell des Soll-Geschäftssystems erstellen

Diese Aktivität dient dazu, die für den Untersuchungsausschnitt relevante zukünftige Aufbauorganisation zu modellieren. Dazu muss die Zuständigkeit für die Ausführung von Geschäftsfunktionen durch Organisationseinheiten verbindlich festgelegt werden [vgl. Olle e.a. 2, S. 93ff]. Damit ergibt sich auch implizit, welche Daten durch die verschiedenen Organisationseinheiten benutzt werden. Die Operationen von elementaren Geschäftsfunktionen (auf Entitätstypen) wurden schon in einer vorgängigen Aktivität festgelegt. Wenn eine Organisationseinheit eine elementare Geschäftsfunktion ausführt, ist deshalb auch implizit festgelegt, welche Entitätstypen die Organisationseinheit nutzt. Schliesslich sollen bei der Entwicklung des Soll-Organisationsmodells noch die gesamthaften und die standortspezifischen[1] Volumina von Geschäftsfunktionen und Entitätstypen [vgl. JMA/BAA, S. 495ff] erhoben werden.

Am Ende der Erarbeitung des Organisationsmodells des Soll-Geschäftssystems liegen folgende Ergebnisse vor:

- Die Soll-Aufbauorganisation für den Untersuchungsabschnitt ist verbindlich fixiert.
- Die Geschäftsfunktionen sind auf die verschiedenen Organisationseinheiten verteilt.
- Das gesamte Volumen bei den Geschäftsfunktionen (Anzahl Ausführung pro Zeiteinheit; Wachstumsrate) ist bekannt.
- Das Volumen bei den Entitätstypen (Anzahl Entitäten; Aenderungsrate; Wachstumsrate) ist bekannt.
- Die Organisationseinheiten sind auf Standorte verteilt.
- Die funktionalen und datenmässigen Volumina pro Standort sind bekannt.

Falls eine Informationssystemplanung durchgeführt wurde, darf erwartet werden, dass die verbindliche Soll-Aufbauorganisation Bestandteil des unternehmensweiten Organisationsmodells ist und dass insbesondere Applikationen (s. Pkte. 4.1.2.1., 4.1.3.1., 5.1.8. f u. 5.2.6.2) bereits auf Organisationseinheiten verteilt wurden, so dass das bestehende Soll-Organisationsmodell im wesentlichen nur übernommen und verfeinert werden muss. Da Applikationen selbst Gruppierungen von Geschäftsfunktionen sind (s. Pkte. 4.1.2.1. u. 4.1.3.1.), lässt sich damit auch die Zuordnung von Geschäftsfunktionen zu Organisationseinheiten eruieren. Mit diesen Quellen lässt sich nun das feine Organisationsmodell des Soll-Geschäftssystems relativ einfach erstellen.

Es sollte jede elementare Geschäftsfunktion mindestens einer organisatorischen Einheit zur Ausführung zugeordnet werden. Eine typische Zuordnung einer Geschäftsfunktion zu einer Organisationseinheit wäre z.B.: Die Organisationseinheit "Verkaufsunterstützung" ist verantwortlich für die Ausführung der Geschäftsfunktion "Auftrag erfassen", "Auftrag abschliessen", "Auftrag mutieren" und "Auftrag stornieren". Wo die Organisationseinheit ansässig ist (z.B. Verkaufsunterstützung Genf oder Verkaufsunterstützung St. Gallen), ist vorerst noch irrelevant.

Wenn einmal die Geschäftsfunktionen den Organisationseinheiten zugeordnet sind, sollte noch ein Mengengerüst erhoben werden, das aussagt, wie oft Geschäftsfunktionen an Standorten ausgeführt werden und welche Daten in welcher Menge an Standorten genutzt werden müssen. Diese Aussagen sind besonders dann wichtig, wenn an die Realisierung physisch verteilter Anwendungssysteme (s. Aktivität "A.2.8. Identifikation von Applikationen und Datenbanken") gedacht wird [vgl. JMA/BAA, S. 498].

---

[1] Der Begriff "Organisationseinheit" bezieht sich hier nur auf den Typ einer Organisationseinheit (z.B.: Die Organisationseinheit "Verkaufsunterstützung" ist Bestandteil der Organisationseinheit "Verkauf"). Erst durch die geographische Allokation von Organisationseinheiten entstehen reale, fassbare Einheiten (z.B. "Verkaufsunterstützung St. Gallen").

Für die Erhebung des Mengengerüstes ist eine Analyse der heutigen Situation unumgänglich.

Am häufigsten wird der Ansatz gewählt, dass die Transaktionsdurchläufe im Ist-EDV-System analysiert werden. Wenn Transaktionen oder im weitesten Sinne Programme einzelnen Soll-Geschäftsfunktionen zugeordnet werden, lässt sich das gesamte Volumen anhand ihrer Ausführungshäufigkeiten eruieren. Wenn Messungen über mehrere Jahre bestehen, lässt sich unter Berücksichtigung hinzukommender geschäftspolitischer Faktoren, wie z.B. bevorstehende Akquisitionen o.ä., auch eine Wachstumsrate extrapolieren.

Die Berechnung der Volumina bei den Daten stützt sich ebenfalls üblicherweise auf das Ist-EDV-System. Wenn die heutigen Mengen von physischen Datenobjekten (Records, Segmente, Tupel etc.) bekannt sind und physische Datenobjekte wie z.B. ein Adress-Record, ein Auftrags-Record oder ein Artikel-Record fundamentalen Entitätstypen wie z.B. Partner, Auftragskopf oder Artikel zugeordnet werden können, kann das Mengengerüst ebenfalls verhältnismässig leicht eruiert werden. Die Aenderungsrate von Entitätstypen lässt sich berechnen, wenn jeder Entitätstyp in Verbindung mit der Ausführungshäufigkeit jener Geschäftsfunktionen gebracht wird, die diesen Entitätstyp manipulieren. Dasselbe gilt auch für die zu erwartende Wachstumsrate, die pro Entitätstyp ausgewiesen wird.

Um das Mengengerüst schliesslich pro Standort zu erheben, muss entschieden werden, welche Organisationseinheiten an welchen Standorten operieren. Insbesondere durch die Analyse des Mengengerüstes kann es zu einer Reorganisation der Aufbauorganisation und/oder zu einer neuen Verteilung von Organisationseinheiten auf Standorte kommen.

Bezüglich der Mengenangaben ist es auch hier meistens wieder möglich, sich auf das Monitoring aus dem Ist-EDV-System zu stützen. Im Rahmen der Leistungsverrechnung werden häufig die gezählten (und mit einem bestimmten Geldbetrag multiplizierten) Transaktionsdurchläufe den einzelnen Kostenstellen zugeordnet, wobei eine Kostenstelle eine Organisationseinheit an einem bestimmten Standort darstellt. Dadurch ist es zumindest möglich, die Ausführungshäufigkeit der Soll-Geschäftsfunktionen in der Ist-Organisation zu ermitteln. Durch entsprechende Umstrukturierung der Aufbauorganisation und der Verlagerung der Verteilung von Organisationseinheiten auf Standorte wird so das Soll-Organisationsmodell schliesslich fixiert.

Die Ermittlung der Datennutzung an den einzelnen Standorten kann nach einem ähnlichen Muster durchgeführt werden. Meistens ist schon im Ist-EDV-System die Verwantwortung für den Unterhalt von Daten oder die Zugriffsberechtigungen auf wichtige Daten gespeichert. So werden z.B. kundenbezogene Daten an jenem Standort gepflegt, wo sie erfasst wurden und von wo die Kundenbetreuung ausgeht. Die Zuordnung des Kunden zu einer Organisationseinheit an einem bestimmten Standort findet sich in der Regel in den Ist-Daten selbst. Andere Daten wiederum werden in ihrer ganzen Breite an allen Standorten genutzt. Dies kann z.B. für einen Artikelstamm zutreffen.

Die wesentlichen Quellen für die Erstellung des Organisationsmodells, falls eine Informationssystemplanung durchgeführt wurde, sind:

- Das feine Daten- und Funktionsmodell des Soll-Geschäftssystems.
- Die relevanten Ausschnitte aus der IS-Architektur, namentlich der relevante Ausschnitt aus dem unternehmensweiten Organisations- und Funktionsmodell.
- Die initiale Dokumentation des Ist-Geschäftssystems, aus der sich Hinweise auf die Verteilung von heutigen Organisationseinheiten auf Standorte ergeben. Dies kann

üblicherweise aus bestehenden Organigrammen oder manchmal noch detaillierter aus der Kostenstellenstruktur entnommen werden.

- Die Transaktionshäufigkeiten (Anzahl Durchläufe pro Transaktion und Zeiteinheit) und Datenmengen (Anzahl Records, Segmente, Tupel etc.), die im Rahmen eines Monitoring aus dem Ist-EDV-System gewonnen werden. Oft ist das Monitoring aus Gründen der Verrechnung von EDV-Dienstleistungen schon institutionalisiert, so dass in den meisten Fällen auf bestehende Ergebnisse zurückgegriffen werden kann. Es müssen dann lediglich Transaktionen den Geschäftsfunktionen und physische Datenobjekte (Record, Segment, Tupel etc) den Entitätstypen zugeordnet werden.
- Die Problem-/Anforderungsliste, die möglicherweise Hinweise zur Verteilung von Geschäftsfunktionen auf Organisationseinheiten oder von Organisationseinheiten auf Standorte enthält.

Schwieriger ist der Fall, wenn kein unternehmensweites Organisationsmodell aus der Informationssystemplanung vorliegt. In diesem Fall muss die Zuordnung der Geschäftsfunktionen zu Organisationseinheiten ausgehend vom Ist-Geschäftssystem durchfegührt werden. Durch die Zuordnung von Soll-Geschäftsfunktionen zu Ist-Organisationseinheiten und durch das Erheben des Mengengerüstes pro Standort kann eine Bedarf zur Restrukturierung der Aufbauorganisation resp. zur Neuverteilung von Organisationseinheiten auf Standorte erkannt werden. Durch die Restrukturierung entsteht dann entsprechend die Soll-Aufbauorganisation für den relevanten Ausschnitt des Untersuchungsbereiches.

Das Vorgehen für die Modellierung der Soll-Organisation im Fall, dass kein unternehmensweites Organisationsmodell zur Verfügung steht, ist im wesentlichen dasselbe wie im Fall, dass eine Informationssystemplanung stattgefunden hat. Der Hauptunterschied liegt vor allem bei der Zuordnung von Soll-Geschäftsfunktionen zu Soll-Organisationseinheiten und von Soll-Organisationseinheiten zu Standorten. Dies ist im Fall einer Informationssystemplanung schon einmal aus einer globalen, bereichs- resp. unternehmensweiten Perspektive erfolgt, indem die Nutzung von Applikationen durch Organisationseinheiten und die Verteilung der Organisationseinheiten auf die Standorte grob dokumentiert ist. Wenn diese Information fehlt, bleibt nichts anderes übrig, als die Soll-Geschäftsfunktionen und Soll-Entitätstypen den Ist-Organisationseinheiten an den Ist-Standorten mit entsprechendem Mengengerüst zuzuordnen, damit daraus die relevanten Schlüsse für die Optimierung der Organisation gezogen werden können.

Input:

- Feines Funktionsmodell des Soll-Geschäftssystems
- Feines Datenmodell des Soll-Geschäftssystems
- Unternehmensweites Organisationsmodell.
- Unternehmensweites Funktionsmodell.
- Initiale Dokumentation des Ist-Geschäftssystems.
- Transaktionshäufigkeiten und Datenmengen aus Ist-EDV-System.
- Problem-/Anforderungsliste.

oder

```
- Feines Funktionsmodell des Soll-Geschäftssystems
- Feines Datenmodell des Soll-Geschäftssystems
- Organisationsmodell des Ist-Geschäftssystems
- Funktionsmodell des Ist-Geschäftssystems
- Initiale Dokumentation des Ist-Geschäftssystems.
- Transaktionshäufigkeiten und Datenmengen aus Ist-EDV-System.
- Problem-/Anforderungsliste.

Output  (neu):

- Feines Organisationsmodell des Soll-Geschäftssystems
  - Organigramm (Soll, fein).
  - Matrix Organisationseinheit/Geschäftsfunktion (Soll, fein)
  - Mengengerüst pro Geschäftsfunktion (Soll, fein).
  - Mengengerüst pro Entitätstyp (Soll, fein).
  - Matrix Standort/Organisationseinheit (Soll, fein).
  - Matrix Mengengerüst Standort/Geschäftsfunktion (Soll, fein).
  - Matrix Mengengerüst Standort/Entitätstyp (Soll, fein).
```

5.1.6. Soll-Modell an Ist-Geschäftssystem auf Vollständigkeit und Korrektheit überprüfen

Der Abgleich des Soll-Modells am Ist-Geschäftssystem hat vor allem qualitätssichernde Funktion, d.h. durch den Abgleich wird festgestellt, ob das neue Soll-Modell vollständig und korrekt die Geschäftstätigkeit im Untersuchungsausschnitt reflektiert.

Ein expliziter Ist-Soll-Abgleich ist vor allem dann nicht sinnvoll, wenn die Soll-Modelle durch eine Überarbeitung der Ist-Modelle entstanden sind (s. Aktivität "A.2.2. Daten- und Funktionsmodell durch Überarbeitung des Ist-Geschäftssystems bilden", Pkt. 5.1.2.). In diesem Fall darf erwartet werden, dass alle Ist-Modell-Objekte in geeigneter Weise bei dem Entwurf des Soll-Modells berücksichtigt worden sind resp. diese Prüfung bei der Erstellung der Soll-Modelle schon stattgefunden hat. Der Abgleich wurde in diesem Fall im Vorgehensmodell in Bild 5.1./1 als optional aufgeführt.

Falls die Modelle des Soll-Geschäftssystems durch eine Verfeinerung/Redefinition der IS-Architektur entstanden sind (s. Aktivität "A.2.3. Daten- und Funktionsmodell durch Verfeinerung/Redefinition der IS-Architektur bilden", Pkt. 5.1.3.), drängt sich der Ist-Soll-Abgleich stark auf, da das Ist-Geschäftssystem beim Entwurf des Soll-Modells bisher bewusst vernachlässigt wurde, unter anderem auch, um die Kreativität bei der Lösungssuche nicht zu stark einzuschränken. Im Vorgehensmodell in Bild 5.1./1 wurde der Abgleich in diesem Fall als zwingend aufgeführt.

Auf der Ebene des Datenmodells sollte jeder Ist-Entitätstyp, jede Ist-Beziehung und jedes Ist-Attribut eine Entsprechung im Soll-Modell haben. D.h., es soll keine heute vorhandene Information ohne Absicht verlorengehen. Für jeden Soll-Entitätstyp und jede Soll-Beziehung kann auch versucht werden, eine Entsprechung im Ist-Modell zu suchen. Wenn das Soll-Modell mehr Informationen enthalten kann, muss die Frage gestellt werden, ob dies auch gewollt und notwendig ist und ob die Daten hierfür auch mit vertretbarem Aufwand beschafft resp. erfasst werden können. Der Ist-Soll-Abgleich bei den Daten ist insbesondere auch deshalb notwendig, damit das Risiko resp. der Schwierigkeitsgrad bei der Datenübernahme ermittelt werden kann. Ein gutes Datenmodell nützt sehr wenig, wenn die heutigen Daten nicht in die neue Soll-Struktur gebracht werden können, weil eindeutige

Abbildungsregeln fehlen oder weil es zu viele Abbildungsregeln von alt nach neu gibt, so dass deren Handhabung nicht mehr beherrschbar ist.

Auf der Funktionsseite kann der Ist-Soll-Abgleich auf analoge Weise durchgeführt werden. Für jede elementare Ist-Geschäftsfunktion muss eine Entsprechung im Soll-Modell gefunden werden, es sei denn, es handelt sich bei der Ist-Funktion um keine essentielle Funktion (s. Pkt. 5.1.2.1.2.). Der Vergleich kann auch in die andere Richtung geführt werden, indem versucht wird, für jede elementare Geschäftsfunktion des Soll-Modells eine Entsprechung im Ist-Modell zu finden. Falls keine Entsprechung vorhanden ist, kann es sein, dass die neue Geschäftsfunktion ein bestehendes Problem löst oder eine neue Anforderung erfüllt. Es ist auch denkbar, dass das Ist-Modell unvollständig ist oder dass gar kein Bedarf für diese neue Soll-Geschäftsfunktion existiert (z.B. Geschäftsfunktionen wie "Gegengeschäfte mit Lieferanten registrieren" oder "Eckdaten von Bewerbern ermitteln/verwalten" sind möglicherweise überflüssig).

Auf der Ebene des Organisationsmodells erfolgt kein formaler Abgleich zwischen Ist und Soll. Das Soll-Organisationsmodell ist formal dann vollständig und korrekt, wenn alle Geschäftsfunktionen Organisationseinheiten zugeordnet sind und jede Organisationseinheit mindestens an einem Standort alloziert ist.

Einen neuen Output produziert der Abgleich zwischen Ist und Soll nicht. Der Abgleich führt lediglich zu Modifikationen am Daten-, Funktions- und Organisationsmodell des Soll-Geschäftssystems.

Input:

- Datenmodell des Ist-Geschäftssystems
- Funktionsmodell des Ist-Geschäftssystems
- Feines Datenmodell des Soll-Geschäftssystems
- Feines Funktionsmodell des Soll-Geschäftssystems
- Feines Organisationsmodell des Soll-Geschäftssystems
- Problem-/Anforderungsliste.

5.1.7. Bestätigung der Analyse

Die Bestätigung der Analyse ist eine Aktivität, in die vor allem der oder die Auftraggeber des Projektes involviert sind.

Es geht darum zu ermitteln, ob und wie den bestehenden Problemen und Anforderungen begegnet worden ist sowie ob das nun vorliegende vollständige Modell des Soll-Geschäftssystems auch für die Zukunft (fünf bis zehn Jahre) stabil genug ist und sich damit als nicht änderungsanfällig auf zukünftige geschäftliche Entwicklungen erweist.

Beim Abgleich mit der Problem-/Anforderungsliste kann Punkt für Punkt abgezeichnet werden, indem zu jedem Eintrag hinzugefügt wird, ob das vorliegende Problem bzw. die gestellte Anforderung befriedigend gelöst werden kann oder nicht oder ob eine Aussage zur Erfüllung erst zu einem späteren Zeitpunkt gemacht werden kann. Falls der oder die Auftraggeber nicht einverstanden sind, wird es entsprechend zu einer Überarbeitung der Soll-Modelle kommen.

Zur Beurteilung der Stabilität des Soll-Geschäftssystems gibt es kein spezielles Vorgehen (vgl. auch [JMA/BAA, S. 565ff]). Es geht vor allem darum, potentielle Aenderungen im Geschäft wie z.B.

- neue Distributionswege,
- neue Segmentierung des Absatzmarktes,
- geographische Ausweitung der Geschäftsaktivität,
- Aenderungen in der Gesetzgebung,
- neue Dienstleistungen im Rahmen der traditionellen Geschäftsaktivität oder
- Standardisierungsbestrebungen

zu antizipieren und die Aenderungsanfälligkeit des Soll-Geschäftsmodells daraufhin zu überprüfen. Die Überprüfung der Stabilität produziert keinen neuen Output. Sie kann aber zu einer Modifikation des Soll-Geschäftssystems führen, wenn Mängel erkannt worden sind, die beseitigt werden sollen.

Input:

- Feines Datenmodell des Soll-Geschäftssystems
- Feines Funktionsmodell des Soll-Geschäftssystems
- Feines Organisationsmodell des Soll-Geschäftssystems

Output (hinzufügend):

- Problem-/Anforderungsliste.

5.1.8. Identifikation von Applikationen und Datenbanken

Bei dieser Aktivität geht es darum, das nun vorliegende Modell des Soll-Geschäftssystems in kleinere Teile zu zerlegen, damit Einheiten entstehen, die im nachfolgenden System-Design weitgehend unabhängig spezifiziert und später realisiert werden können [NAVIGATOR/Analysis Phase Manual, S. 5-1 ff; JMA/BAA, S. 581 ff].

Wenn elementare Geschäftsfunktionen gruppiert werden und das Kriterium der Zusammenfassung die möglichst homogene Verwendung von Entitätstypen ist[1], entstehen Gebilde, die auch schon im Rahmen einer Informationssystemplanung als Applikationen bezeichnet wurden (s. Pkt. 4.1.2.1.). Diese Applikationen stellen jene Einheiten dar, die durch eine Projektgruppe möglichst unabhängig spezifiziert und später auch realisiert werden können. Eine Applikation wird typischerweise drei bis zehn elementare Geschäftsfunktionen umfassen.

Eine optimale Gruppierung von elementaren Geschäftsfunktionen zu Applikationen ist unter folgenden Bedingungen gegeben:

- Wenn die Geschäftsfunktionen innerhalb einer Applikation eine hohe Abhängigkeit, die durch die Geschäftsfunktionen-Ablauffolge dargestellt wird, haben.
- Die Applikationen haben untereinander eine niedrige Abhängigkeit.
- Wenn alle Geschäftsfunktionen einer Applikation durch möglichst dieselbe Organisationseinheit genutzt werden. Falls eine Organisationseinheit nur einen Teil der

---

1 Ein sog. "Clustering"-Mechanismus ist z.B. in [JMA/BAA, S. 369ff] beschrieben.

Geschäftsfunktionen, die in die Applikation eingehen, nutzt, muss ggf. die Applikation aufgeteilt werden.

- Die Operationen "Erzeugen", "Modifizieren" und "Löschen", die von elementaren Geschäftsfunktionen ausgehen, finden für jeden einzelnen Entitätstyp wenn möglich immer nur im Rahmen einer einzigen Applikation statt. Ein Entitätstyp darf also durchaus in mehreren Applikationen lesend verwendet werden, die Operationen "Erzeugen", "Modifizieren" und "Löschen" sollen aber nach Möglichkeit von einer einzigen Applikation ausgehen.

Wenn elementare Geschäftsfunktionen Entitätstypen anhand der Datenverwendung gruppieren, entstehen Gebilde, die im Rahmen einer IS-Architektur als Datenbanken bezeichnet wurden. Diese Datenbanken stellen nun Einheiten dar, die weitgehend separat spezifiziert und schliesslich implementiert werden können. Auch ist eine allfällige Datenübernahme für die identifizierten Datenbanken zu planen (s. Pkt. 6.1.3.).

Eine optimimale Gruppierung von Entitätstypen zu Datenbanken ist dann gegeben, wenn die Beziehungen zwischen Entitätstypen innerhalb einer Datenbank hoch sind und die Beziehungen zwischen Datenbanken klein sind.

Falls eine IS-Architektur existiert, d.h. eine Informationssystemplanung vorgängig durchgeführt wurde, ist die Zeit gekommen, dass man die Analyse-Ergebnisse und die IS-Architektur abgleicht. Der Abgleich mit der IS-Architektur verfolgt im wesentlichen zwei Zwecke [vgl. JMA/BAA, S. 588]:

(1) Es soll einerseits von oben nach unten überprüft werden, ob die Architektur im Sinne der Informationssystemplanung konform weiter verfeinert worden ist, insb. ob frühere Entscheide zur funktionalen, datenmässigen und organisatorischen Gestaltung des Informationssystems nicht ohne Wissen der für die Informationssystemplanung Verantwortlichen untergraben werden. Im wesentlichen geht es also darum, die Architektur-Konformität der nun vorliegenden Analyse zu bestätigen oder diese ggf. wieder herzustellen. Insbesondere sollten die zu realisierenden Applikationen mit den in der IS-Architektur geplanten Applikationen übereinstimmen.

(2) Im Zuge der Verfeinerung der IS-Architektur werden die Daten-, Funktions- und Organisations-Modelle weiter konkretisiert. Es ist nun auch möglich, dass gewisse Entscheidungen, die auf der Ebene der IS-Architektur früher gefällt wurden, sich im Rahmen der Analyse als unzweckmässig erwiesen haben. D.h., das bessere Wissen, das im Rahmen der Analyse erarbeitet worden ist, redefiniert nun bestimmte Elemente aus der IS-Architektur. Diese Auswirkungen betreffen etwa die Funktionsdekomposition, die Struktur des unternehmensweiten Datenmodells oder die Soll-Organisationsstruktur.

```
Input:

- Liste der projektrelevanten Entitätstypen.
- Liste der projektrelevanten Datenbanken.
- Liste der projektrelevanten Geschäftsfunktionen.
- Liste der projektrelevanten Applikationen.
- Unternehmensweites Datenmodell.
- Unternehmensweites Funktionsmodell.
- Unternehmensweites Organisationsmodell.
- Feines Datenmodell des Soll-Geschäftssystems
- Feines Funktionsmodell des Soll-Geschäftssystems
- Feines Organisationsmodell des Soll-Geschäftssystems

oder

- Feines Datenmodell des Soll-Geschäftssystems
- Feines Funktionsmodell des Soll-Geschäftssystems
- Feines Organisationsmodell des Soll-Geschäftssystems


Output (neu):

- Liste der zu realisierenden Applikationen.
- Liste der zu realisierenden Datenbanken.
```

5.1.9. Verteilung der Applikationen und Datenbanken

In der vorhergehenden Aktivität wurden die Geschäftsfunktionen in Applikationen und die Entitätstypen in Datenbanken gruppiert.

Für die Realisierung von Applikationen und Datenbanken stehen grundsätzlich mehrere technische Systemoptionen [vgl. SSADM 3, S. LS-TSO-1ff] offen. Es ist möglich, die Applikationen und Datenbanken für den zentralen Grossrechner, für Abteilungsrechner verschiedenster Ausprägung und/oder für diverse Arbeitsplatzrechnertypen zu realisieren.

Ziel dieser Aktivität ist es, die Verteilung von Applikationen und Datenbanken auf verschiedene Systemtypen verbindlich festzulegen. Dazu wird es möglicherweise notwendig sein, mehrere Varianten für die Verteilung zu bilden und zu bewerten.

5.1.9.1. Varianten von technischen Systemumgebungen bilden

5.1.9.1.1. Daten- und Applikationsverteilung beschreiben

Die Bildung von Varianten technischer Systemumgebungen ist dann notwendig, wenn Applikationen grundsätzlich auf mehreren Systemtypen realisiert werden können.

Unter einem Systemtyp ist eine Systemsoftware-Plattform zu verstehen, z.B. die vorhandene Grossrechner-Systemsoftware, verschiedene vorhandene Abteilungsrechnertypen (z.B. AS/400, Unix-Mehrplatzsysteme oder VAX-Rechner) oder verschiedene vorhandene Arbeitsplatzrechnertypen (z.B. MS/DOS-, OS/2- oder Unix-Workstations).

Jede Applikation und jede Datenbank wird nun genau einem Systemtyp zugeordnet.

Bei jeder Zuordnung von Applikationen sollten folgende Punkte behandelt werden [vgl. JMA/BAA, S. 583ff]:

- Der Systemtyp, auf welchem die Applikation läuft.
- Ob die Applikation konventionell mit einer 3.-Generation-Sprache, mit einer 4.-Generation-Sprache oder mit einem Endbenutzerwerkzeug (z.B. Spread-Sheet) realisiert werden soll.
- Ob die Applikation online oder batch abläuft.

Es ist durchaus möglich, dass durch die Zuordnung von Applikationen zu Systemtypen neue Applikationen entstehen.

Dies ist immer dann der Fall, wenn bestimmte Geschäftsfunktionen, die durch die vorhergehende Entwurfsaktivität (A.2.8. "Identifikation von Applikationen und Datenbanken") in einer Applikation zusammengefasst wurden, ganz oder teilweise auf zwei oder mehrere Systemtypen (z.B. zentraler Grossrechner und portabler Arbeitsplatzrechner) verteilt werden sollen.

Abb. 5.1.9.1.1./1 zeigt beispielhaft, wie sich die Zuordung von Geschäftsfunktionen auf Applikationen durch die Verteilung auf verschiedene Systemtypen ändern kann.

Früher (vor Verteilung):

APPL A
GF 1
GF 2
GF 3
GF 4
GF 5

Neue Situation nach Verteilung:

APPL A auf Systemtyp X	APPL B auf Systemtyp Y
GF 1	GF 1
GF 2	GF 2
GF 3	GF 3
GF 4	GF 5

Legende: APPL = Applikation, GF = elementare Geschäftsfunktion

Abb. 5.1.9.1.1./1: Zuordung von Geschäftsfunktionen zu Applikationen, die jeweils einem Systemtyp zugeordnet sind

Dasselbe gilt auch für die Zusammenfassung von Entitätstypen in Datenbanken. Wenn eine Gruppe von Entitätstypen jetzt auf mehrere Systemtypen verteilt werden soll, müssen diese jetzt mehreren Datenbanken zugeordnet werden.

Schliesslich werden die Applikationen auf die Organisationseinheiten zur Nutzung verteilt. Im feinen Organisationsmodell des Soll-Geschäftssystems wurde schon festgelegt, welche Organisationseinheit eine Geschäftsfunktion ausführt. Mit dieser Information können schliesslich die Applikationen, die eine oder mehrere Geschäftsfunktionen umfassen, den Organisationseinheiten zugeordnet werden.

Aus der Zuordnung von Applikationen zu Organisationseinheiten ergibt sich auch implizit, mit welchen Systemtypen eine Organisationseinheit ausgestattet werden muss resp. welche

Systemtypen oder Zugänge zu Systemtypen in der Organisationseinheit vorhanden sein sollten.

Die wesentlichen Parameter, die den Entscheid zur Verteilung von Applikationen und Datenbanken auf verschiedene Systemtypen beeinflussen, sind:

- Die gegenwärtige Ausstattung mit Rechnern. Diese Information kann der initialen Dokumentation des Ist-Systems entnommen werden.
- Die generellen Absichten auf Unternehmensebene, wie die Computerausstattung in der Zukunft aussehen soll. Diese Information findet sich meistens in den unternehmensweit fixierten IS-Standards [s. Oesterle e.a., S. 86f].
- Die Volumina pro Standort aus dem feinen Organisationsmodell des Soll-Geschäftssystems.
- Die Problem-/Anforderungsliste, insbesondere dann, wenn sie Aussagen zum Laufzeitverhalten oder zur Verfügbarkeit des geplanten Informationssystems macht.

Input:

- Feines Datenmodell des Soll-Geschäftssystems
- Feines Funktionsmodell des Soll-Geschäftssystems
- Feines Organisationsmodell des Soll-Geschäftssystems
- Liste der zu realisierenden Applikationen.
- Liste der zu realisierenden Datenbanken.
- Initiale Dokumentation des Ist-Geschäftssystems.
- IS-Standards.
- Problem-/Anforderungsliste.

Output (neu):

- Variante der Verteilung von Applikationen und Datenbanken
  - Liste der zu realisierenden Applikationen (Variante).
  - Liste der zu realisierenden Datenbanken (Variante).
  - Matrix Applikation / Systemtyp (Variante).
  - Matrix Datenbank / Systemtyp (Variante).
    Matrix Organisationseinheit / Applikation (Variante).
  - Matrix Organisationseinheit / Systemtyp (Variante).

5.1.9.1.2. Bewertung der Variante

Damit Entscheidungskriterien für die Auswahl einer Variante zur Verteilung von Applikationen und Datenbanken vorliegen, soll jede einzelne Variante individuell bewertet werden.

Die einzelnen Kriterien, nach denen die Varianten bewertet werden können, sind beispielsweise [vgl. SSADM 4, S. D-PD-254f]:

- Die Kosten (Entwicklung und Unterhalt) und der Nutzen bei der Realisierung der Applikationen und Datenbanken, wie sie in der Variante beschrieben sind.
- Die einzugehenden Risiken bei der Realisierung der Lösung sowie die Wartbarkeit der Lösung. Dazu müssen insbesondere
  - Vorstellungen über die Strategie der Migration der Daten und Programme und

- bei einer dezentralen Lösung entsprechende Aussagen über die allfällige Synchronisation von Daten sowie die Verteilung neuer Releases der System- und Applikationssoftware

vorhanden sein.

- Die Zeitdauer und die Qualität der Realisierung. Voraussetzung hierfür ist eine Vorstellung über die weiteren Realisierungsschritte.
- Die Ausbildungsbedürfnisse der EDV-Mitarbeiter und der Benutzer.
- Die Erfüllung kritischer Anforderungen bezüglich Laufzeitverhalten oder Verfügbarkeit.

Input:

- Variante der Verteilung von Applikationen und Datenbanken
- Problem-/Anforderungsliste.

Output (neu):

- Verbale Bewertung der Verteilungsvariante.

5.1.9.2. Varianten gesamthaft bewerten und eine Variante wählen bzw. zusammensetzen

Wenn alle Verteilungsvarianten vorliegen und individuell bewertet worden sind, geht es darum, zusammen mit den Auftraggebern des Projektes eine Variante, die im Design weiterverfolgt wird, auszuwählen bzw. mehrere Elemente von verschiedenen Varianten zu einer zusammenzusetzen.

Die vorliegende Aktivität der Variantenwahl stützt sich einerseits auf die Inhalte der Verteilungsvarianten sowie andererseits auf die schon erarbeiteten verbalen Bewertungen der Verteilungsvarianten und mündet in eine globale Bewertung. Diese ist ein informelles Dokument, das im Sinne eines Beschlussprotokolls begründet, wieso eine der ausgewählten Varianten resp. die zusammengesetzte Variante bevorzugt wurde resp. die anderen nicht berücksichtigt worden sind.

Jene Anforderungen, die im Anforderungskatalog bisher noch nicht abgezeichnet worden sind, können jetzt abgezeichnet werden, so dass für jede Anforderung klar ist, ob

- diese erfüllt ist,
- diese definitiv nicht erfüllt werden kann oder ob
- Aussagen zur Erfüllung der Anforderung erst im Design oder später gemacht werden können.

Input:

- Varianten der Verteilung von Applikationen und Datenbanken

Output (neu):

- Globale Bewertung aller Verteilungsvarianten.
- Ausgewählte Variante der Verteilung von Applikationen und Datenbanken
  - Liste der zu realisierenden Applikationen (gewählte Variante).
  - Liste der zu realisierenden Datenbanken (gewählte Variante).
  - Matrix Applikation / Systemtyp (gewählte Variante).
  - Matrix Datenbank / Systemtyp (gewählte Variante).
  - Matrix Organisationseinheit / Applikation (gewählte Variante).
  - Matrix Organisationseinheit / Systemtyp (gewählte Variante).

Output (hinzufügend):

- Problem-/Anforderungsliste.

5.1.10. Planung des Designs

Am Schluss der Analyse liegen die untenstehenden Ergebnisse vor, die in das Design eingehen:

- Das feine Funktionsmodell des Soll-Geschäftssystems. Dieses besteht aus:
  - Der Dekomposition von Geschäftsfunktionen.
  - Den Datenflussdiagrammen.
  - Verbalen Beschreibungen der Geschäftsfunktionen, die festlegen, was die Geschäftsfunktion leistet.
  - Den Ablauffolgen von elementaren Geschäftsfunktionen.
  - Beschreibungen der externen Agenten.
  - Beschreibungen der Sicht der Datenspeicher auf das Datenmodell.
  - Beschreibungen der Sicht der Datenflüsse auf das Datenmodell.
  - Beschreibung der Sicht von elementaren Geschäftsfunktionen auf das Datenmodell, indem die Operationen auf Attribute von Entitätstypen beschrieben werden.
- Das feine Datenmodell des Soll-Geschäftssystems, bestehend aus:
  - Einem Gesamtdatenmodell (Entity-Relationship-Modell).
  - Beschreibungen von Entitätstypen.
  - Beschreibungen von Attributen.
  - Beschreibungen von Beziehungen.
  - Beschreibungen von Integritätsbedingungen.
  - Beschreibungen von Überlappungen von Entitätstypen.

- Das feine Organisationsmodell des Soll-Geschäftssystems, bestehend aus:
  - Dem Organigramm.
  - Einer Matrix, welche die Ausführung von elementaren Geschäftsfunktionen Organisationseinheiten zuordnet.
  - Einem Mengengerüst für jede elementare Geschäftsfunktion.
  - Einem Mengengerüst für jeden Entitätstyp.
  - Der Verteilung der Organisationseinheiten auf Standorte.
  - Einem Mengengerüst für jede Geschäftsfunktion an einem Standort.
  - Einem Mengengerüst für jeden Entitätstyp an einem Standort.
- Die Beschreibung möglicher Zustände von Entitätstypen und der zulässigen Zustandsübergänge.
- Die Beschreibung der auf verschiedenen Systemtypen zu realisierenden Applikationen und Datenbanken sowie die Spezifikation der Nutzung von Applikationen durch Organisationseinheiten.
- Eine weitgehend abgezeichnete Problem-/Anforderungsliste.

Der zweitletzte Punkt gehört eigentlich nicht in ein konzeptionelles Soll-Geschäftsmodell, da er schon auf die EDV-Lösung Bezug nimmt. Die Spezifikation der Verteilung ist aber notwendig, damit das Design geplant werden kann.

Die wesentlichen Planungseinheiten für das Design sind die zu realisierenden Datenbanken und Applikationen. Der logische Datenbankentwurf wird in der Regel für alle Datenbanken gemeinsam durchgeführt. Die Applikationen können theoretisch parallel zueinander spezifiziert und anschliessend, wenn sie alle spezifiziert sind, gemeinsam konstruiert werden. Allerdings wird dies aus Ressourcengründen nicht immer möglich sein. Es ist deshalb auch denkbar, dass Applikationen sequentiell hintereinander spezifiziert und implementiert werden. Dieses Vorgehen wird insbesondere dann begünstigt, wenn die Abhängigkeiten zwischen den zu realisierenden Applikationen nicht zu gross sind. So ist es z.B. denkbar, dass die Applikation "Kundenverwaltungssystem" zuerst spezifiziert und gleich konstruiert und die Applikation "Auftragsverwaltungssystem" erst anschliessend spezifiziert wird[1].

Als Ergebnis der Planung des Designs können z.B. vorliegen (vgl. Pkt. 4.1.4.):

- Pro Applikation als Teilprojekt und für die übrigen Teilprojekte (z.B. Datenbankentwurf):
  - Starttermin der Spezifikation.
  - Endtermin der Implementation.
  - Ergebnisse, Teilaktivitäten und Meilensteine.
  - Abhängigkeiten zwischen den Teilprojekten.

---

1 Dieses Vorgehen ist bei der Methode Information Engineering Methodology unter der Begriff "Business Systems Integration" bekannt geworden.

- Mitarbeiter-Einsatzplan.
- Review-Termine.
- Projektspezifische Standards und Richtlinien.

Diese Planungsaktivität hat mehr Management- als Entwurfscharakter. Sie soll nicht weiter betrachtet werden.

```
Input:

- Projektauftrag.
- Ausgewählte Variante der Verteilung von Applikationen und
  Datenbanken

Output  (neu):

- Detailprojektplan für das Design.
```

5.2. Metamodell des Entwurfes des Soll-Geschäftssystems

Das Metamodell für den Entwurf des Soll-Geschäftssystems stellt die Datenseite der Analyse dar. Das Metamodell enthält alle formalisierbaren Bestandteile der Ergebnisse, die während der Analyse erarbeitet wurden.

Insgesamt wurden 44 Meta-Entitätstypen identifiziert (alphabetisch geordnet):

```
Fundamental und Spezialisierung
 Applikation
 Attribut
 Beziehung
 Datenbank
 Datenfluss
 Datenspeicher
 Datenspeicherverwendung
 Elementare Geschäftsfunktion/Ereignis
 Elementarer Datenfluss
 Entitätstyp
 Externer Agent
 Geschäftsfunktion
 Integritätsbedingung für Attribut oder Attributgruppe von Entitätstyp
 Kommunikationsfluss
 Organisatorische Einheit
 Standort
 Systemtyp
 Zustand
```

```
Strukturell
 Datenfluss-Hierarchie
 Geschäftsfunktion-Hierarchie
 Organisatorische Struktur

Zentrale Tabelle
 Applikationsart
 Datenspeicherverwendungsart
 Entitätstypenverwendungsart

Assoziativ
 Applikation umfasst elementare Geschäftsfunktion
 Attribut des Entitätstyps
 Attribut in Datenfluss
 Attribut in Datenspeicher
 Ausführung der Geschäftsfunktion
 Elementare Geschäftsfunktion/Ereignis bewirkt Zustandsübergang
 Entitätstyp an Standort
 Entitätstyp in Beziehung
 Entitätstyp in Datenbank
 Entitätstyp in Datenfluss
 Entitätstyp in Datenspeicher
 Geschäftsfunktion an Standort
 Geschäftsfunktion zu Attribut
 Geschäftsfunktion zu Entitätstyp
 Geschäftsfunktion-Ablauffolge
 Organisationseinheit ist externer Agent
 Organisatorische Einheit an Standort
 Organisatorische Einheit hat Zugang zu Systemtyp
 Organisatorische Einheit nutzt Applikation
 Überlappung von Entitäten
```

Auf den nächsten Seiten ist das Metamodell für die Analyse dargestellt. Insgesamt wurden sechs problemorientierte Sichten gebildet. Es sind dies

- Geschäftsfunktionen und Datenflüsse,
- Entitätstypen und Beziehungen,
- Datensichten von Datenflüssen und Datenspeicher,
- Elementare Geschäftsfunktionen/Ereignisse,
- Organisation und
- Verteilung.

5.2.1. Geschäftsfunktionen und Datenflüsse

Sicht 1 in Bild 5.2.1./1 stellt die funktionale Perspektive der Analyse dar. Das Ist- und das Soll-Modell des Geschäftssystems können über eine Geschäftsfunktionshierarchie und entsprechende Datenflussdiagramme dargestellt werden. Datenflüsse werden als Kommunikationsflüsse und Datenspeicherverwendungen spezialisiert.

Datenflüsse können hierarchisch gegliedert sein. D.h., ein Datenfluss kann potentiell in mehrere Sub-Datenflüsse zerlegt werden. Diese Sub-Datenflüsse gehen ihrerseits in Sub-Geschäftsfunktionen ein.

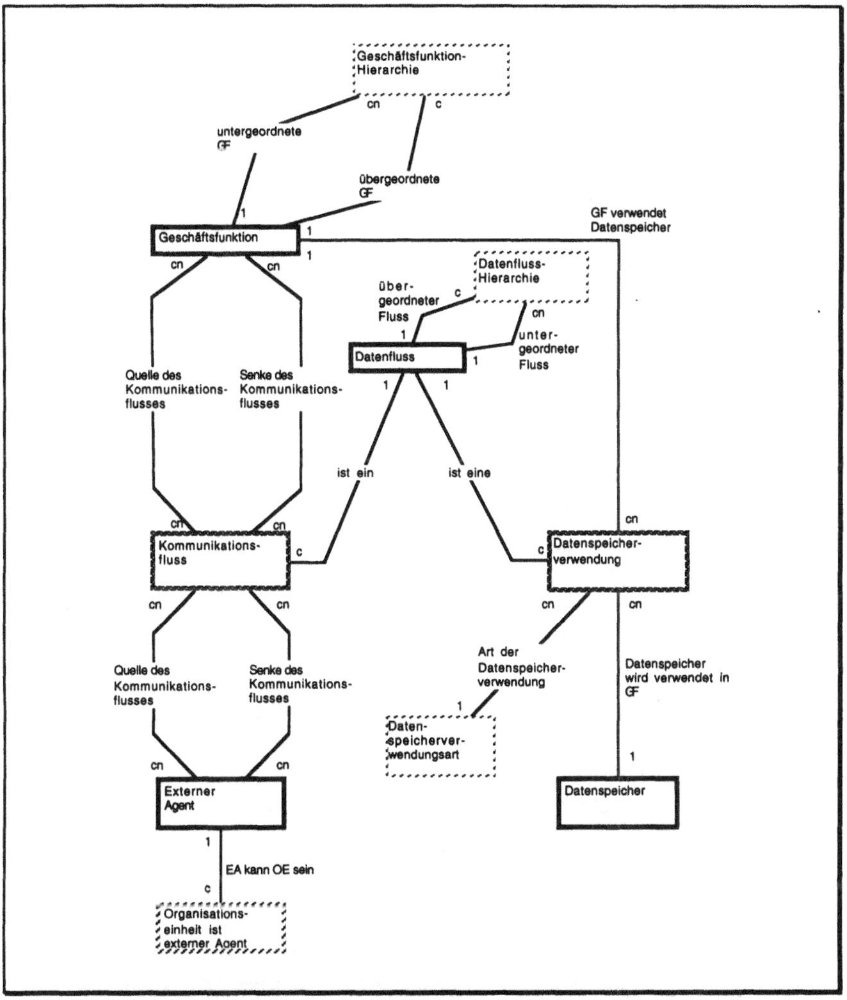

Abb. 5.2.1./1: Sicht 1 - Geschäftsfunktionen und Datenflüsse

Kommunikationsflüsse fliessen zwischen Geschäftsfunktionen und externen Agenten oder weiteren Geschäftsfunktionen. Ein Kommunikationsfluss kann mehrere Quellen und Senken haben, da derselbe Kommunikationsfluss auf mehreren Detaillierungsstufen dargestellt wird. Es ist ebenfalls denkbar, dass ein Kommunikationsfluss mehrere externe Agenten als Empfänger oder Sender von Informationen hat. Bild 5.2.1./2 zeigt ein schematisches Beispiel für Kommunikationsflüsse, die mehrere Quellen und Senken haben.

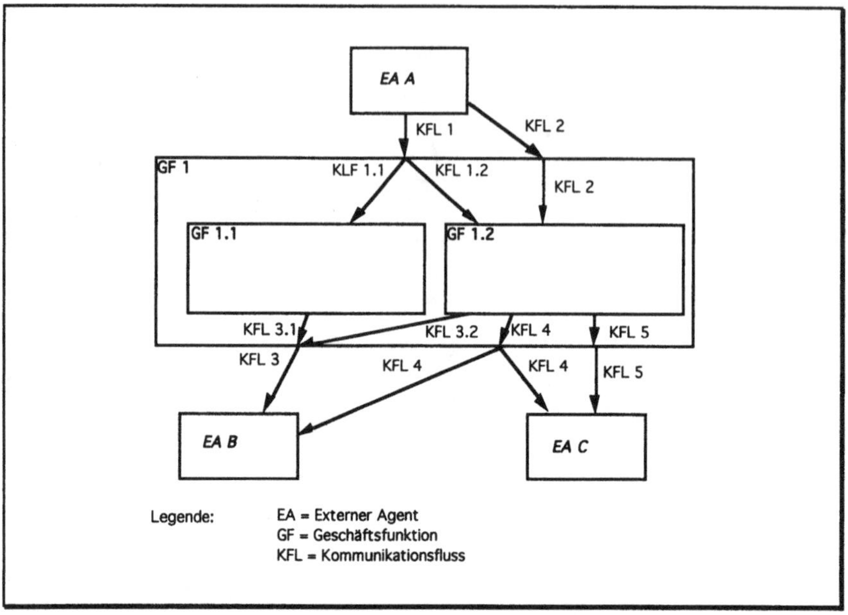

Abb. 5.2.1./2: Kommunikationsflüsse

Die Geschäftsfunktion 1 mit ihren Sub-Funktionen 1.1 und 1.2 ist in Bild 5.2.1./2 dargestellt sowie die drei externen Agenten A, B und C. Insgesamt existieren neun Kommunikationsflüsse. Davon sind fünf Haupt-Kommunikationsflüsse (KFL 1 - 5). Der Rest sind Sub-Kommunikationsflüsse (s. Bild 5.2.1./3).

KFL 1	KFL 2	KFL 3	KFL 4	KFL5
KFL 1.1 KFL 1.2		KFL 3.1 KFL 3.2		

Abb. 5.2.1./3: Datenflusshierarchie anhand von Kommunikationsflüssen

Die Kommunikationsflüsse 2, 4 und 5 haben mehrere Quellen und/oder Senken, wie aus der nachfolgenden Tabelle in Bild 5.2.1./4 ersichtlich ist. Alle Kommunikationsflüsse wurden so aufgeteilt, dass jeweils eine Quelle mit einer Senke direkt verbunden ist. Insgesamt sind

- neun Kommunikationsflüsse,
- fünf Haupt-Kommunikationsflüsse,
- vier Sub-Kommunikationsflüsse und
- 14 elementare Kommunikationsflüsse

dargestellt.

KFL	Von	Zu
KFL 1	EA A	GF 1
KFL 1.1	EA A	GF 1.1
KFL 1.2	EA A	GF 1.2
KFL 2	EA A	GF 1
"	EA A	GF 1.2
KFL 3	GF 1	EA B
KFL 3.1	GF 1.1	EA B
KFL 3.2	GF 1.2	EA B
KFL 4	GF 1	EA B
"	GF 1	EA C
"	GF 1.2	EA B
"	GF 1.2	EA C
KFL 5	GF 1	EA C
"	GF 1.2	EA C

Abb. 5.2.1./4: Elementare Kommunikationsflüsse

Datenspeicherverwendungen können wie Kommunikationsflüsse über die Metamodell-Komponente "Datenfluss-Hierarchie" hierarchisch gegliedert werden. Bild 5.2.1./5 zeigt ein schematisches Beispiel hierfür.

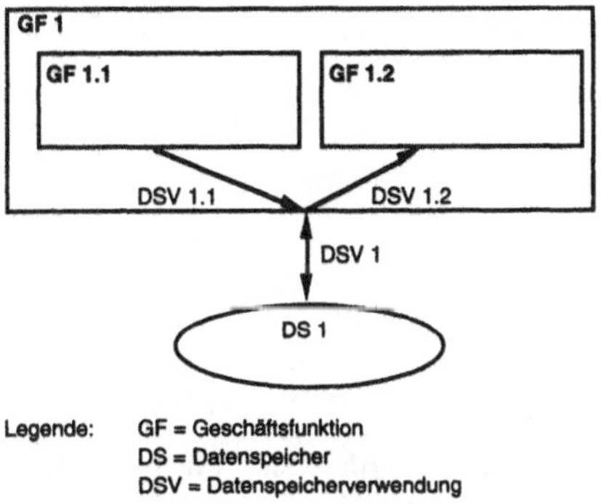

Abb. 5.2.1./5: Datenspeicherverwendung

Insgesamt existieren drei Datenspeicherverwendungen. Diese sind explizit in Bild 5.2.1./6 dargestellt. Die Datenspeicherverwendungen 1.1 und 1.2 sind Komponenten der Datenspeicherverwendung 1.

DSV	GF	DS	DSV-Art
DSV 1	GF 1	DS 1	Input-Output
DSV 1.1	GF 1.1	DS 1	Output
DSV 1.2	GF 1.2	DS 1	Input

Abb. 5.2.1./6: Datenspeicherverwendung mit Angabe der Verwendungsart

Bestimmte externe Agenten, die in den Datenflussdiagrammen aufgeführt werden, können bei der Analyse der Ist- und/oder Soll-Organisation ebenfalls dort als betriebsinterne organisatorische Einheiten auftreten. Sollte eine solche Beziehung vorhanden sein, wird dies in der Metamodell-Komponente "Organisationseinheit ist externer Agent" festgehalten.

Nachfolgend sind die Metamodell-Komponenten aus Abb. 5.2.1./1 einzeln beschrieben.

5.2.1.1. Geschäftsfunktion

Synonyme: Funktion, Process, Activity, Business Activity, GF

Komp.Typ: Fundamental

Beschreibung: Siehe Komponenten-Beschreibung in Pkt. 4.2.1.1..

Zusätzlich:

Eine Geschäftsfunktion kann das Ist-Geschäftssystem oder das Soll-Geschäftssystem beschreiben (s. Pkte. 5.1.2. u. 5.1.3.).

In einer typischen mittleren Analyse werden 20 - 40 Geschäftsfunktionen für das Ist- oder Soll-Geschäftssystem identifiziert, die über ca. drei Hierarchiestufen gegliedert werden.

Die Geschäftsfunktionen auf der untersten Hierarchiestufe werden auch bei einer Top-Down-Entwicklung der Geschäftsfunktionshierarchie "elementare Geschäftsfunktionen" oder bei einer Bottom-Up-Zusammensetzung der Geschäftsfunktionshierarchie nach dem "Upward Leveling"-Verfahren "Ereignisse" (s. Pkt. 5.1.2.1.2.) genannt.

Beziehungen: Zu "Geschäftsfunktion-Hierarchie" (Sicht 1): Eine Geschäftsfunktion hat eine oder keine übergeordnete Geschäftsfunktion.

Zu "Geschäftsfunktion-Hierarchie" (Sicht 1): Eine Geschäftsfunktion hat eine, keine oder mehrere untergeordnete Geschäftsfunktionen.

Zu "Kommunikationsfluss" (Sicht 1): Eine Geschäftsfunktion kann einmal, keinmal oder mehrmals Quelle von Kommunikationsflüssen sein. Die Quelle eines Kommunikationsflusses können eine, keine oder mehrere Geschäftsfunktionen sein.

Zu "Kommunikationsfluss" (Sicht 1): Eine Geschäftsfunktion kann einmal, keinmal oder mehrmals Senke von Kommunikationsflüssen sein. Die Senke eines Kommunikationsflusses können eine, keine oder mehrere Geschäftsfunktionen sein.

Zu "Datenspeicherverwendung" (Sicht 1): Eine Geschäftsfunktion verwendet einen, keinen oder mehrere Datenspeicher.

Zu "Elementare Geschäftsfunktion/Ereignis" (Sicht 4): Eine Geschäftsfunktion kann elementar sein.

Attribute: GF-Nr. - Nummer zur Identifikation der Geschäftsfunktion.

Name - Name der Geschäftsfunktion.

Beschreibung - Verbale Beschreibung, was die Geschäftsfunktion leistet.

5.2.1.2. Geschäftsfunktion-Hierarchie

Synonyme: Funktionsstruktur, Functional Decomposition

Komp.Typ: Strukturell (von Geschäftsfunktion)

Beschreibung: Siehe Komponenten-Beschreibung Pkt. 4.2.1.2..

Beziehungen: Zu "Geschäftsfunktion" (Sicht 1): Eine Geschäftsfunktion hat eine oder keine übergeordnete Geschäftsfunktion.

Zu "Geschäftsfunktion" (Sicht 1): Eine Geschäftsfunktion hat eine, keine oder mehrere untergeordnete Geschäftsfunktionen.

Attribute: Übergeordnete Geschäftsfunktion - Nummer der übergeordneten Geschäftsfunktion.

Untergeordnete Geschäftsfunktion - Nummer der untergeordneten Geschäftsfunktion.

5.2.1.3. Externer Agent

Synonyme: External Unit, externe Einheit, EA, externes System

Komp.Typ: Fundamental

Beschreibung: Siehe Komponenten-Beschreibung Pkt. 4.2.1.3..

Zusätzlich:

Bestimmte externe Agenten, die in Datenflussdiagrammen aufgeführt werden, können betriebsinterne Organisationseinheiten sein.

Beziehungen: Zu "Kommunikationsfluss" (Sicht 1): Ein externer Agent kann einmal, keinmal oder mehrmals Quelle von Kommunikationsflüssen sein. Die Quelle eines Kommunikationsflusses können ein, keine oder mehrere externe Agenten sein.

Zu "Kommunikationsfluss" (Sicht 1): Ein externer Agent kann einmal, keinmal oder mehrmals Senke von Kommunikationsflüssen sein. Die Senke eines Kommunikationsflusses können ein, keine oder mehrere externe Agenten sein.

Zu "Organisationseinheit ist externer Agent" (Sicht 1): Ein externer Agent kann eine organisatorische Einheit sein.

Attribute: EA-Code - Abkürzung für den externen Agenten.

EA-Name - Name des externen Agenten.

EA-Beschreibung - Verbale Beschreibung des externen Agenten.

5.2.1.4. Datenspeicher

Synonyme: Information Set, Data Store, DS, Informationsklasse

Komp.Typ: Fundamental

Beschreibung: Siehe Komponenten-Beschreibung Pkt. 4.2.1.4..

Zusätzlich:

Dem Datenspeicher kann eine Sicht auf das Datenmodell hinterlegt werden, indem festgehalten wird, welche Attribute aus welchen Entitätstypen der Datenspeicher hält.

Beziehung: Zu "Datenspeicherverwendung" (Sicht 1): Ein Datenspeicher wird von einer, keiner oder mehreren Geschäftsfunktionen verwendet.

Zu "Attribut in Datenspeicher" (Sicht 3): Die Struktur des Datenspeichers wird durch ein, kein oder mehrere Attribute beschrieben.

Zu "Entitätstyp in Datenspeicher" (Sicht 3): Ein Datenspeicher beinhaltet eine Sicht auf einen, keinen oder mehrere Entitätstypen.

Attribute: DS-Nummer - Fortlaufende Nummer des Datenspeichers.

DS-Name - Name des Datenspeichers.

5.2.1.5. Datenfluss

Synonyme: Flow, Data Flow, DF

Komp.Typ: Fundamental

Beschreibung: Siehe Komponenten-Beschreibung Pkt. 4.2.1.5..

Zusätzlich:

Datenflüsse können hierarchisch gegliedert werden. Datenflüsse auf der untersten Hierarchiestufe werden als elementar bezeichnet.

Beziehungen: Zu "Datenfluss-Hierarchie" (Sicht 1): Ein Datenfluss hat einen oder keinen übergeordneten Datenfluss.

Zu "Datenfluss-Hierarchie" (Sicht 1): Ein Datenfluss hat einen, keinen oder mehrere untergeordnete Datenflüsse.

Zu "Kommunikationsfluss" (Sicht 1): Ein Datenfluss kann ein Kommunikationsfluss sein.

Zu "Datenspeicherverwendung" (Sicht 1): Ein Datenfluss kann eine Datenspeicherverwendung sein.

Zu "Elementarer Datenfluss" (Sicht 3): Ein Datenfluss kann elementar sein.

Attribute: Fluss-Nr. - Eindeutige Nummer des Flusses.

Fl.-Art - Art des Flusses: Kommunikationsfluss oder Datenspeicherverwendung.

Fl.-Name - Name des Flusses.

5.2.1.6. Kommunikationsfluss

Synonyme: -

Komp.Typ: Spezialisierung (von Datenfluss)

Beschreibung: Siehe Komponenten-Beschreibung Pkt. 4.2.1.6..

Zusätzlich:

Ein Kommunikationsfluss kann in mehrere elementare Kommunikationsflüsse[1] zerfallen. Ein elementarer Kommunikationsfluss hat immer genau eine Quelle, die eine Geschäftsfunktion oder ein externer Agent sein kann, und genau eine Senke, die wiederum eine Geschäftsfunktion oder ein externer Agent sein kann.

Beziehungen: Zu "Geschäftsfunktion" (Sicht 1): Eine Geschäftsfunktion kann einmal, keinmal oder mehrmals Quelle von Kommunikationsflüssen sein. Die Quelle eines Kommunikationsflusses können eine, keine oder mehrere Geschäftsfunktionen sein.

Zu "Geschäftsfunktion" (Sicht 1): Eine Geschäftsfunktion kann einmal, keinmal oder mehrmals Senke von Kommunikationsflüssen sein. Die Senke eines Kommunikationsflusses können eine, keine oder mehrere Geschäftsfunktionen sein.

Zu "Externer Agent" (Sicht 1): Ein externer Agent kann einmal, keinmal oder mehrmals Quelle von Kommunikationsflüssen sein. Die Quelle eines Kommunikationsflusses können ein, keine oder mehrere externe Agenten sein.

Zu "Externer Agent" (Sicht 1): Ein externer Agent kann einmal, keinmal oder mehrmals Senke von Kommunikationsflüssen sein. Die Senke eines Kommunikationsflusses können ein, keine oder mehrere externe Agenten sein.

---

1 Nicht zu verwechseln mit einem elementaren Datenfluss (s. Pkt. 5.2.3.3.). Ein Kommunikationsfluss, der nicht weiter zerlegt ist, also ein elementarer Datenfluss ist, kann in weitere elementare Komunikationsflüsse aufgeteilt sein, da er auf verschiedenen Verfeinerungsstufen im Datenflussmodell aufgeführt wird. Siehe schematisches Beispiel in Bild 5.2.1./2 sowie Bild 5.2.1./4.

Zu "Datenfluss" (Sicht 1): Ein Datenfluss kann ein Kommunikationsfluss sein.

Attribute: Fluss - Nummer des Flusses, der eine Geschäftsfunktion resp. einen externen Agenten mit einer Geschäftsfunktion resp. einem externen Agenten verbindet.

Elementare Flüsse (*) - Auflistung der elementaren Flüsse des Kommunikationsflusses.

Von (o) - Quelle des elementaren Kommunikationsflusses.

Geschäftsfunktion - Nummer der Geschäftsfunktion, falls die Quelle des Kommunikationsflusses eine Geschäftsfunktion ist.

Externer Agent - EA-Code des externen Agenten, falls die Quelle des Kommunikationsflusses ein externer Agent ist, d.h. ausserhalb des betrachteten Systems entspringt.

Zu (o) - Senke des elementaren Kommunikationsflusses.

Geschäftsfunktion - Nummer der Geschäftsfunktion, falls die Senke des Kommunikationsflusses eine Geschäftsfunktion ist.

Externer Agent - EA-Code des externen Agenten, falls die Senke des Kommunikationsflusses ein externer Agent ist.

5.2.1.7. Datenspeicherverwendung

Synonyme: -

Komp.Typ: Spezialisierung (von Datenfluss)

Beschreibung: Siehe Komponenten-Beschreibung Pkt. 4.2.1.7..

Beziehungen: Zu "Geschäftsfunktion" (Sicht 1): Eine Geschäftsfunktion verwendet einen, keinen oder mehrere Datenspeicher.

Zu "Datenspeicher" (Sicht 1): Ein Datenspeicher wird von einer, keiner oder mehreren Geschäftsfunktionen verwendet.

Zu "Datenfluss" (Sicht 1): Ein Datenfluss kann eine Datenspeicherverwendung sein.

Zu "Datenspeicherverwendungsart" (Sicht 1): Jede Datenspeicherverwendung ist von einer bestimmten Art. Eine Datenspeicherverwendungsart kommt in einer, keiner oder mehreren Datenspeicherverwendungen vor.

Attribute: Fluss - Nummer des Flusses, der die Beziehung "Geschäftsfunktion - Datenspeicher" herstellt.

Geschäftsfunktion - Nummer der Geschäftsfunktion, die mit dem Datenspeicher interagiert.

Verw.Art - Art der Verwendung des Datenspeichers durch die Geschäftsfunktion (s. Komponente "Datenspeicherverwendungsart").

Datenspeicher - Nummer des Datenspeichers, den die Geschäftsfunktion verwendet.

5.2.1.8. Datenfluss-Hierarchie

Synonyme: -

Komp.Typ: Strukturell (von Datenfluss)

Beschreibung: Ein Datenfluss kann analog zu einer Geschäftsfunktion in mehrere Sub-Flüsse verfeinert werden. Dadurch entsteht eine Fluss-Hierarchie.

Fluss-Hierarchien entstehen durch die schrittweise Verfeinerung von Kommunikationsflüssen und Datenspeicherverwendungen in Datenflussdiagrammen.

Die Fluss-Hierarchie ist komplexbildend (Zerlegung) und nicht klassenbildend (Spezialisierung).

Beziehungen: Zu "Datenfluss" (Sicht 1): Ein Datenfluss hat einen oder keinen übergeordneten Datenfluss.

Zu "Datenfluss" (Sicht 1): Ein Datenfluss hat einen, keinen oder mehrere untergeordnete Datenflüsse.

Attribute: Übergeordneter Fluss - Nummer des übergeordneten Flusses.

Untergeordneter Fluss - Nummer des untergeordneten Sub-Flusses.

5.2.1.9. Organisationseinheit ist externer Agent

Synonyme: -

Komp.Typ: Assoziativ

Beschreibung: Eine Organisationseinheit kann unter bestimmten Umständen auch als externer Agent (finaler Konsument resp. initialer Produzent von Informationen) betrachtet werden.

Beziehungen: Zu "Externer Agent" (Sicht 1): Ein externer Agent kann eine organisatorische Einheit sein.

Zu "Organisatiorische Einheit" (Sicht 5): Eine Organisationseinheit kann als externer Agent auftreten.

Attribute: Organisationseinheit - OE-Code.

Externer Agent - EA-Code.

5.2.1.10. Datenspeicherverwendungsart

Synonyme: Involvement Type

Komp.Typ: Zentrale Tabelle

Beschreibung: Siehe Komponenten-Beschreibung Pkt. 4.2.1.8..

Beziehung: Zu "Datenspeicherverwendung" (Sicht 1): Jede Datenspeicherverwendung ist von einer bestimmten Art. Eine Datenspeicherverwendungsart kommt in einer, keiner oder mehreren Datenspeicherverwendungen vor.

Attribute: Verw.Art - Code für die Art der Verwendung.

Beschreibung - Detaillierte Beschreibung der Verwendungsart.

5.2.2. Entitätstypen und Beziehungen

Bild 5.2.2./1 zeigt die zweite Sicht des Analyse-Metamodells. Es ist die Datensicht der Analyse.

Um das Datenmodell des Ist-Geschäftssystems zu modellieren, werden die Metamodell-Komponenten "Entitätstyp", "Beziehung" und "Attribut" sowie die dazwischen existierenden assoziativen Komponenten verwendet. Für das Soll-Modell werden zusätzlich die Metamodell-Komponenten "Überlappung von Entitäten", "Zustand" und "Integritätsbedingung ..." verwendet.

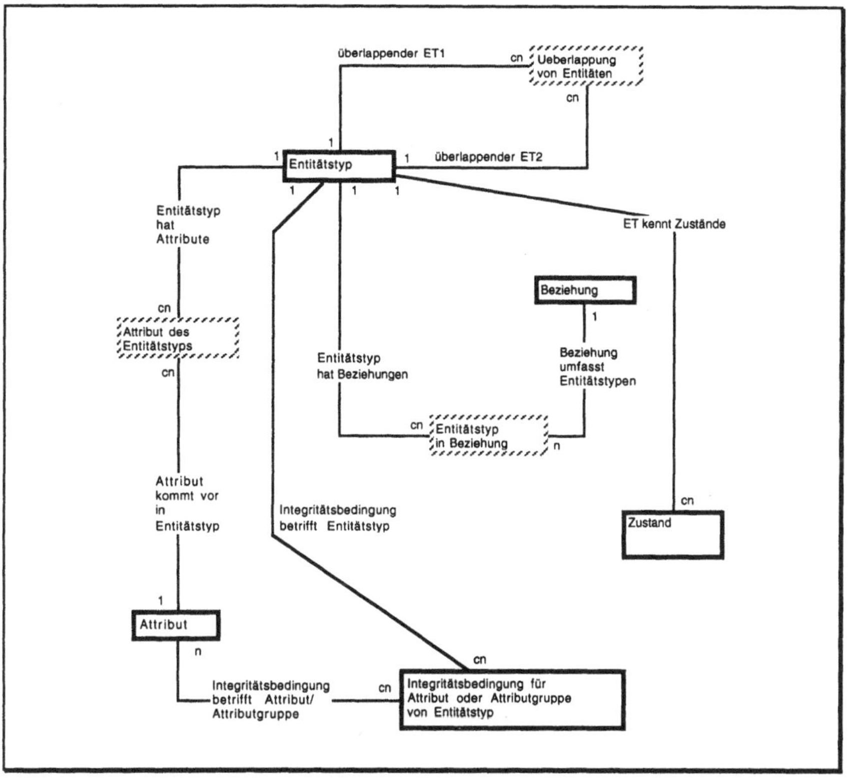

Abb. 5.2.2./1: Sicht 2 - Entitätstypen und Beziehungen

5.2.2.1. Entitätstyp

Synonyme: Entity Type, Objektklasse, ET

Komp.Typ: Fundamental

Beschreibung: Siehe Komponenten-Beschreibung Pkt. 4.2.2.1..

<u>Zusätzlich</u>:

Attribute, Beziehungen, die Angabe ihrer dynamischen Klasse (s. unten), ein Mengengerüst, Integritätsbedingungen und die Aufzählung der möglichen Zustände von Entitäten beschreiben Entitätstypen.

Dieselbe Entität (z.B. H. Müller) kann in mehreren Entitätstypen vorkommen (z.B. als Kunde und als Vertreter). In diesem Fall liegt eine Überlappung vor.

Entitätstypen werden durch Organisationseinheiten an verschiedenen Standorten durch die Ausführung von Geschäftsfunktionen genutzt.

Entitätstypen werden in Datenbanken realisiert.

Beziehungen:

Zu "Entitätstyp in Beziehung" (Sicht 2): Ein Entitätstyp ist in eine, keine oder mehrere Beziehungen involviert.

Zu "Attribut des Entitätstyps" (Sicht 2): Ein Entititätstyp hat ein, kein oder mehrere Attribute.

Zu "Integritätsbedingung für Attribut oder Attributgruppe von Entitätstyp" (Sicht 2): Zu einem Entitätstyp kann eine, keine oder mehrere Integritätsbedingungen existieren. Jede Integritätsbedingung ist genau einem Entitätstyp zuordenbar.

Zu "Zustand" (Sicht 2): Ein Entitätstyp kennt null, einen oder mehrere Zustände. Jeder Zustand bezieht sich immer auf genau einen Entitätstyp.

Zu "Überlappung von Entitäten" (Sicht 2): Ein Entitätstyp kann mit einem, keinem oder mehreren anderen Entitätstypen teilweise überlappen.

Zu "Überlappung von Entitäten" (Sicht 2): Ein Entitätstyp kann von einem, keinem oder mehreren anderen Entitätstypen teilweise überlappt werden.

Zu "Entitätstyp in Datenfluss" (Sicht 3): Ein Entitätstyp kann in einer, keiner oder mehreren Sichten von Datenflüssen auf Entitätstypen vorkommen.

Zu "Entitätstyp in Datenspeicher" (Sicht 3): Ein Entitätstyp kann in einer, keiner oder mehreren Sichten von Datenspeichern auf Entitätstypen vorkommen.

Zu "Geschäftsfunktion zu Entitätstyp" (Sicht 4): Ein Entitätstyp wird durch eine, keine oder mehrere Geschäftsfunktionen verwendet.

Zu "Entitätstyp an Standort" (Sicht 5): Ein Entitätstyp wird an einem, keinem oder mehreren Standorten genutzt.

Zu "Entitätstyp in Datenbank" (Sicht 6): Ein Entitätstyp geht in eine oder mehrere Datenbanken ein.

Attribute:

ET-Nr. - Eindeutige Nummer des Entitätstyps.

ET-Name - Name des Entitätstyps.

ET-Beschreibung - Verbale Beschreibung des Entitätstyps.

Dyn. Klasse - Dynamische Klasse. Anzahl mutierender Zugriffe (Einfügen, Löschen, Aendern) auf die Gesamtheit der Entitäten des Entitätstyps:

Klasse 1 = keine mutierenden Zugriffe.

Klasse 2 = weniger als ein mutierender Zugriff pro Jahr.

Klasse 3 = weniger als ein mutierender Zugriff pro Monat, aber mehr als ein mutierender Zugriff pro Jahr.

Klasse 4 = weniger als ein mutierender Zugriff pro Woche, aber mehr als ein mutierender Zugriff pro Monat.

Klasse 5 = weniger als ein mutierender Zugriff pro Tag, aber mehr als ein mutierender Zugriff pro Woche.

Klasse 6 = weniger als ein mutierender Zugriff pro Std., aber mehr als ein mutierender Zugriff pro Tag.

Klasse 7 = weniger als ein mutierender Zugriff pro Min., aber mehr als ein mutierender Zugriff pro Std..

Klasse 8 = mehr als ein mutierender Zugriff pro Minute.

Volumen - Durchschnittlich zu erwartende Anzahl an Entitäten.

Wachstumsrate - Durchschnittlich zu erwartendes Wachstum der Anzahl Entitäten pro Zeiteinheit.

5.2.2.2. Beziehung

Synonyme: Relationship

Komp.Typ: Fundamental

Beschreibung: Siehe Komponenten-Beschreibung Pkt. 4.2.2.2..

Beziehungen: Zu "Entitätstyp in Beziehung" (Sicht 2): Eine Beziehung umfasst einen oder mehrere Entitätstypen.

Attribute: Bez.-Nr. - Eindeutige Nummer der Beziehung.

Beziehungstyp - Typ der Beziehung: 1:1, 1:c, 1:cn, 1:n, c:c, c:cn, c:n, cn:cn, cn:n, n:n

Beziehungsname - Name der Beziehung.

Beschreibung - Verbale Beschreibung der Beziehung.

5.2.2.3. Entitätstyp in Beziehung

Synonyme: Entity Type in Relationship

Komp.Typ: Assoziativ

Beschreibung: Siehe Komponenten-Beschreibung Pkt. 4.2.2.3..

Beziehungen: Zu "Beziehung" (Sicht 2): Eine Beziehung umfasst einen oder mehrere Entitätstypen.

Zu "Entitätstyp" (Sicht 2): Ein Entitätstyp ist in eine, keine oder mehrere Beziehungen involviert.

Attribute: Beziehung - Nummer der Beziehung.

Entitätstyp - Nummer des Entitätstyps.

5.2.2.4. Attribut

Synonyme: Eigenschaft, Merkmal, AT

Komp.Typ: Fundamental

Beschreibung: Das Attribut dient der Beschreibung einer Eigenschaft (Merkmal) eines oder mehrerer Entitätstypen.

Attribute werden auch verwendet, um die Struktur von Datenflüssen und Datenspeichern zu beschreiben.

Beziehungen: Zu "Attribut des Entitätstyps" (Sicht 2): Ein Attribut kann in null, einem oder mehreren Entitätstypen vorkommen.

Zu "Integritätsbedingung für Attribut oder Attributgruppe von Entitätstyp" (Sicht 2): Ein Attribut kann von null, einer oder mehreren Integritätsbedingungen betroffen sein. Jede Integritätsbedingung betrifft ein oder mehrere Attribute.

Zu "Geschäftsfunktion zu Attribut" (Sicht 3): Ein Attribut kann in einer, keiner oder mehreren Geschäftsfunktionen verwendet werden.

Zu "Attribut in Datenspeicher" (Sicht 3): Ein Attribut kann nie, einmal oder mehrmals verwendet werden, um die Struktur von Datenspeichern zu beschreiben.

Zu "Attribut in Datenfluss" (Sicht 3): Ein Attribut kann nie, einmal oder mehrmals verwendet werden, um die Struktur von Datenflüssen zu beschreiben.

Attribute: AT-Nr. - Eindeutige Attributnummer.

AT-Name - Name des Attributs.

AT-Beschreibung - Verbale Beschreibung des Attributs.

5.2.2.5. Attribut des Entitätstyps

Synonyme: -

Komp.Typ: Assoziativ

Beschreibung: Ein Entitätstyp kann mehrere Attribute enthalten. Ein Attribut selbst kann in mehreren Entitätstypen vorkommen. Die Verknüpfungen zwischen Entitätstypen erfolgen über gemeinsame Attribute.

Identifikationsschlüssel[1] und Fremdschlüssel[2] werden in der Komponente "Integritätsbedingung für Attribut oder Attributgruppe von Entitätstyp" (s. Pkt. 5.2.2.7.) beschrieben.

---

[1] Ueber die Bedingung "Eindeutigkeit".

[2] Ueber die Bedingung "Referentielle Integrität".

Beziehungen: Zu "Entitätstyp" (Sicht 2): Ein Entitätstyp hat ein, kein oder mehrere Attribute.

Zu "Attribut" (Sicht 2): Ein Attribut kann in null, einem oder mehreren Entitätstypen vorkommen.

Attribute: Entitätstyp - Nummer des Entitätstyps.

Attribut - Nummer des Attributs.

5.2.2.6. Überlappung von Entitäten

Synonyme: Population Overlap

Komp.Typ. Assoziativ

Beschreibung: Wenn dieselbe Entität (Objekt der realen Welt) zwei oder mehr Entitätstypen zugeordnet werden kann, sprechen wir von überlappenden Entitätstypen [vgl. Olle e.a. 2, S. 76 ff] oder nicht-disjunkten Klassen.

Falls sich Entitätstypen überlappen, kann dies mit der vorliegenden Komponente ausgedrückt werden. Es kann auch angegeben werden, wie hoch die Überlappung in Prozent ist.

Beziehungen: Zu "Entitätstyp (Sicht 2): Ein Entitätstyp kann mit einem, keinem oder mehreren anderen Entitätstypen teilweise überlappen.

Zu "Entitätstyp" (Sicht 2): Ein Entitätstyp kann von einem, keinem oder mehreren anderen Entitätstypen teilweise überlappt werden.

Attribute: Entitätstyp 1 - Nummer des ersten Entitätstyps, der mit dem zweiten Entitätstyp überlappt.

Entitätstyp 2 - Nummer des zweiten Entitätstyps, der mit dem ersten Entitätstyp überlappt.

Überlappung ET 1 auf ET 2 - Prozentuale Überlappung von ET 1 auf ET 2.

5.2.2.7. Integritätsbedingung für Attribut oder Attributgruppe von Entitätstyp

Synonyme: Constraint, Konsistenzbedingung

Komp.Typ: Fundamental

Beschreibung: Es können bestimmte Konsistenzbedingungen für Attribute oder Attributgruppen von Entitätstypen formuliert werden.

Es existieren drei Klassen von Konsistenzbedingungen [vgl. Olle e.a. 2, S. 83]:

- Eindeutigkeit: Dies trifft in der Regel auf das Attribut oder die Attributgruppe zu, die den Identifikationsschlüssel bildet.
- Referentielle Integrität: Dies trifft in der Regel zu, wenn das Attribut oder die Attributgruppe ein Fremdschlüssel ist.

- Freie Konsistenzbedingungen: Diese betreffen eine Einschränkung des Wertebereiches der Attributgruppe und werden frei formuliert.

Beziehungen: Zu "Entitätstyp" (Sicht 2): Zu einem Entitätstyp kann eine, keine oder mehrere Integritätsbedingungen existieren. Jede Integritätsbedingung ist genau einem Entitätstyp zuordenbar.

Zu "Attribut" (Sicht 2): Ein Attribut kann von null, einer oder mehreren Integritätsbedingungen betroffen sein. Jede Integritätsbedingung betrifft ein oder mehrere Attribute.

Attribute: Entitätstyp - Nummer des Entitätstyps, für den die Konsistenzbedingung gilt.

Attributgruppe (*) - Auflistung der Attribute, welche die Attributgruppe bilden (mind. ein Attribut).

Attribut - Nummern des Attributs, für welches die Konsistenzbedingung gilt.

Bedingung - Beschreibung der Konsistenzbedingung:

a) Eindeutigkeit.

b) Referentielle Integrität.

c) Freie Formulierung.

5.2.2.8. Zustand

Synonyme: State, State Indicator Value

Komp.Typ: Fundamental

Beschreibung: Zu einem Entitätstyp können alle Zustände formuliert werden, die eine Entität in ihrem Leben einnehmen kann.

Zustandsübergänge werden durch elementare Geschäftsfunktionen/Ereignisse bewirkt.

Beziehungen: Zu "Entitätstyp" (Sicht 2): Ein Entitätstyp kennt null, einen oder mehrere Zustände. Jeder Zustand bezieht sich immer auf genau einen Entitätstyp.

Zu "Elementare Geschäftsfunktion/Ereignis bewirkt Zustandsübergang" (Sicht 4): Eine Entität kann in einen Zielzustand von mehreren alternativen Ursprungszuständen gekommen sein. Jeder Zustandsübergang geht von einem definierten Ursprungszustand aus.

Zu "Elementare Geschäftsfunktion/Ereignis bewirkt Zustandsübergang" (Sicht 4): Eine Entität kann von einem Ursprungszustand in mehrere alternative Zielzustände versetzt werden. Jeder Zustandsübergang geht in einen definierten Zielzustand über.

Attribute: Entitätstyp - Nummer des Entitätstyps.

Zustand-Nr. - Fortlaufende Zustandsnummer.

Zustandsbezeichnung (optional) - Bezeichnung des Zustandes.

5.2.3. Datensichten von Datenflüssen und Datenspeicher

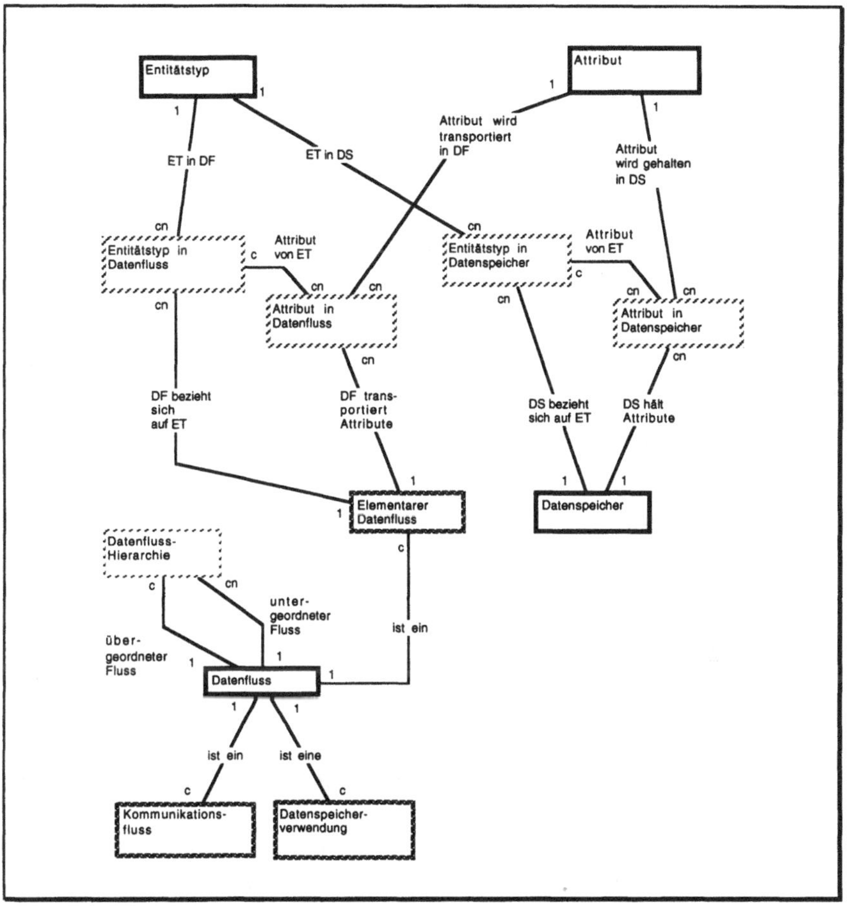

Abb. 5.2.3./1: Sicht 3 - Datensichten von Datenflüssen und Datenspeicher

Wenn das Datenfluss- und Datenmodell festliegen, können Datensichten von Datenflüssen und von Datenspeichern auf das Datenmodell gebildet werden. Dies wird üblicherweise nur für das Modell des Soll-Geschäftssystems getan. Bild 5.2.3./1 zeigt die dritte Sicht des Metamodells der Analyse.

Für jeden Datenspeicher und jeden elementaren Datenfluss kann eine Datensicht gebildet werden. Ein elementarer Datenfluss ist ein Datenfluss, der nicht weiter zerlegt ist. Die Komponente "Elementarer Datenfluss" ist eine Spezialisierung der Komponente "Datenfluss". Nur für elementare Datenflüsse kann eine Datensicht angegeben werden. Die

Datensichten von nicht elementaren Datenflüssen lassen sich aus den Datensichten ihrer elementaren Datenflüsse ableiten.

Für jeden elementaren Datenfluss kann angegeben werden, welche Attribute er transportiert. Wenn das Funktionsmodell vor dem Datenmodell entsteht, kann das Konzept des Datenflusses auch dafür verwendet werden, Attribute zu sammeln. Die gesammelten Attribute werden dann in der Datenmodellierung verwendet, wo sie dann zu einem Datenmodell zusammengesetzt werden. Aus diesem Grund existiert eine "c:cn"-Beziehung zwischen den Metamodell-Komponenten "Entitätstyp in Datenfluss" und "Attribut in Datenfluss". Falls zuerst Attribute gesammelt werden, können diese anfänglich nicht einem Entitätstyp zugeordnet werden. Die Zuordnung kann erst erfolgen, wenn das Datenmodell steht.

Für Datenspeicher müssen die Attribute, die ein Speicher hält, theoretisch nicht explizit modelliert werden, da diese über die Attribute, welche in den Datenspeicherverwendungen angegeben werden, abgeleitet werden können. Da es aber denkbar ist, dass auch zuerst Attribute von Datenspeichern gesammelt werden (wie z.B. in der Methode Structured Analysis mit dem Mini-Data-Dictionary [vgl. Gane/Sarson, S. 71ff]), die später mit den Attributen von Datenspeicherverwendungen abgeglichen werden, ist die Komponente "Attribut in Datenspeicher" explizit aufgenommen worden.

5.2.3.1. Datenspeicher

Siehe Beschreibung in Pkt. 5.2.1.4..

5.2.3.2. Datenfluss

Siehe Beschreibung in Pkt. 5.2.1.5..

5.2.3.3. Elementarer Datenfluss

Synonyme:	-
Komp.Typ:	Spezialisierung (von Datenfluss)
Beschreibung:	Ein Datenfluss, der nicht weiter hierarchisch zerlegt ist, wird elementar genannt. Für jeden elementaren Datenfluss kann festgelegt werden, welche Attribute aus welchen Entitätstypen dieser transportiert.
Beziehungen:	Zu "Datenfluss" (Sicht 3): Ein Datenfluss kann elementar sein. Zu "Entitätstyp in Datenfluss" (Sicht 3): Ein Datenfluss beinhaltet eine Sicht auf einen, keinen oder mehrere Entitätstypen, von denen er Daten transportiert. Zu "Attribut in Datenfluss" (Sicht 3): Ein, kein oder mehrere Attribute beschreiben die Struktur eines Datenflusses.
Attribute:	Fluss - Nummer des elementaren Datenflusses.

5.2.3.4. Kommunikationsfluss

Siehe Beschreibung in Pkt. 5.2.1.6..

5.2.3.5. Datenspeicherverwendung

Siehe Beschreibung in Pkt. 5.2.1.7..

5.2.3.6. Datenfluss-Hierarchie

Siehe Beschreibung in Pkt. 5.2.1.8..

5.2.3.7. Entitätstyp

Siehe Beschreibung in Pkt. 5.2.2.1..

5.2.3.8. Attribut

Siehe Beschreibung in Pkt. 5.2.2.4..

5.2.3.9. Entitätstyp in Datenfluss

Synonyme: Data Flow - Entity-Type XRef

Komp.Typ: Assoziativ

Beschreibung: Zuordnung von Entitätstypen zu Datenflüssen (Sichtenbildung). Jeder Datenfluss hat eine Sicht auf einen Teil des gesamten Datenmodells (Entitätstypen und damit implizit auch mit den entsprechenden Beziehungen, die zwischen den in der Sicht vorhandenen Entitätstypen existieren).

Beziehungen: Zu "Entitätstyp" (Sicht 3): Ein Entitätstyp kann in einer, keiner oder mehreren Sichten von Datenflüssen auf Entitätstypen vorkommen.

Zu "Elementarer Datenfluss" (Sicht 3): Ein Datenfluss beinhaltet eine Sicht auf einen, keinen oder mehrere Entitätstypen, von denen er Daten transportiert.

Zu "Attribut in Datenfluss" (Sicht 3): Wenn die Struktur eines Datenflusses durch Attribute beschrieben wird, kann jedes Attribut, das zur Beschreibung der Struktur des Datenflusses verwendet wird, möglicherweise einem bestimmten Entitätstyp zugeordnet werden.

Attribute: Fluss - Nummer der Datenflusses.

Entitätstyp -Nummer des Entitätstyps.

5.2.3.10. Attribut in Datenfluss

Synonyme: -

Komp.Typ: Assoziativ

Beschreibung: Attribute können die Struktur von Datenflüssen beschreiben. Sie sagen aus, welche Attribute ein Datenfluss transportiert.

Beziehungen: Zu "Attribut" (Sicht 3): Ein Attribut kann nie, einmal oder mehrmals verwendet werden, um die Struktur von Datenflüssen zu beschreiben.

Zu "Elementarer Datenfluss" (Sicht 3): Ein, kein oder mehrere Attribute beschreiben die Struktur eines Datenflusses.

Zu "Entitätstyp in Datenfluss" (Sicht 3): Wenn die Struktur eines Datenflusses durch Attribute beschrieben wird, kann jedes Attribut, das zur Beschreibung der Struktur des Datenflusses verwendet wird, möglicherweise einem bestimmten Entitätstyp zugeordnet werden.

Attribute: Fluss - Nummer des Datenflusses.

Attribut - Nummer des Attributs.

Entitätstyp (optional) - Nummer des Entitätstyps, falls das Attribut einem Entitätstyp zuordenbar ist.

5.2.3.11. Entitätstyp in Datenspeicher

Synonyme: Data Store - Entity-Type XRef

Komp.Typ: Assoziativ

Beschreibung: Zuordnung von Entitätstypen zu Datenspeichern (Sichtenbildung). Jeder Datenspeicher hat eine Sicht auf einen Teil des gesamten Datenmodells (Entitätstypen und damit implizit auch mit den entsprechenden Beziehungen, die zwischen den in der Sicht vorhandenen Entitätstypen existieren).

Beziehungen: Zu "Datenspeicher" (Sicht 3): Ein Datenspeicher beinhaltet eine Sicht auf einen, keinen oder mehrere Entitätstypen.

Zu "Entitätstyp" (Sicht 3): Ein Entitätstyp kann in einer, keiner oder mehreren Sichten von Datenspeichern auf Entitätstypen vorkommen.

Zu "Attribut in Datenspeicher" (Sicht 3): Wenn die Struktur eines Datenspeichers durch Attribute beschrieben wird, kann jedes Attribut, das zur Beschreibung der Struktur des Datenspeichers verwendet wird, möglicherweise einem bestimmten Entitätstyp zugeordnet werden.

Attribute: Datenspeicher - Nummer der Datenspeichers.

Entitätstyp -Nummer des Entitätstyps.

5.2.3.12. Attribut in Datenspeicher

Synonyme: -

Komp.Typ: Assoziativ

Beschreibung: Die Struktur von Datenspeichern kann durch Attribute beschrieben werden. Es wird festgelegt, welche Attribute in einem Datenspeicher gehalten werden.

Beziehungen: Zu "Datenspeicher" (Sicht 3): Die Struktur des Datenspeichers wird durch ein, kein oder mehrere Attribute beschrieben.

Zu "Attribut" (Sicht 3): Ein Attribut kann nie, einmal oder mehrmals verwendet werden, um die Struktur von Datenspeichern zu beschreiben.

Zu "Entitätstyp in Datenspeicher" (Sicht 3): Wenn die Struktur eines Datenspeichers durch Attribute beschrieben wird, kann jedes Attribut, das zur Beschreibung der Struktur des Datenspeichers verwendet wird, möglicherweise einem bestimmten Entitätstyp zugeordnet werden.

Attribute: Datenspeicher - Nummer des Datenspeichers.

Attribut - Nummer des Attributs.

Entitätstyp (optional) - Nummer des Entitätstyps, falls das Attribut einem Entitätstyp zuordenbar ist.

5.2.4. Elementare Geschäftsfunktionen/Geschäftsereignisse

Bild 5.2.4./1 enthält die vierte Sicht des Metamodells der Analyse und stellt das Umfeld von elementaren Geschäftsfunktionen dar.

Elementare Geschäftsfunktionen stellen Reaktionen auf Ereignisse dar. Deshalb wird der Begriff elementare Geschäftsfunktion und Ereignis synonym verwendet (s. Pkt. 5.1.2.1.2.). Mit dem Begriff "Ereignis" wird vor allem dann argumentiert, wenn das Funktionsmodell des Soll-Geschäftssystems bottom-up [vgl. Yourdon, S. 333ff] entsteht.

Die Blattknoten in der Geschäftsfunktionshierarchie enthalten die elementaren Geschäftsfunktionen resp. Ereignisse. Da sie weitere Eigenschaften aufweisen, sind sie als separate Komponente "Elementare Geschäftsfunktion/Geschäftsereignis" spezialisiert.

Auf der Ebene der elementaren Geschäftsfunktionen wird ihre Ablauffolge definiert (s. Pkte. 5.1.2.3.2. u. 5.1.3.2.). Diese dient als Ausgangspunkt für die Definition von Entitätstypen-Lebenszyklen (s. Pkt. 5.1.4.) und für den ersten Entwurf des Transaktionsnetzwerkes in der logischen Systemspezifikation (s. Pkt. 6.1.2.2.).

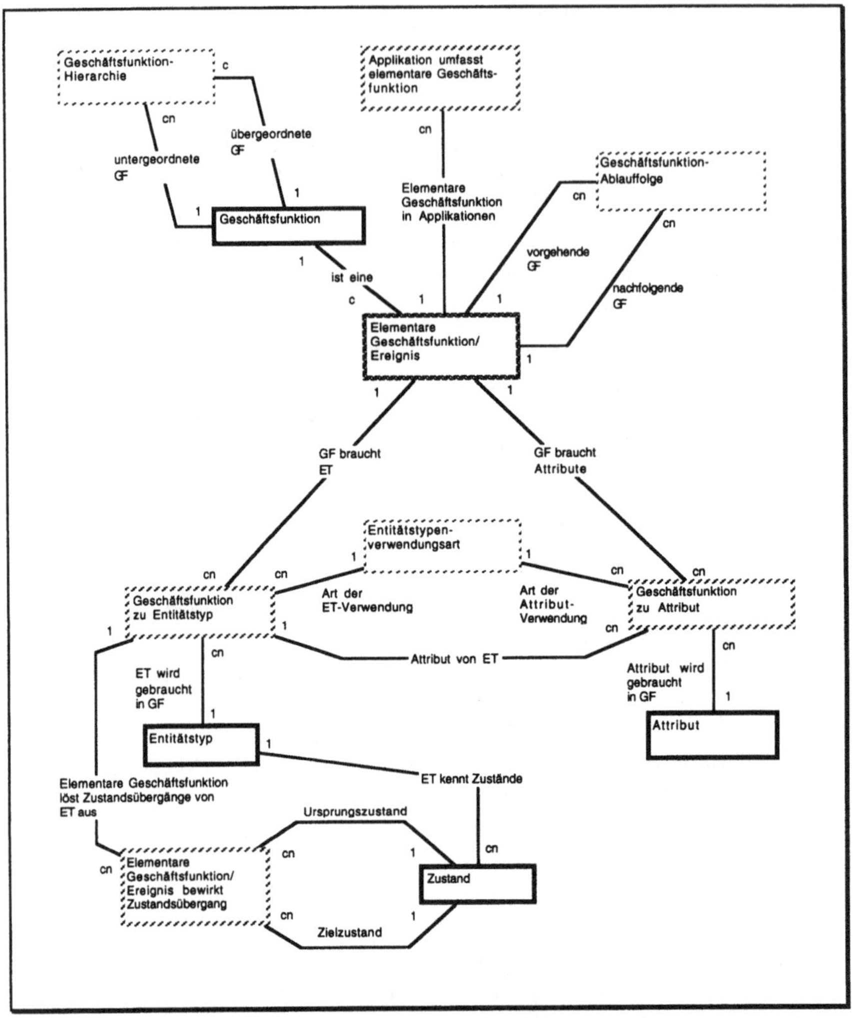

Abb. 5.2.4./1: Sicht 4 - Elementare Geschäftsfunktionen/Ereignisse

Falls eine Informationssystemplanung durchgeführt wurde, sind auf der Stufe der IS-Architektur die dort nicht weiter verfeinerte, durch EDV zu unterstützende Geschäftsfunktionen genau einer Applikation zugeordnet (s. Pkte. 4.1.2.1. u. 4.2.3.). In der Analyse wird das Funktionsmodell erheblich verfeinert. Durch den zusätzlichen Aspekt der Verteilung wandelt sich die ursprüngliche Beziehung zwischen "Applikation" und "Geschäftsfunktion" resp. "Elementare Geschäftsfunktion/Ereignis" von "c:n" nach "cn:n". Wo früher eine Geschäftsfunktion einer Applikation angehört hat, kann nun dieselbe elementare Gechäftsfunktion in mehrere Applikationen eingehen, wenn sie auf mehrere Systemtypen verteilt wird.

Die Beschreibung der Operationen von elementaren Geschäftsfunktionen erfolgt durch die Metamodell-Komponente "Geschäftsfunktion zu Entitätstyp" und auf einer detaillierteren

Stufe durch "Geschäftsfunktion zu Attribut". Die Art der Operation (Lesen, Erzeugen, Modifizieren etc.) wird durch die Komponente "Entitätstypenverwendungsart" dargestellt.

Wenn Zustände von Entitätstypen definiert worden sind, müssen noch die Zustandsübergänge beschrieben werden. Dabei gilt, dass eine elementare Geschäftsfunktion resp. Ereignis eine Entität von einem Zustand in einen anderen Zustand versetzt. Eine Entität selbst kann durch elementare Geschäftsfunktionen resp. Ereignissen von verschiedenen Ursprungszuständen in mehrere Zielzustände versetzt werden.

5.2.4.1. Geschäftsfunktion

Siehe Beschreibung in Pkt. 5.2.1.1..

5.2.4.2. Elementare Geschäftsfunktion/Ereignis

Synonyme: Elementarfunktion, Sequential Process, Elementary Activity, Elementary Business Activity, Event, Business Event, Ereignis, Geschäftsereignis

Komp.Typ: Spezialisierung (von Geschäftsfunktion)

Beschreibung: Eine elementare Geschäftsfunktion ist aus einer "top-down"-Perspektive betrachtet eine Geschäftsfunktion, die ein Blattknoten in der Geschäftsfunktionshierarchie ist.

Aus einer "bottom-up"-Perspektive erhoben, stellt die elementare Geschäftsfunktion die Reaktion auf den Eintritt eines Ereignisses dar. Deshalb wird der Begriff "elementare Geschäftsfunktion" und "Ereignis" synonym verwendet (s. Pkt. 5.1.2.1.2.).

Elementare Geschäftsfunktionen stellen den Übergang in das Design sicher. Die Geschäftsfunktions-Ablauffolge ist ein erster Ansatzpunkt zum Entwurf des Transaktionsnetzwerks (s. Pkt. 6.1.2.2.).

Elementare Geschäftsfunktionen führen Operationen auf Entitätstypen und Attributen aus (s. Metamodell-Komponenten "Geschäftsfunktion zu Entitätstyp" und "Geschäftsfunktion zu Attribut").

Jene elementaren Geschäftsfunktionen, die durch EDV unterstützt werden sollen, gehen in Applikationen ein. Organisationseinheiten, die Applikationen nutzen, führen elementare Geschäftsfunktionen an bestimmten Standorten aus.

Beziehungen: Zu "Geschäftsfunktion" (Sicht 4): Eine Geschäftsfunktion kann elementar sein.

Zu "Geschäftsfunktion-Ablauffolge" (Sicht 4): Eine elementare Geschäftsfunktion hat eine, keine oder mehrere vorhergehende elementare Geschäftsfunktionen.

Zu "Geschäftsfunktion-Ablauffolge" (Sicht 4): Eine elementare Gechäftsfunktion hat eine, keine oder mehrere nachfolgende elementare Geschäftsfunktionen.

Zu "Geschäftsfunktion zu Entitätstyp" (Sicht 4): Eine elementare Geschäftsfunktion verwendet einen, keinen oder mehrere Entitätstypen.

Zu "Geschäftsfunktion zu Attribut" (Sicht 4): Eine elementare Geschäftsfunktion verwendet ein, kein oder mehrere Attribute.

Zu "Ausführung der Geschäftsfunktion" (Sicht 5): Eine elementare Geschäftsfunktion wird durch eine, keine oder mehrere Organisationseinheiten ausgeführt.

Zu "Geschäftsfunktion an Standort" (Sicht 5): Eine elementare Geschäftsfunktion wird an einem, keinem oder mehreren Standorten ausgeführt.

Zu "Applikation umfasst Geschäftsfunktion" (Sicht 6): Eine elementare Geschäftsfunktion wird durch eine, keine oder mehrere Applikationen realisiert.

Attribute: Geschäftsfunktion - Nummer der elementaren Geschäftsfunktion.

Ausführungshäufigkeit - Anzahl Ausführungen pro Zeiteinheit.

5.2.4.3. Geschäftsfunktion-Hierarchie

Siehe Beschreibung in Pkt. 5.2.1.2..

5.2.4.4. Geschäftsfunktion-Ablauffolge

Synonyme: Activity Precedence Succedence, Activity Dependency, Prozesskette, Process Dependency

Komp.Typ: Assoziativ

Beschreibung: Durch diese Komponente kann ausgedrückt werden, in welcher zeitlichen Abhängigkeit einzelne elementare Geschäftsfunktionen ausgeführt werden resp. Ereignisse eintreffen.

Die Ablauffolge zeigt mögliche oder notwendige Ablaufsequenzen an, die sich zwischen elementaren Geschäftsfunktionen resp. -ereignissen ergeben können oder müssen.

Beziehungen: Zu "Elementare Geschäftsfunktion/Ereignis" (Sicht 4): Eine elementare Geschäftsfunktion hat eine, keine oder mehrere vorhergehende elementare Geschäftsfunktionen.

Zu "Elementare Geschäftsfunktion/Ereignisse" (Sicht 4): Eine elementare Gechäftsfunktion hat eine, keine oder mehrere nachfolgende elementare Geschäftsfunktionen.

Attribute: Vorhergehende Geschäftsfunktion - Nummer der elementaren Geschäftsfunktion, die davor abläuft.

Nachfolgende Geschäftsfunktion - Nummer der elementaren Geschäftsfunktion, die danach abläuft.

5.2.4.5. Entitätstyp

Siehe Beschreibung in Pkt. 5.2.2.1..

5.2.4.6. Attribut

Siehe Beschreibung in Pkt. 5.2.2.4..

5.2.4.7. Geschäftsfunktion zu Entitätstyp

Synonyme: Business Activity Involves Entity Type, Effect, Effekt, Operation, Expected Effect, Zugriff

Komp.Typ: Assoziativ

Beschreibung: An dieser Stelle wird gezeigt, welche elementaren Geschäftsfunktionen mit welchen Entitätstypen in welcher Art interagieren.

Es wird also gezeigt, wie Daten von Entitätstypen in welche Geschäftsfunktionen eingehen und wie Daten von Entitätstypen in welchen Geschäftsfunktionen erzeugt oder mutiert werden.

Beziehungen: Zu "Entitätstyp" (Sicht 4): Ein Entitätstyp wird durch eine, keine oder mehrere Geschäftsfunktionen verwendet.

Zu "Elementare Geschäftsfunktion/Ereignis" (Sicht 4): Eine elementare Geschäftsfunktion verwendet einen, keinen oder mehrere Entitätstypen.

Zu "Entitätstypenverwendungsart" (Sicht 4): Jede Entitätstypenverwendung durch eine Geschäftsfunktion ist von einer bestimmten Art. Eine Verwendungsart kommt in einer, keiner oder mehreren Entitätstypenverwendungen durch Geschäftsfunktionen vor.

Zu "Geschäftsfunktion zu Attribut" (Sicht 4): Wenn eine Geschäftsfunktion ein Attribut verwendet, ist jedes Attribut, das durch die Geschäftsfunktion verwendet wird, aus einem bestimmten Entitätstyp.

Zu "Elementare Geschäftsfunktion/Ereignis bewirkt Zustandsübergang" (Sicht 4): Durch die Ausführung einer elementaren Geschäftsfunktion können bei Entitätstypen Zustandsübergänge ausgelöst werden.

Attribute: Geschäftsfunktion - Nummer der Geschäftsfunktion, die den Entitätstyp verwendet.

Verw.Art - Art der Verwendung des Entitätstyps durch die Geschäftsfunktion (s. Komponente "Entitätstypenverwendungsart").

Entitätstyp - Nummer des Entitätstyps, der durch eine Geschäftsfunktion verwendet wird.

5.2.4.8. Geschäftsfunktion zu Attribut

Synonyme: Business Activity Involves Entity Attribute, Effect, Effekt, Operation, Expected Effect, Zugriff

Beschreibung: An dieser Stelle wird gezeigt, welche elementaren Geschäftsfunktionen mit welchen Attributen aus welchen Entitätstypen in welcher Art interagieren.

Es wird also gezeigt, welche Attribute aus bestimmten Entitätstypen in welche elementaren Geschäftsfunktionen eingehen und welche Attribute von Entitätstypen von welchen elementaren Geschäftsfunktionen erzeugt oder mutiert werden.

Beziehungen: Zu "Elementare Geschäftsfunktion/Ereignis" (Sicht 4): Eine elementare Geschäftsfunktion verwendet ein, kein oder mehrere Attribute.

Zu "Attribut" (Sicht 3): Ein Attribut kann in einer, keiner oder mehreren Geschäftsfunktionen verwendet werden.

Zu "Entitätstypenverwendungsart" (Sicht 4): Jede Attributverwendung durch eine Geschäftsfunktion ist von einer bestimmten Art. Eine Verwendungsart kommt in einer, keiner oder mehreren Attributverwendungen durch Geschäftsfunktionen vor.

Zu "Geschäftsfunktion zu Entitätstyp" (Sicht 4): Wenn eine Geschäftsfunktion ein Attribut verwendet, ist jedes Attribut, das durch die Geschäftsfunktion verwendet wird, aus einem bestimmten Entitätstyp.

Attribute: Geschäftsfunktion - Nummer der Geschäftsfunktion, die das Attribut verwendet.

Verw.Art - Art der Verwendung des Attributs durch die Geschäftsfunktion (s. Komponente "Entitätstypenverwendungsart").

Entitätstyp - Nummer des Entitätstyps, dem das verwendete Attribut angehört.

Attribut - Nummer des Attributs, das durch eine Geschäftsfunktion verwendet wird.

5.2.4.9. Entitätstypenverwendungsart

Synonyme: Involvement Type

Komp.Typ: Zentrale Tabelle

Beschreibung: Ein Entitätstyp oder ein Attribut kann auf mehrere Arten von einer Geschäftsfunktion resp. von einem Geschäftsereignis verwendet werden (z.B.: als Eingabe, als Ausgabe, für Löschung oder für Mutation).

Beziehungen: Zu "Geschäftsfunktion zu Entitätstyp" (Sicht 4): Jede Entitätstypenverwendung durch eine Geschäftsfunktion ist von einer bestimmten Art. Eine Verwendungsart kommt in einer, keiner oder mehreren Entitätstypenverwendungen durch Geschäftsfunktionen vor.

Zu "Geschäftsfunktion zu Attribut" (Sicht 4): Jede Attributverwendung durch eine Geschäftsfunktion ist von einer bestimmten Art. Eine Verwendungsart kommt in einer, keiner oder mehreren Attributverwendungen durch Geschäftsfunktionen vor.

Attribute: Verw.Art - Code für die Art der Verwendung.

Beschreibung - Detaillierte Beschreibung der Verwendungsart.

5.2.4.10. Zustand

Siehe Beschreibung in Pkt. 5.2.2.8..

5.2.4.11. Elementare Geschäftsfunktion/Ereignis bewirkt Zustandsübergang

Synonym: State Transition

Komp.Typ: Assoziativ

Beschreibung: Möglicher Zustandsübergang eines Entitätstyps. Dieses Zustandsübergangstupel zeigt einen möglichen Zustandsübergang, ausgehend von einem definierten Ursprungszustand zu einem definierten Zielzustand, bewirkt durch den Eintritt eines Ereignisses resp. durch die Ausführung der ausgelösten elementaren Geschäftsfunktion.

Beziehungen: Zu "Zustand" (Sicht 4): Eine Entität kann in einen Zielzustand von mehreren alternativen Ursprungszuständen gekommen sein. Jeder Zustandsübergang geht von einem definierten Ursprungszustand aus.

Zu "Zustand" (Sicht 4): Eine Entität kann von einem Ursprungszustand in mehrere alternative Zielzustände versetzt werden. Jeder Zustandsübergang geht in einen definierten Zielzustand über.

Zu "Geschäftsfunktion zu Entitätstyp" (Sicht 4): Durch die Ausführung einer elementaren Geschäftsfunktion können bei Entitätstypen Zustandsübergänge ausgelöst werden.

Attribute: Entitätstyp - Nummer des Entitätstyps.

Geschäftsfunktion - Nummer der elementaren Geschäftsfunktion.

Von Zustand - Nummer des Zustandes, der den Ursprungszustand darstellt.

Nach Zustand - Nummer des Zustandes, der den Zielzustand darstellt.

5.2.4.12. Applikation umfasst elementare Geschäftsfunktion

Synonyme: Funktionalität der Applikation

Komp.Typ: Assoziativ

Beschreibung: Jede nichtmanuelle elementare Geschäftsfunktion geht in eine oder - bei Verteilung derselben Geschäftsfunktion auf mehrere Systemtypen - in mehrere Applikationen ein.

Beziehungen: Zu "Elementare Geschäftsfunktion/Ereignis" (Sicht 4): Eine elementare Geschäftsfunktion wird durch eine, keine oder mehrere Applikationen realisiert.

Zu "Applikation" (Sicht 6): Eine Applikation realisiert eine oder mehrere elementare Geschäftsfunktionen.

Attribute: Applikation - Name der Applikation.

Geschäftsfunktion - Nummer der elementaren Geschäftsfunktion.

5.2.5. Organisation

Bild 5.2.5./1 stellt die 5. Sicht, die Organisationsperspektive, dar.

Organisatorische Einheiten können hierarchisch oder matrixartig strukturiert sein. Organisationseinheiten im Ist- und Soll-Modell führen elementare Geschäftsfunktionen aus. Dies drückt die assoziative Komponente "Ausführung der Geschäftsfunktion" aus.

Die Metamodell-Komponente "Organisatorische Einheit" dient der Beschreibung von Typen organisatorischer Einheiten (z.B. "Verkaufsunterstützung"). Eine konkrete, fassbare Einheit entsteht erst, wenn eine organisatorische Einheit an einem Standort alloziert worden ist (z.B. "Verkaufsunterstützung St. Gallen", vgl. Bsp. in Pkt. 5.3.23.).

Gewisse Organisationseinheiten können im Datenflussmodell als externe Agenten aufgeführt sein.

Für die Erhebung des Volumens zur Bestimmung der Verteilung von elementaren Geschäftsfunktionen auf Applikationen, von Entitätstypen in Datenbanken sowie später von Systemen auf Standorte werden die Ausführungshäufigkeiten von Geschäftsfunktionen und die Nutzungsrate von Entitätstypen standortspezifisch untersucht.

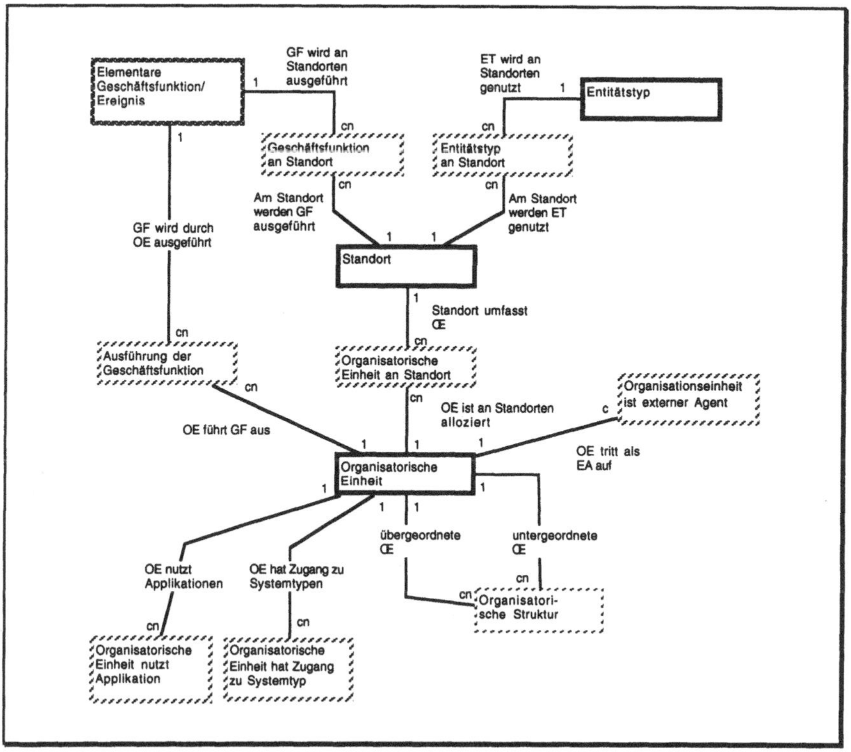

Abb. 5.2.5./1: Sicht 5 - Organisation

5.2.5.1. Organisatorische Einheit

Synonyme: Organization Unit, Organisationseinheit, OE

Komp.Typ: Fundamental

Beschreibung: Unter dem Begriff "organisatorische Einheit" werden alle <u>Typen</u> von Abteilungen, Sektionen, Gruppen, Büros, Direktionen, Zentren etc. aufgeführt, die typisch für den analysierten Ausschnitt sind.

Organisationseinheiten werden an Standorten alloziert.

Sie führen elementare Geschäftsfunktionen aus. Dazu nutzen sie Applikationen und brauchen daher Zugang zu den Systemtypen, auf denen die Applikationen laufen.

Organisationseinheiten können in Datenflussdiagrammen auch als externe Agenten auftreten.

Beziehungen: Zu "Organisationseinheit ist externer Agent" (Sicht 5): Eine Organisationseinheit kann als externer Agent auftreten.

Zu "Ausführung der Geschäftsfunktion" (Sicht 5): Eine Organisationseinheit nimmt die Ausführung von einer, keiner oder mehreren Geschäftsfunktionen wahr.

Zu "Organisatorische Struktur" (Sicht 5): Eine Organisationseinheit hat eine, keine oder mehrere übergeordnete (vorgesetzte) Organisationseinheiten.

Zu "Organisatorische Struktur" (Sicht 5): Eine Organisationseinheit hat eine, keine oder mehrere untergeordnete Organisationseinheiten.

Zu "Organisatorische Einheit an Standort" (Sicht 5): Eine Organisationseinheit ist an einem, keinem oder mehreren Standorten alloziert.

Zu "Organisatorische Einheit nutzt Applikation" (Sicht 5): Eine Organisationseinheit nutzt eine, keine oder mehrere Applikationen.

Zu "Organisatorische Einheit hat Zugang zu Systemtyp" (Sicht 5): Eine Organisationseinheit hat Zugang zu einem, keinem oder mehreren Systemtypen.

Attribute: OE-Code - Abkürzung für die organisatorische Einheit.

OE-Name - Name der organisatorischen Einheit.

5.2.5.2. Organisatorische Struktur

Synonyme: -

Komp.Typ: Strukturell (von Organisatorische Einheit)

Beschreibung: Durch die organisatorische Struktur werden Über- und Unterordnungs-Verhältnisse beschrieben.

Einer organisatorischen Einheit können mehrere andere Einheiten untergeordnet sein. Sie kann selbst mehrfach untergeordnet sein (Matrix-Struktur).

Beziehungen: Zu "Organisatorische Einheit" (Sicht 5): Eine Organisationseinheit hat eine, keine oder mehrere übergeordnete (vorgesetzte) Organisationseinheiten.

Zu "Organisatorische Einheit" (Sicht 5): Eine Organisationseinheit hat eine, keine oder mehrere untergeordnete Organisationseinheiten.

Attribute: Übergeordnete Organisationseinheit - OE-Code der übergeordneten organisatorischen Einheit.

Untergeordnete Organisationseinheit - OE-Code der untergeordneten organisatorischen Einheit.

5.2.5.3. Organisationseinheit ist externer Agent

Siehe Beschreibung in Pkt. 5.2.1.9..

5.2.5.4. Organisatorische Einheit nutzt Applikation

Synonyme: -

Komp.Typ: Assoziativ

Beschreibung: Zur Ausführung von Geschäftsfunktionen brauchen die Organisationseinheiten Unterstützung durch Applikationen.

Beziehungen: Zu "Organisatorische Einheit" (Sicht 5): Eine Organisationseinheit nutzt eine, keine oder mehrere Applikationen.

Zu "Applikation" (Sicht 6): Eine Applikation wird durch eine, keine oder mehrere Organisationseinheiten genutzt.

Attribute: Organisationseinheit - Code für die organisatorische Einheit.

Applikation - Name der Applikation.

5.2.5.5. Organisatorische Einheit hat Zugang zu Systemtyp

Synonyme: -

Komp.Typ: Assoziativ

Beschreibung: Zur Ausführung von Geschäftsfunktionen unter Nutzung von Applikationen braucht oder hat eine Organisationseinheit Zugang zu Systemtypen.

Beziehungen: Zu "Organisatorische Einheit" (Sicht 5): Eine Organisationseinheit hat Zugang zu einem, keinem oder mehreren Systemtypen.

Zu "Systemtyp" (Sicht 6): Ein Systemtyp kann in mehreren Organisationseinheiten zum Einsatz kommen.

Attribute: Organisationseinheit - Code für die organisatorische Einheit.

Systemtyp - Code für den Systemtyp.

5.2.5.6. Standort

Synonyme: Lokation, Location

Komp.Typ: Fundamental

Beschreibung: An Standorten werden organisatorische Einheiten alloziert. Erst wenn eine Organisationseinheit an einem Standort alloziert ist, entsteht ein real fassbares Gebilde (vgl. Bsp. Pkt. 5.3.23.).

Um eine Basis für die Verteilung von Applikationen zu bekommen, werden die Volumina der Ausführung von Geschäftsfunktionen und der Nutzung von Entitätstypen standortspezifisch erhoben.

Beziehungen: Zu "Organisatorische Einheit an Standort" (Sicht 5): An einem Standort sind eine, keine oder mehrere Organisationseinheiten alloziert.

Zu "Geschäftsfunktion an Standort" (Sicht 5): An einem Standort werden keine, eine oder mehrere Geschäftsfunktionen ausgeführt.

Zu "Entitätstyp an Standort" (Sicht 5): An einem Standort werden keine, ein oder mehrere Entitätstypen genutzt.

Attribute: Standort-Code - Abkürzung für den Standort.

Standort-Adresse - Genaue geographische Bezeichnung des Standortes.

5.2.5.7. Organisatorische Einheit an Standort

Synonyme: -

Komp.Typ: Assoziativ

Beschreibung: Organisationseinheiten werden oder sind schon an Standorten alloziert.

Beziehungen: Zu "Standort" (Sicht 5): An einem Standort sind eine, keine oder mehrere Organisationseinheiten alloziert.

Zu "Organisatorische Einheit" (Sicht 5): Eine Organisationseinheit ist an einem, keinem oder mehreren Standorten alloziert.

Attribute: Organisationseinheit - OE-Code der organisatorischen Einheit.

Standort - Standort-Code für den Standort.

5.2.5.8. Elementare Geschäftsfunktion/Ereignis

Siehe Beschreibung in Pkt. 5.2.4.2..

5.2.5.9. Ausführung der Geschäftsfunktion

Synonyme: Activity Responsibility

Komp.Typ: Assoziativ

Beschreibung: Eine organisatorische Einheit kann für die Ausführung von mehreren elementaren Geschäftsfunktionen verantwortlich sein. Die Verantwortung für die Ausführung einer elementaren Geschäftsfunktion kann aber auch bei mehreren organisatorischen Einheiten liegen.

Beziehungen: Zu "Organisatorische Einheit" (Sicht 5): Eine Organisationseinheit nimmt die Ausführung von einer, keiner oder mehrere Geschäftsfunktionen wahr.

Zu "Elementare Geschäftsfunktion/Ereignis" (Sicht 5): Eine elementare Geschäftsfunktion wird durch eine, keine oder mehrere Organisationseinheiten ausgeführt.

Attribute: Organisationseinheit - OE-Code der organisatorischen Einheit.

Geschäftsfunktion - Nummer der Geschäftsfunktion, für deren Ausführung die organisatorische Einheit verantwortlich ist.

5.2.5.10. Geschäftsfunktion an Standort

Synonyme: -

Komp.Typ: Assoziativ

Beschreibung: Elementare Geschäftsfunktionen werden an Standorten ausgeführt.

Beziehungen: Zu "Elementare Geschäftsfunktion/Ereignis" (Sicht 5): Eine elementare Geschäftsfunktion wird an einem, keinem oder mehreren Standorten ausgeführt.

Zu "Standort" (Sicht 5): An einem Standort werden keine, eine oder mehrere Geschäftsfunktionen ausgeführt.

Attribute: Standort - Standort-Code für den Standort.

Geschäftsfunktion - Nummer der Geschäftsfunktion.

Ausführungshäufigkeit - Anzahl Ausführungen der elementaren Geschäftsfunktion pro Zeiteinheit am Standort.

5.2.5.11. Entitätstyp

Siehe Beschreibung in Pkt. 5.2.2.1..

5.2.5.12. Entitätstyp an Standort

Synonyme: -

Komp.Typ: Assoziativ

Beschreibung: Entitätstypen werden an Standorten genutzt.

Beziehungen: Zu "Entitätstyp" (Sicht 5): Ein Entitätstyp wird an einem, keinem oder mehreren Standorten genutzt.

Zu "Standort" (Sicht 5): An einem Standort werden keine, ein oder mehrere Entitätstypen genutzt.

Attribute: Standort - Standort-Code für den Standort.

Entitätstyp - Nummer des Entitätstyps.

Volumen - Durchschnittlich zu erwartende Anzahl Entitäten pro Standort und Entitätstyp.

5.2.6. Verteilung

Die letzte Sicht in Bild 5.2.6./1 befasst sich mit der Verteilung von elementaren Geschäftsfunktionen und Datenbanken.

Elementare Geschäftsfunktionen gehen in Applikationen ein. Jede Applikation läuft auf einem bestimmten Systemtyp. Wenn eine Geschäftsfunktion auf mehreren Systemtypen verfügbar sein soll, muss sie verschiedenen Applikationen zugeordnet werden. Jede

Applikation ist von einer bestimmten Art. So können z.B. Applikationen unterschieden werden, die im Batch ablaufen, oder solche, die mit einem Endbenutzerwerkzeug realisiert werden sollen.

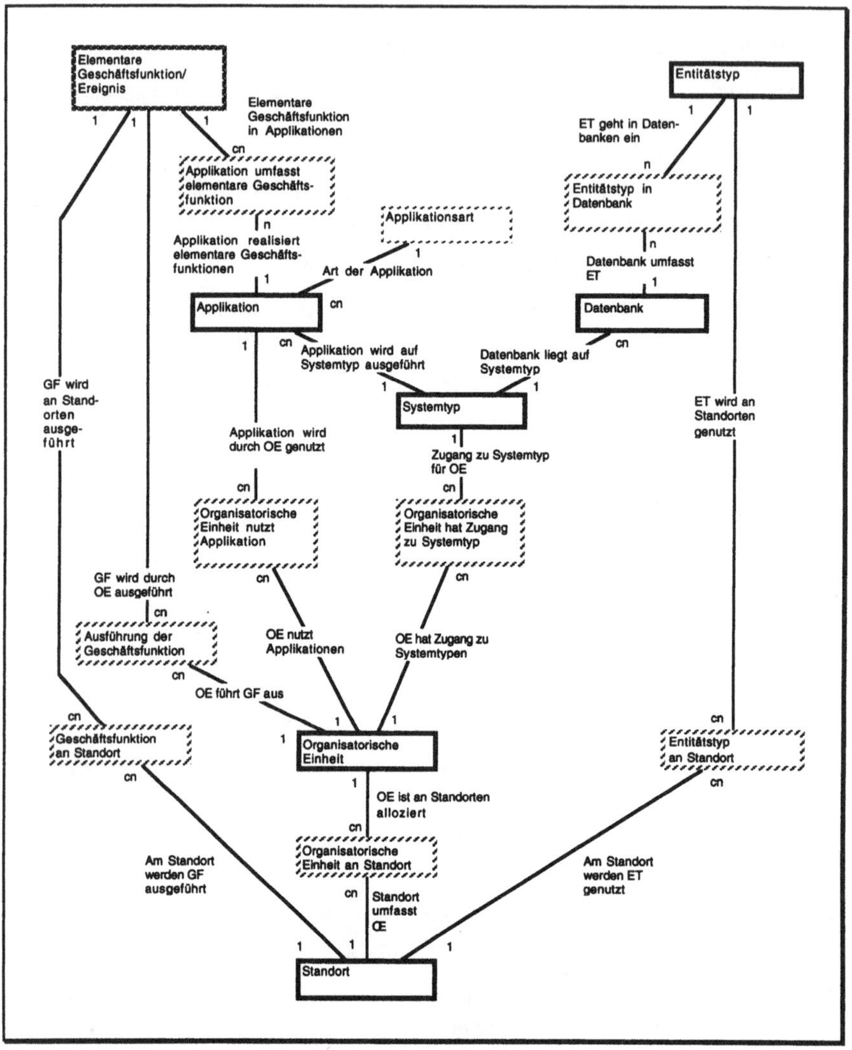

Abb. 5.2.6./1: Sicht 6 - Verteilung

Die Verteilung gilt analog auch für Entitätstypen. Entitätstypen werden in Datenbanken gruppiert. Eine Datenbank wird auf einem bestimmten Systemtyp implementiert. Soll ein Entitätstyp auf verschiedenen Systemtypen verfügbar sein, muss er in mehrere Datenbanken eingehen.

Ausschlaggebende Faktoren für die Bildung von Applikationen und Datenbanken ist die Ausführung von elementaren Geschäftsfunktionen durch Organisationseinheiten an bestimmten Standorten sowie das standortspezifische Mengengerüst (Komponente "Geschäftsfunktion an Standort" und "Entitätstyp an Standort").

Organisationseinheiten nutzen bestimmte Applikationen. Applikationen sind eine Sammlung von durch EDV zu realisierenden Geschäftsfunktionen, die auf einem bestimmten Systemtyp verfügbar gemacht werden. Zu diesem Zweck braucht die Organisationseinheit auch Zugang zu Systemtypen, auf denen die von ihr verwendeten Applikationen laufen.

5.2.6.1. Systemtyp

Synonyme: Plattform

Komp.Typ: Fundamental

Beschreibung: Ein Systemtyp ist eine Systemsoftware-Plattform, z.B. die vorhandene Grossrechner-Systemsoftware (CICS/IMS-DB oder IMS-DC/DB2), verschiedene vorhandene Abteilungsrechnertypen (AS/400, Unix-Mehrplatzsysteme oder VAX-Rechner unter VMS) oder verschiedene vorhandene Arbeitsplatzrechnertypen (MS/DOS-, OS/2- oder Unix-Workstations).

Jede Applikation und jede Datenbank wird für genau einen Systemtyp realisiert. Wenn eine Organisationseinheit eine Applikation nutzt, muss sie entsprechenden Zugang zum Systemtyp, auf dem die Applikation läuft, haben.

Beziehungen: Zu "Applikation" (Sicht 6): Jede Applikation wird für genau einen Systemtyp realisiert. Für einen Systemtyp können mehrere Applikationen realisiert sein.

Zu "Datenbank" (Sicht 6): Jede Datenbank wird auf einem bestimmten Systemtyp realisiert. Für einen Systemtyp können mehrere Datenbanken realisiert werden.

Zu "Organisatorische Einheit hat Zugang zu Systemtyp" (Sicht 6): Ein Systemtyp kann in mehreren Organisationseinheiten zum Einsatz kommen.

Attribute: Systemtyp-Code - Code für den Systemtyp.

Systemtyp-Bezeichnung - Bezeichnung des Systemtyps.

Systemtyp-Umschreibung - Umschreibung der Systemsoftware-Konfiguration des Systemtyps (Betriebssystem, Datenbanksystem, Presentation-Services etc.).

5.2.6.2. Applikation

Synonyme: Business System, Applikationssystem

Komp.Typ: Fundamental

Beschreibung: Eine Applikation realisiert eine oder mehrere Geschäftsfunktionen. Die Applikation wird durch Zusammenfassung (Clustering) von Geschäftsfunktionen und ihren Datenverwendungen gebildet. Jede nichtmanuelle, elementare Geschäftsfunktion geht in eine oder mehrere Applikationen ein. Applikationen sind von einer bestimmten Art (z.B. online, batch, mit Endbenutzersprache realisiert).

Applikationen werden durch Organisationseinheiten genutzt. Jede Applikation wird genau für einen Systemtyp realisiert.

Beziehungen: Zu "Applikation umfasst elementare Geschäftsfunktion" (Sicht 6): Eine Applikation realisiert eine oder mehrere elementare Geschäftsfunktionen.

Zu "Applikationsart" (Sicht 6): Jede Applikation ist von einer bestimmten Art.

Zu "Systemtyp" (Sicht 6): Jede Applikation wird für genau einen Systemtyp realisiert. Für einen Systemtyp können mehrere Applikationen realisiert sein.

Zu "Organisatorische Einheit nutzt Applikation" (Sicht 6): Eine Applikation wird durch eine, keine oder mehrere Organisationseinheiten genutzt.

Attribute: Applikations-Name - Name der Applikation.

Applikationsart - Code zur Umschreibung der Applikationsart (s. Komponente "Applikationsart").

Systemtyp - Code für den Systemtyp, für den eine Applikation realisiert wird.

5.2.6.3. Applikationsart

Synonyme: -

Komp.Typ: Zentrale Tabelle

Beschreibung: Bei der Zuordnung von Applikationen zu Systemtypen sollte festgelegt werden, wie eine Applikation realisiert werden soll.

Als Applikationsarten wären z.B. denkbar:

- Online mit 3.-Generation-Sprache.

- Online mit 4.-Generation-Sprache.

- Online mit Endbenutzersprache (z.B. Spread-Sheet).

- Batch mit 3.-Generation-Sprache.

Beziehungen: Zu "Applikation" (Sicht 6): Jede Applikation ist von einer bestimmten Art.

Attribute: Applikationsart-Code - Code zur Umschreibung der Applikationsart.

Beschreibung - Beschreibung der Applikationsart.

5.2.6.4. Datenbank

Synonyme: Logische Datenbank, Data Store

Komp.Typ: Fundamental

Beschreibung: Eine Datenbank ist eine Gruppe von Entitätstypen, die unter Berücksichtigung ihrer Speicherung, Verarbeitung und Verwendung durch Geschäftsfunktionen und Applikationen zusammengefasst worden sind. Jeder Entitätstyp geht in eine oder mehrere Datenbanken ein.

Datenbanken werden für bestimmte Systemtypen realisiert. Auf diesen Systemtypen laufen Applikationen, die ihrerseits Geschäftsfunktionen realisieren. Sollte ein Entitätstyp auf mehreren Systemtypen (z.B. Abteilungsrechner und portabler Computer) verfügbar gemacht werden, muss er entsprechend in die verschiedenen Datenbanken, die für die verschiedenen Systemtypen realisiert werden, verteilt werden.

Beziehungen: Zu "Entitätstyp in Datenbank" (Sicht 6): Eine Datenbank umfasst einen oder mehrere Entitätstypen.

Zu "Systemtyp" (Sicht 6): Jede Datenbank wird auf einem bestimmten Systemtyp realisiert. Für einen Systemtyp können mehrere Datenbanken realisiert werden.

Attribute: Datenbank-Name - Name der Datenbank.

Systemtyp - Code für den Systemtyp, auf dem die Datenbank realisiert wird.

5.2.6.5. Organisatorische Einheit

Siehe Beschreibung in Pkt. 5.2.5.1..

5.2.6.6. Standort

Siehe Beschreibung in Pkt. 5.2.2.6..

5.2.6.7. Elementare Geschäftsfunktion/Ereignis

Siehe Beschreibung in Pkt. 5.2.4.2..

5.2.6.8. Applikation umfasst elementare Geschäftsfunktion

Siehe Beschreibung in Pkt. 5.2.4.12..

5.2.6.9. Entitätstyp

Siehe Beschreibung in Pkt. 5.2.2.1..

5.2.6.10. Entitätstyp in Datenbank

Synonyme:	Datenverteilung
Komp.Typ:	Assoziativ
Beschreibung:	Jeder Entitätstyp geht in eine oder - bei Verteilung von Daten auf verschiedene Systemtypen - in mehrere Datenbanken ein.
Beziehungen:	Zu "Datenbank" (Sicht 6): Eine Datenbank umfasst einen oder mehrere Entitätstypen.
	Zu "Entitätstyp" (Sicht 6): Ein Entitätstyp geht in eine oder mehrere Datenbanken ein.
Attribute:	Datenbank - Name der Datenbank.
	Entitätstyp - Nummer des Entitätstyps.

5.2.6.11. Organisatorische Einheit an Standort

Siehe Beschreibung in Pkt. 5.2.5.7..

5.2.6.12. Organisatorische Einheit nutzt Applikation

Siehe Beschreibung in Pkt. 5.2.5.4..

5.2.6.13. Organisatorische Einheit hat Zugang zu Systemtyp

Siehe Beschreibung in Pkt. 5.2.5.5..

5.2.6.14. Geschäftsfunktion an Standort

Siehe Beschreibung in Pkt. 5.2.5.10..

5.2.6.15. Ausführung der Geschäftsfunktion

Siehe Beschreibung in Pkt. 5.2.5.9..

5.2.6.16. Entitätstyp an Standort

Siehe Beschreibung in Pkt. 5.2.5.12..

5.3. Ergebnisse des Entwurfes des Soll-Geschäftssystems

Untenstehend sind die Ergebnisse angeführt, die beim Entwurf des Soll-Geschäftssystems neu erzeugt werden (s. Pkt. 5.1.).

Im Gegensatz zu Pkt. 4.3. "Ergebnisse der Voruntersuchung" wird jetzt zwischen zusammengesetzten Ergebnissen und elementaren Ergebnissen differenziert (s. Pkt. 2.3.2.).

Pro zusammengesetztes Ergebnis werden die dazugehörigen Sub-Ergebnisse aufgeführt, die selbst zusammengesetzt oder elementar sind.

Elementare Ergebnisse werden anschliessend im Detail durch ihre Sicht auf das Metamodell und durch Beispiele beschrieben.

Ergebnisse:

- Datenmodell des Ist-Geschäftssystems
  - Gesamtdatenmodell (Ist).
  - Beschreibung von Entitätstypen (Ist).
- Funktionsmodell des Ist-Geschäftssystems
  - Dekomposition der Geschäftsfunktionen (Ist).
  - Verbale Beschreibung der Geschäftsfunktionen (Ist).
  - Datenflussdiagramme (Level 1 bis n) (Ist).
  - Beschreibung von Datenspeichern (Ist).
  - Beschreibung der Operationen von elementaren Geschäftsfunktionen (Ist).
- Organisationsmodell des Ist-Geschäftssystems
  - Organigramm (Ist).
  - Matrix Organisationseinheit/Geschäftsfunktion (Ist).
- Varianten von Soll-Geschäftssystemen
  - Grobes Funktionsmodell des Soll-Geschäftssystems (Variante)
    - Dekomposition der Geschäftsfunktionen (Soll, grob, Variante).
    - Datenflussdiagramme (Level 1 bis n) (Soll, grob, Variante).
    - Verbale Beschreibung der Geschäftsfunktionen (Soll, grob, Variante).
  - Grobes Datenmodell des Soll-Geschäftssystems (Variante)
    - Gesamtdatenmodell (Soll, grob, Variante).
    - Beschreibung von Entitätstypen (Soll, grob, Variante).
  - Verbale Bewertung der Lösungsvariante des Soll-Geschäftssystems.
- Globale Variantenbewertung aller Soll-Geschäftssysteme.

- Ausgewähltes grobes Soll-Geschäftssystem
  - Grobes Funktionsmodell des Soll-Geschäftssystems (gewählte Variante)
    - Dekomposition der Geschäftsfunktionen (Soll, grob, gewählte Variante).
    - Datenflussdiagramme (Level 1 bis n) (Soll, grob, gewählte Variante).
    - Verbale Beschreibung der Geschäftsfunktionen (Soll, grob, gewählte Variante).
  - Grobes Datenmodell des Soll-Geschäftssystems (gewählte Variante)
    - Gesamtdatenmodell (Soll, grob, gewählte Variante).
    - Beschreibung von Entitätstypen (Soll, grob, gewählte Variante).

- Feines Datenmodell des Soll-Geschäftssystems
  - Gesamtdatenmodell (Soll, fein).
  - Beschreibung von Entitätstypen (Soll, fein).
  - Beschreibung von Beziehungen (Soll, fein).
  - Beschreibung von Attributen (Soll, fein).
  - Beschreibung von Integritätsbedingungen (Soll, fein).
  - Beschreibung von Überlappungen von Entitätstypen (Soll, fein).

- Feines Funktionsmodell des Soll-Geschäftssystems
  - Dekomposition der Geschäftsfunktionen (Soll, fein).
  - Datenflussdiagramme (Level 1 bis n) (Soll, fein).
  - Verbale Beschreibung der Geschäftsfunktionen (Soll, fein).
  - Beschreibung der Ablauffolge elementarer Geschäftsfunktionen (Soll, fein).
  - Beschreibung von externen Agenten (Soll, fein).
  - Beschreibung von Datenspeichern (Soll, fein).
  - Beschreibung von Datenflüssen (Soll, fein).
  - Beschreibung der Operationen von elementaren Geschäftsfunktionen (Soll, fein).

- Beschreibung der möglichen Zustände von Entitätstypen (Soll, fein).

- Beschreibung der Zustandsübergänge von Entitätstypen (Soll, fein).

- Feines Organisationsmodell des Soll-Geschäftssystems
  - Organigramm (Soll, fein).
  - Matrix Organisationseinheit/Geschäftsfunktion (Soll, fein).
  - Mengengerüst pro Geschäftsfunktion (Soll, fein).
  - Mengengerüst pro Entitätstyp (Soll, fein).
  - Matrix Standort/Organisationseinheit (Soll, fein).
  - Matrix Mengengerüst Standort/Geschäftsfunktion (Soll, fein).
  - Matrix Mengengerüst Standort/Entitätstyp (Soll, fein).

- Liste der zu realisierenden Applikationen.

- Liste der zu realisierenden Datenbanken.

- Varianten der Verteilung von Applikationen und Datenbanken
  - Variante der Verteilung von Applikationen und Datenbanken
    - Liste der zu realisierenden Applikationen (Variante).
    - Liste der zu realisierenden Datenbanken (Variante).
    - Matrix Applikation / Systemtyp (Variante).
    - Matrix Datenbank / Systemtyp (Variante).
    - Matrix Organisationseinheit / Applikation (Variante).
    - Matrix Organisationseinheit / Systemtyp (Variante).
  - Verbale Bewertung der Verteilungsvariante.

```
- Globale Bewertung aller Verteilungsvarianten.

- Ausgewählte Variante der Verteilung von Applikationen und
  Datenbanken
  - Liste der zu realisierenden Applikationen (gewählte Variante).
  - Liste der zu realisierenden Datenbanken (gewählte Variante).
  - Matrix Applikation / Systemtyp (gewählte Variante).
  - Matrix Datenbank / Systemtyp (gewählte Variante).
  - Matrix Organisationseinheit / Applikation (gewählte Variante).
  - Matrix Organisationseinheit / Systemtyp (gewählte Variante).

- Detailprojektplan für das Design.
```

Die Hauptergebnisse der Analyse sind

- das feine Datenmodell des Soll-Geschäftssystems,
- das feine Funktionsmodell des Soll-Geschäftssystems,
- das feine Organisationsmodell des Soll-Geschäftssystems,
- die Beschreibung von Zuständen und Zustandsübergängen von Entitätstypen,
- die ausgewählte Variante der Verteilung von Applikationen und Datenbanken und
- der Detailprojektplan für das Design.

Nachfolgend werden die elementaren Ergebnisse im Detail beschrieben.

5.3.1. Gesamtdatenmodell (Ist) / (Soll, grob, Variante) / (Soll, grob, gewählte Variante) / (Soll, fein)

Ein Gesamtdatenmodell wird als Entity-Relationship-Modell dargestellt.

Das Gesamtdatenmodell des Ist-Geschäftssystems, das in Aktivität "A.2.1. Informationen über das Ist-Geschäftssystem logisch darstellen" (Pkt. 5.1.1.) erstellt wird, umfasst die Entitätstypen und Beziehungen im Ist-Geschäftssystem. Im Gegensatz zum groben Ist-Datenmodell der Voruntersuchung (s. Bsp. in Pkt. 4.3.8.), das zur Systemabgrenzung gedient hat, sind hier nun alle im Ist-Geschäftssystem vorhandenen Entitätstypen und Beziehungen aufgeführt. Üblicherweise sind auch alle komplexen Beziehungen aufgelöst, wenn die aus der Auflösung resultierenden Entitätstypen mit weiteren Entitätstypen in Beziehung stehen.

Das Gesamtdatenmodell einer (gewählten) Variante, das in Aktivität "A.2.2.1.1. Datenmodell durch Überarbeitung des Ist-Geschäftssystems bilden" entsteht, ist im Vergleich zum feinen Datenmodell, welches das Endprodukt der Datenmodellierung ist, schon sehr vollständig. Es müssen mindestens alle fundamentalen Entitätstypen der Lösungsvariante sowie die wichtigen Beziehungen zwischen diesen vorhanden sein. Zu diesem Zeitpunkt sind allerdings noch nicht alle Attribute der Entitätstypen definiert. Die Attributdefinition kann später ebenfalls noch zur Bildung von Entitätstypen und/oder Beziehungen führen.

Das vollständige Datenmodell entsteht alternativ durch die Aktivitäten "A.2.2.3.1. Feines Datenmodell durch Überarbeitung des Ist-Geschäftssystems bilden" (s. Pkt. 5.1.2.3.1.) oder "A.2.3.1. Feines Datenmodell durch Verfeinerung/Redefinition der IS-Architektur bilden"

(s. Pkt. 5.1.3.1.). Es ist das endgültige, vollständige Modell, das später in das System-Design übergeht.

Sicht auf das Metamodell:

Entitätstyp
Beziehung
Entitätstyp in Beziehung

Untenstehend sind ein Ist- und ein Soll-Datenmodell als Beispiele aufgeführt.

Entitätstypen sind als Knoten dargestellt, die Beziehungen als Kanten. Die Beziehungen sind beschriftet. Der Beziehungstyp (Kardinalität) steht am Anfang und am Ende der Kante.

Im Gegensatz zum Datenmodell des Ist-Geschäftssystems sind im Soll-Modell z.B. die Entitätstypen

- Bewerbung,
- Kundenbetreuung und
- Vertreterauftrag

hinzugekommen, um den Problemen und Anforderungen (s. Bsp. in Pkt. 4.3.9.) sowie dem Funktionsmodell des Soll-Geschäftssystems (s. Bsp. in Pkt. 5.3.3. u. 5.3.5.) zu entsprechen.

Beispiel:

a) Ist-Datenmodell:

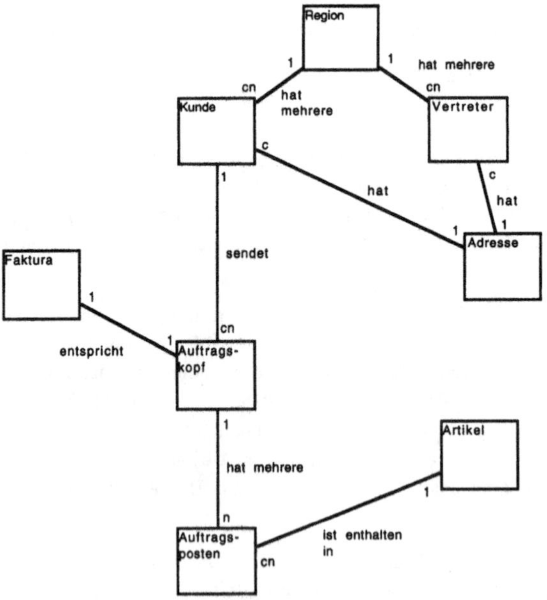

b) Soll-Datenmodell:

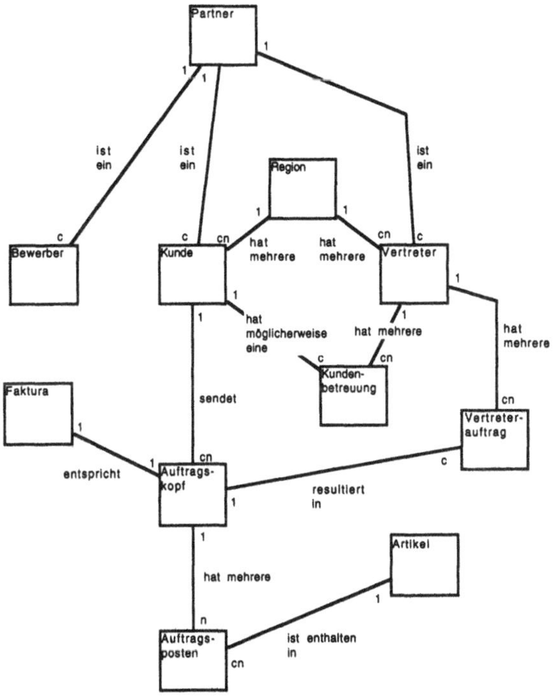

5.3.2. Beschreibung von Entitätstypen (Ist) / (Soll, grob, Variante) / (Soll, grob, gewählte Variante) / (Soll, fein)

Jeder Entitätstyp im Datenmodell des Ist-Geschäftssystems wird beschrieben, indem seine Attribute festgelegt werden. Üblicherweise werden in der Ist-Analyse die Attribute mittels relationaler Datenanalyse und kanonischer Synthese "bottom-up" durch die Analyse von bestehenden Bildschirmformularen, File-Strukturen, Listen, Belegen oder vorbedruckten Formularen erhoben und strukturiert [vgl. JMA/BAA, S. 297ff; SSADM 2, S. RA-SM-22f]. D.h., das Ist-Datenmodell entsteht üblicherweise von unten durch die Zusammenfassung von Attributen zu Entitätstypen.

Die Beschreibung von Entitätstypen einer (gewählten) Variante eines Soll-Geschäftssystems besteht aus einer verbalen Beschreibung der Entitätstypen sowie der Angabe ihrer wichtigsten Attribute. Die Beschreibung beschränkt sich oft nur auf die fundamentalen Entitätstypen.

Im feinen Datenmodell des Soll-Geschäftssystems sind dann alle Entitätstypen vollständig verbal und durch ihre Attribute beschrieben.

Sicht auf das Metamodell:

Entitätstyp
Attribut
Attribut des Entitätstyps

Beispiel:

a) Ist-Datenmodell:

Entitätstyp *Kunde*:

Verbale Beschreibung: -

Attribute:
Kundennummer
Kundenname
Adressnummer
Telephonnummer
Regionnummer
Kundenrabattsatz

Entitätstyp *Adresse*:

Verbale Beschreibung: -

Attribute:
Adressnummer
Strasse
Strassennummer
PLZ
Ort
Land

b) Soll-Datenmodell:

Entitätstyp *Partner*:

Verbale Beschreibung: Alle natürlichen und juristischen Personen werden zu einem Entitätstyp "Partner" zusammengefasst. Ein Partner kann ein Bewerber, ein Kunde und/oder ein Vertreter sein. Ein Partner kann nicht gleichzeitig Bewerber und Kunde sein. Jeder Bewerber ist ein potentieller Kunde, wenn er genügend Bonität hat.

```
  Attribute:
  Partnernummer
  Name
  Strasse
  Strassennummer
  PLZ
  Ort
  Land
  Telephonnummer

Entitätstyp Kunde:

  Verbale Beschreibung: Ein Kunde ist ein Partner, der sich als
  Vertreiber unserer Produkte offiziell beworben und positiv
  in der Bonitätsprüfung abgeschlossen hat. Jeder Kunde ist einer
  Region zugeordnet.

  Attribute:
  Partnernummer
  Regionnummer
  Geschäftstyp
  Kreditlimit
  Kundenrabattsatz
  Kundenaufnahmedatum
```

5.3.3. Dekomposition der Geschäftsfunktionen (Ist) / (Soll, grob, Variante) / (Soll, grob, gewählte Variante) / (Soll, fein)

Das Gliederungskriterium der Funktionshierarchie ist komplexbildend. Jede Geschäftsfunktion wird in ihre Teile zerlegt.

Die Funktionshierarchie für das Ist-Geschäftssystem wird normalerweise "top-down" entwickelt, indem die bestehende manuelle und maschinelle Verarbeitung erhoben und systematisch gegliedert wird.

Die Funktionshierarchie für das Soll-Geschäftssystem kann auf drei verschiedene Arten entstehen:

- "Top-down" durch die Verfeinerung der IS-Architektur.
- "Top-down" durch Restrukturierung der Ist-Funktionshierarchie.
- "Bottom-up" durch Anwendung des "Event Partitioning"-Ansatzes (s. Pkt. 5.1.2.1.2.).

Der erste Fall trifft für die Aktivität "A.2.3.2. Feines Funktionsmodell durch Verfeinerung/Redefinition der IS-Architektur bilden" zu. Die beiden letzten Vorgehensweisen können alternativ oder auch kombiniert in den Aktivitäten "A.2.2.1.2. Grobes Funktionsmodell durch Überarbeiten des Ist-Geschäftssystems bilden" und "A.2.2.3.2. Feines Funktionsmodell durch Überarbeiten des Ist-Geschäftssystems bilden" angewandt werden.

Für jede Variante eines groben Soll-Geschäftssystems wird üblicherweise schon eine weitgehend vollständige Geschäftsfunktionshierarchie entwickelt. In einer mittleren Analyse entstehen so ca. zehn bis 40 Geschäftsfunktionen, die auf etwa drei Hierarchiestufen gegliedert werden.

```
Sicht auf das Metamodell:

Geschäftsfunktion
Geschäftsfunktion-Hierarchie
```

```
Beispiel:

a) Ist-Geschäftsfunktionshierarchie

1. Verkauf
  1.1. Kunden verwalten
    1.1.1. Kunde erfassen
    1.1.2. Kunde mutieren
    1.1.3. Regionenwechsel vornehmen
  1.2. Aufträge verwalten
    1.2.1. Auftrag erfassen
    1.2.2. Auftrag mutieren
    1.2.3. Auftrag löschen
  1.3. Aufträge prüfen und ausführen
    1.3.1. Aufträge prüfen
      1.3.1.1. Fälligkeit prüfen
      1.3.1.2. Kreditlimit prüfen
      1.3.1.3. Lieferbarkeit prüfen
    1.3.2. Aufträge ausführen

b) Soll-Geschäftsfunktionshierarchie

1. Verkauf
  1.1. Kunden aufnehmen
    1.1.1. Bewerbung erfassen
    1.1.2. Bonitätsanfrage veranlassen
    1.1.3. Bewerbung akzeptieren
    1.1.4. Bewerbung ablehnen
    1.1.5. Kundenbetreuung festlegen
    1.1.6. Kunden-/Bewerberdaten pflegen
  1.2. Auftragserfassung
    1.2.1. Auftrag erfassen
    1.2.2. Auftrag abschliessen
    1.2.3. Auftrag mutieren
    1.2.4. Auftrag stornieren
  1.3. Auftragsabwicklung
    1.3.1. Fälligkeit prüfen/bearbeiten
    1.3.2. Kreditlimit prüfen/bearbeiten
    1.3.3. Lieferbarkeit prüfen/bearbeiten
    1.3.4. Auftrag verarbeiten
```

5.3.4. Verbale Beschreibung der Geschäftsfunktionen (Ist) / (Soll, grob, Variante) / (Soll, grob, gewählte Variante) / (Soll, fein)

Die verbale Beschreibung einer Geschäftsfunktion umschreibt textuell, was die Geschäftsfunktion leistet.

Sicht auf das Metamodell:

Geschäftsfunktion

Beispiel:

a) Ist-Geschäftssystem:

Verbale Beschreibung zu Geschäftsfunktion *1.1.1. Kunde erfassen* :

Für jede Bestellung, die eingeht, wird überprüft, ob der Kunde schon erfasst ist. Falls nicht: Erfassen der Adressdetails und der Regionszugehörigkeit. Rückfrage bezüglich Rabattsatz bei dem entsprechenden Vertreter, der den Auftrag akquiriert hat.

b) Soll-Geschäftssystem:

Verbale Beschreibung zu Geschäftsfunktion *1.1.3. Bewerbung akzeptieren*:

Wenn das Finanzwesen positiven Bescheid gibt, kann die Bewerbung akzeptiert werden. Das vom Finanzwesen vorgeschlagene Kreditlimit und der Rabattsatz werden erfasst. Der Bewerber wird als Kunde umgeteilt. Anschliessend folgt der Aufnahmebescheid.

5.3.5. Datenflussdiagramme (Level 1 bis n) (Ist) / (Level 1 bis n) (Soll, grob, Variante) / (Level 1 bis n) (Soll, grob, gewählte Variante) / (Level 1 bis n) (Soll, fein)

Jede nicht-elementare Geschäftsfunktion wird durch ein Datenflussdiagramm beschrieben.

Die Datenflussdiagramme des Ist-Geschäftssystems erweitern die Ist-Geschäftsfunktions-Hierarchie, indem pro Geschäftsfunktion festgelegt wird, an welchen Kommunikationsflüssen diese partizipieren und welche Datenspeicher sie verwenden.

Ein Beispiel für ein Datenflussdiagramm des Ist-Geschäftssystems wurde schon im Kapitel 4 "Voruntersuchung" (s. Pkt. 4.3.7.) gezeigt und ist weiter unten nochmals aufgeführt. Üblicherweise ist das Ist-Datenflussdiagramm auf der ersten Stufe in der Voruntersuchung breiter als jenes bei der detaillierteren Analyse des Ist-Geschäftssystems. Da in der Voruntersuchung noch nicht hierarchisch gegliedert wird, umfasst das Datenflussdiagramm dort typischerweise fünf bis fünfzehn Geschäftsfunktionen auf der ersten Stufe. Bei der Ist-Geschäftssystemanalyse wird stärker strukturiert. Auf der ersten Ebene werden deshalb typischerweise ca. drei bis sieben Geschäftsfunktionen aufgeführt.

Für jede (gewählte) Variante eines Soll-Geschäftssystems existiert pro nicht-elementare Geschäftsfunktion ein Datenflussdiagramm.

Datenfluss-Hierarchien werden nur implizit über die Datenfluss-Diagramme dargestellt. Es besteht normalerweise keine eigene Darstellungsstruktur für die Beschreibung von Datenfluss-Hierarchien.

Im Beispiel weiter unten wird die Variante eines Soll-Geschäftssystems anhand der Geschäftsfunktion "1. Verkauf" dargestellt.

Im Gegensatz zum Datenflussdiagramm des Ist-Geschäftssystems kann z.B. festgestellt werden, dass die Datenbestände

- Bewerberbestand,
- Vertreterbestand und
- Vertreteraufträge

neu hinzugekommen sind. Dies ist vor allem aus der Lösung von Problemen im Ist-Geschäftssystem bzw. der Erfüllung neuer Anforderungen (s. Bsp. in Pkt. 4.3.9.) entstanden.

Sicht auf das Metamodell:

Geschäftsfunktion
Geschäftsfunktion-Hierarchie
Externer Agent
Datenfluss
Datenfluss-Hierarchie
Kommunikationsfluss
Datenspeicher
Datenspeicherverwendung
Datenspeicherverwendungsart

Beispiel:

a) Ist-Geschäftssystem:

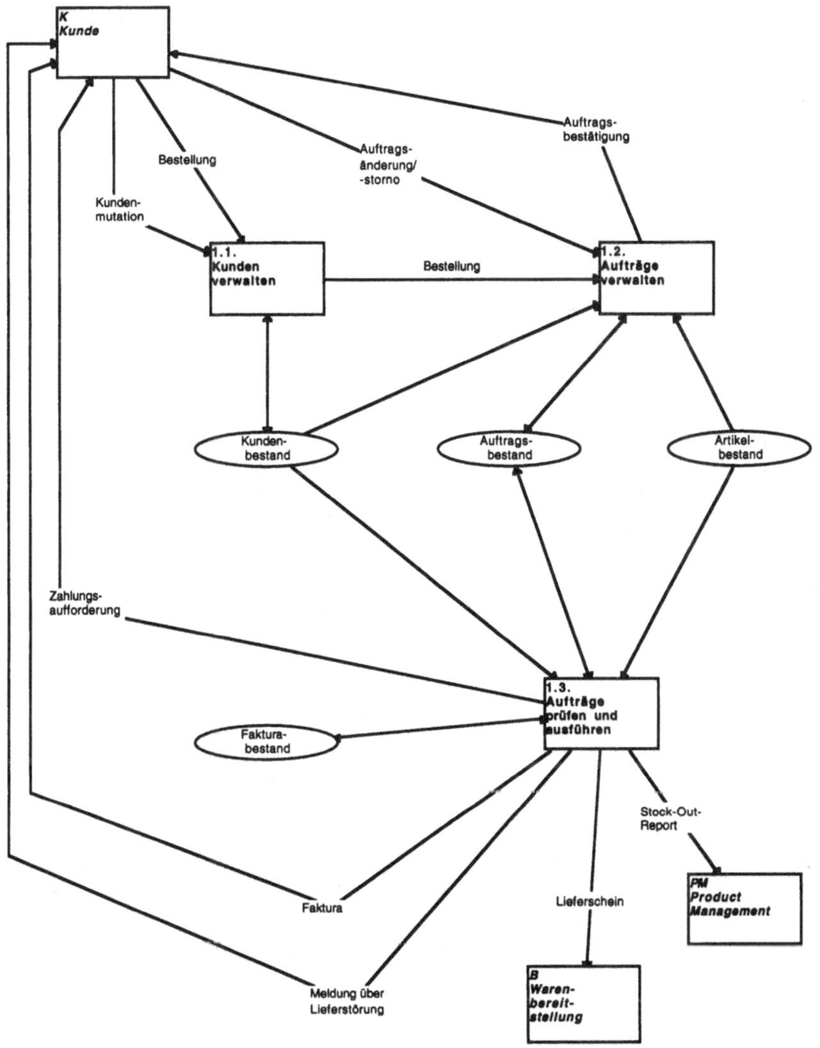

b) Soll-Geschäftssystem:

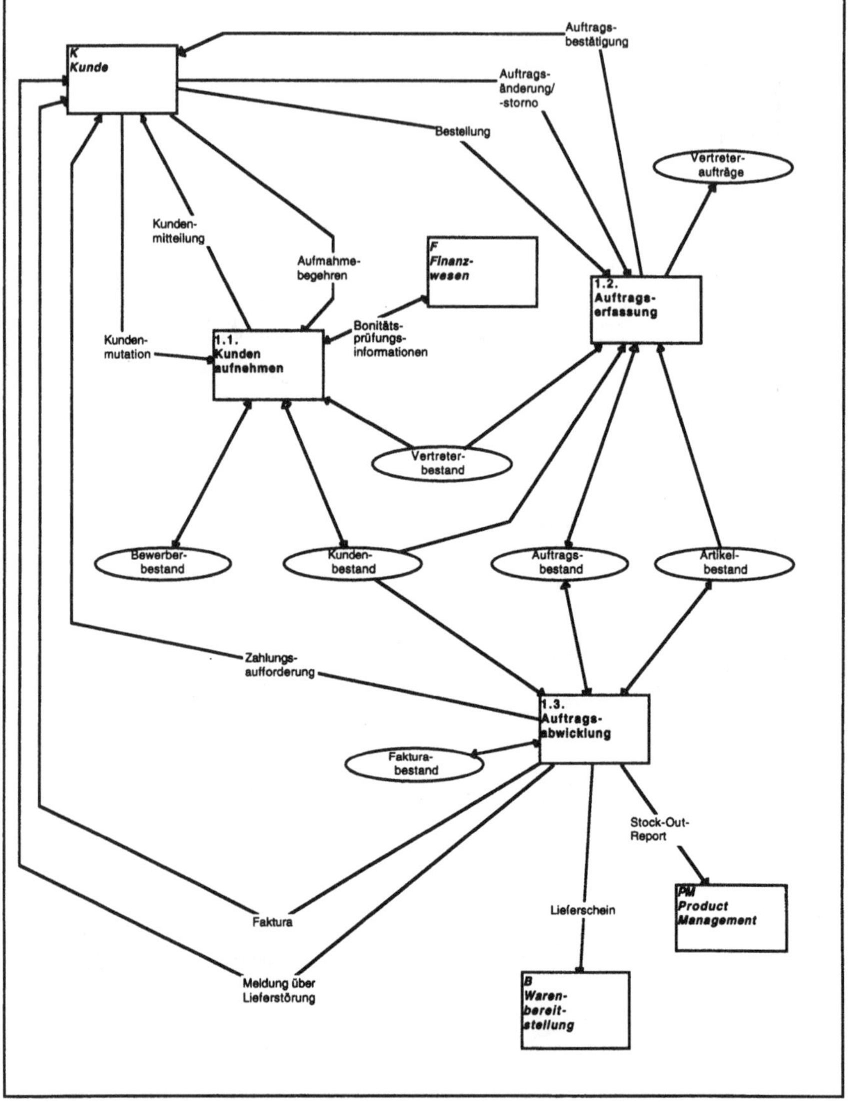

5.3.6. Beschreibung von Datenspeichern (Ist) / (Soll, fein)

In der Ist-Geschäftssystemanalyse werden Datenspeicher durch die Bildung einer Sicht auf die Entitätstypen des Datenmodells beschrieben. Die Struktur des Datenspeichers wird somit über die Entitätstypen, die er hält, beschrieben. Damit wird die Verbindung zwischen Daten- und Funktionsmodell des Ist-Geschäftssystems realisiert.

Im feinen Soll-Modell kann man noch weiter gehen und den Datenspeichern in der Datensicht auch noch die Attribute hinterlegen, die sie halten. All diese Attribute müssen schliesslich in Datenspeicherverwendungen (d.h. in den Datensichten dieser Datenflüsse) vorkommen.

Sicht auf das Metamodell:

Datenspeicher
Entitätstyp
Attribut
Entitätstyp in Datenspeicher
Attribut in Datenspeicher

Beispiel:

a) Ist-Geschäftssystem:

Datenspeicher *Kundenbestand* umfasst Entitätstypen
- *Kunde*
- *Region*
- *Adresse*

Datenspeicher *Auftragsbestand* umfasst Entitätstypen
- *Auftragskopf*
- *Auftragsposten*

b) Soll-Geschäftssystem:

Datenspeicher *Kundenbestand* umfasst Entitätstypen
- *Partner* mit Attributen
  - *Partnernummer*
  - *Name*
  - *Strasse*
  - *Strassennummer*
  - *PLZ*
  - *Ort*
  - *Land*
  - *Telephonnummer*
- *Region* mit Attributen
  - *Regionnummer*
  - *Regionname*
- *Kunde* mit Attributen
  - *Partnernummer*
  - *Regionnummer*
  - *Geschäftstyp*
  - *Kreditlimit*
  - *Kundenrabattsatz*
  - *Kundenaufnahmedatum*

```
Datenspeicher Bewerberbestand umfasst Entitätstypen
  Partner mit Attributen
    Partnernummer
    Name
    Strasse
    Strassennummer
    PLZ
    Ort
    Land
  Bewerber mit Attributen
    Partnernummer
    Geschäftstyp

Datenspeicher Auftragsbestand umfasst Entitätstypen
  Auftragskopf mit Attributen
    ...
  Auftragsposten mit Attributen
    ...
```

5.3.7. Beschreibung der Operationen von elementaren Geschäftsfunktionen (Ist) / (Soll, fein)

Eine weitere Verbindung zwischen Daten- und Funktionsmodell des Ist-Geschäftssystems wird - nebst dem Hinterlegen einer Sicht auf das Datenmodell für jeden Datenspeicher - hergestellt, wenn für jede elementare Geschäftsfunktion festgelegt wird, welche Operationen sie auf Entitätstypen des Ist-Datenmodells ausführen.

Die Operationen dürfen sich nur auf solche Entitätstypen beziehen, in welche die Geschäftsfunktion auch über eine Datenspeicherverwendung involviert ist. D.h. beispielsweise, dass die Geschäftsfunktion "1.1.1. Kunde erfassen" den Entitätstyp "Kunde" nur dann lesen kann, wenn dieser Entitätstyp in einer Sicht eines Datenspeichers vorhanden ist, der von der Geschäftsfunktion über eine Datenspeicherverwendung auch erreicht wird. Dies ist z.B. für den Datenspeicher "Kundenbestand" der Fall. Der Entitätstyp "Kunde" ist in der Sicht des Datenspeichers auf das Datenmodell enthalten (s. Bsp. in Pkt. 5.3.6.).

Im Soll-Modell muss insofern noch weitergegangen werden, als für jede elementare Geschäftsfunktion festgelegt wird, auf welchen Attributen aus welchen Entitätstypen sie operiert. Dies scheint auf den ersten Blick sehr aufwendig zu sein. Für ein System mit ca. 15 elementaren Geschäftsfunktionen (in der Grössenordnung wie das hier verwendete Beispiel) muss für diese Arbeit mit ca. einem Projekttag gerechnet werden. Diesen Aufwand sollte man aber nicht scheuen, denn auf dieser Stufe wird das Funktions- und Datenmodell total integriert. Insbesondere bekommt der Entwerfer Hinweise darüber, ob er auch alle Attribute in elementaren Geschäftsfunktionen verwendet hat. Ist dies nicht der Fall, ist dies ein Hinweis dafür, dass noch elementare Geschäftsfunktionen fehlen oder dass die nicht verwendeten Attribute überflüssig sind.

Sicht auf das Metamodell:

Geschäftsfunktion
Elementare Geschäftsfunktion/Ereignis
Entitätstyp
Attribut
Geschäftsfunktion zu Entitätstyp
Geschäftsfunktion zu Attribut
Entitätstypenverwendungsart

Beispiel:

a) Ist-Geschäftssystem:

Geschäftsfunktion *1.1.1. Kunde erfassen*

liest	Entitätstyp	*Kunde*
liest	Entitätstyp	*Adresse*
liest	Entitätstyp	*Region*
schreibt	Entitätstyp	*Kunde*
schreibt	Entitätstyp	*Adresse*

Geschäftsfunktion *1.1.2. Kunde mutieren*

liest	Entitätstyp	*Kunde*
liest	Entitätstyp	*Adresse*
modifiziert	Entitätstyp	*Kunde*
modifiziert	Entitätstyp	*Adresse*

b) Soll-Geschäftssystem:

Gechäftsfunktion *1.1.5. Kundenbetreuung festlegen*

liest	Attribut	*Partnernummer*	aus	*Vertreter*
liest	Attribut	*Partnernummer*	aus	*Kunde*
liest	Attribut	*Partnernummer*	aus	*Partner*
liest	Attribut	*Name*	aus	*Partner*
schreibt	Attribut	*Partnernummer_Kunde*	aus	*Kundenbetreuung*
schreibt	Attribut	*Partnernummer_Vertreter*	aus	*Kundenbetreuung*

5.3.8. Organigramm (Ist) / (Soll, fein)

Das Organigramm stellt die Ist- oder Soll-Aufbauorganisation dar, die hierarchisch oder netzwerkartig strukturiert sein kann.

Der Begriff Organisationseinheit bezieht sich nur auf den Typ. Erst durch die geographische Allokation entsteht eine reale, fassbare Einheit (s. Bsp. in Pkt. 5.3.23.).

Sicht auf das Metamodell:

Organisatorische Einheit
Organisatorische Struktur

Beispiel:

a) Ist-Aufbauorganisation:

```
V - Verkauf
  Z - Zentrale
    VU - Verkaufsunterstützung
    VD - Verkaufsdisposition
    PM - Product Management
  R - Regionen
    AD - Aussendienst
      VT - Vertreter
```

b) Soll-Aufbauorganisation:

```
V - Verkauf
  Z- Zentrale
    VD - Verkaufsdisposition
    PM - Product Management
  R - Regionen
    AD - Verkaufsgruppe Aussendienst
      VU - Verkaufsunterstützung
      VT - Vertreter
```

5.3.9. Matrix Organisationseinheit/Geschäftsfunktion (Ist) / (Soll, fein)

Jede elementare Geschäftsfunktion wird im Ist- oder Soll-Geschäftssystem durch eine oder mehrere Organisationseinheiten ausgeführt. Eine Organisationseinheit selbst führt elementare Geschäftsfunktionen aus.

Sicht auf das Metamodell:

Organisatorische Einheit
Geschäftsfunktion
Elementare Geschäftsfunktion/Ereignis
Ausführung der Geschäftsfunktion

Beispiel:

a) Ist-Geschäftssystem:

Geschäftsfunktion	Organisationseinheit			
	VU	***VD***	***PM***	***VT***
1.1.1. Kunde erfassen	x			
1.1.2. Kunde mutieren	x			
1.1.3. Regionenwechsel vornehmen	x			
1.2.1. Auftrag erfassen	x			
1.2.3. Auftrag mutieren	x			
1.2.4. Auftrag löschen	x			
1.3.1.1. Fälligkeit prüfen		x		
1.3.1.2. Kreditlimit prüfen		x		
1.3.1.3. Lieferbarkeit prüfen		x		
1.3.2. Aufträge ausführen		x		

Legende:

VU = Verkaufsunterstützung
VD = Verkaufsdisposition
PM = Product Management
VT = Vertreter

b) Soll-Geschäftssystem:

Geschäftsfunktion	Organisationseinheit			
	VU	***VD***	***PM***	***VT***
1.1.1. Bewerbung erfassen	x			
1.1.2. Bonitätsanfrage veranlassen	x			
1.1.3. Bewerbung akzeptieren	x			
1.1.4. Bewerbung ablehnen	x			
1.1.5. Kundenbetreuung festlegen	x			
1.1.6. Kunden /Bewerberdaten pflegen	x			x
1.2.1. Auftrag erfassen	x			x
1.2.2. Auftrag abschliessen	x			
1.2.3. Auftrag mutieren	x			
1.2.4. Auftrag stornieren	x			
1.3.1. Fälligkeit prüfen/bearbeiten		x		
1.3.2. Kreditlimit prüfen/bearbeiten		x		
1.3.3. Lieferbarkeit prüfen/bearbeiten		x		
1.3.4. Auftrag verarbeiten		x		

Legende:

VU = Verkaufsunterstützung
VD = Verkaufsdisposition
PM = Product Management
VT = Vertreter

5.3.10. Verbale Bewertung der Lösungsvariante des Soll-Geschäftssystems

Jede Variante des Soll-Geschäftssystems wird bewertet bezüglich der Verbesserungen des heutigen Geschäftssystems, der Erfüllung gestellter Anforderungen, der Lösung bekannter Probleme, organisatorischer Implikationen bei der Lösung des vorgeschlagenen Geschäftssystems, grober Kosten-/Nutzenüberlegungen etc..

Sicht auf das Metamodell:

Keine Entsprechung. Informale Beschreibung.

Beispiel:

Bewertung "Verkauf" Variante 1

a) Verbesserungen gegenüber heutiger Situation, Lösung bekannter Probleme:

Durch die vorgeschlagene Lösung wird jeder Kunde einem Vertreter zugeordnet. Da auch grundsätzlich jeder Auftrag dem betreuenden Vertreter zugeordnet wird, ist es nun einfach möglich, einen Leistungsausweis pro Vertreter zu erhalten.

Neue Kunden werden nicht mehr bei der Aufgabe ihrer ersten Bestellung erfasst. Jeder potentielle Kunde muss, bevor er als Kunde formell aufgenommen wird, auf seine Bonität hin untersucht werden. Nur Bewerber mit guter Bonität werden als Kunde aufgenommen. Bei dieser Gelegenheit wird dann auch bestimmt, welcher Vertreter die Betreuung des Kunden übernimmt. Nur wer Kunde ist, kann auch Aufträge aufgeben.

b) Erfüllung von Anforderungen:

Anforderung 1: In Zukunft soll jeder Auftrag einem Vertreter zugeordnet werden, damit sporadisch eine Leistungskontrolle stattfinden kann.

Erfüllt.

Anforderung 2: In Zukunft sollen nur solche Bewerber als Kunden erfasst werden können, deren Bonität durch das Finanzwesen geprüft und für positiv befunden worden ist.

Erfüllt.

Anforderung 3: Aufträge müssen, auch wenn sie erledigt sind, zu Statistikzwecken noch während drei Jahren im System verfügbar sein.

Wird später behandelt.

Anforderung ...

c) Organisatorische Implikationen:

Es muss eine Verteilung von Kunden auf Vertreter durchgeführt werden, die mit allen Vertretern abgestimmt ist. Bisher hat eine solche Aufteilung nur implizit stattgefunden. Es ist vorgekommen, dass auch schon mehrere Vertreter mit demselben Grosskunden zur gleichen Zeit verkehrt haben. Es wird notwendig sein, diese Situation zu bereinigen.

d) Kosten-/Nutzenüberlegungen:

...

5.3.11. Globale Variantenbewertung aller Soll-Geschäftssysteme

Wenn alle Varianten von Soll-Geschäftssystemen miteinander verglichen werden, wird schliesslich eine Variante daraus ausgewählt, bzw. es wird eine Variante aus mehreren vorliegenden Varienten zusammengesetzt.

Die globale Variantenbewertung ist ein informelles Dokument, das im wesentlichen begründet, wieso der ausgewählten bzw. zusammengesetzten Variante der Vorzug gegeben wurde. Es werden auch alle Anforderungen aus der Problem-/Anforderungsliste abgezeichnet.

Sicht auf das Metamodell:

Keine Entsprechung. Informale Beschreibung.

Beispiel:

Variante 2 wurde vor allem darum verworfen, weil die Realisierung einer online Verfügbarkeitsprüfung zum Zeitpunkt der Auftragserfassung und die Durchführung von Reservationen auf dem Artikelbestand zu aufwendig ist. Dadurch, dass wir unsere Lieferfristen bei den Kunden auch in den nächsten Jahren noch durchsetzen können, besteht keine Notwendigkeit, die Verfügbarkeitsprüfung während der Auftragserfassung durchzuführen.

Variante 1 soll weiterverfolgt werden.

Die Anforderungen werden folgendermassen erfüllt:

> *Anforderung 1*: In Zukunft soll jeder Auftrag einem Vertreter zugeordnet werden, damit sporadisch eine Leistungskontrolle stattfinden kann.
>
> Erfüllt.
>
> *Anforderung ...*

5.3.12. Beschreibung von Beziehungen (Soll, fein)

Um das Soll-Datenmodell zu vervollständigen, wird jede Beziehung nochmals verbal beschrieben. Dies erleichtert das Lesen von Datenmodellen für Personen, die nicht an der Erarbeitung des Modells mitgewirkt haben.

Sicht auf das Metamodell:

Entitätstyp
Beziehung
Entitätstyp in Beziehung

Beispiel:

Partner <1 : ist ein : c> *Bewerber*:

Jeder Bewerber ist genau ein Partner. Ein Partner kann ein oder kein Bewerber sein.

5.3.13. Beschreibung von Attributen (Soll, fein)

Die fachliche Bedeutung wird für jedes Attribut des Soll-Datenmodells festgelegt.

Sicht auf das Metamodell:

Attribut

Beispiel:

Attribut *Partnernummer*:

Jeder Bewerber, Kunde und Vertreter erhält eine eindeutige Partnernummer, die aufsteigend numeriert ist. Wenn ein Bewerber als Kunde umgeteilt wird, behält er seine Nummer.

5.3.14. Beschreibung von Integritätsbedingungen (Soll, fein)

Zum vollständigen Datenmodell des Soll-Geschäftssystems gehören ebenfalls die Integritätsbedingungen, die je in eine der folgenden drei Klassen

- Eindeutigkeit (Bezeichnung des Identifikationsschlüssels),
- referentielle Integrität (Bezeichnung von Fremdschlüsseln) und
- freie Konsistenzbedingung

(s. Pkt. 5.2.2.7.) eingeteilt werden können.

Sicht auf das Metamodell:

Entitätstyp
Attribut
Integritätsbedingung für Attribut oder Attributgruppe des Entitätstyps

Beispiel:

Entitätstyp	Attributgruppe	Bedingung
Bewerber	Partnernummer	Eindeutigkeit
"	"	Referentielle Integrität
Auftragsposten	Auftragsnummer, Postennummer	Eindeutigkeit
"	Auftragsnummer	Referentielle Integrität
"	Postennummer	Fortlaufende, lückenlose, aufsteigende Numerierung
"	Artikelnummer	Referentielle Integrität
"	Verkaufsmenge	Muss grösser als Null sein

5.3.15. Beschreibung von Überlappungen von Entitätstypen (Soll, fein)

Gewisse Objekte der realen Welt können als Entitäten gleichzeitig in mehreren Entitätstypen vorkommen.

So kann z.B. H. Müller gleichzeitig dem Entitätstyp "Kunde" und "Vertreter" zugeordnet sein. Dies ist dann der Fall, wenn H. Müller gleichzeitig Vertreter und Kunde ist.

Für Entitätstypen können Überlappungsgrade angegeben werden, z.B.:

- 70% der Vertreter können gleichzeitig auch Kunde sein.
- 0% der Bewerber können gleichzeitig auch Kunde sein.

Sicht auf das Metamodell:

Entitätstyp
Überlappung von Entitäten

Beispiel:

Entitätstyp *Vertreter* überlappt Entitätstyp *Kunde* zu *70%*.

Entitätstyp *Bewerber* überlappt Entitätstyp *Kunde* zu *0%*.

5.3.16. Beschreibung der Ablauffolge elementarer Geschäftsfunktionen (Soll, fein)

Die Ablauffolge elementarer Geschäftsfunktionen des Soll-Geschäftssystems kann in sog. Abhängigkeitsdiagrammen dargestellt werden [vgl. JMA/BAA, S. 171ff].

Sie zeigen mögliche Ablauffolgen, wie elementare Geschäftsfunktionen in einer zeitlichen Sequenz nacheinander ablaufen könnten. Dies wird durch Datenflussdiagramme nicht ausgedrückt.

Die Fragen, die sich der Wirtschaftsinformatiker bei der Entwicklung von Ablauffolgen elementarer Geschäftsfunktionen stellt, sind:

- Welche elementaren Geschäftsfunktionen können ablaufen, nachdem eine bestimmte elementare Geschäftsfunktion abgelaufen ist?
- Welche elementare Geschäftsfunktion muss vor einer bestimmten elementaren Geschäftsfunktion abgelaufen sein?
- Wie sehen integrierte Ketten von nacheinander ablaufenden elementaren Geschäftsfunktionen aus?

Die Ablauffolge von elementaren Geschäftsfunktionen wird verwendet für die Entwicklung von Entitätstypen-Lebenszyklen (s. Pkt. 5.1.4.) sowie für den ersten Entwurf des Transaktionsnetzwerkes im System-Design (s. Pkt. 6.1.2.2.).

Sicht auf das Metamodell:

Geschäftsfunktion
Elementare Geschäftsfunktion/Ereignis
Geschäftsfunktion-Hierarchie
Geschäftsfunktion-Ablauffolge

Beispiel:

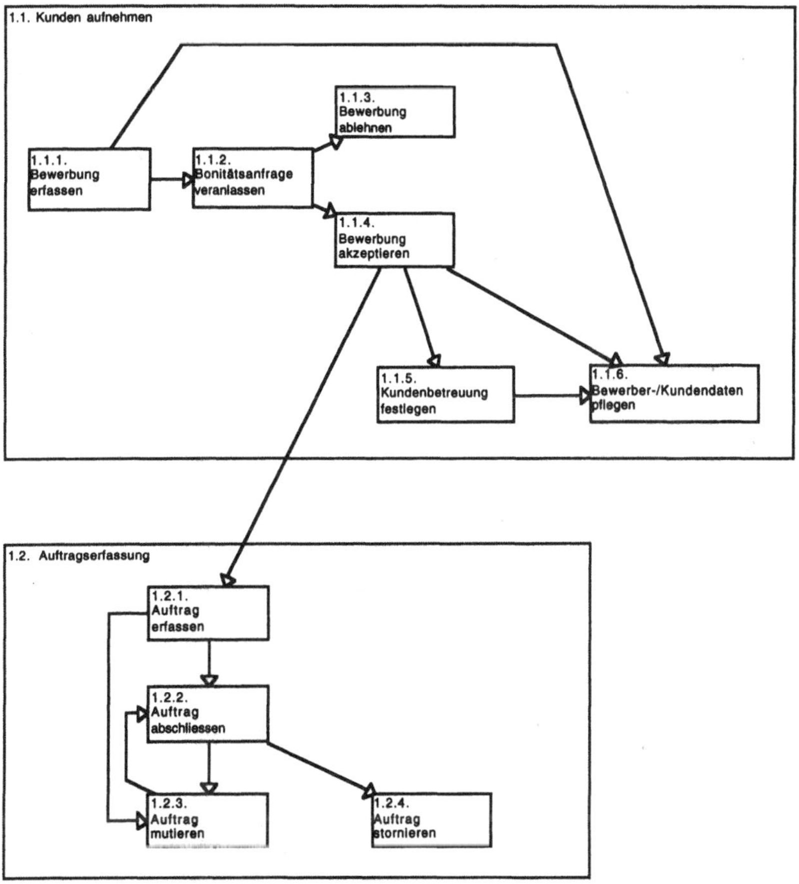

5.3.17. Beschreibung von externen Agenten (Soll, fein)

Zur Vervollständigung des Funktionsmodells des Soll-Geschäftssystems werden die externen Agenten verbal beschrieben.

Sicht auf das Metamodell:

Externer Agent

Beispiel:

Externer Agent *Kunde*:

Unsere Kunden sind Endverkäufer von Elektrogeräten der Unterhaltungs-elektronik. Ca. 30% sind Discount-Geschäfte. 70% sind Fachgeschäfte, zu denen schon lange eine Beziehung existiert. Pro Jahr kommen ca. 400 Kunden neu hinzu.

5.3.18. Beschreibung von Datenflüssen (Soll, fein)

Für jeden elementaren Datenfluss im Soll-Geschäftssystem kann festgelegt werden, welche Attribute aus welchen Entitätstypen er transportiert (s. Pkte. 5.1.2.3.2. u. 5.1.3.2.).

Sicht auf das Metamodell:

Datenfluss
Elementarer Datenfluss
Entitätstyp
Attribut
Entitätstyp in Datenfluss
Attribut in Datenfluss

Beispiel:

Datenfluss *Auftragsbestätigung* transportiert

Attribut	*Partnernummer*	aus	*Kunde*
Attribut	*Name*	aus	*Partner*
Attribut	*Strasse*	aus	*Partner*
Attribut	*Strassennummer*	aus	*Partner*
Attribut	*PLZ*	aus	*Partner*
Attribut	*Ort*	aus	*Partner*
Attribut	*Land*	aus	*Partner*
Attribut	*Auftragsnummer*	aus	*Auftragskopf*
Attribut	*Besteller*	aus	*Auftragskopf*
Attribut	*Auftragsdatum*	aus	*Auftragskopf*
Attribut	*Liefertermin*	aus	*Auftragskopf*
Attribut	*Auftragsrabattsatz*	aus	*Auftragskopf*
Attribut	*Postennummer*	aus	*Auftragsposten*
Attribut	*Verkaufsmenge*	aus	*Auftragsposten*
Attribut	*Artikelnummer*	aus	*Artikel*
Attribut	*Artikelbezeichnung*	aus	*Artikel*
Attribut	*Mengeneinheit*	aus	*Artikel*
Attribut	*Verkaufspreis*	aus	*Artikel*

5.3.19. Beschreibung der möglichen Zustände von Entitätstypen (Soll, fein)

Wenn ein Entitätstyp definierte Status kennt, werden diese Status als Zustände dokumentiert. Anschliessend können diese verwendet werden, um Statusübergänge zu modellieren, die durch elementare Geschäftsfunktionen bewirkt werden (s. Pkt. 5.1.4.).

Meistens kennen nur fundamentale Entitätstypen Zustände.

Sicht auf das Metamodell:

Entitätstyp
Zustand

Beispiel:

Zustände des Entitätstyps *Auftragskopf*:

0: nicht existent
1: in Bearbeitung
2: ausführbar
3: storniert
...

5.3.20. Beschreibung der Zustandsübergänge von Entitätstypen (Soll, fein)

Für jeden Entitätstyp, der Zustände kennt, werden alle möglichen Zustandsübergangstupel "Ursprungszustand - Zielzustand" festgehalten.

Ein Zustandsübergang wird immer durch eine elementare Geschäftsfunktion resp. ein Ereignis bewirkt.

Sicht auf das Metamodell:

Entitätstyp
Zustand
Geschäftsfunktion
Elementare Geschäftsfunktion/Ereignis
Elementare Geschäftsfunktion/Ereignis bewirkt Zustandsübergang

Beispiel:

a) Tabellarisch:

Elementare Geschäftsfunktion	Von Zustand	Nach Zustand
1.2.1. Auftrag erfassen	0: nicht existent	1: in Bearbeitung
1.2.2. Auftrag abschliesssen	1: in Bearbeitung	2: ausführbar
1.2.3. Auftrag mutieren	1: in Bearbeitung	1: in Bearbeitung
1.2.3. Auftrag mutieren	2: ausführbar	1: in Bearbeitung
1.2.4. Auftrag stornieren	2: ausführbar	3: storniert

b) Graphisch:

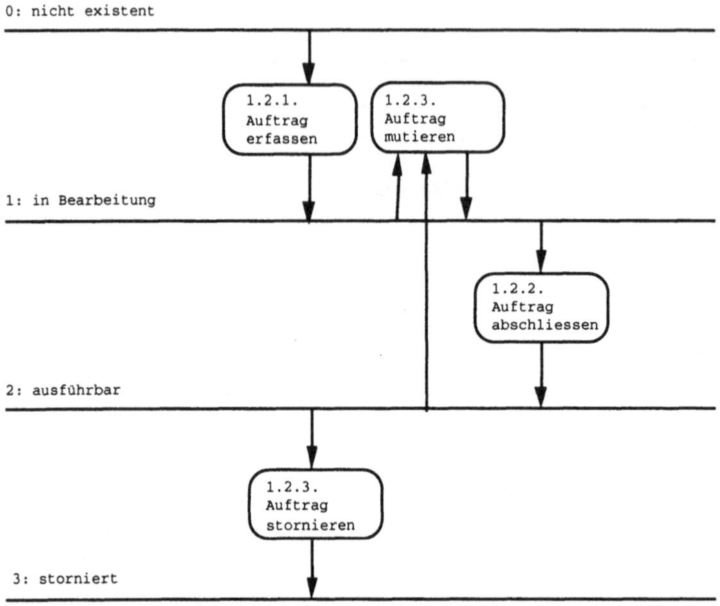

5.3.21. Mengengerüst pro Geschäftsfunktion (Soll, fein)

Für jede elementare Geschäftsfunktion kann festgehalten werden, wie oft sie schätzungsweise ausgeführt wird.

Sicht auf das Metamodell:

Geschäftsfunktion
Elementare Geschäftsfunktion/Ereignis

Beispiel:

Elementare Geschäftsfunktion	Ausführungshäufigkeit (pro Jahr, in Tausend)
1.1.1. Bewerbung erfassen	0.5
1.1.2. Bonitätsanfrage veranlassen	0.5
1.1.3. Bewerbung akzeptieren	0.4
1.1.4. Bewerbung ablehnen	0.1
1.1.5. Kundenbetreuung festlegen	1.3
1.1.6. Kunden-/Bewerberdaten pflegen	2.0
1.2.1. Auftrag erfassen	100.0
1.2.2. Auftrag abschliessen	100.0
1.2.3. Auftrag mutieren	20.0
1.2.4. Auftrag stornieren	4.0
1.3.1. Fälligkeit prüfen/bearbeiten	120.0
1.3.2. Kreditlimit prüfen/bearbeiten	120.0
1.3.3. Lieferbarkeit prüfen/bearbeiten	110.0
1.3.4. Auftrag verarbeiten	110.0

5.3.22. Mengengerüst pro Entitätstyp (Soll, fein)

Für jeden Entitätstyp des Soll-Datenmodells können

- die durchschnittlich vorhandenen Entitäten,
- ihre Wachstumsrate sowie
- ihre dynamische Klasse (s. Pkt. 5.2.2.1.)

erhoben werden. Dieses Mengengerüst ist vor allem für den späteren Datenbankentwurf relevant.

Sicht auf das Metamodell:

Entitätstyp

Beispiel:

Entitätstyp	Anzahl	Dyn. Klasse	Wachstum
Partner	8'500	Kl. 7	10%
Bewerber	100	Kl. 6	0%
Kunde	8'200	Kl. 7	10%
Vertreter	800	Kl. 6	10%
Kundenbetreuung	7'000	Kl. 6	10%
Region	3	Kl. 1	0%
Faktura	300'000	Kl. 7	10%
Auftragskopf	300'000	Kl. 7	10%
Auftragsposten	1'200'000	Kl. 8	10%
Vertreterauftrag	300'000	Kl. 7	10%
Artikel	4'000	Kl. 1	0%

5.3.23. Matrix Standort/Organisationseinheit (Soll, fein)

Die Organisationseinheiten des Soll-Geschäftssystems werden an individuellen Standorten alloziert.

Sicht auf das Metamodell:

Organisatorische Einheit
Organisatorische Struktur
Standort
Organisatorische Einheit an Standort

Beispiel:

Organisationseinheit	Standort ZH	SG	GE
V - Verkauf	x		
Z- Zentrale	x		
VD - Verkaufsdisposition	x		
PM - Product Management	x		
R - Regionen	x	x	x
AD - Verkaufsgruppe Aussendienst	x	x	x
VU - Verkaufsunterstützung	x	x	x
VT - Vertreter	x	x	x

Legende:

ZH = Zürich, Davidstrasse 38-40
SG = St. Gallen, Dufourstrasse 32
GE = Genf, rte. Grand Rivage 15

5.3.24. Matrix Mengengerüst Standort/Geschäftsfunktion (Soll, fein)

Die Ausführungshäufigkeiten von elementaren Geschäftsfunktionen sollen auch standortspezifisch erhoben werden. Damit kann überprüft werden, ob die Aufbauorganisation effizient strukturiert und ihre Verteilung auf Standorte optimal ist (s. Pkt. 5.1.5.).

Sicht auf das Metamodell:

Geschäftsfunktion
Elementare Geschäftsfunktion/Ereignis
Standort
Geschäftsfunktion an Standort

Beispiel:

Elementare Geschäftsfunktion	Ausführungshäufigkeit (pro Jahr, in Tausend)		
	ZH	***SG***	***GE***
1.1.1. Bewerbung erfassen	0.2	0.1	0.2
1.1.2. Bonitätsanfrage veranlassen	0.2	0.1	0.2
1.1.3. Bewerbung akzeptieren	0.2	0.1	0.2
1.1.4. Bewerbung ablehnen	0.1	0.0	0.1
1.1.5. Kundenbetreuung festlegen	0.6	0.3	0.6
1.1.6. Kunden-/Bewerberdaten pflegen	0.9	0.4	0.7
1.2.1. Auftrag erfassen	40	20	40
1.2.2. Auftrag abschliessen	40	20	40
1.2.3. Auftrag mutieren	8	4	8
1.2.4. Auftrag stornieren	1.6	0.8	1.6
1.3.1. Fälligkeit prüfen/bearbeiten	120	0	0
1.3.2. Kreditlimit prüfen/bearbeiten	120	0	0
1.3.3. Lieferbarkeit prüfen/bearbeiten	110	0	0
1.3.4. Auftrag verarbeiten	110	0	0

Legende:

ZH = Zürich, Davidstrasse 38-40
SG = St. Gallen, Dufourstrasse 32
GE = Genf, rte. Grand Rivage 15

5.3.25. Matrix Mengengerüst Standort/Entitätstyp (Soll, fein)

Die Erhebung der Verteilung von Entitätstypen auf Standorte ist insbesondere dann wichtig, wenn mit partitionierten oder replizierten Datenbanken gearbeitet werden soll, d.h., wenn Daten physisch an verschiedenen Standorten verfügbar gemacht werden sollen.

Sicht auf das Metamodell:

Entitätstyp
Standort
Entitätstyp an Standort

Beispiel:

Entitätstyp	Nutzung pro Standort (Anzahl)		
	ZH	*SG*	*GE*
Partner	3'400	1'700	3'400
Bewerber	40	20	40
Kunde	3'300	1'650	3'300
Vertreter	320	160	320
Kundenbetreuung	2'350	1'550	3'100
Region	1	1	1
Faktura	300'000	0	0
Auftragskopf	120'000	60'000	120'000
Auftragsposten	480'000	240'000	480'000
Vertreterauftrag	120'000	60'000	120'000
Artikel	4'000	4'000	4'000

Legende:

ZH = Zürich, Davidstrasse 38-40
SG = St. Gallen, Dufourstrasse 32
GE = Genf, rte. Grand Rivage 15

5.3.26. Liste der zu realisierenden Applikationen / (Variante) / (gewählte Variante)

In der Aktivität "A.2.8. Identifikation von Applikationen und Datenbanken" (s. Pkt. 5.1.8.) werden elementare Geschäftsfunktionen, die durch EDV unterstützt werden sollen, nach ihrer Datenverwendung gruppiert. Die daraus entstehenden Gebilde werden Applikationen genannt. Dies sind jene Einheiten, die im System-Design dann im Detail spezifiziert und später realisiert werden.

Zunächst erfolgt die Gruppierung so, dass jede Geschäftsfunktion in genau eine Applikation eingeht.

Mit der Verteilung von Applikationen auf Systemtypen in der Aktivität "A.2.9. Verteilung der Applikationen und Datenbanken" (s. Pkt. 5.1.9.), kann es sein, dass Teile einer Applikation (sprich Geschäftsfunktionen) auf mehreren Systemtypen verfügbar sein sollen. Dies führt zur Definition neuer Applikationen und zu einer neuen (auch mehrfachen) Zuordnung von elementaren Geschäftsfunktionen zu Applikationen.

So ist im untenstehenden Beispiel nach der Verteilung beispielsweise eine Applikation "Portables Erfassungssystem" entstanden.

Sicht auf das Metamodell:

Geschäftsfunktion
Elementare Geschäftsfunktion/Ereignis
Applikation
Applikation umfasst elementare Geschäftsfunktion

Beispiel:

a) Vor Verteilung:

Applikation *Kundenverwaltungssystem* umfasst Geschäftsfunktionen
1.1.1. Bewerbung erfassen
1.1.2. Bonitätsanfrage veranlassen
1.1.3. Bewerbung akzeptieren
1.1.4. Bewerbung ablehnen
1.1.5. Kundenbetreuung festlegen
1.1.6. Kunden-/Bewerberdaten pflegen

Applikation *Auftragsverwaltungssystem* umfasst Geschäftsfunktionen
1.2.1. Auftrag erfassen
1.2.2. Auftrag abschliessen
1.2.3. Auftrag mutieren
1.2.4. Auftrag stornieren

Applikation *Auftragsabwicklungssystem* umfasst Geschäftsfunktionen
1.3.1. Fälligkeit prüfen/bearbeiten
1.3.2. Kreditlimit prüfen/bearbeiten
1.3.3. Lieferbarkeit prüfen/bearbeiten
1.3.4. Auftrag verarbeiten

b) Nach Verteilung:

Applikation *Kundenverwaltungssystem* umfasst Geschäftsfunktionen
1.1.1. Bewerbung erfassen
1.1.2. Bonitätsanfrage veranlassen
1.1.3. Bewerbung akzeptieren
1.1.4. Bewerbung ablehnen
1.1.5. Kundenbetreuung festlegen
1.1.6. Kunden-/Bewerberdaten pflegen

Applikation *Portables Erfassungssystem* umfasst Geschäftsfunktionen
1.1.6. Kunden-/Bewerberdaten pflegen
1.2.1. Auftrag erfassen

Applikation *Auftragsverwaltungssystem* umfasst Geschäftsfunktionen
1.2.1. Auftrag erfassen
1.2.2. Auftrag abschliessen
1.2.3. Auftrag mutieren
1.2.4. Auftrag stornieren

```
Applikation Auftragsabwicklungssystem umfasst Geschäftsfunktionen
  1.3.1. Fälligkeit prüfen/bearbeiten
  1.3.2. Kreditlimit prüfen/bearbeiten
  1.3.3. Lieferbarkeit prüfen/bearbeiten
  1.3.4. Auftrag verarbeiten
```

5.3.27. Liste der zu realisierenden Datenbanken / (Variante) / (gewählte Variante)

Entitätstypen werden in der Aktivität "A.2.8. Identifikation von Applikationen und Datenbanken" (s. Pkt. 5.1.8.) gemäss ihrer thematischen Zusammengehörigkeit zu Datenbanken gruppiert.

Zunächst erfolgt die Gruppierung so, dass jeder Entitätstyp in genau eine Datenbank eingeht.

Mit der Verteilung von Applikationen auf Systemtypen in Aktivität der "A.2.9. Verteilung der Applikationen und Datenbanken" (s. Pkt. 5.1.9.), kann es notwendig werden, Entitätstypen auf mehrere Plattformen (Systemtypen) zu verteilen, weil die Applikationen (über die elementaren Geschäftsfunktionen) diese verwenden. Aus diesem Grund kann es notwendig werden, neue Datenbanken zu definieren und die Zuordnung von Entitätstypen zu Datenbanken neu zu ordnen.

So ist im untenstehenden Beispiel nach der Verteilung beispielsweise eine neue Datenbank "Erfassungsdatenbank" entstanden, die dem portablen Erfassungssystem (s. Bsp. in Pkt. 5.3.26.) dient.

Sicht auf das Metamodell:

```
Entitätstyp
Datenbank
Entitätstyp in Datenbank
```

Beispiel:

a) <u>Vor Verteilung</u>:

```
Geschäftspartnerdatenbank mit Entitätstypen
  Partner
  Bewerber
  Kunde
  Vertreter
  Region
  Kundenbetreuung

Auftragsdatenbank mit Entitätstypen
  Auftragskopf
  Auftragsposten
  Vertreterauftrag
```

```
Fakturadatenbank mit Entitätstyp
  Faktura

Artikeldatenbank mit Entitätstyp
  Artikel

b) Nach Verteilung:

Geschäftspartnerdatenbank mit Entitätstypen
  Partner
  Bewerber
  Kunde
  Vertreter
  Region
  Kundenbetreuung

Erfassungsdatenbank mit Entitätstypen
  Partner
  Kunde
  Auftragskopf
  Auftragsposten
  Artikel

Auftragsdatenbank mit Entitätstypen
  Auftragskopf
  Auftragsposten
  Vertreterauftrag

Fakturadatenbank mit Entitätstyp
  Faktura

Artikeldatenbank mit Entitätstyp
  Artikel
```

5.3.28. Matrix Applikation / Systemtyp (Variante) / (gewählte Variante)

Jede Applikation wird für genau einen Systemtyp realisiert.

Grundsätzlich sind mehrere Realisierungsarten für Applikationen denkbar, so beispielsweise

- online mit einer 3.-Generation-Sprache,
- batch mit einer 3.-Generation-Sprache oder
- online mit einer Endbenutzersprche (z.B. Spread-Sheet).

```
Sicht auf das Metamodell:

Applikation
Systemtyp
Applikationsart
```

Beispiel:

Applikation	Systemtyp und Applikationsart	
	Host	***Portable***
Kundenverwaltungssystem	online, 3.GL	
Portables Erfassungssystem		online, 3.GL
Auftragsverwaltungssystem	online, 3.GL	
Auftragsabwicklungssystem	batch, 3.GL	

Legende:

Host = Zentralrechner IBM 4381, Betriebssystem MVS, Presentation Services CICS, Datenbank DB2, 3.-Generation-Sprache COBOL 2.
Portable = Portabler Rechner IBM PS2/70, Betriebssystem OS/2 EE, Presentation Services OS/2 Presentation Manager, Datenbank OS/2 Database Manager, 3.-Generation-Sprache COBOL 2.

5.3.29. Matrix Datenbank / Systemtyp (Variante) / (gewählte Variante)

Jede Datenbank wird für genau einen Systemtyp realisiert.

Soll ein Entitätstyp auf zwei Systemtypen verfügbar gemacht werden, muss er in zwei verschiedene Datenbanken eingehen.

Sicht auf das Metamodell:

Datenbank
Systemtyp

Beispiel:

Datenbank	Systemtyp	
	Host	***Portable***
Geschäftspartnerdatenbank	x	
Erfassungsdatenbank		x
Auftragsdatenbank	x	
Fakturadatenbank	x	
Artikeldatenbank	x	

Legende:

Host = Zentralrechner IBM 4381, Betriebssystem MVS, Presentation Services CICS, Datenbank DB2, 3.-Generation-Sprache COBOL 2.
Portable = Portabler Rechner IBM PS2/70, Betriebssystem OS/2 EE, Presentation Services OS/2 Presentation Manager, Datenbank OS/2 Database Manager, 3.-Generation-Sprache COBOL 2.

5.3.30. Matrix Organisationseinheit / Applikation (Variante) / (gewählte Variante)

Organisationseinheiten nutzen Applikationen, damit sie Geschäftsfunktionen rechnergestützt ausführen können.

Sicht auf das Metamodell:

Applikation
Organisatorische Einheit
Organisatorische Einheit nutzt Applikation

Beispiel:

Applikation	Organisationseinheit			
	VD	***PM***	***VU***	***VT***
Kundenverwaltungssystem	x		x	x
Portables Erfassungssystem				x
Auftragsverwaltungssystem	x	x	x	x
Auftragsabwicklungssystem	x			

Legende:

VD = Verkaufsdisposition
PM = Product Management
VU = Verkaufsunterstützung
VT = Vertreter

5.3.31. Matrix Organisationseinheit / Systemtyp (Variante) / (gewählte Variante)

Organisationseinheiten brauchen Zugang zu Systemtypen, damit sie die entsprechenden Applikationen zur Ausführung von Geschäftsfunktionen nutzen können.

Sicht auf das Metamodell:

Organisatorische Einheit
Systemtyp
Organisationseinheit hat Zugang zu Systemtyp

Beispiel:

Organisationseinheit	Systemtyp	
	Host	***Portable***
VD - Verkaufsdisposition	x	
PM - Product Management	x	
VU - Verkaufsunterstützung	x	
VT - Vertreter	x	x

Legende:

Host = Zentralrechner IBM 4381, Betriebssystem MVS, Presentation Services CICS, Datenbank DB2, 3.-Generation-Sprache COBOL 2.
Portable = Portabler Rechner IBM PS2/70, Betriebssystem OS/2 EE, Presentation Services OS/2 Presentation Manager, Datenbank OS/2 Database Manager, 3.-Generation-Sprache COBOL 2.

5.3.32. Verbale Bewertung der Verteilungsvariante (Variante)

Die Verteilung von Geschäftsfunktionen auf Applikationen, von Entitätstypen auf Datenbanken, von Applikationen und Datenbanken auf Systemtypen sowie von Applikationen und Systemtypen auf Organisationseinheiten kann in mehreren Varianten durchgeführt werden.

Jede Variante wird für sich bewertet bezüglich der Entwicklungskosten und der zu erwartenden Unterhaltskosten, der einzugehenden Risiken bei der Realisierung der Lösung, der Zeitdauer und der Qualität der Realisierung etc. (s. Pkt. 5.1.9.1.2.).

Anschliessend werden alle Varianten einander gegenübergestellt, und es wird eine Variante gewählt resp. die zu realisierende Variante aus den vorliegenden Varianten zusammengesetzt.

Sicht auf das Metamodell:

Keine Entsprechung. Informale Beschreibung.

Beispiel:

Bewertung "Verkauf" Variante 1

a) Zu erwartende Entwicklungs- und Einführungskosten:

- *Kundenverwaltungssystem*	
Entwicklungskosten 300 Tage	300'000
- *Portables Erfassungssystem*	
Entwicklungskosten 600 Tage	600'000
Beschaffung Hardware (400 Stationen)	800'000
- *Auftragsverwaltungssystem*	
Entwicklungskosten 300 Tage	300'000
- *Auftragsabwicklungssystem*	
Entwicklungskosten 500 Tage	500'000
- Schulung (1'200 Tage)	1'200'000
- Datenmigration 400 Tage	400'000
TOTAL	4'100'000

b) Zu erwartende Unterhaltskosten:

...

5.3.33. Globale Bewertung aller Verteilungsvarianten

Wenn alle Verteilungsvarianten miteinander verglichen worden sind, wird schliesslich eine Variante daraus ausgewählt, bzw. es wird eine Variante aus mehreren Varianten zusammengesetzt.

Die globale Bewertung ist ein informelles Dokument, das im wesentlichen begründet, wieso der vorliegenden Variante der Vorzug gegeben wurde. Es werden auch alle Anforderungen aus der Problem-/Anforderungsliste abgezeichnet.

Sicht auf das Metamodell:

Keine Entsprechung. Informale Beschreibung.

Beispiel:

Variante 2 wurde vor allem verworfen, weil die Realisierung einer Client-Server-Architektur heute noch zu kostspielig ist, und da ...

Variante 1 mit den zentralen Applikationen

- Kundenverwaltungssystem,
- Auftragsverwaltungssystem und
- Auftragsabwicklungssystem

sowie mit der dezentralen Applikation

- Portables Erfassungssystem

soll weiterverfolgt werden.

Die Anforderungen werden folgendermassen erfüllt:

Anforderung 1: In Zukunft soll jeder Auftrag einem Vertreter zugeordnet werden, damit sporadisch eine Leistungskontrolle stattfinden kann.

Erfüllt.

Anforderung ...

5.3.34. Detailprojektplan für das Design

Der Projektplan für das Design dient dem Projektleiter zur Strukturierung der weiteren Arbeit. Inhalte des Projektplanes sind in Pkt. 5.1.10. dargestellt.

Sicht auf das Metamodell:

Keine Entsprechung. Informale Beschreibung.

6. Referenzmodell für die Erstellung der logischen Systemspezifikation (System-Design)

Während in der Analyse ein essentielles, konzeptionelles Modell des Soll-Geschäftssystems entstanden ist, geht es bei der logischen Systemspezifikation darum, das Modell des Soll-Geschäftssystems zu einer vollständigen Vorgabe für die zu schaffenden Applikationen und Datenbanken weiterzuentwickeln, die anschliessend (Konstruktions-Design und Konstruktion) realisiert werden.

Die Analyse dient dazu, die Informationszusammenhänge des Geschäftes, die im Untersuchungsbereich gemeinsam mit dem Fachbereich zukunftsgerichtet modelliert werden, festzulegen und zu beschreiben.

Bei der logischen Systemspezifikation handelt es sich dagegen um eine Vorgabe für das EDV-System. Die Ergebnisse aus der Analyse werden um weitere Aspekte ergänzt. So sollen im System-Design das logische Datenmodell, der Online-Dialog mit den einzelnen Bildschirmen, die Batch-Verarbeitung, die auszugebenden Listen/Belege sowie die zukünftige Ablauforganisation im Zusammenhang mit dem EDV-System im Detail verbindlich festgelegt werden.

6.1. Aktivitäten der Erstellung der logischen Systemspezifikation

Das System-Design lässt sich in folgende Aktivitäten unterteilen:

```
A.3.1. Logisches Datenmodell entwickeln
A.3.2. Logisches Funktionsmodell entwickeln
  A.3.2.1. Identifikation von logischen Transaktionen
  A.3.2.2. Transaktionsnetzwerk entwickeln
  A.3.2.3. Entity-Life-Histories entwickeln
  A.3.2.4. Modellierung der Operationen von logischen Transaktionen
           auf Spalten von Tabellen aus Datenbanken
A.3.3. Datenbereitstellungsstrategie spezifizieren
A.3.4. Verteilung der Systeme auf Standorte planen
A.3.5. Modellierung der Organisation
  A.3.5.1. Identifikation von Stellen und Aufgaben pro Stelle
  A.3.5.2. Beschreibung der Aufgaben durch Zusammenbinden mit logischen
           Transaktionen
A.3.6. Spezifikation der Listen
A.3.7. Spezifikation des Online-Dialogs
  A.3.7.1. Spezifikation der Menu-Struktur
  A.3.7.2. Spezifikation des Dialog-Ablaufes und der Bildschirme
           sowie Prototyping des Systemverhaltens
A.3.8. Spezifikation der Sicherheit
A.3.9. Logische Systemspezifikation an Ist-EDV-System auf
       Vollständigkeit und Korrektheit überprüfen
A.3.10. Bestätigung des System-Designs
A.3.11. Planung des Konstruktion-Designs und der Konstruktion
```

Die Ablauffolge der Aktivitäten für das System-Design ist in Bild 6.1./1 aufgeführt.

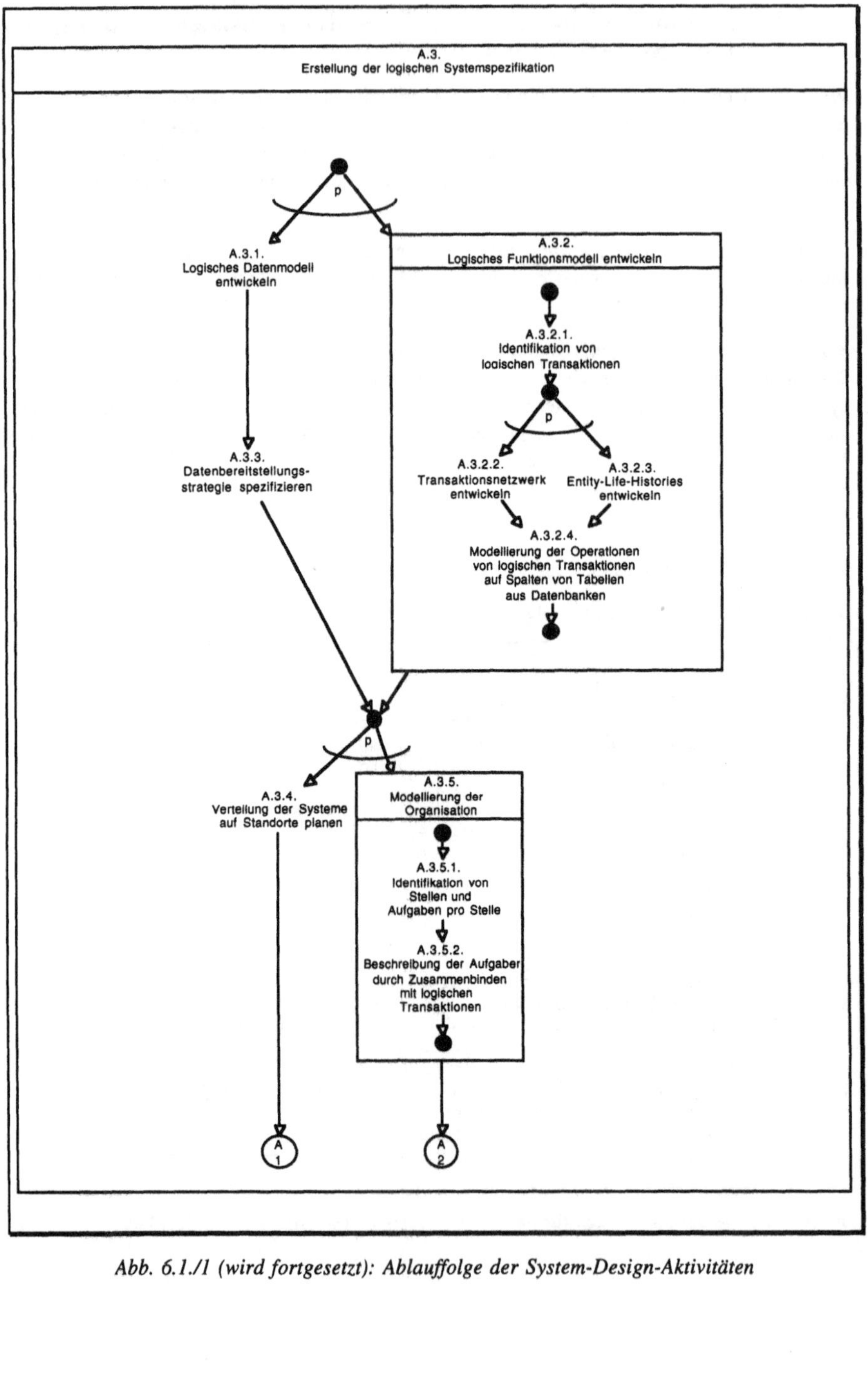

Abb. 6.1./1 (wird fortgesetzt): Ablauffolge der System-Design-Aktivitäten

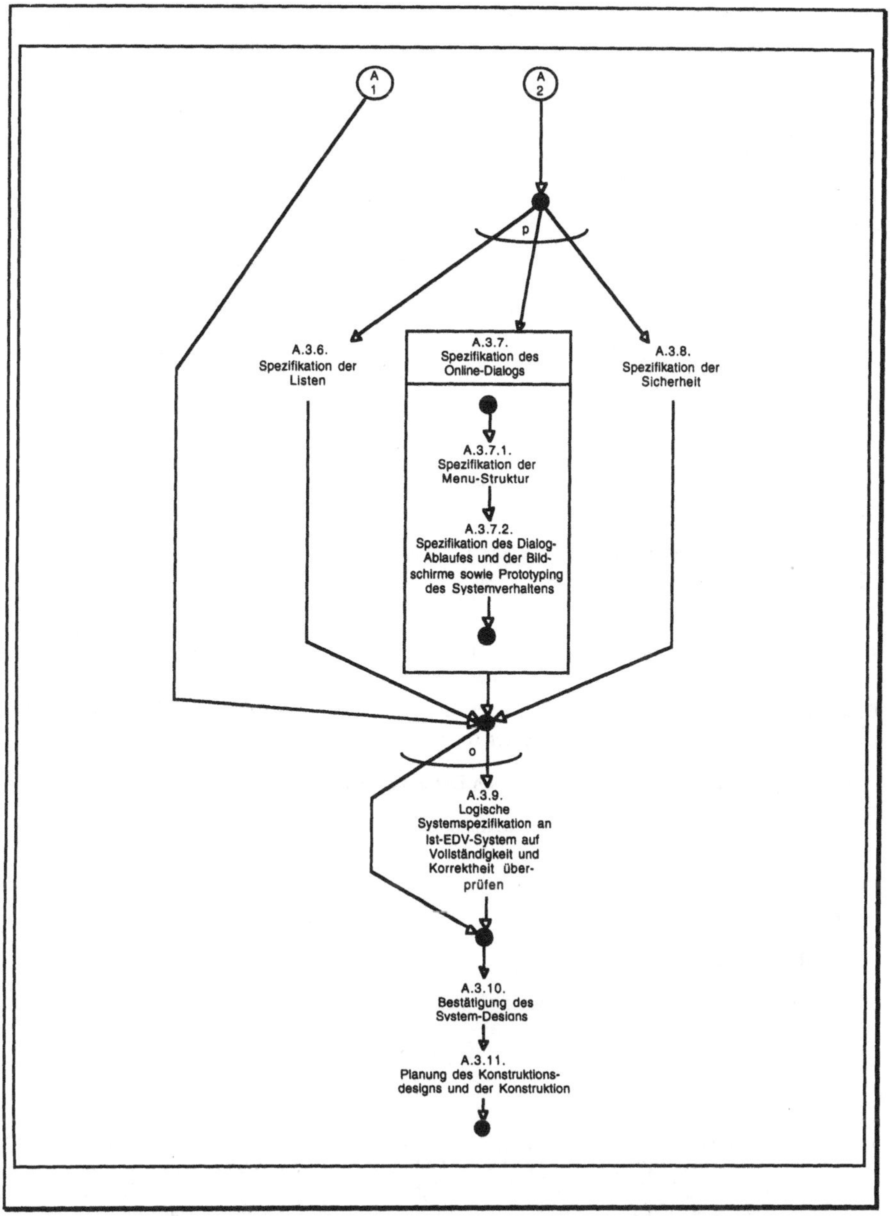

Abb. 6.1./1 (Fortsetzung): Ablauffolge der System-Design-Aktivitäten

Den hauptsächlichen Input für das System-Design bilden folgende, früher erarbeiteten Ergebnisse:

- Die Problem-/Anforderungsliste.
- Das feine Datenmodell des Soll-Geschäftssystems.
- Das feine Funktionsmodell des Soll-Geschäftssystems.
- Das feine Organisationsmodell des Soll-Geschäftssystems.
- Die Beschreibung von Zuständen und Zustandsübergängen von Entitätstypen.
- Die ausgewählte Variante für die Verteilung von Applikationen und Datenbanken.
- Der Detailprojektplan für das Design.

6.1.1. Logisches Datenmodell entwickeln

Ein logisches Datenmodell ist eine Datenbankspezifikation, d.h. eine Vorschrift, wie das konzeptionelle Datenmodell der Analyse auf ein Datenbanksystem abgebildet werden soll.

Am Ende der Analysephase wurde das feine Datenmodell des Soll-Geschäftssystems in mehrere Datenbanken aufgeteilt (s. Pkt. 5.1.8. f). Das logische Datenmodell spezifiziert nun jede dieser geplanten Datenbanken.

Als Technik für die Modellierung eines logischen Datenmodells hat sich die relationale Datenmodellierung [vgl. Codd] oder Derivate davon für alle Typen von Datei- und Datenbanksystemen durchgesetzt. Die Umsetzung des logischen Datenmodells in ein konkretes Datenbankverwaltungssystem erfolgt später im Konstruktions-Design[1].

Aus der vorliegenden Aktivität des logischen Datenbankentwurfes entsteht pro Datenbank

- eine Liste der Tabellen, welche die Datenbank enthält,
- ein Datenbank-Strukturdiagramm,
- eine Beschreibung von Tabellen,
- eine Beschreibung von Spalten und
- eine Beschreibung von Integritätsbedingungen[2].

---

[1] Diese Differenzierung wird von den Methoden SSADM [s. SSADM 2, RA-LDM-9], ISOTEC [s. ISOTEC/ISA, S. 70ff] und von IEM [s. IEM/BSD, S.209ff] gemacht. Die Methoden NAVIGATOR [NAVIGATOR/Design Phase Manual, S, 3-19f] und Oracle CASE*Method [ORACLE, S. 5-10ff] empfehlen, dass sich der logische Datenbankentwurf schon auf den Typ des Datenbankverwaltungssystems (relational, hierarchisch (IMS-DB) oder netzwerkartig (CODASYL)) abstützen soll.

[2] Die letzten drei Beschreibungen können für mehrere Datenbanken gleichzeitig zutreffen.

Der Übergang vom konzeptionellen Datenmodell der Analyse in das logische Datenmodell des Designs ist relativ einfach [vgl. JMA/BSD, S. 46ff]:

- Jeder Entitätstyp wird zu einer Tabelle.
- Jedes Attribut wird zu einer Spalte.
- Die Integritätsbedingungen werden vollständig übernommen.

Die Spalten werden weiter spezifiziert, indem ihre zulässigen Wertebereiche definiert werden.

Falls das konzeptionelle Datenmodell in der Analyse Attribute enthalten hat, die aus anderen Attributen berechnet werden konnten (sog. "ableitbare Daten"), werden diese eliminiert.

Zusätzlich werden im logischen Datenmodell die von den Applikationen benötigten zentralen Tabellen, die Codes (z.B. Währungen oder Tarife) enthalten, identifiziert.

Im feinen Datenmodell des Soll-Geschäftssystems, das in der Analyse als essentielles Modell entstanden ist, wird man sich üblicherweise noch nicht um die Versionierung der Daten gekümmert haben. Das logische Datenmodell muss deshalb zusätzlich Strukturen aufweisen, um verschiedene Versionen von Geschäftsdaten, die sich im Zeitablauf ändern, aufzunehmen. So könnten z.B. aus den Entitätstypen "Partner" und "Kunde" die vier Tabellen "Partner", "Kunde", "Partnerdaten alt" und "Kundendaten alt" entstehen. Die letzten zwei Tabellen würden ältere Versionen von "Partner"- und "Kunden"-Daten beinhalten. Die Anforderungen bezüglich der Versionierung von Daten sollten üblicherweise in der Problem-/Anforderungsliste aufgeführt sein.

Zusätzlich zum feinen Datenmodell des Soll-Geschäftssystems kommt im System-Design auch der Aspekt der internen Revision hinzu. Das Datenmodell muss ggf. noch ausgeweitet werden, damit allfällige Kontrollen im Falle von Unregelmässigkeiten leichter durchgeführt werden können. So ist es z.B. denkbar, dass zur Tabelle "Kunde" noch die Spalten "Userid", "Datum" und "Zeit" hinzudefiniert werden, damit jeweils herausgefunden werden kann, welcher Benutzer wann einen Kunden in die Datenbank eingefügt hat.

Dem Aspekt der Mehrsprachigkeit muss im System-Design ebenfalls Rechnung getragen werden. Dadurch können ggf. neue Entitätstypen und/oder Attribute (jetzt Tabellen und Spalten genannt) entstehen.

Sog. Datentransfer-Tabellen werden zusätzlich benötigt, um das Format des Datentransfers zwischen Batch-Transaktionen oder jeder anderen nicht interaktiven Import-/Export-Schnittstelle (z.B. elektronischer Empfang von Aufträgen von Kunden) zu spezifizieren.

Das Mengengerüst wird pro Tabelle einer Datenbank festgelegt. Als Quelle für die Festlegung des Mengengerüstes kann das Mengengerüst aus der Analyse, das Bestandteil des Organisationsmodells des Soll-Geschäftssystems ist, herangezogen werden.

Das Datenmodell entsteht auch hier nicht isoliert vom Funktionsmodell. Parallel zum Datenmodell wird auch das feine Funktionsmodell des Soll-Geschäftssystems in eine funktionale logische Systemspezifikation überführt. Es werden logische Transaktionen identifiziert und beschrieben. Logische Transaktionen führen Operationen auf Spalten von Tabellen aus Datenbanken aus. Durch die Analyse der Operationen von logischen

Transaktionen ist es durchaus möglich, dass noch Spalten oder gar Tabellen zusätzlich identifiziert werden.

Bei der Entwicklung des logischen Datenmodells werden alle geplanten Datenbanken berücksichtigt. Dieses Datenmodell weist folgende Eigenschaften auf:

- Alle Tabellen sind identifiziert, beschrieben und gehören einer oder mehreren Datenbanken. Ihr Mengengerüst liegt fest. Jede Tabelle ist genau einer der folgenden Klassen zugeordnet:
  - Benutzerdaten-Tabelle: Diese dient der Aufnahme der Daten, die in den Applikationen erfasst oder mutiert werden.
  - Zentrale Tabelle: Diese dient der Aufnahme von Codes (z.B. Währungscodes).
  - Datentransfer-Tabelle: Sie dient der Aufnahme resp. der Abgabe von Transfer-Daten[1] und wird für die Realisierung von Schnittstellen verwendet.
- Alle Integritätsbedingungen (Eindeutigkeit, referentielle Integrität, referentielle Integrität mit erlaubten Nullwerten, Duplikate und freie Konsistenzbedingungen)[2] sind spezifiziert. Die Integritätsbedingung der Eindeutigkeit führt im Konstruktions-Design zur Bildung der Identifikationsschlüssel; die referentielle Integrität legt Kandidaten für Sekundärschlüssel fest.
- Alle Spalten sind beschrieben. Ihre Wertebereiche liegen fest.
- Für jede Tabelle pro Datenbank, die aus einem fundamentalen Entitätstyp abgeleitet worden ist, sollte eine Entity-Life-History vorliegen (s. Aktivität "A.3.2.3. Entity-Life-Histories entwickeln", Pkt. 6.1.2.3.).
- Jede Spalte einer Tabelle aus einer Datenbank sollte von logischen Transaktionen verwendet werden (in Operationen wie Erzeugen, Lesen, Modifizieren etc.).

Die wesentlichen Quellen für die Erstellung eines logischen Datenmodells bilden:

- Die bisher noch nicht berücksichtigten Anforderungen aus der Problem-/Anforderungsliste (z.B. die Anforderung "Kundendaten müssen über drei Jahre zurückverfolgbar sein" führt zur Bildung der Tabellen "Partnerdaten alt" und "Kundendaten alt", die historische Daten beinhalten).
- Das feine Datenmodell des Soll-Geschäftssystems.

---

1 Datentransfer-Tabellen sind nicht eigentlicher Bestandteil des logischen Datenbankentwurfes. Datentransfer-Tabellen werden während der Aktivität "A.3.2.2. Transaktionsnetzwerk entwickeln" (s. Pkt. 6.1.2.2.) und "A.3.3. Datenbereitstellungsstrategie spezifizieren" (s. Pkt. 6.1.3.) identifiziert und beschrieben. Sie werden hier aufgeführt, da die Struktur von Transfer-Daten ebenfalls mittels Tabellen und Spalten beschrieben wird. Sämtliche Datentransfer-Tabellen kann man sich auf systemtypenspezifischen Datenbanken namens "Datentransfer-Datenbank" o.ä. vorstellen.

2 Siehe Metamodell-Komponente "Integritätsbedingung für Spalte und Spaltengruppe von Tabelle" in Pkt. 6.2.2.11.

- Das feine Organisationsmodell des Soll-Geschäftssystems; daraus insbesondere das Mengengerüst für die Daten.
- Die ausgewählte Variante der Verteilung von Applikationen und Datenbanken, daraus insbesondere die Liste der zu realisierenden Datenbanken und die Matrix der Aufteilung der Datenbanken auf Systemtypen.
- Das logische Soll-Funktionsmodell, das parallel entsteht, mit den Operationen auf den Spalten, wobei die Spalten zwingend im Datenmodell reflektiert sein müssen.

```
Input:

- Problem-/Anforderungsliste.
- Feines Datenmodell des Soll-Geschäftssystems
- Ausgewählte Variante der Verteilung von Applikationen und Datenbanken
- Logisches Soll-Funktionsmodell

Output (neu):

- Logisches Soll-Datenmodell
  - Liste der Tabellen in Datenbanken.
  - Datenbankstrukturdiagramme.
  - Beschreibung von Tabellen.
  - Beschreibung von Spalten.
  - Beschreibung von Integritätsbedingungen.
```

6.1.2. Logisches Funktionsmodell entwickeln

Das logische Funktionsmodell ist die Spezifikation der Verarbeitung. Es legt fest, was von den zu erstellenden Applikationen an Funktionalität erwartet wird.

Bestandteile des Funktionsmodells sind im wesentlichen

- ein Katalog logischer Transaktionen, der die möglichen Verarbeitungseinheiten auf dem Rechner darstellt,
- ein Transaktionsnetzwerk, das die mögliche Ablauffolge von logischen Transaktionen definiert, sowie
- eine "Entity-Life-History" pro Tabelle einer Datenbank[1], die darlegt, was die zulässige Eintreffsequenz der Operationen von logischen Transaktionen auf die Tabelle ist.

Die Aktivitäten für die feine Dialogspezifikation, die detaillierte Spezifikation der Listen sowie die Spezifikation der Sicherheit werden später, wenn das Funktionsmodell mit der Aufgaben- und Stellenstruktur (s. Pkt. 6.1.5.) abgestimmt worden ist, durchgeführt.

---

1 Entity-Life-Histories werden meistens nur für jene Tabellen erstellt, die aus einem fundamentalen Entitätstyp abgeleitet worden sind.

6.1.2.1. Identifikation logischer Transaktionen

Eine logische Transaktion ist eine in sich abgeschlossene Verarbeitungseinheit, die online von einem Benutzer oder im Batch ausgelöst wird und die einen Arbeitsschritt darstellt, der definitiv abgeschlossen werden muss, resp. während der Bearbeitung unwiderruflich abgebrochen werden kann, bevor eine weitere Verarbeitungseinheit ausgeführt wird. Logische Update-Transaktionen bewirken einen wohldefinierten Effekt auf Spalten von Tabellen in Datenbanken, indem sie dort Daten erzeugen, modifizieren und/oder löschen.

Synonyme für logische Transaktion sind z.B.:

- "Task" [Olle e.a. 2, S. 148].
- "Procedure" [JMA/BSD, S. 88; NAVIGATOR/Phase Reference Manual/Knowledge Base Overview, S.13].
- "Systemfunktion" [ISOTEC/SSF, S. 4ff].
- "Module" [ORACLE, S. 5-6ff].
- "Function" [SSADM 2, S. RS-FD-3ff].

NAVIGATOR beschreibt z.B. die logische Transaktion als "a discrete unit of work performed by a person or computer at one time at one location, using the same operational mode" [NAVIGATOR/Analysis Phase Manual, S. 5-35].

Im Gegensatz zu Geschäftsfunktionen sind logische Transaktionen nicht hierarchisch strukturiert. Logische Transaktionen werden nicht in Sub-Transaktionen verfeinert.

Die Granularität von logischen Transaktionen ergibt sich aus der Reproduzierbarkeit des Ergebnisses, das sie bewirken. Transaktionen werden so definiert, dass sie immer ein und dasselbe Resultat (z.B. Liste, Effekte auf den Datenbanken) produzieren.

Logische Transaktionen werden primär aus elementaren Geschäftsfunktionen resp. Ereignissen abgeleitet. Pro elementare Geschäftsfunktion wird eine entsprechende logische Transaktion definiert. Falls die Granularität der elementaren Geschäftsfunktion zu grob ist, kann sie in mehrere logische Transaktionen aufgeteilt werden. So ist z.B. die Granularität der elementaren Geschäftsfunktion "Kunden-/Bewerberdaten pflegen" (s. Bsp. in Pkt 5.3.3.) zu grob. Potentiell könnten folgende Ergebnisse (Effekte auf der Datenbank) produziert werden:

- Der Kunde wird gelöscht.
- Die Kundendaten werden modifiziert.
- Der Bewerber wird gelöscht.

Die elementare Geschäftsfunktion "Kunden-/Bewerberdaten pflegen" wird deshalb in die logischen Transaktionen "Bewerbung löschen", "Kundendaten modifizieren" und "Kunde löschen", d.h. in eindeutige Resultate, aufgeteilt.

Logische Transaktionen lassen sich folgendermassen klassifizieren [vgl. Olle e.a. 2, S. 145ff]:

- Nach Ausführungsart:
  - Online: Die logische Transaktion wird interaktiv im Dialog ausgeführt.
  - Batch: Die logische Transaktion wird ohne Benutzerinteraktion in der Stapelverarbeitung durchgeführt.
- Nach Auswirkung auf die Daten:
  - Retrieval: Die logische Transaktion liest nur Daten aus den Datenbanken, verändert diese aber nicht.
  - Update: Die logische Transaktion verändert oder löscht bestimmte Daten, oder sie erzeugt sie neu.
- Nach Art der Navigation im Dialog (gilt nur für Online-Transaktionen):
  - Homing in: Der Benutzer wird im Dialog laufend abgefragt und begleitet, bis er das gewünschte Ergebnis erreicht hat.
  - Out-of-the-blue: Der Benutzer muss schon mit einem bekannten Schlüsselwert (z.B. Partnernummer oder Auftragsnummer) in die Transaktion einsteigen. Die relevanten Benutzerdaten (z.B. Kundendaten oder Auftragsdaten) stehen dann sofort bei Transaktionsbeginn zur Verfügung.
- Nach Art der Auslösung der logischen Transaktion (gilt nur für Online-Transaktionen):
  - Menugesteuert: Die Transaktion kann im Dialog nur durch ein Menu erreicht werden.
  - Fast-Track: Die Transaktion kann von einer beliebigen Stelle im Online-Dialog durch Angabe eines Transaktions-Codes direkt erreicht werden. Die "Fast-Track"-Auslösung wird vor allem durch Benutzer, welche dieselben Transaktionen regelmässig anwenden, gebraucht.
  - Menugesteuert und Fast-Track: Die Transaktion kann sowohl durch ein Menu als auch durch die Angabe eines Transaktions-Codes direkt erreicht werden.
- Nach Ausführungsgrund:
  - Person an einem Terminal: Eine Online- oder Batch-Transaktion wird explizit von einer Person an einem Terminal gestartet.
  - Zeitliche Bedingung: Eine Batch-Transaktion wird automatisch aufgrund einer zeitlichen Bedingung (z.B. Tagesende) ausgelöst.
  - Daten-/Wertbezogene Bedingung: Eine Batch-Transaktion wird automatisch ausgelöst, wenn bestimmte daten-/wertbezogene Bedingungen erfüllt sind.
  - Echtzeit-Ereignis: Eine Transaktion wird automatisch aufgrund des Eintritts eines Echtzeit-Ereignisses (z.B. Meldung eines Sensors) ausgelöst.

Jede elementare Geschäftsfunktion, die in eine Applikation eingegangen ist, stellt zunächst den Ausgangspunkt für die Identifikation einer oder mehrerer logischer Transaktionen dar. Weitere logische Transaktionen sind aus folgenden Überlegungen erforderlich:

- Für jede Applikation wird eine logische Transaktion hinzukommen, welche die Menu-Navigation innerhalb der Applikation übernimmt. Diese Transaktion wird immer beim Start der Applikation ausgeführt. Diese Menu-Transaktion wird auch angesteuert, wenn eine Transaktion beendet und aus dieser heraus keine Nachfolgetransaktion initiiert wurde.

- Damit die Geschäftsfunktionshierarchie in der Analyse nicht unnötig aufgebläht wird, werden Geschäftsfunktionen, die bestehende Daten modifizieren, nicht immer aufgeführt. Wir finden z.B. eine elementare Geschäftsfunktion "Kundenbetreuung festlegen" vor (s. Bsp. in Pkt 5.3.3.). Entsprechend benötigen wir nun zusätzlich zur abgeleiteten logischen Transaktion "Kundenbetreuung festlegen" eine neue Transaktion "Kundenbetreuung modifizieren".

- Transaktionen für die Archivierung/Reaktivierung von Daten müssen ebenfalls zusätzlich identifiziert werden. Es sind z.B. Transaktionen wie "Aufträge selektiv archivieren" und "Archivierte Aufträge selektiv einspielen" denkbar, die angewendet werden, um alte Auftrags- und Kundendaten auf einem externen Medium zu archivieren, resp. im Bedarfsfalle wieder zu reaktivieren.

- Wenn Listen (z.B. "Vertreterumsatz") erzeugt werden sollen, müssen hierfür die erzeugenden Transaktionen (z.B. "Vertreterumsatz ermitteln") bereitgestellt werden. Diese Transaktionen können in der Regel aus der Problem-/Anforderungsliste abgeleitet werden, nämlich aus jenen Positionen, die festlegen, welche Berichte erwartet werden. Es ist nun im Katalog der Listen festzuhalten, welche Listen von welchen Transaktionen erzeugt werden sollen.

- Falls Daten repliziert auf verschiedene Datenbanken verteilt werden, müssen Transaktionen, welche die Datensynchronisation vornehmen, definiert werden. Modifikationen an Kundendaten beispielsweise, die auf dem portablen Erfassungssystem durchgeführt werden, müssen an den Zentralrechner (Host) gemeldet werden. Dies führt zur Definition einer Transaktion "PE[1] Kundenmodifikationen an Host senden".

- Zur Vereinfachung des Arbeitsablaufes können zusätzlich Transaktionen definiert werden, die keine Entsprechung im Funktionsmodell der Analyse haben. Solche Transaktionen werden Arbeitshilfen genannt. Es ist z.B. eine logische Transaktion "Auftrag kopieren" denkbar. Diese würde es erlauben, einen bestehenden Auftrag in einen neuen zu kopieren, der anschliessend modifiziert statt neu erfasst wird.

- Sämtliche Online-Retrieval-Transaktionen wie z.B. "Kundenadresse suchen/anzeigen" sind ebenfalls nicht in das Funktionsmodell der Analyse zurückverfolgbar. Die Online-Retrieval-Transaktionen ergeben sich meistens aus einer ersten groben Analyse der Auskunftsbedürfnisse und einer Abklärung der Navigationsbedürfnisse zwischen den Transaktionen. Z.B. wird es vor einer "Out-of-the-Blue"-Transaktion "Neuen Auftrag erfassen" notwendig sein, einen entsprechenden Kunden ausgewählt zu haben. Dies bedingt eben eine Retrieval-Transaktion "Kundenadresse suchen/anzeigen".

---

[1] Portables Erfassungssystem.

Durch diese zusätzliche Identifikation von logischen Transaktionen können aus zehn elementaren Geschäftsfunktionen im Funktionsmodell der Analyse ca. 20 bis 40 logische Transaktionen entstehen.

Die logischen Transaktionen selbst werden wieder zu einzelnen Applikationen gruppiert, die auf bestimmten Systemtypen zur Ausführung kommen. Der Ansatzpunkt für die Gruppierung von logischen Transaktionen zu einzelnen Applikationen ist die am Ende der Analyse erstellte Liste von Applikationen, die pro Applikation jene elementaren Geschäftsfunktionen enthält, die in dieser Applikation realisiert werden.

Das Mengengerüst muss für jede logische Transaktion in einer Applikation festgelegt werden. Da eine grobe Vorstellung über die Verteilung der Applikationen und Datenbanken mit der Bildung von Verteilungsvarianten in der Analyse-Aktivität "A.2.9. Verteilung der Applikationen und Datenbanken" (s. Pkt. 5.1.9.) schon erfolgt ist, kann das Mengengerüst ohne grossen Aufwand geschätzt werden.

Als Quelle für die Identifikation von logischen Transaktionen werden folgende früher resp. parallel erarbeiteten Ergebnisse verwendet:

- Die Problem-/Anforderungsliste, der insbesondere die Anforderungen bezüglich Berichten und Abfragen entnommen werden.
- Das feine Funktionsmodell der Analyse, das vor allem die elementaren Geschäftsfunktionen und ihre Operationen auf Entitätstypen und Attribute zeigt.
- Das feine Organisationsmodell, das
  - Auskunft gibt, an welchen Standorten von welchen Organisationseinheiten elementare Geschäftsfunktionen ausgeführt und Daten genutzt werden.
  - das Mengengerüst aus der Analyse enthält zur Ableitung des Mengengerüstes von logischen Transaktionen in Applikationen.
- Die ausgewählte Variante der Verteilung von Applikationen und Datenbanken, aus der insbesondere die Synchronisationsbedürfnisse bei replizierter Datenhaltung zu erkennen sind.
- Das logische Soll-Datenmodell, das parallel entsteht.

```
Input:

- Problem-/Anforderungsliste.
- Feines Funktionsmodell des Soll-Geschäftssystems
- Feines Organisationsmodell des Soll-Geschäftssystems
- Ausgewählte Variante der Verteilung von Applikationen und Datenbanken
- Logisches Soll-Datenmodell
```

```
Output  (neu):

- Katalog logischer Transaktionen.
- Katalog der Listen.
- Liste der logischen Transaktionen in Applikationen.
```

6.1.2.2. Transaktionsnetzwerk entwickeln

Das Transaktionsnetzwerk gibt an, welches mögliche Ablauffolgen von einer Transaktion zu anderen Transaktionen sind. Ein Transaktionsnetzwerk kann pro Applikation spezifiziert werden. Weiter können wir zwischen einem Online- und Batch-Transaktionsnetzwerk unterscheiden.

Das Online-Transaktionsnetzwerk legt pro Applikation fest, welche Verbindungen von einer Transaktion zu anderen Transaktionen (derselben oder anderer Applikationen) eingerichtet werden sollen. Für jeden Sprung in eine "Out-of-the-Blue"-Transaktion sind noch ein oder mehrere Intertransaktionsparameter anzugeben, die den Schlüsselwert (z.B. Partnernummer) für den Einstieg in die angesprungene Transaktion enthalten. Für jede Transaktion-zu-Transaktion-Verbindung muss weiter noch spezifiziert werden, ob diese immer durchgeführt werden kann (also auch bei Abbruch der Vorgängertransaktion) oder ob der Sprung nur bei erfolgreichem Abschluss der Vorgängertransaktion durchgeführt wird.

Das Batch-Transaktionsnetzwerk stellt die Ablauffolge von Batch-Transaktionen dar. Es sind die Datentransfer-Tabellen zu identifizieren, die von einer Batch-Transaktion erzeugt werden, zu Nachfolgetransaktionen weitergegeben und von diesen gelesen werden. Die Struktur der Datentransfer-Tabellen ist mit Mitteln des Datenentwurfes zu beschreiben (s. Pkt. 6.1.1.).

Wesentliche Quellen für die Modellierung des Transaktionsnetzwerkes sind:

- Der in der Voraktivität entwickelte Katalog der logischen Transaktionen und die Zuordnung von Transaktionen zu Applikationen.
- Das feine Funktionsmodell des Soll-Geschäftssystems, daraus insbesondere die Beschreibung der Ablauffolge elementarer Geschäftsfunktionen (s. Bsp. in Pkt. 5.3.16.).
- Das logische Soll-Datenmodell, das parallel entsteht, zur Spezifikation der Intertransaktionsparameter und der Datentransfer-Tabellen.

```
Input:

- Katalog logischer Transaktionen.
- Liste der logischen Transaktionen in Applikationen.
- Feines Funktionsmodell des Soll-Geschäftssystems
- Logisches Soll-Datenmodell
```

```
Output (neu):

- Transaktionsnetzwerk pro Applikation
  - Online-Transaktionsnetzwerk pro Applikation.
  - Batch-Transaktionsnetzwerk pro Applikation.
  - Beschreibung der Datentransfer-Tabellen pro Applikation.
```

6.1.2.3. Entity-Life-Histories entwickeln

Entity-Life-Histories wurden hauptsächlich durch die Methode SSADM bekannt. Sie nehmen in SSADM eine zentrale Stellung ein. Die Erstellung von Entity-Life-Histories dient dem Zweck der Vervollständigung des Funktionsmodells im Design, d.h. der Identifikation weiterer logischer Transaktionen.

Für jede Tabelle in einer Datenbank, die aus einem fundamentalen Entitätstyp der Analyse abgeleitet worden ist, wird üblicherweise eine Entity-Life-History entwickelt.

Jede logische Transaktion erzeugt, modifiziert, löscht oder liest Daten aus Tabellen von Datenbanken. Sie hat einen bestimmten, immer wieder reproduzierbaren, eindeutigen Effekt auf die Datenbank. Entity-Life-Histories befassen sich nur mit den Operationen[1] "Erzeugen", "Modifizieren" und "Löschen", also nur mit Update-Transaktionen. Die Entity-Life-History zeigt aus Sicht der Tabelle die zulässige Eintreffsequenz dieser Update-Transaktionen an. So darf z.B. in Bezug auf einen Auftrag in der Tabelle "Auftragskopf" der Transaktion "Auftrag modifizieren" die Transaktion "Auftrag abschliessen" folgen. Nach der Transaktion "Auftrag modifizieren" darf die Transaktion "Auftrag stornieren" jedoch nicht laufen, da der Auftrag nach der Modifikation erst noch durch die Transaktion "Auftrag abschliessen" formell abgeschlossen werden muss.

Durch die Analyse der zulässigen Eintreffsequenz von logischen Update-Transaktionen pro Tabelle werden in der Regel weitere logische Transaktionen identifiziert, da z.B. erkannt wird, dass eine Transaktion für das Erzeugen, für die Modifikation oder das Löschen fehlt.

Entity-Life-Histories sind dem Konzept des Entitätstypen-Lebenszyklus der Analyse sehr ähnlich (s. Pkte. 5.1.4. u. 5.3.20.) und stellen im Design eine Weiterführung resp. Vervollständigung dessen dar. In der Analyse wurden pro Entitätstyp die möglichen Zustände, die eine Entität haben kann, identifiziert. Anschliessend wurde analysiert, welche elementaren Geschäftsfunktionen resp. Ereignisse Zustandsübergänge bewirken. Dadurch entstand für den Entitätstyp ein vollständiger Lebenszyklus, der alle zulässigen Zustandsübergänge aufzeigt.

Bei einer Entity-Life-History stellt der mögliche Zustand, in der sich eine Zeile aus einer Tabelle befinden kann, jeweils einen Effekt aus der Ausführung einer logischen Update-Transaktion dar. Man kann sich bildlich vorstellen, dass jede Tabelle eine Extra-Spalte mitführt,

---

[1] Die Begriffe "Operation", "Zugriff" und "Effekt" werden synonym verwendet. Die Operation oder der Zugriff bewirkt einen Effekt auf die Datenbank. Der Effekt auf die Datenbank stellt das Ergebnis der logischen Update-Transaktion dar.

die aufzeigt, welches die letzte Update-Transaktion war, die auf einer Zeile der Tabelle eine "Erzeuge"-, "Modifikation" oder "Lösch"-Operation durchgeführt hat.

Im Gegensatz zum Entitätstypen-Lebenszyklus der Analyse werden bei Entity-Life-Histories nicht erst explizit die Zustände gesucht, sondern es wird direkt die zulässige Eintreff-Sequenz der Update-Transaktionen festgelegt.

Eine Tabelle, die in mehreren Datenbanken vorkommt, kann verschiedene Entity-Life-Histories haben. Deshalb wird in der Regel eine Entity-Life-History pro Tabelle und Datenbank erstellt. Damit wird untersucht, ob die Funktionalität bezogen auf die Tabelle in dieser Datenbank vollständig ist. Ein Beispiel einer Entity-Life-History ist in Pkt. 6.3.13. aufgeführt.

Zur Entwicklung einer Entity-Life-History wird jeweils zuerst eine Entity-Life-History-Matrix erstellt [vgl. SSADM 2, S. RS-EEM-22] (s. Bsp. in Pkt. 6.3.12.). Diese zeigt auf der einen Achse alle logischen Transaktionen (aller Applikationen) und auf der anderen Achse alle Tabellen (aller Datenbanken) auf. Aus Sicht jeder logischen Transaktion wird nun untersucht, welche Update-Operation (Erzeugen, Modifizieren und Löschen) diese auf einzelnen Tabellen durchführen. Falls eine Operation stattfindet, wird sie auf dem Kreuzpunkt zwischen Transaktion und Tabelle eingetragen. Zur Entwicklung der Entity-Life-History wird schliesslisch aus Sicht der Tabelle untersucht, welche Transaktionen Operationen auf der Tabelle ausführen. Man kann dann mit diesen Informationen daran gehen, pro Tabelle die zulässige Eintreff-Sequenz der Update-Transaktionen zu spezifizieren.

Input:

- Katalog logischer Transaktionen.
- Liste der logischen Transaktionen in Applikationen.
- Transaktionsnetzwerk pro Applikation
- Feines Funktionsmodell des Soll-Geschäftssystems
- Feines Datenmodell des Soll-Geschäftssystems
- Beschreibung der möglichen Zustände von Entitätstypen (Soll, fein).
- Beschreibung der Zustandsübergänge von Entitätstypen (Soll, fein).
- Logisches Soll-Datenmodell

Output (neu):

- Matrix Tabelle/Logische Transaktion.
- Entity-Life-History pro Tabelle und Datenbank.

Output (hinzufügend):

- Katalog logischer Transaktionen.
- Liste der logischen Transaktionen in Applikationen.

6.1.2.4. Modellierung der Operationen von logischen Transaktionen auf Spalten von Tabellen aus Datenbanken

Jede Spalte einer Tabelle einer Datenbank muss, damit das Funktionsmodell vollständig ist, von logischen Transaktionen verwendet werden (in Operationen wie "Erzeugen", "Lesen" oder "Modifizieren"). Es muss auf eine Spalte bezogen mindestens einmal eine Operation "Erzeugen", "Lesen" und "Löschen" aus logischen Transaktionen haben. Durch diese

Betrachtung verschmelzen das Daten- und Funktionsmodell auf der höchsten Detaillierungsstufe. Dies kann im manchen Fällen dazu führen, dass weitere Transaktionen identifiziert werden resp. dass erkannt wird, dass gewisse Spalten von Tabellen fehlen oder überflüssig sind.

Ziel der Modellierung von Operationen logischer Transaktionen ist es, die Effekte, die logische Transaktionen auf Spalten von Tabellen von Datenbanken bewirken, vollständig zu spezifizieren. Es sind dies jene Effekte, die bei jedem erfolgreichen Transaktionsdurchlauf bewirkt werden (s. Diskussion über Transaktions-Granularität in Pkt. 6.1.2.1.). Die Spezifikation der Effekte ist eine wichtige Information für den Programmierer in Konstruktions-Design. Wenn er die logische Transaktion realisiert, muss er darauf achten, dass genau die spezifizierten Effekte - insbesondere die Update-Effekte "Erzeugen", "Modifizieren" oder "Löschen" - bewirkt werden.

Die Modellierung der Operationen der logischen Transaktion muss applikationsspezifisch pro logische Transaktion vorgenommen werden, da eine logische Transaktion, die in mehreren Applikationen vorkommt, auch auf unterschiedlichen Datenbanken operieren kann.

Folgende früher erarbeiteten Ergebnisse werden für die Modellierung der Operationen von logischen Transaktionen verwendet:

- Der Katalog logischer Transaktionen, der die einzelnen Transaktionen aufführt, klassifiziert und verbal beschreibt.
- Die Liste der logischen Transaktionen in den einzelnen Applikationen. Für jede logische Transaktion einer Applikation werden die Operationen auf die Daten modelliert.
- Das feine Funktionsmodell des Soll-Geschäftssystems der Analyse, das insbesondere die Beschreibung der Operationen von elementaren Geschäftsfunktionen auf Attribute von Entitätstypen enthält.
- Das feine Datenmodell des Soll-Geschäftssystems, als Ergänzung zum obigen feinen Funktionsmodell, mit der Beschreibung von Entitätstypen, Beziehungen und Attributen.
- Das logische Soll-Datenmodell, das parallel entsteht.
- Die Matrix Tabelle/Logische Transaktion, die schon die Update-Effekte auf Tabellen aus der Sicht einzelner logischer Transaktionen darstellt.

Input:

- Katalog logischer Transaktionen.
- Liste der logischen Transaktionen in Applikationen.
- Feines Funktionsmodell des Soll-Geschäftssystems
- Feines Datenmodell des Soll-Geschäftssystems
- Logisches Soll-Datenmodell
- Matrix Tabelle/Logische Transaktion.

Output (neu):

- Beschreibung der Operationen von logischen Transaktionen.

6.1.3. Datenbereitstellungsstrategie spezifizieren

Falls bereits eine EDV-Lösung existiert, die durch die zu schaffenden Applikationen und Datenbanken abgelöst werden soll, ist die Datenmigration frühzeitig im Detail zu planen.

Falls ein bestehendes EDV-System nicht oder nur teilweise abgelöst werden soll, sind jene Daten zu identifizieren, die sich teilweise überlappen. Es ist vorzusehen, dass diese Daten synchronisiert werden.

Falls kein abzulösendes EDV-System existiert, ist zu überlegen, welche initialen Daten bei Inbetriebnahme einer Applikation vorhanden sein müssen, damit die Applikation einwandfrei funktionieren kann. Daten, die auf jeden Fall vorhanden sein müssen, sind jene aus den zentralen Tabellen.

Für Tabellen von Datenbanken, die von einer Applikation bedient werden, ist festzulegen, ob diese bei der Einführung der Applikation bereits Daten enthalten müssen oder nicht. Falls diese Frage bejaht wird, muss festgelegt werden, ob diese Daten [vgl. JMA/BSD, S. 275; ORACLE, S. 5-24; NAVIGATOR/Design Phase Manual, S. 6-4]

- manuell durch speziell zu schaffende initiale Datenerfassungs-Transaktionen erfasst werden sollen,
- maschinell durch initiale Datenübernahme-Transaktionen aus dem abzulösenden EDV-System transferiert werden sollen oder
- bereits in den Datenbanken vorhanden sein werden, da andere Applikationen darum besorgt sein werden, dass die Daten dort hineinkommen.

Die initialen Datenübernahme-Transaktionen und die initialen Datenerfassungs-Transaktionen sind ebenfalls logische Transaktionen, die dem Katalog der logischen Transaktionen hinzugefügt werden. Es ist sinnvoll, diese Transaktionen in einer speziellen "Migrations-Applikation" zu gruppieren, da eine solche Applikation als erste vorhanden sein muss und nur während der Übergangszeit betrieben wird.

Für die Verwaltung von zentralen Tabellen wird es ebenfalls notwendig sein, bestimmte Transaktionen zu identifizieren, die das Erfassen, das Aendern, das Auslagern, das Einspielen und das Löschen von Inhalten dieser Tabellen erlauben. Diese Transaktionen zur Verwaltung zentraler Tabellen gehen meistens ebenfalls in eine eigenständige Applikation ein, die in den meisten Fällen "Zentrales Tabellensystem" o.ä. heisst.

Für die neu identifizierten Transaktionen ist auch das Transaktionsnetzwerk inkl. allfälliger Datentransfer-Tabellen zu spezifizieren. Ebenso sind die Operationen auf Spalten von Tabellen aus Datenbanken zu spezifizieren.

Falls keine vollständige Ablösung des alten EDV-Systems geplant ist und eine teilweise Überlappung von Daten daraus resultiert, stehen grundsätzlich zwei Möglichkeiten offen:

(1) Falls man sich für eine replizierte Datenhaltung zwischen alt und neu entschieden hat, sind zusätzlich Synchronisations-Transaktionen zwischen altem und neuem System zu identifizieren und zu spezifizieren [vgl. JMA/BSD, S. 275]. Diese Synchronisations-Transaktionen stellen ebenfalls logische Transaktionen dar, die

jeweils in das Transaktionsnetzwerk einer Applikation eingebunden werden, deren allfällige Datentransfer-Tabellen beschrieben und deren Operationen auf Spalten von Tabellen aus Datenbanken im Detail spezifiziert werden.

(2) Falls logische Transaktionen neuer Applikationen bestehende (meist anders strukturierte) Datenbanken aus alten EDV-Lösungen direkt[1] nutzen sollen, ist es möglich, für den relevanten Daten-Ausschnitt der alten EDV-Lösung ebenfalls eine logische Datenbank zu definieren, die - abgestimmt auf das restliche Datenmodell - durch ein Datenbankstrukturdiagramm strukturiert wird und Beschreibungen von Tabellen, Spalten und Integritätsbedingungen enthält. Für die logischen Transaktionen, die direkt auf den alten Datenbanken operieren sollen, werden die Operationen auf den neu modellierten Tabellen und Spalten spezifiziert[2]. Die logische Datenbank, die den relevanten Daten-Ausschnitt der alten EDV-Lösung zeigt, wird im Konstruktions-Design schliesslich als Datenkapsel (vgl. [Pomberger S. 89 ff], "einfache Datenabstraktion" [Balzert, S. 199 ff], "Modul Typ 3" [Goos/Kastens, S. 157]) realisiert. Entsprechende Datenbank-Zugriffsfunktionen werden entworfen, welche die Datenstruktur in ihrem Definitionsteil so "sehen", wie sie in der logischen Datenbank modelliert worden sind. Die Datenbank-Zugriffsfunktionen besorgen schliesslich in ihrem Implementationsteil die Form-Transformation zwischen alter und neuer Datenstruktur. Durch dieses Vorgehen wird es ermöglicht, alte (eben meist anders strukturierte) Datenbanken in ein neues Datenmodell einzubringen und damit alte Daten ohne aufwendige Replikation weiterzunutzen.

Als wesentliche Quellen für die Durchführung der vorliegenden Entwurfsaktivität werden folgende Dokumente verwendet:

- Der Projektauftrag und die Problem-/Anforderungsliste, die möglicherweise Hinweise zur Datenbereitstellung resp. zur Nutzung bestehender Daten in alten EDV-Lösungen beinhalten.
- Der Katalog der bisher identifizierten logischen Transaktionen und die Gruppierung dieser logischen Transaktionen in Applikationen.
- Das bisher erarbeitete Transaktionsnetzwerk pro Applikation sowie die Beschreibung der Operationen einzelner logischer Transaktionen auf die Daten.
- Das logische Soll-Datenmodell mit der Beschreibung der einzelnen Datenbanken, Tabellen und Spalten.
- Die initiale Dokumentation des Ist-Geschäftssystems (daraus insbesondere die File- und Datenbankbeschreibungen der bestehenden EDV-Lösung) sowie das Datenmodell des Ist-Geschäftssystems für die Identifikation der initialen Datenübernahme-Transaktionen und der Synchronisations-Transaktionen zwischen altem und neuem EDV-System.

---

[1] D.h., ohne Replikation dieser Daten in neu zu schaffenden Datenbanken.

[2] Siehe parallel laufende Aktivität "A.3.2.4. Modellierung der Operationen von logischen Transaktionen auf Spalten von Tabellen aus Datenbanken" in Pkt. 6.1.2.4.

In der vorliegenden Entwurfsaktivität werden keine Ergebnisse neu erzeugt. Es werden vor allem bestehende Ergebnisse ergänzt mit Überlegungen der Bereitstellung von Daten. Es handelt sich dabei um die Ergänzung folgender Ergebnisse:

- Die Erweiterung des Katalogs der logischen Transaktionen um die
  - initialen Datenerfassungs-Transaktionen,
  - initialen Datenübernahme-Transaktionen,
  - Transaktionen zur Verwaltung zentraler Tabellen und
  - Synchronisationstransaktionen zur Datensynchronisation zwischen Teilen des alten und neuen EDV-Systems.
- Die Erweiterung der Liste der logischen Transaktionen in Applikationen um die allfälligen zusätzlichen Applikationen "Migrations-Applikation" und "Zentrales Tabellensystem". Es werden auch alle Transaktionen, die während der vorliegenden Entwurfsaktivität identifiziert wurden, Applikationen zugeordnet. Initiale Datenerfassungs- und Datenübernahme-Transaktionen gehen in die "Migrations-Applikation" ein. Transaktionen zur Verwaltung zentraler Tabellen gehen in die Applikation "Zentrales Tabellensystem" ein. Synchronisations-Transaktionen gehen in die schon am Ende der Analyse[1] definierten und in der nun gleichzeitig parallel ablaufenden Aktivität "A.3.2. Logisches Funktionsmodell entwickeln" zu spezifizierenden Applikationen ein.
- Die Erweiterung des Transaktionsnetzwerkes pro Applikation. Für die "Migrations-Applikation" und das "Zentrale Tabellensystem" entstehen eigene Online- und ggf. Batch-Transaktionsnetzwerke sowie allfällige Beschreibungen der Datentransfer-Tabellen. Die Synchronisations-Transaktionen, welche die Synchronisation zwischen altem und neuem System übernehmen, werden in bereits modellierte Transaktionsnetzwerke von Applikationen eingebunden. Die Beschreibung der Datentransfer-Tabellen der Synchronisations-Transaktionen wird ebenfalls Bestandteil dieses Transaktionsnetzwerkes.
- Die Beschreibung der Operationen auf Spalten von Tabellen aus Datenbanken der initialen Datenerfassungs- und Datenübernahme-Transaktionen, der Transaktionen zur Verwaltung zentraler Tabellen sowie der Synchronisations-Transaktionen.
- Die Erweiterung des logischen Soll-Datenmodells um die Datentransfer-Tabellen, die für die initialen Datenübernahme-Transaktionen und die Synchronisations-Transaktionen zwischen alter und neuer EDV-Lösung verwendet werden. Ebenfalls zur Erweiterung des logischen Soll-Datenmodells gehört die vollständige Beschreibung jener logischen Datenbanken, die jeweils einen relevanten Daten-Ausschnitt der alten EDV-Lösung in einer kompatiblen Form, abgestimmt auf das restliche Datenmodell, zeigen, die eben später im Konstruktions-Design als Datenkapseln mit strukturtransformierenden Datenbank-Zugriffsfunktionen realisiert werden sollen.

---

[1] Siehe Aktivität "A.2.9. Verteilung der Applikationen und Datenbanken" in Pkt. 5.1.9..

Input:

- Projektauftrag.
- Problem-/Anforderungsliste.
- Katalog logischer Transaktionen.
- Liste der logischen Transaktionen in Applikationen.
- Transaktionsnetzwerk pro Applikation
- Beschreibung der Operationen von logischen Transaktionen.
- Logisches Soll-Datenmodell
- Initiale Dokumentation des Ist-Geschäftssystems.
- Datenmodell des Ist-Geschäftssystems

Output (hinzufügend):

- Katalog logischer Transaktionen.
- Liste der logischen Transaktionen in Applikationen.
- Transaktionsnetzwerk pro Applikation
  - Online-Transaktionsnetzwerk pro Applikation.
  - Batch-Transaktionsnetzwerk pro Applikation.
  - Beschreibung der Datentransfer-Tabellen pro Applikation.
- Beschreibung der Operationen von logischen Transaktionen.
- Logisches Soll-Datenmodell
  - Liste der Tabellen in Datenbanken.
  - Datenbankstrukturdiagramme.
  - Beschreibung von Tabellen.
  - Beschreibung von Spalten.
  - Beschreibung von Integritätsbedingungen.

6.1.4. Verteilung der Systeme auf Standorte planen

Zweck dieser Aktivität ist die genaue Verteilung von Systemen (Prozessoren) an einzelne Standorte [vgl. ORACLE, S. 5-14f; NAVIGATOR/Design Phase Manual, S. 5-1ff] sowie die Bestimmung der Datenbanken und Applikationen, die diese Systeme halten resp. ausführen.

In Aktivität "A.2.9. Verteilung von Applikationen und Datenbanken" (s. Pkt. 5.1.9.) wurden Applikationen und Datenbanken einzelnen Systemtypen zugewiesen. Ebenfalls wurde dort festgelegt, welche Organisationseinheit Zugang zu welchem Systemtyp braucht.

Nun müssen folgende Punkte im Detail festgelegt werden:

- Welche Systeme von welchem Typ an welchen Standorten bereitgestellt werden müssen. Hierbei ist die bereits installierte EDV-Infrastruktur, die in der initialen Dokumentation des Ist-Geschäftssystems aufgeführt ist, entsprechend zu berücksichtigen.

- Welche konkreten Applikationen und Datenbanken ein System an einem Standort umfassen soll. Die möglichen Applikationen und Datenbanken, die ein System umfassen kann, ergeben sich aus der Matrix "Datenbank / Systemtyp" und aus der Matrix "Applikation / Systemtyp", die im Rahmen der Aktivität "A.2.9. Verteilung von Applikationen und Datenbanken" (s. Pkt. 5.1.9.) erstellt wurden. Für die Verteilung von Applikationen und Datenbanken auf Systeme an bestimmten Standorten ist vor allem das Mengengerüst, das Bestandteil des Organisationsmodells des Soll-Geschäftssystems ist, relevant. Das Mengengerüst bestimmt schliesslich die konkreten Konfigurationen der einzelnen zu installierenden resp. zu rekonfigurierenden Systeme an den einzelnen Standorten.

- Welche Stelle aus welcher Organisationseinheit an welchem Standort welches resp. welche Systeme im direkten Zugang nutzt. Daraus lassen sich entsprechend die Bedürfnisse an zu installierende Datenendgeräte (Terminals, Arbeitsplatz- bzw. Stockwerkdrucker) und an das zu installierende oder zu rekonfigurierende Netzwerk ableiten. Damit die Aufteilung von Stellen auf Systeme durchgeführt werden kann, müssen entsprechend die Stellen von Organisationseinheiten identifiziert und Standorten zugewiesen sein. Auch muss bekannt sein, welche Aufgaben diese Stellen wahrnehmen und wie diese Aufgaben durch logische Transaktionen unterstützt werden. Dies erfolgt in der parallel laufenden Aktivität "A.3.5. Modellierung der Organisation" (s. Pkt. 6.1.5.).

Input:

- Feines Organisationsmodell des Soll-Geschäftssystems
- Ausgewählte Variante der Verteilung von Applikationen und Datenbanken
- Initiale Dokumentation des Ist-Geschäftssystems.
- Liste der logischen Transaktionen in Applikationen.
- Liste der Tabellen in Datenbanken.
- Stellen- und Aufgabenstruktur
- Beschreibung der elementaren Aufgaben.

Output (neu):

- Beschreibung der Verteilung von Systemen
  - Zuweisung von Systemen zu Standorten.
  - Zuweisung von Applikationen zu Systemen.
  - Zuweisung von Datenbanken zu Systemen.
  - Beschreibung des Zugangs von Stellen zu Systemen an Standorten.

6.1.5. Modellierung der Organisation

In der Analyse-Aktivität "Organisationsmodell des Soll-Geschäftssystems erstellen" in Pkt. 5.1.5. wurde bisher nur die Makro-Organisation betrachtet. Es wurde insbesondere

- die Soll-Aufbau-Organisation,
- die Ausführung von Geschäftsfunktionen durch Organisationseinheiten und
- die Zuordnung von Organisationseinheiten zu Standorten

modelliert.

Die vorliegende Aktivität der Modellierung der Organisation befasst sich nun mit der Mikro-Organisation, d.h. mit der Stellenbildung, resp. mit der Abstimmung der Ist-Stellenstruktur mit der neu konzipierten Geschäfts- und EDV-Lösung [vgl. NAVIGATOR / Design Phase Reference Manual, S. 3-71 f; SSADM 1, S. F-DD-11 ff].

6.1.5.1. Identifikation von Stellen und Aufgaben pro Stelle

Organisationseinheiten umfassen Stellen, die von Personen an bestimmten Standorten besetzt werden.

In dieser Aktivität geht es darum, ausgehend von einem vorliegenden Ist-Zustand, die Stellenbildung neu zu überdenken, d.h. die heutigen Stellen auf das neu konzipierte Soll-Geschäftssystem sowie die dieses Geschäftssystem unterstützende EDV-Lösung anzupassen. Die Stellen werden neu gebildet durch die Analyse der Aufgabenstruktur und Bündelung dieser Aufgaben zu Stellen. Zu den Kriterien der Stellenbildung sei auf die Organisationsliteratur verwiesen [vgl. Krüger; Hill e.a.; Steinbuch; Bühner]. Es soll hier nicht näher darauf eingegangen werden.

Aufgabenbündel werden in Stellen zusammengefasst. Jede Stelle umfasst Aufgaben. Aufgaben selbst können hierarchisch gegliedert werden. Damit werden Aufgaben in Sub-Aufgaben verfeinert. Es entsteht eine Aufgabenstruktur.

In den Aufgaben sind nicht nur solche enthalten, die sich auf das EDV-System beziehen. Typische Aufgaben können z.B. folgendermassen lauten:

- "Unterstützung in der Büro-Administration"
  - "Bewirtschaftung des Büromaterials der Abteilung"
  - "Einkommende Post und Telefaxe in der Abteilung verteilen"
  - "Absenzenkontrolle der Mitarbeiter der Abteilung führen"
- "Einkommende Aufträge und Auftragsänderungen entgegennehmen und bearbeiten"
  - "Einkommende Aufträge entgegennehmen und bearbeiten"
  - "Mutationen entgegennehmen und bearbeiten"
  - "Storni entgegennehmen und bearbeiten"
- "Pflege der Kundendaten"
  - "Bestehende Adressen auf Gültigkeit überprüfen"
  - "Mutationen auf Adressen durchführen"
- "Auslagern alter, nicht mehr verwendeter Auftrags- und Kundendaten aus dem EDV-System"

Hier beziehen sich z.B. nur die letzten drei Aufgaben auf das EDV-System. Die erste Aufgabe hat keinen direkten Bezug zum EDV-System.

Damit die Verteilung von Systemen auf Standorte geplant werden kann[1], muss die konkrete Stellenbesetzung vorbereitet werden. D.h., die identifizierten Stellen sind auf Standorte zu verteilen. Es sind die benötigten Kapazitäten pro Stelle an einem Standort festzulegen (z.B. 4.5 Mitarbeiter für die Stelle "Verkaufssachbearbeiter" der Organisationseinheit "Verkaufsunterstützung" am Standort St. Gallen). Dadurch wird es erst möglich, die benötigte EDV-Infrastruktur pro Standort zu planen.

Die wesentlichen Quellen, die für die Stellenbildung benutzt werden, sind:

- Das Organisationsmodell des Ist-Geschäftssystems.
- Das feine Organisationsmodell des Soll-Geschäftssystems, das insbesondere das Soll-Organigramm, die Verteilung von Organisationseinheiten auf Standorte und die auszuführenden Geschäftsfunktionen durch Organisationseinheiten umfasst.
- Der Katalog logischer Transaktionen, der weitere Hinweise für wahrzunehmende Aufgaben enthält.
- Die initiale Dokumentation des Ist-Geschäftssystems; daraus insbesondere bestehende aufbau- und ablauforganisatorische Unterlagen.

Die Ergebnisse der vorliegenden Organisations-Aktivität umfassen

- die Aufgabenstruktur, d.h. die Auflistung und Zerlegung aller Aufgaben der involvierten Organisationseinheiten,
- die Bündelung von Aufgaben zu Stellen, d.h. die Zuordnung konkreter Aufgaben zu Stellen,
- die Zuordnung von Stellen zu Organisationseinheiten, die dadurch Aufgabenträger werden, und
- die Verteilung der Stellen auf jene Standorte, wo sich die Organisationseinheiten befinden.

```
Input:

- Organisationsmodell des Ist-Geschäftsystems
- Feines Organisationsmodell des Soll-Geschäftssystems
- Katalog logischer Transaktionen.
- Initiale Dokumentation des Ist-Geschäftssystems.

Output (neu):

- Stellen- und Aufgabenstruktur
  - Aufgabenstruktur.
  - Aufgaben der Stellen.
  - Matrix Stelle / Organisationseinheit.
  - Liste der Stellen an Standorten.
```

---

[1] Siehe parallele Aktivität "A.3.4. Verteilung der Systeme auf Standorte planen" in Pkt. 6.1.4..

6.1.5.2. Beschreibung der Aufgaben durch Zusammenbinden mit logischen Transaktionen

In der vorhergehenden Aktivität ging es vor allem darum, Aufgaben zu strukturieren und sie zu Stellen zu bündeln. Aufgaben selbst sind aber noch im Detail zu beschreiben.

Aufgaben sind hierarchisch gegliedert. Die Aufgaben auf der untersten Hierarchiestufe heissen elementare Aufgaben (s. Metamodell-Ausschnitt in Pkt. 6.2.6.). Die Aufgaben-Beschreibung bezieht sich auf diese elementaren Aufgaben[1], die i.d.R. verbal umschrieben werden.

Gewisse elementare Aufgaben werden durch logische Transaktionen unterstützt. So wird z.B. die Aufgabe "Mutationen auf Adressen durchführen" die logischen Transaktionen "Kundenadresse suchen/anzeigen" und "Kundendaten modifizieren" verwenden. Oder die Aufgabe "Einkommende Aufträge entgegennehmen und bearbeiten" wird die logischen Transaktionen "Kundenadresse suchen/anzeigen", "Aufträge zu Kunde anzeigen", "Offene Aufträge zu Kunde anzeigen", "Auftrag anzeigen", "Nicht abgeschlossene Aufträge anzeigen", "Neuen Auftrag erfassen", "Auftrag abschliessen", "Auftrag kopieren", "Auftrag modifizieren" und "Auftrag löschen" verwenden (s. Bsp. in Pkt. 6.3.19.).

Bei einer vollständigen und konsistenten Beschreibung muss jede logische Transaktion in mindestens einer elementaren Aufgabe verwendet werden[2]. Sollte dies nicht der Fall sein, gäbe es theoretisch logische Transaktionen, die nicht in die Organisation eingebunden sind.

Input:

- Stellen- und Aufgabenstruktur
- Katalog logischer Transaktionen.
- Liste der logischen Transaktionen in Applikationen.

Output (neu):

- Beschreibung der elementaren Aufgaben.

6.1.6. Spezifikation der Listen

Die Spezifikation der Listen, des Online-Dialogs sowie der Sicherheit sind parallele Aktivitäten (siehe Ablauffolge der System-Design-Aktivitäten in Bild 6.1./1), die sich gegenseitig nicht bedingen. Sie detaillieren und komplettieren das System-Design, nachdem in den vorgängigen Aktivitäten das logische Datenmodell, die applikationsspezifischen Online- und Batch-Transaktions-Netzwerke, die Verteilung von Systemen auf Standorte und die Mikro-Organisation festgelegt wurden.

---

[1] Diese werden in der Praxis auch häufig als "Geschäftsfälle" bezeichnet, wenn es sich um formalisierbare, repetitive Aufgaben handelt.

[2] Diese Bedindung gilt für alle Transaktionen, die von einer Person an einem Terminal ausgelöst werden können. Siehe Klassifikation von logischen Transaktionen nach "Ausführungsgrund" in Pkt. 6.1.2.1. u. Pkt. 6.2.1.3..

Die Listen wurden schon in der Vorgängeraktivität "A.3.2.1. Identifikation von logischen Transaktionen" (s. Pkt. 6.1.2.1.) bestimmt. Ebenso wurde dort auch festgelegt, aus welcher Batch- oder Online-Transaktion eine Liste erzeugt wird. In der Regel wird es für jede Liste eine indivduelle logische Transaktion geben, die diese Liste erzeugt[1].

In der vorliegenden Entwurfsaktivität geht es darum, die zu erzeugenden Listen im Detail zu spezifizieren.

Unter dem Begriff Liste sind sämtliche Outputs aus dem EDV-System zu verstehen, die eine formalisierte Struktur haben. Es kann sich dabei um Reports, Belege, vordefinierte Serienbriefe, Posten-Auszüge etc. handeln.

Die Spezifikation einer Liste umfasst vor allem die Festlegung der Listenelemente (Felder und Feldgruppen)[2] sowie die optische Anordnung der Elemente auf der Liste. Die meisten Listenelemente werden schliesslich auch einer Spalte aus dem Datenmodell zugeordnet werden können. Damit können weitere Charakteristika (z.B. verbale Beschreibung oder Datentyp) eines Listenelements durch Bezugnahme auf Vorhandenes beschrieben werden.

Die Quellen, die für die Beschreibung von Listen herangezogen werden, sind untenstehend aufgeführt:

- In der Problem-/Anforderungsliste sind ggf. Anforderungen an die zu erstellenden Listen enthalten.

- Die Dokumentation des Ist-Geschäftssystems enthält ggf. schon Listen, die übernommen werden können.

- Der Katalog der Listen führt alle Listen auf, die zu spezifizieren sind. Er führt auch auf, welches die eine Liste erzeugende logische Transaktion ist.

- Die Beschreibung der Operationen von logischen Transaktionen zeigt alle Zugriffe auf Spalten von Tabellen aus der Sicht der logischen Transaktionen. Die Spalten, die von den eine Liste erzeugenden logischen Transaktionen verwendet werden, sind Kandidaten für Listenelemente [vgl. JMA/BSD, S. 309].

- Das logische Soll-Datenmodell enthält insbesondere die Beschreibung von Spalten.

Ein Beispiel für eine Listen-Beschreibung ist in Pkt. 6.3.24. enthalten.

---

1 Siehe Diskussion um Transaktions-Granularität in Pkt. 6.1.2.1..

2 Siehe Metamodell-Ausschnitt in Pkt. 6.2.5..

Input:

- Problem-/Anforderungsliste.
- Initiale Dokumentation des Ist-Geschäftssystems.
- Katalog der Listen.
- Beschreibung der Operationen von logischen Transaktionen.
- Logisches Soll-Datenmodell

Output (neu):

- Beschreibung von Listen.

6.1.7. Spezifikation des Online-Dialogs

Die Modellierung des Online-Dialogs vervollständigt die Spezifikation logischer Transaktionen. Der Dialogentwurf ist i.d.R. eine der letzten entwerferischen Tätigkeiten vor dem Konstruktions-Design [vgl. JMA/BAA, S. 17; SSADM 3, S. LS-SM-20 ff; NAVIGATOR / Design Phase Manual, S. 3-1 ff].

Jede logische Transaktion in einer Applikation, die von einer Person von einem Terminal aus initiiert werden kann[1], hat einen Dialog, d.h. eine Reihe von zugeordneten Bildschirmformularen[2] und einen definierten Ablauf der Navigation zwischen diesen Bildschirmformularen.

6.1.7.1. Spezifikation der Menu-Struktur

Jede Applikation hat eine Starttransaktion, die den Zugang zu anderen Transaktionen der Applikation über ein Menu herstellt. Diese Transaktion wird immer dann ausgeführt, wenn eine Applikation gestartet wird oder wenn eine Transaktion innerhalb dieser Applikation beendigt wurde und aus dieser heraus keine Nachfolgetransaktion initiiert wurde (s. Pkt. 6.1.2.2.).

---

1 Siehe Klassifikation der logischen Transaktionen nach "Ausführungsgrund" in Pkt. 6.1.2.1. u. Pkt. 6.2.1.3..

2 Ein Bildschirmformular ist eine logische Gruppierung von Bildschirmelementen (siehe Metamodellausschnitt in Pkt. 6.2.5.), unabhängig von der Art der Realisierung (z.B. als Formular für ein "dummes" Terminal, als Window, als Pop-Up-Window zu einem darunterliegenden Window etc.). SSADM verwendet hier den treffenden Bezeichner "Logical Grouping of Dialog Elements" [vgl. SSADM 1, S. F-DD-20]. Zwischen diesen logischen Gruppierungen von Bildschirmelementen findet die Navigation innerhalb einer logischen Transaktion statt.

Menu-Struktur für Applikation "Auftragsverwaltungssystem"

Menu "Für Regionalleiter"
    Unter-Menu "Abfragen für Regionalleiter"
        Transaktion "Aufträge zu Kunde anzeigen"
        Transaktion "Offene Aufträge zu Kunde anzeigen"
        Transaktion "Auftrag anzeigen"
    Unter-Menu "Berichte für Regionalleiter"
        Transaktion "Vertreterumsatz ermitteln"
        Transaktion "Kundenumsatz ermitteln"
        Transaktion "Storni pro Kunde ermitteln"
        Transaktion "Umsatz pro Artikel(-Gruppe) ermitteln"
        Transaktion "Kunden nach Vertreter ausdrucken"
Menu "Für Verkaufssachbearbeiter"
    Unter-Menu "Aufträge erfassen"
        Transaktion "Aufträge zu Kunde anzeigen"
        Transaktion "Offene Aufträge zu Kunde anzeigen"
        Transaktion "Auftrag anzeigen"
        Transaktion "Nicht abgeschlossene Aufträge anzeigen"
        Transaktion "Neuen Auftrag erfassen"
        Transaktion "Auftrag abschliessen"
    Unter-Menu "Auftragsbestand pflegen"
        Transaktion "Auftrag löschen"
        Transaktion "Auftrag kopieren"
        Transaktion "Auftrag stornieren"
        Transaktion "Auftrag modifizieren"
    Unter-Menu "Standardauswertungen"
        ...
Menu "Für Vertreter"
    ...
...

Abb. 6.1.7.1./1: Beispiel einer Menu-Struktur

Eine solche Starttransaktion einer Applikation verarbeitet keine Daten, sondern dient lediglich dazu, eine Auswahl der in der Applikation verfügbaren logischen Transaktionen anzubieten. Sie bietet über eine Menu-Leiste mehrere Menus an, die logische Transaktionen oder Unter-Menus enthalten. Die Unter-Menus ihrerseits beiten logische Transaktionen oder weitere Unter-Menus an. Dadurch ist es möglich, logische Transaktionen adäquat zu gruppieren, z.B. nach Ausführungsberechtigungsklassen (s. Pkt. 6.1.8.). So ist es für die Applikation "Auftragsverwaltungssystem" denkbar, dass die in Bild 6.1.7.1./1 dargestellte Menu-Struktur definiert wurde.

Ein wesentlicher Input für die Spezifikation der Menu-Struktur einer Applikation sind folgende, früher erarbeiteten Ergebnisse:

- Die Problem-/Anforderungsliste, die ggf. Anforderungen bezüglich der Strukturierung der Menus der Applikationen beinhaltet.

- Der Katalog der logischen Transaktionen, der die einzelnen logischen Transaktionen aufführt, sie klassifiziert (s. Pkte. 6.1.2.1., 6.2.1.3. u. 6.3.6.) und sie verbal beschreibt.

- Die Liste der logischen Transaktionen der Applikationen, die aufführt, welche logischen Transaktionen in einer Applikation vorhanden sind. Da für jede Applikation genau eine Menu-Struktur entwickelt wird, muss jede logische Transaktion dieser Applikation in der Menu-Struktur vorkommen[1].
- Die Stellen- und Aufgabenstruktur sowie die Beschreibung der elementaren Aufgaben, die vorgängig erstellt worden sind und welche die zukünftigen Benutzer der Applikation mit ihren Aufgaben derstellen. Dieser Input kann verwendet werden, um eine aufgabenbezogene Gruppierung von logischen Transaktionen in Menus zu erreichen.
- Die Liste der Ausführungsberechtigungsklassen sowie die Matrix, die darstellt, welche Ausführungsberechtigungsklasse welche Transaktion ausführen darf, kann ebenfalls zur Entwicklung der Menu-Struktur herangezogen werden. Diese Ergebnisse entstehen parallel zur vorliegenden Aktivität (s. Pkt. 6.1.8.). Ausführungsberechtigungsklassen stellen implizit Benutzergruppen dar. Transaktionen können - wie im obigen Beispiel gezeigt - in diese Benutzergruppen eingeteilt werden.

Input:

- Problem-/Anforderungsliste.
- Katalog logischer Transaktionen.
- Liste der logischen Transaktionen in Applikationen.
- Stellen- und Aufgabenstruktur
- Beschreibung der elementaren Aufgaben
- Liste der Ausführungsberechtigungsklassen.
- Matrix Ausführungsberechtigungsklasse / logische Transaktion in Applikation.

Output (neu):

- Menu-Struktur pro Applikation.

6.1.7.2. Spezifikation des Dialog-Ablaufes und der Bildschirme sowie Prototyping des Systemverhaltens

Ziel dieser Aktivität ist die Erstellung einer Spezifikation des Dialoges. Jede logische Transaktion in einer Applikation, die von einem Benutzer am Terminal initiiert werden kann[2], hat eine Dialog-Spezifikation.

Eine Dialogspezifikation umfasst i.d.R. folgende Elemente:

---

1 Ausgenommen davon sind Batch-Transaktionen, welche nicht durch den Benutzer am Terminal initiiert werden, sowie die Start-Transaktion der Applikation, die eben die Menustruktur realisiert.

2 Dies umfasst alle Online-Transaktionen sowie ausgewählte Batch-Transaktionen, die "von Hand" ausgelöst werden.

(1) Die Beschreibung der Verwendung von Bildschirmformularen durch logische Transaktionen in Applikationen. Jede logische Transaktion in einer Applikation, für die eine Dialogspezifikation zu erstellen ist, verwendet mindestens ein Bildschirmformular. Das Bildschirmformular selbst wird i.d.R. aber unabhängig von der konkreten Realisierungsform separat beschrieben, damit es mehrmals verwendet werden kann.

Wenn mehrere Bildschirmformulare in einer logischen Transaktion verwendet werden, müssen die zulässigen Bildschirmsprünge spezifiziert werden.

Für jeden Bildschirmsprung innerhalb einer logischen Transaktion ist zu spezifizieren, ob nach erfolgtem Bildschirmsprung und erfolgreicher Verarbeitung des angesprungenen Bildschirms automatisch wieder auf den Ursprungsbildschirm zurückgesprungen werden soll oder ob der nachfolgende Bildschirm manuell[1] angesteuert werden soll. Der automatische Rücksprung wird vor allem dann verwendet, wenn der Dialog geschachtelt werden soll (z.B. bei Verwendung eines Pop-Up-Windows für die Darstellung eines Help-Textes).

(2) Die Beschreibung der Inhalte der Bildschirmformulare. Ein Bildschirmformular ist eine logische Gruppierung von Bildschirmelementen, unabhängig von der Realisierungsform. Ein Bildschirmformular kann schliesslich realisiert werden als Formular für ein "dummes" Terminal, als Window, als Pop-Up-Window zu einem darunterliedenden Window etc..

Bildschirmelemente können sein:

- Ein-/Ausgabefelder: Diese dienen der Visualisierung von Daten und Steuerinformationen.
- Bildschirmfeldgruppen: Sie fassen mehrere Ein-/Ausgabefelder zusammen und können sich wiederholen.

Mehrere logische Transaktionen können dasselbe Bildschirmformular verwenden. Da verschiedene Applikationen auf verschiedenen Systemtypen zur Ausführung kommen können, sind Bildschirmformulare mit Vorteil unabhängig von der Realisierungsform zu definieren.

Die meisten Ein-/Ausgabefelder werden auch einer Spalte aus dem Datenmodell zugeordnet werden können. Damit können weitere Charakteristika des Feldes - analog zum Listenelement (s. Pkt. 6.1.6.) - durch Bezugnahme auf bereits Vorhandenes beschrieben werden.

(3) Die Beschreibung der Menus, die auf einem Bildschirmformular einer Transaktion in einer Applikation zur Verfügung gestellt werden. Menus werden über eine Menu-Leiste angeboten. In der Menu-Leiste zum Bildschirm einer Transaktion befinden sich mehrere Pull-Down-Menus. Jedes Pull-Down-Menu selbst besteht aus Menupositionen. Eine Menuposition selbst kann sein

---

[1] Ueber eine Menu-Position oder eine Befehls- und Steuertaste; siehe weiter unten im Text.

- ein Unter-Menu, das weitere Menupositionen enthält,
- eine Aktion, die die bisherige Transaktion verlässt und den Benutzer zu einer anderen Transaktion bringt (Transaktionssprung),
- eine Aktion innerhalb der Transaktion, die den Benutzer möglicherweise (aber nicht zwingend) zu einem neuen Bildschirmformular bringen kann.

Bei einem Transaktionssprung wird die ursprüngliche Transaktion (und damit der Bildschirm, von wo aus der Sprung stattgefunden hat) unwiderruflich verlassen. Die einzurichtenden Transaktionssprünge innerhalb der Applikation und zu anderen Applikationen wurden schon in der Aktivität "A.3.2.2. Transaktionsnetzwerk entwickeln" (s. Pkt. 6.1.2.2.) spezifiziert.

Im Falle der Aktion innerhalb der Transaktion ist noch zu spezifizieren, ob damit ein Bildschirmsprung erfolgt oder nicht. Falls ein Bildschirmsprung erfolgt, ist auf die unter (1) definierten Bildschirmsprünge Bezug zu nehmen.

(4) Die Beschreibung der Befehls- und Steuertasten, die auf dem Bildschirmformular einer logischen Transaktion einer Applikation erscheinen sollen. Befehls- und Steuertasten können als PF-Tasten[1] oder als Buttons[2] realisiert werden. Ihre Wirkungen sind aber im Prinzip dieselben. Auf die Betätigung einer PF-Taste oder das Anklicken eines Buttons erfolgt eine Aktion, die ebenfalls einen Bildschirmsprung auslösen kann. Falls ein Bildschirmsprung erfolgt, ist auch auf die unter (1) definierten, zulässigen Bildschirmsprünge Bezug zu nehmen.

(5) Ein durchgeführtes Prototyping mit dem zukünftigen Benutzer. D.h. der Benutzer erprobt

- die Menu-Struktur der einzelnen Applikationen,
- die Navigation innerhalb von logischen Transaktionen,
- die Navigation zwischen logischen Transaktionen und
- die Zweckmässigkeit der Informationsanordnung auf den Bildschirmen.

Der Bau eines Wegwerf-Prototyps ist nicht erforderlich, wenn die Dialogspezifikation mit einem Werkzeug erstellt wird, das ein Prototyping erlaubt und die anfallenden Entwurfsergebnisse im Konstruktionsdesign und in der Konstruktion wiederverwendet.

Ergebnisse dieser Entwurfsaktivität sind jeweils pro logische Transaktion einer Applikation:

- Ein Dialogflussdiagramm [vgl. JMA/BAA, S. 125 ff; SSADM 1, S. F-DD-23 ff], das alle Bildschirmformulare der logischen Transaktion sowie die möglichen Sprünge zwischen den

---

1 Programmable Function Keys.

2 Buttons (Knöpfe) sind ausgewiesene Zonen auf einem Bildschirm, die mit der Maus angeklickt werden können.

Bildschirmen aufführt. Auch führt das Dialogflussdiagramm auf, von welchen Bildschirmen aus innerhalb einer Transaktion welche Transaktionssprünge realisiert werden können.

- Eine Beschreibung des Bildschirmformulars unabhängig von seiner Realisierungsform.
- Eine Aufzählung der Menus, Unter-Menus und Menupositionen pro Bildschirm innerhalb der Transaktion.
- Beschreibung der Aktionen von Menupositionen pro Bildschirm einer Transaktion.
- Beschreibung der Aktionen von Befehls- und Steuertasten pro Bildschirm einer Transaktion.

Zur Erarbeitung dieser Ergebnisse werden folgende Quellen verwendet:

- Die Problem-/Anforderungsliste, die ggf. Anforderungen bezüglich der Gestaltung des Dialogs beinhaltet, insb. anzuwendende Standards.
- Die initale Dokumentation des Ist-Geschäftssystems, aus der möglicherwesie die Gestaltung bestehender Formulare (Papier und ggf. Bildschirme) übernommen werden kann.
- Der Katalog der logischen Transaktionen, der die einzelnen Transaktionen klassifiziert (s. Pkte. 6.1.2.1., 6.2.1.3. u. 6.3.6.) und verbal beschreibt.
- Die in der vorgängigen Aktivität entwickelte Menu-Struktur der Applikation, die alle Transaktionen aufführt und gruppiert, die in dieser Applikation angeboten werden.
- Das Online-Transaktionsnetzwerk pro Applikation, das zeigt, welche Transaktionssprünge im Dialog installiert werden müssen.
- Die Beschreibung der Operationen einzelner logischer Transaktionen auf die Spalten von Tabellen aus Datenbanken. Die Spalten, die von logischen Transaktionen in Operationen wie "Lesen", "Erzeugen" und "Modifizieren" verwendet werden, sind Kandidaten für Bildschirmelemente [vgl. JMA/BSD, S. 309].
- Das logische Soll-Datenmodell, das insbesondere die Beschreibung von Spalten enthält.

Input:

- Problem-/Anforderungsliste.
- Initiale Dokumentation des Ist-Geschäftssystems.
- Katalog logischer Transaktionen.
- Menu-Struktur pro Applikation.
- Online-Transaktionsnetzwerk pro Applikation.
- Beschreibung der Operationen von logischen Transaktionen.
- Logisches Soll-Datenmodell.

Output (neu):

- Dialogflussdiagramm pro logische Transaktion in Applikation.
- Beschreibung von Bildschirmen.
- Menu-Struktur pro Bildschirm einer logischen Transaktion in Applikation.
- Beschreibung der Aktionen einzelner Menupositionen pro Bildschirm einer logischen Transaktion in Applikation.
- Beschreibung der Aktionen einzelner Befehls- und Steuertasten pro Bildschirm einer logischen Transaktion in Applikation.

6.1.8. Spezifikation der Sicherheit

In dieser Aktivität werden Ausführungsberechtigungsklassen für logische Transaktionen und Zugriffsbeschränkungen auf Daten definiert [vgl. ORACLE, S. 4-20; JMA/TD, S. 261 ff; NAVIGATOR/Design Phase Manual, S. 5-54 ff].

Ausführungsberechtigungsklassen entstehen durch eine Zusammenfassung von Aufgaben, die gleiche Sicherheitsanforderungen haben und von einer homogenen Benutzergruppe ausgeführt werden. Die Ausführungsberechtigungsklasse bezeichnet die Benutzergruppe (z.B. "Verkaufssachbearbeiter" oder "Datenverantwortlicher für Verkaufsdaten"). NAVIGATOR definiert z.B. eine Ausführungsberechtigungsklasse[1] als "a grouping of staff members in a business area with a common job function or role and responsibility, requiring common access privileges" [NAVIGATOR/Phase Reference Manual/Glossary, S. 32].

Im Idealfall entspricht jede Stelle genau einer Ausführungsberechtigungsklasse und vice-versa. Eine Ausführungsberechtigungsklasse kann aber auch mehrere Stellen umfassen. Es ist auch denkbar, dass bestimmte Aufgabenbündel, die von mehreren Stellen wahrgenommen werden, in einer Ausführungsberechtigungsklasse zusammengefasst werden (siehe Metamodellausschnitt in Pkt. 6.2.8.).

Bei der Definition der Ausführungsberechtigungsklasse werden also die Stellen bezeichnet, die in diese Ausführungsberechtigungsklasse fallen.

Beispielsweise wären die Ausführungsberechtigungsklassen "Regionalleiter", "Verkaufssachbearbeiter", "Vertreter" und "Datenverantwortlicher für Verkaufsdaten" denkbar (s. auch Menustruktur in Pkt. 6.1.7.1.). Die Ausführungsberechtigungsklasse "Regionalleiter" würde z.B. die Stellen "Regionalleiter" und "Verkaufsleiter" zusammenfassen. Die Stelle "Technische

[1] Dort "User Class" genannt.

Verkaufsunterstützung für Regionalleiter" kann aber auch die Ausführungsberechtigungsklassen "Regionalleiter" sowie "Datenverantwortlicher für Verkaufsdaten" umfassen.

Schliesslich wird definiert, welche logischen Transaktionen eine Ausführungsberechtigungsklasse ausführen darf. So darf nur die Ausführungsberechtigungsklasse "Datenverantwortlicher für Verkaufsdaten" die logischen Transaktionen "Aufträge selektiv auslagern" und "Ausgelagerte Aufträge selektiv einspielen" ausführen.

Bestimmte Ausführungsberechtigungen für logische Transaktionen können an Bedingungen geknüpft sein. So ist es z.B. möglich, dass für die Ausführungsberechtigung der Klasse "Datenverantwortlicher für Verkaufsdaten" für die Transaktion "Aufträge selektiv auslagern" die Bedingung gilt, dass nur Aufträge aus der eigenen Region (in der sich der Datenverantwortliche befindet) ausgelagert werden dürfen. Oder es kann die Bedingung für die Benutzerklasse "Vertreter" für die Ausführung der Transaktion "Vertreterumsatz in Zeitabschnitt ermitteln" gelten, dass ein Vertreter nur seinen eigenen Umsatz ermitteln darf, nicht aber jenen seiner Kollegen.

Um den interaktiven Datenbankzugriff über entsprechende Endbenutzersprachen (z.B. mit SQL) einschränken zu können, muss die Möglichkeit bestehen, Zugriffsbeschränkungen auf Tabellen oder bestimmten Spalten von Tabellen von Datenbanken zu formulieren. Es kann z.B. festgelegt werden, dass die Benutzerklasse "Vertreter" nur lesenden Zugriff auf die Tabelle "Kundenbetreuung" und gar keinen interaktiven Zugriff auf die Tabelle "Vertreterauftrag" hat. Diese Spezifikation wird schliesslich der Datenbankadministration übergeben, die diese Zugriffsbeschränkungen dem Datenbanksystem mitteilen kann[1].

Folgende Ergebnisse werden bei der Spezifikation der Sicherheit erstellt:

- Es werden die Ausführungsberechtigungsklassen definiert. Jeder Ausführungsberechtigungsklasse werden die entsprechenden Stellen zugeordnet. Die Zuordnung von Stellen zu Ausführungsberechtigungsklassen kommt - aus der Warte einer einzelnen Stelle betrachtet - einem Standardberechtigungsprofil der Stelle gleich.

- Pro Ausführungsberechtigungsklasse werden die Transaktionen aufgeführt, zu deren Ausführung die Benutzerklasse berechtigt ist. Eine Transaktion kann mehrere zugeordnete Ausführungsberechtigungsklassen haben. Dies führt schliesslich zu einer Matrix "Ausführungsberechtigungsklasse / logische Transaktion in Applikation" (s. Bsp. in. Pkt. 6.3.32.).

- Für bestimmte Ausführungsberechtigungen können Bedingungen formuliert sein.

- Für bestimmte Benutzerklassen können Zugriffsbeschränkungen auf Daten formuliert sein.

Folgende Quellen werden verwendet für die Erstellung der Sicherheitsspezifikation:

- In der Problem-/Anforderungsliste sind ggf. Anforderungen bezüglich Ausführungsberechtigungen resp. Zugriffsbeschränkungen enthalten.

---

[1] Z.B. mit den Befehlen GRANT und REVOKE bei einem relationalen Datenbanksystem, das SQL auch für die Datenkontrolle verwendet [vgl. Meier 2, S. 80ff].

- Die Stellen- und Aufgabenstruktur führt die einzelnen Stellen mit ihren Aufgaben auf. Jede Stelle stellt zunächst einmal eine Benutzerklasse[1] dar. Ausgehend davon kann die Definition der Benutzerklasse verfeinert werden resp. können mehrere Stellen zu einer Benutzerklasse zusammengefasst werden.

- Die Beschreibung der elementaren Aufgaben beinhaltet eine Zuordnung von logischen Transaktionen zu Aufgaben. Damit wird ersichtlich, welche Transaktionen eine Stelle ausführen können muss.

- Der Katalog logischer Transaktionen, der die einzelnen Transaktionen verbal kurz beschreibt.

- Das logische Soll-Datenmodell bildet den Ausgangspunkt für die Formulierung von Zugriffsbeschränkungen.

```
Input:

- Problem-/Anforderungsliste.
- Stellen- und Aufgabenstruktur
- Beschreibung der elementaren Aufgaben.
- Katalog logischer Transaktionen.
- Logisches Soll-Datenmodell

Output  (neu):

- Sicherheitsspezifikation
  - Liste der Ausführungsberechtigungsklassen.
  - Ausführungsberechtigungen für Transaktionen
    - Matrix Ausführungsberechtigungsklasse / logische Transaktion in
      Applikation.
    - Bedingungen für Ausführungsberechtigungen.
  - Zugriffsbeschränkungen auf Daten.
```

6.1.9. Logische Systemspezifikation an Ist-EDV-System auf Vollständigkeit und Korrektheit überprüfen

Falls ein Ist-EDV-System existiert, das abgelöst werden soll, ist es sinnvoll, wenn ein Abgleich der neu entworfenen Applikationen und Datenbanken mit dem Ist-EDV-System erfolgt [vgl. JMA/BSD, S. 348].

Diese Aktivität hat vor allem qualitätssichernden Charakter.

Die Daten wurden teilweise schon in der Aktivität "A.3.3. Datenbereitstellungsstrategie spezifizieren" (s. Pkt. 6.1.3.) betrachtet. Jedes bisherige Datenfeld der Ist-Lösung muss im neuen System in geeigneter Weise abgebildet sein, es sei denn, es wird nicht mehr benötigt, und man verzichtet bewusst darauf.

---

1 Die Begriffe "Benutzerklasse" und "Ausführungsberechtigungsklasse" werden synonym verwendet.

Es können auch alle bisherigen Listen betrachten werden, und man kann sich fragen, ob diese auch im neuen System erzeugt werden sollen.

Alle bisherigen Transaktionen des heutigen Systems sind zu untersuchen. Es stellt sich die Frage, ob die dort gebotene Funktionalität und der gebotene Dialog-Komfort auch im neuen System vorhanden sind oder nicht und ob dies beabsichtigt war.

Ein neuer Output wird durch die vorliegende Aktivität nicht erzeugt. Der Abgleich zum Ist-EDV-System führt lediglich zu Modifikationen am bisherigen Entwurf.

Input:

- Initiale Dokumentation des Ist-Geschäftssystems.
- Logisches Soll-Datenmodell
- Logisches Soll-Funktionsmodell
- Beschreibung von Listen.
- Dialogspezifikation

6.1.10. Bestätigung des System-Designs

Die Bestätigung des System-Designs ist eine Kontroll-Aktivität, die den oder die Auftraggeber des Projektes einbezieht.

Es geht hier vor allem darum, das inzwischen vollständige System-Design abzuzeichnen, bevor das System konstruiert wird. Insbesondere muss geprüft werden, ob alle Problemen gelöst und alle Anforderungen erfüllt wurden.

Beim Abgleich mit der Problem-/Anforderungsliste kann Punkt für Punkt abgezeichnet werden, indem zu jedem Eintrag in der Liste hinzugefügt wird, ob das Problem gelöst resp. die Anforderung erfüllt ist oder nicht. Ungelöste Probleme resp. unerfüllte Anforderungen führen ggf. zu einer Überarbeitung des System-Designs.

Input:

- Logisches Soll-Datenmodell
- Logisches Soll-Funktionsmodell
- Beschreibung der Verteilung von Systemen
- Stellen und Aufgabenstruktur
- Beschreibung der elementaren Aufgaben.
- Beschreibung von Listen.
- Dialogspezifikation
- Sicherheitsspezifikation

Output (hinzufügend):

- Problem-/Anforderungsliste.

6.1.11. Planung des Konstruktion-Designs und der Konstruktion

Am Ende des System-Designs liegen nun folgende Ergebnisse vor, die in das Konstruktions-Design eingehen:

- Das logische Soll-Datenmodell, bestehend aus
  - einer Liste der Tabellen, die in den einzelnen Datenbanken zu implementieren sind,
  - Datenbankstrukturdiagrammen für die zu realisierenden Datenbanken,
  - einer Beschreibung aller Tabellen,
  - einer Beschreibung aller Spalten,
  - einer Beschreibung aller Integritätsbedingungen.
- Das logische Soll-Funktionsmodell, bestehend aus
  - dem Katalog der logischen Transaktionen mit deren verbalen Beschreibungen,
  - dem Katalog der zu realisierenden Listen,
  - der Liste der logischen Transaktionen in den einzelnen Applikationen,
  - den Online-Transaktionsnetzwerken pro Applikation,
  - den Batch-Transaktionsnetzwerken pro Applikation,
  - der Beschreibung der Datentransfer-Tabellen pro Applikation,
  - der Beschreibung der Operationen der logischen Transaktionen auf die Daten.
- Die Beschreibung von Listen.
- Die Dialogspezifikation, bestehend aus
  - den Menu-Strukturen pro Applikation,
  - den Dialogflussdiagrammen pro logische Online-Transaktion einer Applikation,
  - den Beschreibungen von Bildschirmen,
  - den Menu-Strukturen pro Bildschirm einer logischen Transaktion in einer Applikation,
  - den Beschreibungen der Aktionen der einzelnen Menupositionen eines Bildschirms einer logischen Transaktion in einer Applikation,
  - den Beschreibungen der Aktionen der einzelnen Befehls- und Steuertasten eines Bildschirms einer logischen Transaktion in einer Applikation.

- Die Spezifikation der Sicherheit, welche
  - die Liste der Ausführungsberechtigungsklassen unter Bezugnahme der darin vertretenen Stellen,
  - die Berechtigungen zur Ausführung von logischen Transaktionen,
  - die allfälligen Bedingungen der Ausführungsberechtigungen sowie
  - die Zugriffsbeschränkungen auf die Daten

  umfasst.
- Die abgezeichnete Problem-/Anforderungsliste.

Auch hier sind die wesentlichen Planungseinheiten für das Konstruktions-Design die zu realisierenden Datenbanken und Applikationen. Zusätzlich können noch sogenannte Querschnitts-(Teil-)Projekte [vgl. Gutzwiller/Oesterle 4, S. 15 f] hinzukommen, die mächtige, wiederverwendbare Softwarebausteine wie z.B.

- für die Erstellung von mehrfachverwendbaren Dialogfunktionen,
- für die einheitliche Steuerung von Help- und Fehlermeldungen in Dialogprogrammen,
- für die initiale Datenbereitstellung,
- für die Zentralisierung aller Datenbankzugriffe über die Technik der Datenkapselung oder
- für die Überprüfung der Ausführungsberechtigungen,

erstellen, die ebenfalls entsprechend geplant werden müssen.

Die Ergebnisse, die aus der Planung vorliegen können, wurden schon in den Pkten. 4.1.4. u. 5.1.10. aufgeführt. Da diese Planungsaktivität mehr Management- als Entwurfscharakter hat, soll sie nicht näher betrachtet werden.

Input:

- Projektauftrag.
- Logisches Soll-Datenmodell
- Logisches Soll-Funktionsmodell
- Beschreibung der Verteilung von Systemen
- Dialogspezifikation
- Sicherheitsspezifikation

Output (neu):

- Detailprojektplan für das Konstruktions-Design und die Konstruktion.

6.2. Metamodell der Erstellung der logischen Systemspezifikation

Das Metamodell der Erstellung der logischen Systemspezifikation behandelt den Datenaspekt des System-Designs. Es stellt alle formalisierbaren Bestandteile von Ergebnissen dar, die während des System-Designs erarbeitet wurden.

Insgesamt wurden 69 Meta-Entitätstypen identifiziert (alphabetisch geordnet):

```
Fundamental und Spezialisierung
 Aktion innerhalb Transaktion
 Aktion zum Wechseln der Transaktion
 Applikation
 Aufgabe
 Ausführungsberechtigungsklasse
 Befehls- und Steuertastentyp
 Benutzerdaten-Tabelle
 Bildschirmelement
 Bildschirmformular
 Datenbank
 Datentransfer-Tabelle
 Elementare Aufgabe
 Feld
 Feldgruppe
 Integritätsbedingung für Spalte oder Spaltengruppe von Tabelle
 Liste
 Listen-/Bildschirmelement
 Listenelement
 Logische Transaktion
 Menu
 Menu in Menuposition
 Menuposition
 Organisatorische Einheit
 Spalte
 Standort
 Stelle
 System
 Systemtyp
 Tabelle
 Zeile
 Zentrale Tabelle

Strukturell
 Aufgabenstruktur
 Feld in Feldgruppe
 Feldgruppe in Feldgruppe

Zentrale Tabelle
 Zugriffsart auf Tabelle
 Zugriffsbeschränkungsart
```

```
Assoziativ
 Aktion aus Befehls-/Steuertaste bewirkt Bildschirm-zu-Bildschirm-Sprung
 Aktion aus Menuposition bewirkt Bildschirm-zu-Bildschirm-Sprung
 Ausführungsberechtigung für logische Transaktion
 Bedingung für Ausführungsberechtigung
 Befehls- und Steuertaste auf Bildschirm
 Bildschirm-zu-Bildschirm-Navigation in logischer Transaktion
 ELH-Zustandsbezeichnung
 Intertransaktionsparameter
 Logische Transaktion bewirkt ELH-Zustandsübergang
 Logische Transaktion in Applikation
 Logische Transaktion in Aufgabe
 Logische Transaktion verwendet Bildschirmformular
 Logische Transaktion verwendet Spalte
 Logische Transaktion verwendet Tabelle
 Menu auf Menuleiste von Bildschirm
 Menu von Applikation
 Organisatorische Einheit an Standort
 Organisatorische Einheit hat Zugang zu Systemtyp
 Organisatorische Einheit nutzt Applikation
 Organisatorische Einheit umfasst Stelle
 Spalte der Tabelle
 Spalte kommt vor als Feld
 Standardberechtigung für Stelle
 Starttransaktion von Applikation
 Stelle an Standort
 Stelle an Standort nutzt System
 Stelle umfasst Aufgabe
 System führt Applikation
 System hält Datenbank
 Tabelle in Datenbank
 Transaktion-zu-Transaktion-Verbindung
 Zugriffsbeschränkungen auf Spalte
 Zugriffsbeschränkungen auf Tabelle und Spalte
```

Im folgenden ist das Metamodell für das System-Design dargestellt. Insgesamt ist es in acht themenorientierte Sichten gruppiert. Es sind dies die Sichten

- Applikationen und Transaktionen,
- Datenbanken und Tabellen,
- Datenverwendung,
- Dialogablauf,
- Bildschirm- und Listen-Gestaltung,
- Organisation,
- Verteilung von Systemen und
- Sicherheit.

6.2.1. Applikationen und Transaktionen

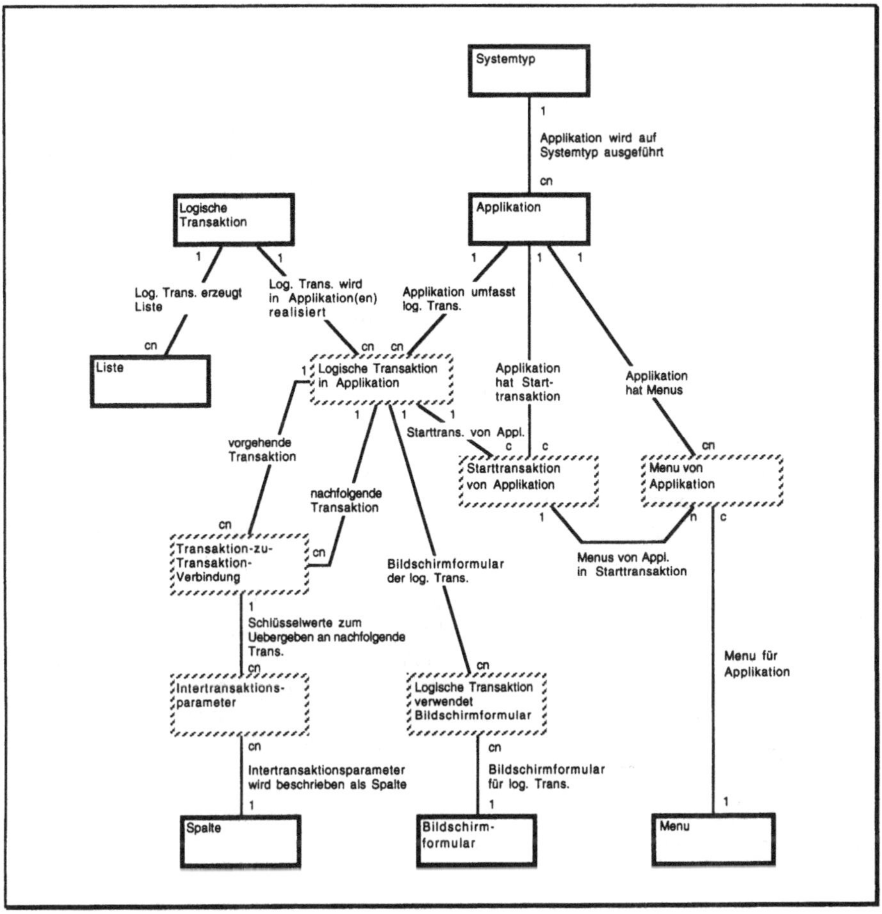

Abb. 6.2.1./1: Sicht 1 - Applikationen und Transaktionen

Sicht 1 stellt die funktionale Perspektive des System-Designs dar. In der Analyse waren elementare Geschäftsfunktionen resp. Ereignisse in Applikationen gruppiert (siehe Sicht 6 - Verteilung in Pkt. 5.2.6). Jede Applikation wird auf einem bestimmten Systemtyp ausgeführt. Applikationen stellen die Planungs- und Realisationseinheiten für das Konstruktions-Design und die Konstruktion dar.

Logische Transaktionen sind in sich abgeschlossene funktionale Verrichtungseinheiten auf dem Rechner. Sie spezifizieren - im Gegensatz zur Analyse, die darstellt, wie das Geschäft in Zukunft grundsätzlich ablaufen soll - die gewünschten Verarbeitungen auf dem Rechner. Logische Transaktionen werden primär aus elementaren Geschäftsfunktionen resp. Ereignissen abgeleitet. Wenn eine elementare Geschäftsfunktion mehreren Applikationen zugeordnet ist, gilt dasselbe auch für die aus der elementaren Geschäftsfunktion abgeleitete logische Transaktion.

Jede maschinell auszuführende, elementare Geschäftsfunktion aus der Analyse, die einer Applikation zugeordnet ist, wird in der Regel zu einer logischen Transaktion. Weitere logische Transaktionen kommen zur Befriedigung von Abfragebedürfnissen oder aus Historisierungsüberlegungen hinzu etc.. Zum Unterschied zwischen logischen Transaktionen und elementaren Geschäftsfunktionen sei auf Pkt. 6.1.2.1. verwiesen.

Jede Applikation verfügt über Menus, die den Zugang zu den logischen Transaktionen innerhalb der Applikation hierarchisch strukturieren. Diese Menus werden in der Starttransaktion der Applikation realisiert. Die Starttransaktion der Applikation ermöglicht den Einstieg in die Applikation, wenn die Applikation aufgestartet wird.

Die Verwendung der Menus der Starttransaktion einer Applikation stellt nur die einfachste Art dar, um logische Transaktionen innerhalb der Applikation zu erreichen. Es ist möglich, neben der Menustruktur noch Transaktion-zu-Transaktion-Verbindungen zu definieren. Transaktion-zu-Transaktion-Verbindungen ermöglichen es, bei Abbruch und/oder erfolgreichem Abschluss einer Transaktion eine nächste Transaktion ohne Umwege zu erreichen, d.h., ohne dass die Menus der Starttransaktion der Applikation verwendet werden müssen. Transaktion-zu-Transaktion-Verbindungen werden aus der Geschäftsfunktions-Ablauffolge der Analyse (siehe Sicht 4 - Elementare Geschäftsfunktionen/Ereignisse in Pkt. 5.2.4.) abgeleitet.

Die Transaktion-zu-Transaktion-Verbindungen gelten sowohl für Online- als auch für Batch-Transaktionen. Im einen Fall betrifft es das Online-Transaktionsnetzwerk, im anderen Fall das Batch-Transaktionsnetzwerk (s. Pkt. 6.1.2.2.). Im Fall von Online-Transaktion-zu-Transaktion-Verbindungen können noch sog. Intertransaktionsparameter spezifiziert werden. Diese enthalten Schlüsselwerte (wie z.B. die Auftragsnummer) für den "Out-of-the-Blue"-Einstieg in eine Transaktion (s. Pkt. 6.1.2.1.). Ein Intertransaktionsparameter selbst bezieht sich immer auf eine Spalte aus dem logischen Datenmodell.

Logische Online-Transaktionen verwenden Bildschirmformulare. Listen können von logischen Online- oder Batch-Transaktionen erzeugt werden.

Die einzelnen Metamodell-Komponenten sind nachfolgend beschrieben.

6.2.1.1. Systemtyp

Synonyme:	Plattform
Komp.Typ:	Fundamental
Beschreibung:	Siehe Komponenten-Beschreibung Pkt. 5.2.6.1..
Beziehungen:	Zu "Applikation" (Sicht 1): Jede Applikation wird für genau einen Systemtyp realisiert. Für einen Systemtyp können mehrere Applikationen realisiert sein.

Zu "Datenbank" (Sicht 2): Jede Datenbank wird auf einem bestimmten Systemtyp realisiert. Für einen Systemtyp können mehrere Datenbanken realisiert werden.

Zu "Organisationseinheit hat Zugang zu Systemtyp" (Sicht 6): Ein Systemtyp kann in mehreren Organisationseinheiten zum Einsatz kommen.

Zu "System" (Sicht 7): Es existieren mehrere Systeme eines bestimmten Typs.

Attribute: Systemtyp-Code - Code für den Systemtyp.

Systemtyp-Bezeichnung - Bezeichnung des Systemtyps.

Systemtyp-Umschreibung - Umschreibung der Systemsoftware-Konfiguration des Systemtyps.

6.2.1.2. Applikation

Synonyme: Business System, Applikationssystem

Komp.Typ: Fundamental

Beschreibung: Siehe Komponenten-Beschreibung Pkt. 5.2.6.2..

Zusätzlich:

Eine Applikation umfasst mehrere logische Transaktionen. Jede Applikation wird auf einem bestimmten Systemtyp realisiert. Es kann sein, dass dieselbe logische Transaktion in mehreren Applikationen auf unterschiedlichen Systemtypen realisiert wird. Jede Online-Applikation hat eine Starttransaktion, die Menus zur Navigation innerhalb der Applikation bietet.

Beziehungen: Zu "Logische Transaktion in Applikation" (Sicht 1): Eine Applikation umfasst mehrere logische Transaktionen.

Zu "Starttransaktion von Applikation" (Sicht 1): Eine Online-Applikation hat eine Starttransaktion.

Zu "Menu von Applikation" (Sicht 1): Eine Online-Applikation hat Menus in ihrer Starttransaktion, welche die Navigation innerhalb der Applikation ermöglichen.

Zu "Systemtyp" (Sicht 1): Jede Applikation wird für genau einen Systemtyp realisiert. Für einen Systemtyp können mehrere Applikationen realisiert sein.

Zu "Organisatorische Einheit nutzt Applikation" (Sicht 6): Eine Applikation wird durch eine, keine oder mehrere Organisationseinheiten genutzt.

Zu "System führt Applikation" (Sicht 7): Eine Applikation kann auf mehreren Systemen desselben Systemtyps implementiert werden.

Attribute: Applikations-Name - Name der Applikation.

Systemtyp - Code für den Systemtyp, für den eine Applikation realisiert wird.

6.2.1.3. Logische Transaktion

Synonyme: Logical Transaction, Task, Transaktion, Arbeit

Komp.Typ: Fundamental

Beschreibung: Eine logische Transaktion ist eine funktionale, in sich geschlossene Verrichtungseinheit auf dem Rechner, die durch den Benutzer am Bildschirm oder durch eine zeitliche Bedingung (Batch) ausgelöst wird und einen Arbeitsschritt darstellt, der abgeschlossen resp. unwiderruflich abgebrochen werden muss, bevor eine weitere Verrichtungseinheit ausgeführt wird.

Logische Transaktionen zeichnen sich dadurch aus, dass sie im Gegensatz zu Geschäftsfunktionen flach (und nicht hierarchisch) organisiert sind.

Beziehung: Zu "Logische Transaktion in Applikation" (Sicht 1): Eine logische Transaktion kann in mehreren Applikationen realisiert werden.

Zu "Liste" (Sicht 1): Eine logische Transaktion erzeugt keine, eine oder mehrere Listen. Jede Liste wird von genau einer logischen Transaktion erzeugt.

Attribute: Trans.-Nr. - Eindeutige Nummer zur Identifikation der logischen Transaktion.

Trans.-Name - Name der Transaktion.

Beschreibung - Verbale Beschreibung der logischen Transaktion.

Ausführungsart - Angabe, ob die vorliegende Transaktion Online oder Batch ausgeführt wird:

O = Online.

B = Batch.

Transaktions-Typ - Angabe, ob die Transaktion nur Daten liest oder auch verändert:

R = Retrieval (nur lesen).

U = Update (verändern).

Einstiegsart - Angabe, wie in die Transaktion 'eingestiegen' wird:

H = Homing in: Der Benutzer wird im Dialog laufend abgefragt und begleitet, bis er das gewünschte Ergebnis erreicht hat.

B = Out-of-the-blue: Der Benutzer muss schon mit einem Schlüsselwert (z.B. Partnernummer, Auftragsnummer, Artikelnummer) als Intertransaktionsparameter in die Transaktion einsteigen. Das gewünschte Ergebnis wird daraufhin sofort produziert.

- = Keines von beiden (bei Batch-Transaktionen).

Aufrufart - Angabe, wie die Transaktion erreicht wird:

M = Menugesteuert: Die Transaktion kann nur durch die Verwendung von Menus erreicht werden.

F = Fast-Track: Die Transaktion kann durch die Angabe eines Transaktions-Codes von überall erreicht werden.

B = Beides zusammen ist möglich: Menugesteuert und Fast-Track.

- = Keines von beiden trifft zu (bei Batch-Transaktionen).

Ausführungsgrund - Angabe, aus welchem Grund die Transaktion ausgeführt wird:

P = Person am Terminal: Eine Person löst die Transaktion explizit aus (Normalfall).

Z = Die Transaktion wird automatisch aufgrund einer zeitlichen Bedingung ausgelöst (z.B. Tagesende).

W = Daten-/Wertbezogene Bedingung: Die Transaktion wird automatisch aufgrund einer anderen Transaktion ausgelöst, wenn bestimmte daten-/wertbezogene Bedingungen (z.B. erfolgreicher Abschluss) erfüllt sind.

R = Real Time Interrupt: Eine Transaktion wird automatisch aufgrund des Eintritts eines Echtzeit-Ereignisses (z.B. technische Störung eines Gerätes) ausgelöst.

6.2.1.4. Logische Transaktion in Applikation

Synonyme: -

Komp.Typ: Assoziativ

Beschreibung: Jede logische Transaktion wird in einer oder mehreren Applikationen realisiert. Die Realisierung einer logischen Transaktion in verschiedenen Applikationen ist vor allem dann notwendig, wenn die logische Transaktion auf unterschiedlichen Systemtypen verfügbar gemacht werden soll. Im

Normalfall wird jedoch eine logische Transaktion in genau einer Applikation (ùnd auf einem Systemtyp) realisiert.

Beziehungen: Zu "Applikation" (Sicht 1): Eine Applikation umfasst mehrere logische Transaktionen.

Zu "Logische Transaktion" (Sicht 1): Eine logische Transaktion kann in mehreren Applikationen realisiert werden.

Zu "Starttransaktion von Applikation" (Sicht 1): Eine logische Transaktion kann die Starttransaktion einer Applikation sein.

Zu "Logische Transaktion verwendet Bildschirmformular" (Sicht 1): Eine logische Online-Transaktion in einer Applikation verwendet ein oder mehrere Bildschirmformulare.

Zu "Transaktion-zu-Transaktion-Verbindung" (Sicht 1): Eine logische Transaktion in einer Applikation kann vorhergehende logische Transaktionen haben, aus der sie angesprungen werden kann.

Zu "Transaktion-zu-Transaktion-Verbindung" (Sicht 1): Eine logische Transaktion in einer Applikation kann andere logische Transaktionen nach Abschluss oder Abbruch anspringen.

Zu "Logische Transaktion verwendet Tabelle" (Sicht 3): Eine logische Transaktion in einer Applikation greift auf Tabellen bestimmter Datenbanken zu.

Zu "Logische Transaktion verwendet Spalte" (Sicht 3): Eine logische Transaktion in einer Applikation greift auf Spalten von Tabellen bestimmter Datenbanken zu.

Zu "Logische Transaktion in Aufgabe" (Sicht 6): Logische Transaktionen werden zur Unterstützung elementarer Aufgaben verwendet.

Zu "Ausführungsberechtigung für logische Transaktion" (Sicht 8): Für eine logische Transaktion können mehrere Ausführungsberechtigungen existieren.

Attribute: Applikation - Applikations-Name jener Applikation, in der die logische Transaktion realisiert wird.

Transaktion - Nummer der logischen Transaktion.

Ausführungshäufigkeit - Durchschnittlich erwartete Ausführungen pro Zeiteinheit und Applikation.

6.2.1.5. Starttransaktion von Applikation

Synonyme: Steuer-Transaktion einer Applikation, Einstiegstransaktion von Applikation

Komp.Typ: Assoziativ

Beschreibung: Die Starttransaktion der Applikation ist jene Transaktion, die ausgelöst wird, wenn die Applikation neu gestartet wird oder wenn eine Transaktion beendet wurde, ohne eine Nachfolgetransaktion anzuspringen.

Die Starttransaktion einer Applikation bietet im wesentlichen eine Menustruktur an, mit deren Hilfe die Transaktionen der Applikation erreicht werden können.

Die Menustruktur kann dabei durchaus benutzergruppenspezifisch aufgebaut sein (s. Pkt. 6.1.7.1).

Beziehungen: Zu "Logische Transaktion in Applikation" (Sicht 1): Eine logische Transaktion kann die Starttransaktion einer Applikation sein.

Zu "Applikation" (Sicht 1): Eine Online-Applikation hat eine Starttransaktion.

Zu "Menu von Applikation": Eine Starttransaktion einer Applikation umfasst die Menus, welche die Menustruktur für die Applikation realisieren.

Attribute: Applikation - Name der Applikation der Starttransaktion.

Transaktion - Nummer der Starttransaktion.

6.2.1.6. Menu von Applikation

Synonyme: -

Komp.Typ: Assoziativ

Beschreibung: Jede Online-Applikation umfasst Menus in einer Menustruktur, die durch die Starttransaktion der Applikation realisiert wird. Diese Menustruktur ermöglicht es, nach dem Start einer Applikation individuelle Transaktionen zu erreichen. Die Menustruktur kann benutzergruppenspezifisch aufgebaut sein (s. Pkt. 6.1.7.1.).

Beziehungen: Zu "Applikation" (Sicht 1): Eine Online-Applikation hat Menus in ihrer Starttransaktion, welche die Navigation innerhalb der Applikation ermöglichen.

Zu "Starttransaktion von Applikation" (Sicht 1): Eine Starttransaktion einer Applikation umfasst die Menus, welche die Menustruktur für die Applikation realisieren.

Zu "Menu" (Sicht 1): Ein Menu kann dazu dienen, die Navigation innerhalb der Applikation zu ermöglichen.

Attribute: Applikation - Name der Applikation.

Transaktion - Nummer der Starttransaktion.

Menu - Nummer des Menus.

6.2.1.7. Menu

Synonyme: -

Komp.Typ: Fundamental

Beschreibung: Menus dienen, wie Befehls- und Steuertasten, ebenfalls dem Dialog.

Jede Online-Applikation hat ein Menu, das durch die Starttransaktion dieser Applikation realisiert wird. Dieses Menu dient der Navigation innerhalb der Applikation und wird verwendet, um andere Transaktionen über die Menu-Struktur zu erreichen.

Jeder Bildschirm einer logischen Transaktion in einer Applikation kann auch Menus in seiner Menu-Leiste enthalten. Diese Menus dienen dazu, bestimmte Aktionen auszulösen.

Ein Menu selbst erscheint in der Menuleiste eines Bildschirms, oder es wird als Untermenu in einer Menuposition eines übergeordneten Menus sichtbar.

Beziehungen: Zu "Menu von Applikation" (Sicht 1): Ein Menu kann dazu dienen, die Navigation innerhalb der Applikation zu ermöglichen.

Zu "Menuposition" (Sicht 4): Ein Menu enthält eine oder mehrere Menupositionen. Jede Menuposition gehört zu genau einem Menu.

Zu "Menu in Menuposition" (Sicht 4): Ein Menu kann in einer Menuposition als Untermenu vorkommen.

Zu "Menu auf Menuleiste von Bildschirm" (Sicht 4): Ein Menu kommt in der Menuleiste eines Bildschirms vor.

Attribute: Menu-Nr. - Eindeutige Nummer des Menus.

Menu-Bezeichnung - Bezeichnung des Menus.

6.2.1.8. Logische Transaktion verwendet Bildschirmformular

Synonyme: Bildschirm von logischer Transaktion

Komp.Typ: Assoziativ

Beschreibung: Eine logische Online-Transaktion verwendet für ihren Dialog Bildschirmformulare, durch die sich der Benutzer nach fest vordefinierten Regeln bewegen kann. Bildschirmformulare selbst sind logische Gruppierungen von Bildschirmelementen, die noch unabhängig von der Realisierungsform durch mehrere logische Transaktionen verwendet werden können.

Jeder Bildschirm in einer logischen Transaktion kann Menus in einer Menuleiste sowie Befehls- und Steuertasten haben, die der Navigation im Dialog dienen.

Beziehungen: Zu "Logische Transaktion in Applikation" (Sicht 4): Eine logische Online-Transaktion in einer Applikation verwendet ein oder mehrere Bildschirmformulare.

Zu "Bildschirmformular" (Sicht 4): Ein Bildschirmformular kann in mehreren logischen Transaktionen verschiedener Applikationen verwendet werden.

Zu "Menu auf Menuleiste von Bildschirm" (Sicht 4): Ein Bildschirm einer logischen Transaktion kann Menus in einer Menuleiste anbieten.

Zu "Befehls und Steuertaste von Bildschirm" (Sicht 4): Ein Bildschirm einer logischen Transaktion kann Befehls- und Steuertasten anbieten.

Zu "Bildschirm-zu-Bildschirm-Navigation in logischer Transaktion" (Sicht 4): Von einem Bildschirm aus innerhalb der logischen Transaktion können mehrere nachfolgende Bildschirme erreicht werden.

Zu "Bildschirm-zu-Bildschirm-Navigation in logischer Transaktion" (Sicht 4): Ein Bildschirm innerhalb einer logischen Transaktion kann möglicherweise von mehreren vorhergehenden Bildschirmen aus erreicht werden.

Attribute: Logische Transaktion - Nummer der logischen Transaktion.

Applikation - Name der Applikation, in der die logische Transaktion enthalten ist.

Bildschirm - Nummer des Bildschirmformulars, das die logische Transaktion verwendet.

Einstiegsbildschirm - Angabe, ob der Bildschirm bei der entsprechenden Transaktion als Einstiegsbildschirm der Transaktion fungiert. Es können theoretisch mehrere Bildschirme als Einstiegsbildschirme vorgesehen sein. Die Auswahl des konkreten Einstiegsbildschirmes kann von den Werten der hereinkommenden Intertransaktionsparameter abhängig gemacht werden.

6.2.1.9. Bildschirmformular

Synonyme: Form, Bildschirm, Maske, Window, Panel

Komp.Typ: Fundamental

Beschreibung: Bildschirmformulare dienen der Beschreibung des Dialoges in transaktionsorientierten Informationssystemen. Sie werden von logischen Transaktionen in Applikationen verwendet. Die Beschreibung von Bildschirmformularen erfolgt noch unabhängig von der konkreten Realisierungsform. Bildschirmformulare stellen lediglich logische Gruppierungen von Bildschirmelementen dar.

Beziehungen: Zu "Logische Transaktion verwendet Bildschirmformular" (Sicht 1): Ein Bildschirmformular kann in mehreren logischen Transaktionen verschiedener Applikationen verwendet werden.

Zu "Bildschirmelement" (Sicht 5): Ein Bildschirmformular enthält mehrere Bildschirmelemente.

Attribute: Form-Nr. - Nummer des Bildschirmformulars.

Form-Name - Name des Bildschirmformulars.

6.2.1.10. Liste

Synonyme: Document, Standard-Dokument, Formular, Beleg

Komp.Typ: Fundamental

Beschreibung: Mit dieser Komponente wird ausgedrückt, welche Listen (Reports, standardisierte Briefe, Bestätigungen, Belege, Posten-Auszüge etc.) erzeugt werden und welche Transaktionen diese erzeugen.

Beziehungen: Zu "Logische Transaktion" (Sicht 1): Eine logische Transaktion erzeugt keine, eine oder mehrere Listen. Jede Liste wird von genau einer logischen Transaktion erzeugt.

Zu "Listenelement" (Sicht 5): Eine Liste enthält mehrere Listenelemente.

Attribute: Listen-Nr. - Fortlaufende Nummer der Liste.

Listen-Name - Name der Liste.

Erzeugende Transaktion - Nummer der Transaktion, welche die Liste erzeugt.

6.2.1.11. Transaktion-zu-Transaktion-Verbindung

Synonyme: Task to Task Initiation

Komp.Typ: Assoziativ

Beschreibung: Wenn im Online-Betrieb eine Transaktion abgeschlossen resp. abgebrochen wird, kann es aus ablauforganisatorischen Gründen sinnvoll sein, direkt aus der aktuellen Transaktion ohne Umwege über die Starttransaktion der Applikation direkt eine Nachfolgetransaktion zu initiieren.

Wenn eine Batch-Transaktion abgeschlossen ist, löst sie ggf. eine oder mehrere Nachfolgetransaktionen aus.

Eine Transaktion-zu-Transaktion-Verbindung kann unter folgenden Umständen stattfinden:

(1) Batch-Transaktion A initiiert Batch-Transaktion B automatisch, wenn Transaktion A erfolgreich beendet wurde.

(2) Online-Transaktion A initiiert Transaktion B im Online-Betrieb durch Benutzerentscheid nur dann, wenn Transaktion A erfolgreich beendet wurde.

(3) Online-Transaktion A initiiert Transaktion B im Online-Betrieb durch Benutzerentscheid, nachdem Transaktion A erfolgreich beendet wurde oder Transaktion A durch den Benutzer abgebrochen wurde.

Bei einer Online-Transaktion-zu-Transaktion-Verbindung können Schlüsselwerte als Intertransaktionsparameter mitgegeben werden. Es ist dann allerdings erforderlich, dass in die angesprungene Transaktion "Out-of-the-blue" eingestiegen werden kann (s. Pkt. 6.1.2.1.).

Beziehungen: Zu "Logische Transaktion in Applikation" (Sicht 1): Eine logische Transaktion in einer Applikation kann vorhergehende logische Transaktionen haben, aus der sie angesprungen werden kann.

Zu "Logische Transaktion in Applikation" (Sicht 1): Eine logische Transaktion in einer Applikation kann andere logische Transaktionen nach Abschluss oder Abbruch anspringen.

Zu "Intertransaktionsparameter" (Sicht 1): Wenn ein Online-Transaktion-zu-Transaktion-Sprung stattfindet, können Schlüsselwerte als Intertransaktionsparameter an die nachfolgende Transaktion mitgegeben werden.

Zu "Aktion zum Wechseln der Transaktion" (Sicht 4): Ein Online-Transaktion-zu-Transaktion-Sprung erfolgt immer aus einer Aktion in einem Menu. Eine Aktion zum Wechseln der Transaktion führt genau einen Transaktion-zu-Transaktion-Sprung herbei.

Attribute: Von Transaktion - Bezeichnung der Ursprungstransaktion.

Transaktion - Nummer der Transaktion, aus welcher der Transaktionssprung erfolgt (Ursprungstransaktion).

Applikation - Name der Applikation, in der sich die Ursprungstransaktion befindet.

Zu Transaktion - Bezeichnung der Zieltransaktion.

Transaktion - Nummer der Transaktion, zu welcher der Transaktionssprung erfolgt (Zieltransaktion).

Applikation - Name der Applikation, in der sich die Zieltransaktion befindet.

Zusammenhang - Bedingungen und Umstände, unter denen ein Transaktionssprung stattfindet:

A = Automatic: Batch-Transaktion A initiiert Batch-Transaktion B automatisch, wenn Transaktion A erfolgreich abgeschlossen wurde.

S = Successful: Online-Transaktion A initiiert Transaktion B im Online-Betrieb, wenn Transaktion A erfolgreich beendet wurde.

C = Conditional: Online-Transaktion A initiiert Transaktion B im Online-Betrieb, wenn Transaktion A erfolgreich beendet oder durch den Benutzer abgebrochen wurde.

6.2.1.12. Intertransaktionsparameter

Synonyme: -

Komp.Typ: Assoziativ

Beschreibung: Ein Intertransaktionsparameter enthält einen Schlüsselwert (z.B. Auftragsnummer), der von einer Transaktion zur nächsten weitergereicht wird. Intertransaktionsparameter werden für die Online-Verarbeitung benutzt. Sie erlauben "Out-of-the-blue" in eine Nachfolgetransaktion einzusteigen.

Beziehungen: Zu "Transaktion-zu-Transaktion-Verbindung" (Sicht 1): Wenn ein Online-Transaktion-zu-Transaktion-Sprung stattfindet, können Schlüsselwerte als Intertransaktionsparameter an die nachfolgende Transaktion mitgegeben werden.

Zu "Spalte" (Sicht 1): Eine Spalte kann dazu verwendet werden, einen Intertransaktionsparameter zu beschreiben. Jeder Intertransaktionsparameter bezieht sich auf genau eine Spalte.

Attribute: Von Transaktion - Bezeichnung der Ursprungstransaktion.

Transaktion - Nummer der Transaktion, aus welcher der Transaktionssprung erfolgt (Ursprungstransaktion).

Applikation - Name der Applikation, in der sich die Ursprungstransaktion befindet.

Zu Transaktion - Bezeichnung der Zieltransaktion.

Transaktion - Nummer der Transaktion, zu welcher der Transaktionssprung erfolgt (Zieltransaktion).

Applikation - Name der Applikation, in der sich die Zieltransaktion befindet.

Spalten - Nummer der Spalte, die den Intertransaktionsparameter beschreibt.

Bezeichnung (optional) - Bezeichnung des Intertransaktionsparameters.

6.2.1.13. Spalte

Synonyme: Column, Feld, Field

Komp.Typ: Fundamental

Beschreibung: Jede Tabelle besteht aus mehreren Spalten.

Eine Spalte kann wiederum im mehreren Tabellen vorkommen. Jede Spalte ist von einem bestimmten Datentyp.

Beziehungen: Zu "Intertransaktionsparameter" (Sicht 1): Eine Spalte kann dazu verwendet werden, einen Intertransaktionsparameter zu beschreiben. Jeder Intertransaktionsparameter bezieht sich auf genau eine Spalte.

Zu "Spalte der Tabelle" (Sicht 2): Jede Spalte sollte mindestens in einer Tabelle vorkommen.

Zu "Integritätsbedingungen für Spalte oder Spaltengruppe von Tabelle" (Sicht 2): Eine Spalte kann von einer, keiner oder mehreren Integritätsbedingungen betroffen sein. Jede Integritätsbedingung betrifft eine oder mehrere Spalten.

Zu "Spalte kommt vor als Feld" (Sicht 5): Eine Spalte kann mehrmals als Feld in Bildschirmformularen oder Listen vorkommen.

Attribute: Spalten-Nr. - Fortlaufende Nummer der Spalte.

Spalten-Name - Name der Spalte.

Spalten-Beschreibung - Verbale Beschreibung der Spalte.

Datentyp - Datentyp der Spalte (CHAR, DATE, DEC, etc.).

6.2.2. Datenbanken und Tabellen

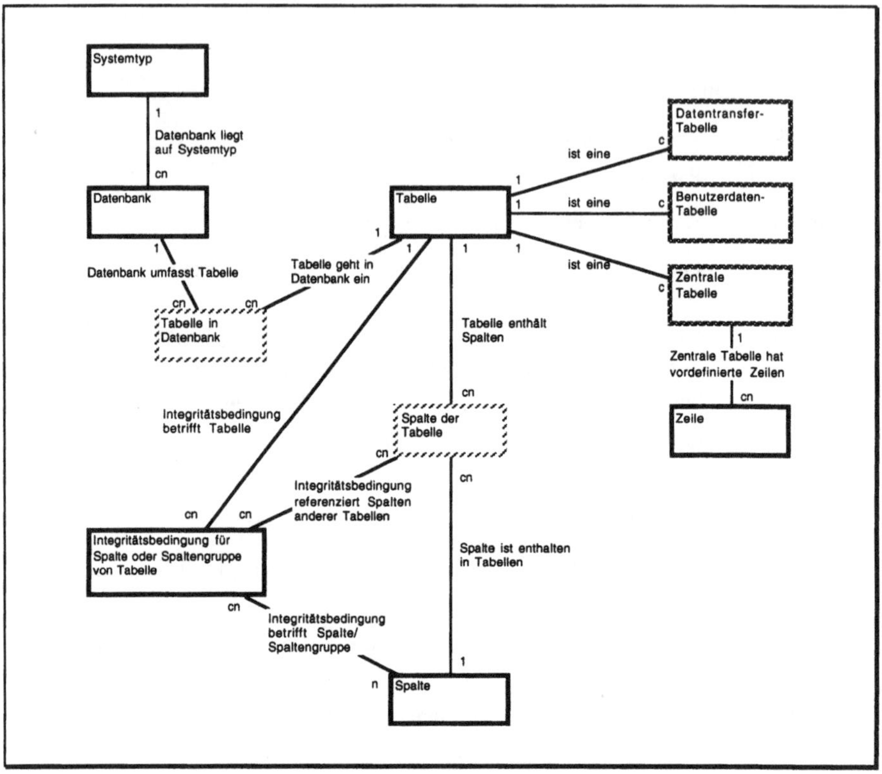

Abb. 6.2.2./1: Sicht 2 - Datenbanken und Tabellen

Bild 6.2.2./1 stellt die 2. Sicht des System-Designs - Datenbanken und Tabellen - dar. Entitätstypen und Attribute aus der Analyse werden im System-Design als Tabellen und Spalten behandelt. Tabellen und Spalten sind die Vorschriften, wie die Daten auf dem Rechner im Datenbanksystem strukturiert werden sollen. Der Unterschied zwischen Entitätstypen und Tabellen ist in Pkt. 6.1.1. beschrieben.

Tabellen enthalten Spalten. Spalten selbst können in mehreren Tabellen vorkommen. In einem normalisierten Datenmodell sind die Spalten, die in mehreren Tabellen vorkommen, die Identifikations- und Fremdschlüssel. Im Gegensatz zur Analyse enthält das Datenmodell im Design noch weitere Angaben. Dies betrifft vor allem die Historisierung resp. Versionisierung von Informationen sowie den Einbezug des Aspektes der Datenkontrolle. Teilweise müssen neue Attribute (jetzt Spalten) geschaffen werden, damit kontrolliert werden kann, wer wann welche Daten verändert hat.

In den meisten Fällen wird sich das Datenmodell auch weiterentwickeln, weil das Projekt-Team auf dem detaillierteren Niveau des Designs auf Erkentnisse gestossen ist, die vorher noch nicht bekannt waren.

Tabellen werden einzelnen Datenbanken zugeordnet. Die Aufteilung der Tabellen in die Datenbanken ergibt sich aus der Aufteilung von Entitätstypen in Datenbanken aus der Analyse (siehe Sicht 6 - Verteilung in Pkt. 5.2.6.). Jede Datenbank wurde für einen bestimmten Systemtyp identifiziert.

Eine Tabelle selbst kann eine Datentransfer-Tabelle, eine Benutzerdaten-Tabelle oder eine zentrale Tabelle, die vordefinierte Codes als Zeilen enthält, sein (s. Pkt. 6.1.1.).

Integritätsbedingungen werden im wesentlichen aus der Analyse übernommen. Die Arten der Integritätsbedingungen sind in Pkt. 6.2.2.11. beschrieben. Da das Datenmodell im System-Design weiterwächst, müssen die Integritätsbedingungen gegenüber der Analyse entsprechend modifiziert resp. erweitert werden.

6.2.2.1. Systemtyp

Siehe Beschreibung in Pkt. 6.2.1.1..

6.2.2.2. Datenbank

Synonyme: Logische Datenbank, Data Store

Komp.Typ: Fundamental

Beschreibung: Siehe Komponenten-Beschreibung in Pkt. 5.2.6.4..

<u>Zusätzlich</u>:

Datenbanken umfassen Tabellen. Datenbanken stellen wie Applikationen die einzelnen Realisierungseinheiten dar. Eine Datenbank wird für einen bestimmten Systemtyp realisiert.

Beziehungen: Zu "Systemtyp" (Sicht 2): Jede Datenbank wird auf einem bestimmten Systemtyp realisiert. Für einen Systemtyp können mehrere Datenbanken realisiert werden.

Zu "Tabelle in Datenbank" (Sicht 2): Eine Datenbank umfasst eine oder mehrere Tabellen.

Zu "System hält Datenbank" (Sicht 7): Eine Datenbank kann auf mehreren Systemen desselben Systemtyps implementiert werden.

Attribute: Datenbank-Name - Name der Datenbank.

Systemtyp - Code für den Systemtyp, auf dem die Datenbank realisiert wird.

6.2.2.3. Tabelle

Synonyme: Table, File, Flat File, Datei

Komp.Typ: Fundamental

Beschreibung: Eine Tabelle ist eine zweidimensionale Datenstruktur, die im System-Design verwendet wird, um zu spezifizieren, wie die Daten auf dem Rechner strukturiert sein müssen. Eine Tabelle besteht aus Spalten und Zeilen.

Beziehungen: Zu "Datentransfer-Tabelle" (Sicht 2): Eine Tabelle kann eine Datentransfertabelle sein.

Zu "Benutzerdaten-Tabelle" (Sicht 2): Eine Tabelle kann eine Benuzerdaten-Tabelle sein.

Zu "Zentrale Tabelle" (Sicht 2): Eine Tabelle kann eine zentrale Tabelle sein.

Zu "Spalte der Tabelle" (Sicht 2): Eine Tabelle besteht aus Spalten.

Zu "Integritätsbedingungen für Spalte oder Spaltengruppe von Tabelle" (Sicht 2): Zu einer Tabelle können Integritätsbedingungen existieren. Jede Integritätsbedingung betrifft genau eine Tabelle.

Zu "Tabelle in Datenbank" (Sicht 2): Eine Tabelle kann in mehreren Datenbanken realisiert werden.

Attribute: Tabellen-Nr. - Fortlaufende Tabellennummer.

Tabellen-Name - Name der Tabelle.

6.2.2.4. Tabelle in Datenbank

Synonyme: -

Komp.Typ: Assoziativ

Beschreibung: Eine Datenbank umfasst mehrere Tabellen. Eine Tabelle selbst kann in mehreren Datenbanken realisiert werden. Dieser Fall tritt vor allem dann ein, wenn dieselben Daten auf mehreren Systemtypen verfügbar gemacht werden sollen.

Beziehungen: Zu "Datenbank" (Sicht 2): Eine Datenbank umfasst eine oder mehrere Tabellen.

Zu "Tabelle" (Sicht 2): Eine Tabelle kann in mehreren Datenbanken realisiert werden.

Zu "Logische Transaktion verwendet Tabelle" (Sicht 3): Jede Tabelle, die in einer logischen Transaktion verwendet wird, kommt aus einer bestimmten Datenbank. Eine Tabelle einer Datenbank wird in mehreren Transaktionen verwendet.

Zu "Logische Transaktion bewirkt ELH-Zustandsübergang" (Sicht 3): Jeder Entity-Life-History-Zustandsübergang bezieht sich auf eine bestimmte Tabelle einer Datenbank.

Zu "Zugriffsbeschränkung auf Tabelle und Spalte" (Sicht 8): Für eine Tabelle einer Datenbank können mehrere Zugriffsbeschränkungen existieren. Jede Zugriffsbeschränkung betrifft genau eine Tabelle einer Datenbank.

Attribute: Datenbank - Name der Datenbank.

Tabelle. - Nummer der Tabelle.

Volumen - Durchschnittlich zu erwartende Zeilen (resp. Spannbreite[1]) der Tabelle in der Datenbank.

6.2.2.5. Spalte der Tabelle

Synonyme: -

Komp.Typ: Assoziativ

Beschreibung: Eine Tabelle besteht aus mehreren Spalten. Eine Spalte selbst kann in mehreren Tabellen vorkommen.

Beziehungen: Zu "Tabelle" (Sicht 2): Eine Tabelle besteht aus Spalten.

Zu "Spalte" (Sicht 2): Jede Spalte sollte mindestens in einer Tabelle vorkommen.

Zu "Integritätsbedingung für Spalte oder Spaltengruppe von Tabelle" (Sicht 2): Eine oder mehrere Spalten einer anderen Tabelle können aus einer oder mehreren Integritätsbedingungen referenziert werden.

Zu "Logische Transaktion verwendet Spalte" (Sicht 3): Jede Verwendung einer Spalte bezieht sich auf eine bestimmte Tabelle. Eine Spalte aus einer Tabelle wird in mehreren Transaktionen verwendet.

Zu "Zugriffsbeschränkung auf Spalte" (Sicht 8): Für eine Spalte in einer Tabelle einer Datenbank können Zugriffsbeschränkungen existieren.

Attribute: Spalte - Fortlaufende Nummer der Spalte.

Tabelle - Nummer der Tabelle, in der die Spalte vorkommt.

6.2.2.6. Spalte

Siehe Beschreibung in Pkt. 6.2.1.13..

---

[1] Bei partitionierten Datenbanken.

6.2.2.7. Datentransfer-Tabelle

Synonyme: Transfer-File, Message-Format

Komp.Typ: Spezialisierung (von Tabelle)

Beschreibung: Eine Datentransfer-Tabelle beschreibt die Struktur von Transferdaten, z.B. für den Datenaustausch von Batch-Transaktionen oder für die Verarbeitung oder die Ausgabe von EDI[1]-Messages.

Beziehungen: Zu "Tabelle" (Sicht 2): Eine Tabelle kann eine Datentransfertabelle sein.

Attribute: Tabellen - Nummer der Datentransfer-Tabelle.

6.2.2.8. Benutzerdaten-Tabelle

Synonyme: -

Komp.Typ: Spezialisierung (von Tabelle)

Beschreibung: Eine Benutzerdaten-Tabelle ist eine Tabelle, die Daten über längere Zeit hält, die sich im operativen Betrieb durch Effekte entsprechender Transaktionen verändern. Das Gegenstück zur Benutzerdaten-Tabelle ist die zentrale Tabelle, die Daten für den operativen Betrieb nur lesend zur Verfügung stellt.

Beziehungen: Zu "Tabelle" (Sicht 2): Eine Tabelle kann eine Benuzerdaten-Tabelle sein.

Attribute: Tabelle - Nummer der Benutzerdaten-Tabelle.

6.2.2.9. Zentrale Tabelle

Synonyme: Code-Tabelle, Referenzdaten-Tabelle, statische Tabelle

Komp.Typ: Spezialisierung (von Tabelle)

Beschreibung: Eine zentrale Tabelle ist eine Tabelle, die statische Informationen enthält, die im operativen Betrieb nur gelesen, aber nie mutiert werden. Das Gegenstück zur zentralen Tabelle ist die Benutzerdaten-Tabelle.

Beziehungen: Zu "Tabelle" (Sicht 2): Eine Tabelle kann eine zentrale Tabelle sein.

Zu "Zeile" (Sicht 2): Eine zentrale Tabelle hat eine bis mehrere fest vordefinierte Zeilen, welche die vordefinierte Information enthalten.

Attribute: Tabelle - Nummer der zentralen Tabelle.

---

[1] Electronic Data Interchange.

6.2.2.10. Zeile

Synonyme: Row

Komp.Typ: Fundamental

Beschreibung: Wenn eine Tabelle Codes (z.B. Mutationscodes) enthalten soll, kann dies durch die vorliegende Komponente modelliert werden. In dieser Komponente können die konkreten Werte von Zeilen einer zentralen Tabelle spezifiziert werden.

Beziehungen: Zu "Zentrale Tabelle" (Sicht 2): Eine zentrale Tabelle hat eine bis mehrere fest vordefinierte Zeilen, welche die vordefinierte Information enthalten.

Attribute: Tabelle - Nummer der zentralen Tabelle.

Zeilen-Nr. - Fortlaufende Zeilennummer.

Inhalt - Ablage des Inhalts der Zeile.

6.2.2.11. Integritätsbedingung für Spalte oder Spaltengruppe von Tabelle

Synonyme: Data Base Constraint, Datenbank-Konsistenzbedingung

Beschreibung: Es müssen Konsistenzbedingungen für Spalten oder Spaltengruppen von Tabellen definiert werden können.

Es existieren dieselben drei Klassen von Integritätsbedingungen wie in der Analyse (s. Pkt. 5.2.2.7.):

a) Eindeutigkeit.

b) Referentielle Integrität.

c) Freie Konsistenzbedingung.

Weiterhin existiert noch eine weitere Bedingung für den Fall, dass Daten explizit redundant gehalten werden. In diesem Fall muss angegeben werden, dass die Spalte ein

d) Duplikat

einer anderen Spalte ist.

Ein weiterer Fall einer Integritätsbedingung ist eine spezielle Form der

e) referentiellen Integrität, die Nullwerte erlaubt.

D.h., falls es einen Wert (ausser Null) gibt, muss ein entsprechender Eintrag in der referenzierten Tabelle existieren.

Beziehungen: Zu "Tabelle" (Sicht 2): Zu einer Tabelle können Integritätsbedingungen existieren. Jede Integritätsbedingung betrifft genau eine Tabelle.

Zu "Spalte" (Sicht 2): Eine Spalte kann von einer, keiner oder mehreren Integritätsbedingungen betroffen sein. Jede Integritätsbedingung betrifft eine oder mehrere Spalten.

Zu "Spalte der Tabelle" (Sicht 2): Eine oder mehrere Spalten einer anderen Tabelle können aus einer oder mehreren Integritätsbedingungen referenziert werden.

Attribute: Tabelle - Nummer der Tabelle, für welche die Konsistenzbedingung gilt.

Spaltengruppe (*) - Auflistung der Spalten, welche die Spaltengruppe bilden (mind. eine Spalte).

Spalten - Nummer der Spalte, für welche die Konsistenzbedingung gilt.

Bedingung - Beschreibung der Konsistenzbedingung:

a) Eindeutigkeit.

b) Referentielle Integrität.

c) Freie Formulierung.

d) Duplikat.

e) Referentielle Integrität, Nullwerte erlaubt.

Referenzierte Spalten einer anderen Tabelle (optional) - Im Falle der referentiellen Integrität und von Duplikaten sind noch die Tabellen-Nr. und die Spalten-Nr. anzugeben, welche die Bedingung referenziert.

Tabelle - Nummer der Tabelle, die referenziert wird.

Spalten (*) - Angabe der Spalten, die referenziert werden.

Spalte - Nummer der Spalte.

6.2.3. Datenverwendung

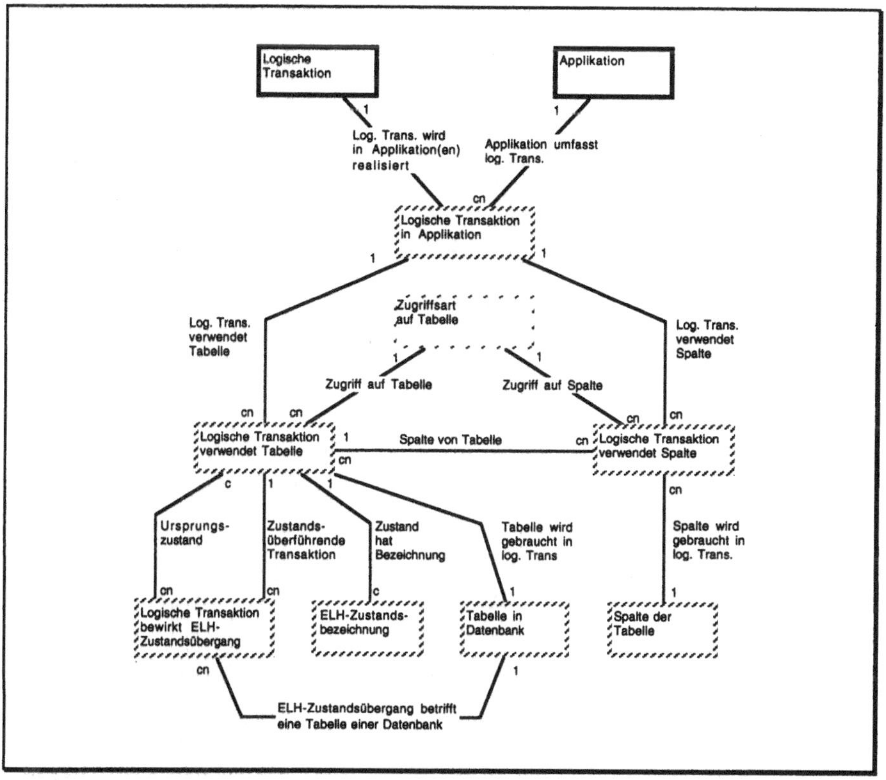

Abb. 6.2.3./1: Sicht 3 - Datenverwendung

Bild 6.2.3./1 zeigt die dritte Sicht des System-Designs mit der Datenverwendung durch logische Transaktionen.

Eine logische Transaktion in einer Applikation operiert auf Daten einer oder mehrerer Datenbanken. Die Strukturen der Daten sind als Tabellen und Spalten spezifiziert. Bestimmte Daten bilden die Eingabe für die Transaktionen, andere Daten werden durch Transaktionen in Tabellen erzeugt. Durch die Metamodell-Komponente "Zugriffsart auf Tabellen" können die möglichen Arten des Zugriffs (Lesen, Löschen, Modifzieren, ...) spezifiziert werden.

Die Beschreibung von Operationen (oder synonym: Effekten, Zugriffen) logischer Transaktionen auf das Datenmodell des System-Designs erfolgt durch die Metamodell-Komponente "Logische Transaktion verwendet Tabelle" und auf einer höher detaillierten Stufe durch "Logische Transaktion verwendet Spalte". Die Gesamtheit der Zugriffe auf Tabellen und Spalten aus einer Transaktion kann als View der Transaktion auf die Datenbank(en) interpretiert werden. Eine logische Transaktion kann durchaus Effekte auf Tabellen unterschiedlicher Datenbanken (auf unterschiedlichen Systemtypen) bewirken. Ein grosser Teil der Effekte von elementaren Geschäftsfunktionen auf das Datenmodell der Analyse werden auch hier im System-Design verwendet werden können.

Die Metamodell-Komponente "Logische Transaktion bewirkt ELH-Zustandsübergang" dient der Darstellung von Entity-Life-Histories. Sie zeigt auf, wann eine Update-Transaktion im Leben einer Entität aus der betroffenen Tabelle eintreffen darf (s. Pkt. 6.1.2.3.). Die Komponente "ELH-Zustandsbezeichnung" dient dazu, den Zustand, der durch den Eintritt der logischen Transaktion gegeben ist, verbal zu bezeichnen. Die Bezeichnung des Zustandes ist nicht obligatorisch. Oft wird der Zustand auch lauten: "Nach Eintritt der Transaktion x".

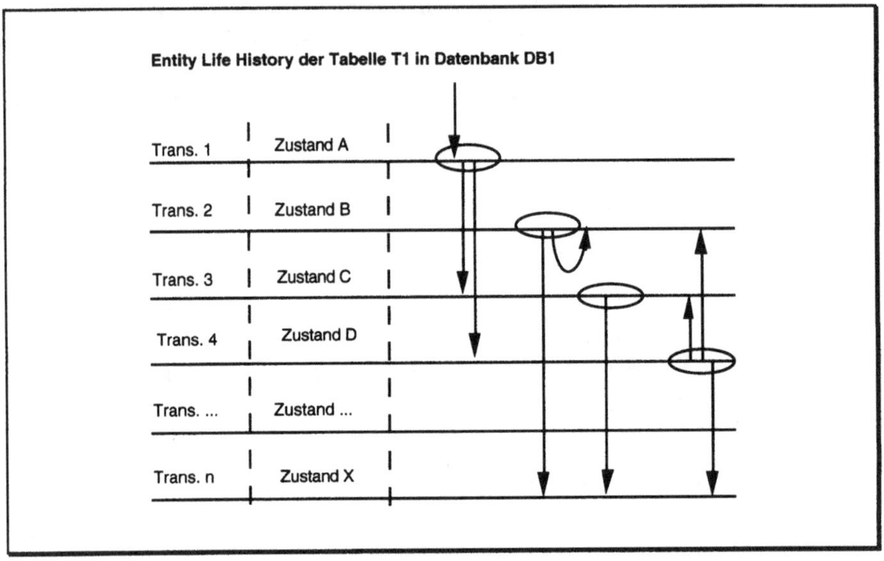

Abb. 6.2.3./2: Schematisches Beispiel einer Entity-Life-History

Bild 6.2.3./2 zeigt ein schematisches Beispiel einer Entity-Life-History. Der Zustand A wird durch den Eintritt der Transaktion 1 herbeigeführt. Transaktion 1 hat keine Vorgängertransaktion, d.h. sie erzeugt neue Daten (d.h. eine Zeile) in der Tabelle. Transaktion 3 kann nach Transaktion 1 (Zustand A) oder Transaktion 4 (Zustand D) ablaufen und bewirkt den Zustand C. Zustand B, den Transaktion 2 herbeiführt, kann nur nach Zustand D (Transaktion 4) eintreten. Nach dem Eintritt von Transaktion 2 kann nur Transaktion n oder wieder Transaktion 2 auf denselben Daten (d.h. auf derselben Zeile) in der Tabelle Update-Operationen (modifizieren, löschen) bewirken.

6.2.3.1. Applikation

Siehe Beschreibung in Pkt. 6.2.1.2..

6.2.3.2. Logische Transaktion

Siehe Beschreibung in Pkt. 6.2.1.3..

6.2.3.3. Logische Transaktion in Applikation

Siehe Beschreibung in Pkt. 6.2.1.4..

6.2.3.4. Logische Transaktion verwendet Tabelle

Synonyme: Task Uses Table

Komp.Typ: Assoziativ

Beschreibung: Jede logische Transaktion in einer Applikation operiert auf Daten. Diese Komponente drückt aus, auf welchen Tabellen in welchen Datenbanken eine logische Transaktion in welcher Art zugreift (resp. Effekte produzieren).

Wenn es sich um einen nicht lesenden Zugriff auf eine Tabelle handelt, bedeutet die Ausführung der Transaktion den Eintritt eines neuen Entity-Life-History-Zustandes (s. Pkt. 6.2.3.). Dieser Zustand kann eine explizite Zustandsbezeichnung haben (z.B. "storniert").

Beziehungen: Zu "Logische Transaktion in Applikation" (Sicht 3): Eine logische Transaktion in einer Applikation greift auf Tabellen bestimmter Datenbanken zu.

Zu "Zugriffsart auf Tabelle" (Sicht 3): Jede Verwendung einer Tabelle durch eine logische Transaktion ist von einer bestimmten Art.

Zu "Tabelle in Datenbank" (Sicht 3): Jede Tabelle, die in einer logischen Transaktion verwendet wird, kommt aus einer bestimmten Datenbank. Eine Tabelle einer Datenbank wird in mehreren Transaktionen verwendet.

Zu "Logische Transaktion verwendet Spalte" (Sicht 3): Jede Verwendung einer Spalte in einer logischen Transaktion bezieht sich auf die Verwendung jener Tabelle, welche die Spalte enthält.

Zu "Logische Transaktion bewirkt ELH-Zustandsübergang" (Sicht 3): Die Ausführung einer nicht lesenden Operation einer Transaktion auf einer Tabelle führt die betroffene Zeile in einen neuen Entity-Life-History-Zustand. Die entsprechende Transaktion ist die zustandsüberführende Transaktion. Der Zielzustand kann von mehreren erlaubten Ursprungszuständen aus erreicht werden.

Zu "Logische Transaktion bewirkt ELH-Zustandsübergang" (Sicht 3): Ein Entity-Life-History-Zustandsübergang geht von einem oder keinem Ursprungszustand aus. Kein Ursprungszustand liegt vor, wenn eine neue Zeile in der Tabelle durch die zustandsüberführende Transaktion erzeugt wird. Von einem Ursprungszustand aus können möglicherweise mehrere alternative Zielzustände durch die Ausführung anderer logischer Transaktionen erreicht werden.

Zu "ELH-Zustandsbezeichnung" (Sicht 3): Die Ausführung einer nicht lesenden Operation einer Transaktion auf einer Tabelle führt zu einem neuen Entity-Life-History-Zustand. Dieser Zustand hat möglicherweise eine explizite Bezeichnung. Standardmässig lautet der Zustand eben 'Nach Eintritt der Transaktion x' und braucht keine explizite Bezeichnung.

Attribute: Applikation - Name der Applikation.

Transaktion - Nummer der Transaktion.

Datenbank - Name der Datenbank.

Tabelle - Nummer der Tabelle.

Zugriffsart - Code für die Zugriffsart.

6.2.3.5. Tabelle in Datenbank

Siehe Beschreibung in Pkt. 6.2.2.4..

6.2.3.6. Zugriffsart auf Tabelle

Synonyme: Task Data Usage Type

Komp.Typ: Zentrale Tabelle

Beschreibung: Logische Transaktionen verwenden Tabellen, indem sie Zeilen in der Tabelle erzeugen, lesen, mutieren etc.. Durch diese Metamodell-Komponente können die verschiedenen Verwendungsarten (und ggf. Kombinationen von Verwendungsarten) festgelegt werden.

Beziehungen: Zu "Logische Transaktion verwendet Tabelle" (Sicht 3): Jede Verwendung einer Tabelle durch eine logische Transaktion ist von einer bestimmten Art.

Zu "Logische Transaktion verwendet Spalte" (Sicht 3): Jede Verwendung einer Spalte einer Tabelle durch eine logische Transaktion ist von einer bestimmten Art.

Attribute: Zugriffsart-Code - Code-Bezeichnung für die Zugriffsart.

Beschreibung - Beschreibung der Zugriffsart.

6.2.3.7. Logische Transaktion bewirkt ELH-Zustandsübergang

Synonyme: -

Komp.Typ: Assoziativ

Beschreibung: Ein Entity-Life-History-Zustand, bezogen auf eine Zeile in einer Tabelle, tritt durch die Ausführung einer Update-Transaktion ein, d.h. einer Transaktion, die neue Zeilen in der Tabelle erzeugt, Zeilen ändert oder diese löscht.

Durch die vorliegende Metamodell-Komponente werden die zulässigen Entity-Life-History-Zustandsübergänge formuliert.

Von einem Ursprungszustand aus sind verschiedene Zielzustände möglich. Es sind auch mehrere Ursprungszustände für einen bestimmten Zielzustand möglich. Genauso ist es möglich, dass ein Zielzustand keinen Ursprungszustand hat. Dies ist immer dann der Fall, wenn die zustandsüberführende Transaktion neue Zeilen in der Tabelle erzeugt.

Beziehungen: Zu "Logische Transaktion verwendet Tabelle" (Sicht 3): Die Ausführung einer nicht lesenden Operation einer Transaktion auf einer Tabelle führt die betroffene Zeile in einen neuen Entity-Life-History-Zustand. Die entsprechende Transaktion ist die zustandsüberführende Transaktion. Der Zielzustand kann von mehreren erlaubten Ursprungszuständen aus erreicht werden.

Zu "Logische Transaktion verwendet Tabelle" (Sicht 3): Ein Entity-Life-History-Zustandsübergang geht von einem oder keinem Ursprungszustand aus. Kein Ursprungszustand liegt vor, wenn eine neue Zeile in der Tabelle durch die zustandsüberführende Transaktion erzeugt wird. Von einem Ursprungszustand aus können möglicherweise mehrere alternative Zielzustände durch die Ausführung anderer logischer Transaktionen erreicht werden.

Zu "Tabelle in Datenbank" (Sicht 3): Jeder Entity-Life-History-Zustandsübergang bezieht sich auf eine bestimmte Tabelle einer Datenbank.

Attribute: Ursprungszustand (optional) - Angabe jener Transaktion, die den Ursprungszustand bewirkt hat.

Applikation - Name der Applikation.

Transaktion - Nummer der Transaktion.

Zielzustand - Angabe der zustandsüberführenden Transaktion.

Applikation - Name der Applikation.

Transsaktion - Nummer der Transaktion.

Datenbank - Name der Datenbank.

Tabelle - Nummer der Tabelle.

6.2.3.8. ELH-Zustandsbezeichnung

Synonyme: ELH-State

Komp.Typ: Assoziativ

Beschreibung: Die Ausführung einer nicht lesenden Operation einer logischen Transaktion auf einer Tabelle bewirkt den Eintritt eines neuen Entity-Life-History-Zustandes. Dieser Zustand kann eine explizite Zustandsbezeichnung haben. Standardmässig würde die Zustandsbezeichnung "Nach Eintritt der Transaktion x" lauten.

Beziehungen: Zu "Logische Transaktion verwendet Tabelle" (Sicht 3): Die Ausführung einer nicht lesenden Operation einer Transaktion auf einer Tabelle führt zu einem neuen Entity-Life-History-Zustand. Dieser Zustand hat möglicherweise eine explizite Bezeichnung. Standardmässig lautet der Zustand eben 'Nach Eintritt der Transaktion x' und braucht keine explizite Bezeichnung.

Attribute: Zielzustand - Angabe der zustandsüberführenden Transaktion.

Applikation - Name der Applikation.

Transaktion - Nummer der Transaktion.

Datenbank - Name der Datenbank.

Tabelle - Nummer der Tabelle.

Zustandsbezeichnung - Verbale Bezeichnung des Zustandes.

6.2.3.9. Logische Transaktion verwendet Spalte

Synonyme: Task Uses Column

Komp.Typ: Assoziativ

Beschreibung: Logische Transaktionen von Applikationen greifen auf Spalten von Tabellen aus Datenbanken in einer bestimmten Weise zu. Es handelt sich hierbei um eine Verfeinerung der Metamodell-Komponente "Logische Transaktion verwendet Spalte".

Beziehungen: Zu "Logische Transaktion in Applikation" (Sicht 3): Eine logische Transaktion in einer Applikation greift auf Spalten von Tabellen bestimmter Datenbanken zu.

Zu "Zugriffsart auf Tabelle" (Sicht 3): Jede Verwendung einer Spalte einer Tabelle durch eine logische Transaktion ist von einer bestimmten Art.

Zu "Spalte der Tabelle" (Sicht 3): Jede Verwendung einer Spalte bezieht sich auf eine bestimmte Tabelle. Eine Spalte aus einer Tabelle wird in mehreren Transaktionen verwendet.

Zu "Logische Transaktion verwendet Tabelle" (Sicht 3): Jede Verwendung einer Spalte in einer logischen Transaktion bezieht sich auf die Verwendung jener Tabelle, welche die Spalte enthält.

Attribute: Applikation - Name der Applikation.

Transaktion - Nummer der Transaktion.

Datenbank - Name der Datenbank.

Tabelle - Nummer der Tabelle.

Spalte - Nummer der Spalte.

Zugriffsart - Code für die Zugriffsart.

6.2.3.10. Spalte der Tabelle

Siehe Beschreibung in Pkt. 6.2.2.5..

6.2.4. Dialogablauf

Bild 6.2.4./1enthält die vierte Sicht des System-Designs mit dem Dialogablauf.

Der obere Teil von Sicht 4 mit den Metemodell-Komponenten

- Applikation,
- logische Transaktion,
- logische Transaktion in Applikation,
- Starttransaktion von Applikation,
- Menu von Applikation und
- Transaktion-zu-Transaktion-Verbindung

entspricht exakt dem oberen Teil von Sicht 1 (Applikationen und Transaktionen) in Pkt. 6.2.1..

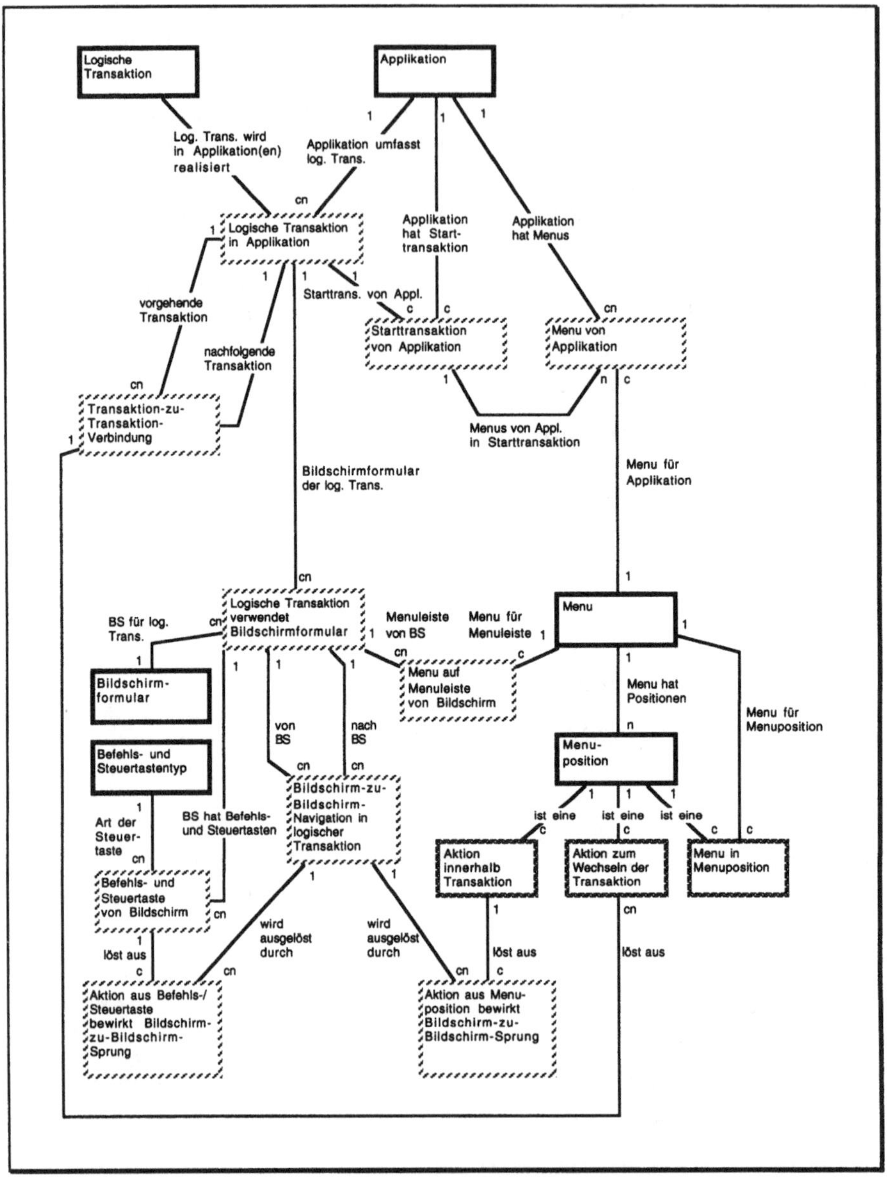

Abb. 6.2.4./1: Sicht 4 - Dialogablauf

Jede logische Online-Transaktion in einer Applikation verwendet mindestens ein Bildschirmformular. Die Bildschirmformulare selbst werden i.d.R. unabhängig von ihrer Realisierungsform separat beschrieben. Dadurch wird eine mehrfache Verwendung derselben Bildschirmdefinition möglich. Wenn logische Transaktionen mehrere Bildschirmformulare verwenden, müssen die zulässigen Bildschirmsprünge über die Metamodell-Komponente "Bildschirm-zu-Bildschirm-Navigation in logischer Transaktion" spezifiziert werden.

Die Hilfsmittel für die Navigation innerhalb einer logischen Transaktion und zwischen logischen Transaktionen stellen

- Befehls- und Steuertasten und

- Menus

dar.

Jeder Bildschirm in einer logischen Transaktion hat eine Menuleiste, die Menus enthält. Ein Menu selbst verfügt über Menupositionen. Eine Menuposition enthält entweder ein weiteres Menu, oder sie löst eine Aktion aus. Diese Aktion kann den Wechsel der Transaktion herbeiführen oder nur lokal innerhalb der Transaktion wirken. Es ist möglich, dass eine solche lokale Aktion innerhalb der Transaktion einen Bildschirm-zu-Bildschirm-Sprung bewirkt.

Eine Befehls- und Steuertaste selbst lösen auch Aktionen aus. Bestimmte Aktionen können bewirken, dass ein Bildschirm-zu-Bildschirm-Sprung durchgeführt wird.

Die Dialog-Navigation erfolgt also kombiniert über Menus und Befehls- und Steuertasten. Die Bildschirm-zu-Bildschirm-Navigation wird ausgelöst durch Aktionen aus einer Menuposition oder durch eine Befehls- und Steuertaste. Der Wechsel der Transaktion erfolgt i.d.R. durch die Auswahl einer entsprechenden Menuposition, deren Aktion den Transaktionssprung herbeiführt.

Bild 6.2.4./2 zeigt ein schematisches Beispiel einer Dialogspezifikation für eine logische Transaktion anhand eines Dialogflussdiagramms [vgl. JMA/BSD, S. 125 ff].

Transaktion 1 enthält vier Bildschirme. Bildschirm 1 ist der Einstiegs-Bildschirm, wenn die Transaktion 1 startet, d.h. wenn die Transaktion 1 aus einer anderen Transaktion angesprungen wird. Gestrichelte Linien zeigen alle Verbindungen von/zu Transaktionen. Von Bildschirm 1 können die Bildschirme 2, 3 und 4 angesprungen werden. Nachdem Bildschirm 4 angesprungen worden ist, erfolgt ein automatischer Rücksprung auf Bildschirm 1 (dargestellt mit dem fetten Punkt bei der Verbindung zwischen Bildschirmen 1 und 4). Bei Bildschirm 4 kann es sich beispielsweise um ein Pop-Up-Window handeln. Von Bildschirm 2 können die Bildschirme 3 und 4 angesprungen werden, wobei bei Bildschirm 4 wieder ein automatischer Rücksprung erfolgt. Von Bildschirm 3 aus können die Transaktionen 2 und 3 erreicht werden. Von Bildschirm 3 aus lassen sich auch die Bildschirme 1, 2 und 3 selbst sowie Bildschirm 4 anspringen. Die Bildschirmsprünge werden über das Auswählen von Menupositionen oder über das Betätigen von Befehls- und Steuertasten realisiert.

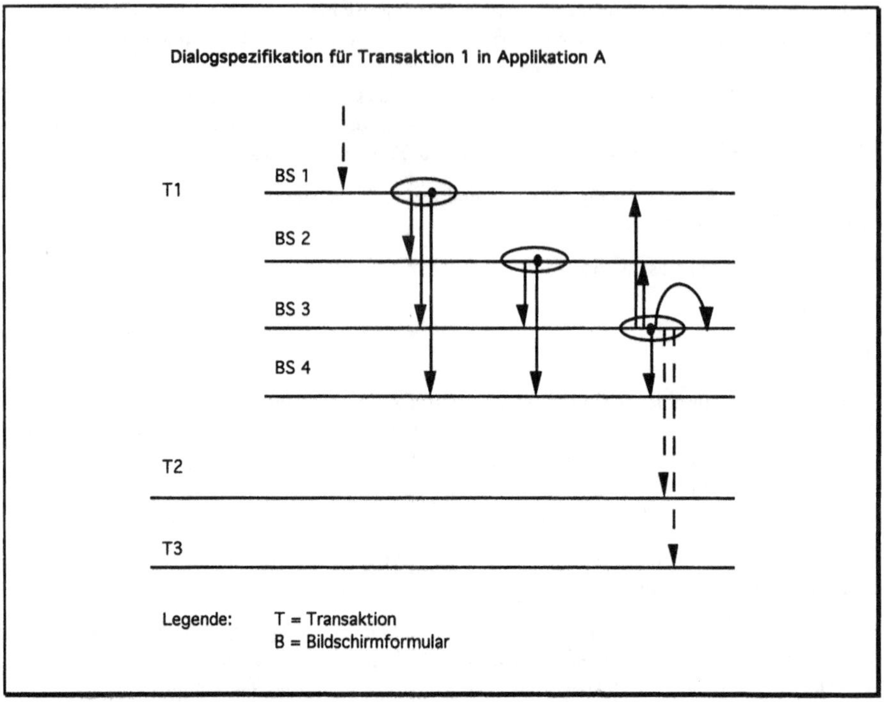

Abb. 6.2.4./2: Schematisches Beispiel für eine Dialogspezifikation einer Transaktion

6.2.4.1. Applikation

Siehe Beschreibung in Pkt. 6.2.1.2..

6.2.4.2. Logische Transaktion

Siehe Beschreibung in Pkt. 6.2.1.3..

6.2.4.3. Logische Transaktion in Applikation

Siehe Beschreibung in Pkt. 6.2.1.4..

6.2.4.4. Starttransaktion von Applikation

Siehe Beschreibung in Pkt. 6.2.1.5..

6.2.4.5. Menu von Applikation

Siehe Beschreibung in Pkt. 6.2.1.6..

6.2.4.6. Transaktion-zu-Transaktion-Verbindung

Siehe Beschreibung in Pkt. 6.2.1.11..

6.2.4.7. Menu

Siehe Beschreibung in Pkt. 6.2.1.7..

6.2.4.8. Menuposition

Synonyme: Menu-Action

Komp.Typ: Fundamental

Beschreibung: Ein Menu besteht aus Menupositionen. Eine Menusposition selbst kann (1) ein weiteres Menu anbieten (Untermenu), das seinerseits wieder Menupositionen enthält. Aus einer Menuposition kann (2) eine Transaktion-zu-Transaktion-Verbindung initiiert werden, oder es kann (3) eine lokale Aktion innerhalb der Transaktion ausgeführt werden.

Beziehungen: Zu "Menu" (Sicht 4): Ein Menu enthält eine oder mehrere Menupositionen. Jede Menuposition gehört zu genau einem Menu.

Zu "Menu in Menuposition" (Sicht 4): Eine Menuposition kann wieder ein Menu enthalten.

Zu "Aktion zum Wechseln der Transaktion" (Sicht 4): Eine Menuposition kann eine Aktion auslösen, die zum Wechsel der Transaktion führt. Jeder Wechsel einer Online-Transaktion entsteht aus einer Menuposition heraus.

Zu "Aktion innerhalb Transaktion" (Sicht 4): Eine Menuposition kann eine lokale Aktion innerhalb der logischen Transaktion auslösen.

Attribute: Menu - Nummer des Menus.

Menuposition-Nr. - Nummer der Menuposition.

Menuposition-Bezeichnung - Bezeichnung der Menuposition.

6.2.4.9. Aktion innerhalb Transaktion

Synonyme: -

Komp.Typ: Spezialisierung (von Menuposition)

Beschreibung: Eine Menuposition kann eine lokale Aktion innerhalb der logischen Transaktion auslösen. Diese lokale Aktion kann unter Umständen ein Bildschirm-zu-Bildschirm-Sprung innerhalb der logischen Transaktion sein.

Beziehungen: Zu "Menuposition" (Sicht 4): Eine Menuposition kann eine lokale Aktion innerhalb der logischen Transaktion auslösen.

Zu "Aktion aus Menuposition bewirkt Bildschirm-zu-Bildschirm-Sprung" (Sicht 4): Eine Aktion innerhalb einer Transaktion kann ein Bildschirm-zu-Bildschirm-Sprung sein. Ein Bildschirm-zu-Bildschirm-Sprung innerhalb einer logischen Transaktion kann durch eine Aktion aus einer Menuposition heraus erfolgen.

Attribute: Menu - Nummer des Menus.

Menuposition - Nummer der Menuposition.

Beschreibung der Aktion (optional) - Verbale Beschreibung der Aktion, die aus der entsprechenden Menuposition ausgelöst wird.

6.2.4.10. Aktion zum Wechseln der Transaktion

Synonyme: -

Komp.Typ: Spezialisierung (von Menuposition)

Beschreibung: Eine Menuposition kann eine Aktion zum Wechseln der Transaktion auslösen. Dies kann erfolgen, wenn die Vorgängertransaktion erfolgreich abgeschlossen worden ist oder wenn die Vorgängertransaktion durch den Wechsel der Transaktion abgebrochen wird.

Ein Wechsel der Transaktion kann durchaus auch einen Wechsel der Applikation mit sich bringen.

Beziehungen: Zu "Menuposition" (Sicht 4): Eine Menuposition kann eine Aktion auslösen, die zum Wechsel der Transaktion führt. Jeder Wechsel einer Online-Transaktion entsteht aus einer Menuposition heraus.

Zu "Transaktion-zu-Transaktion-Verbindung" (Sicht 4): Ein Online-Transaktion-zu-Transaktion-Sprung erfolgt immer aus einer Aktion in einem Menu. Eine Aktion zum Wechseln der Transaktion führt genau einen Transaktion-zu-Transaktion-Sprung herbei.

Attribute: Menu - Nummer des Menus.

Menuposition - Nummer der Menuposition.

Beschreibung der Aktion (optional) - Verbale Beschreibung der Aktion, die von der entsprechenden Menuposition ausgelöst wird. Die Intertransaktionsparameter werden separat beschrieben (s. Pkt. 6.2.1.12.).

Von Transaktion - Bezeichnung der Ursprungstransaktion.

Transaktion - Nummer der Transaktion, aus welcher der Transaktionssprung erfolgt.

Applikation - Name der Applikation, in der sich die Ursprungstransaktion befindet.

Zu Transaktion - Bezeichnung der Zieltransaktion.

Transaktion - Nummer der Transaktion, zu welcher der Transaktionssprung erfolgt.

Applikation - Name der Applikation, in der sich die Zieltransaktion befindet.

6.2.4.11. Menu in Menuposition

Synonyme: Untermenu

Komp.Typ: Spezialisierung (von Menuposition)

Beschreibung: Eine Menuposition kann ein weiteres Menu enthalten, das seinerseits Menupositionen enthält.

Beziehungen: Zu "Menuposition" (Sicht 4): Eine Menuposition kann wieder ein Menu enthalten.

Zu "Menu" (Sicht 4): Ein Menu kann in einer Menuposition als Untermenu vorkommen.

Attribute: Menu - Nummer des Menus.

Menuposition - Nummer der Menuposition.

Untermenu - Nummer des Menus, welches das Untermenu bildet.

6.2.4.12. Logische Transaktion verwendet Bildschirmformular

Siehe Beschreibung in Pkt. 6.2.1.8..

6.2.4.13. Bildschirmformular

Siehe Beschreibung in Pkt. 6.2.1.9..

6.2.4.14. Bildschirm-zu-Bildschirm-Navigation in logischer Transaktion

Synonyme: Dialogsprung

Komp.Typ: Assoziativ

Beschreibung: Zwischen den einzelnen Bildschirmen einer logischen Transaktion in einer Applikation darf nach vorgegebenen Regeln navigiert werden. Grundsätzlich wird immer ein aktueller Bildschirm bearbeitet. Durch die Verwendung von Menus oder Befehls- und Steuertasten können Bildschirmsprünge vollzogen werden.

Für jeden Bildschirmsprung sind ausgehend vom Ursprungsbildschirm die möglichen Zielbildschirme zu spezifizieren. Für jeden so spezifizierten möglichen Bildschirmsprung ist noch anzugeben, ob nach erfolgter Verarbeitung des Zielbildschirmes automatisch wieder auf den Ursprungsbildschirm zurückgesprungen werden soll oder ob der nachfolgende Bildschirm manuell angesteuert werden soll durch die Verwendung einer Befehls- und Steuertaste oder eines Menus. Der automatische Rücksprung wird vor allem dann verwendet, wenn der Dialog geschachtelt werden soll.

Beziehungen: Zu "Logische Transaktion verwendet Bildschirmformular" (Sicht 4): Von einem Bildschirm aus innerhalb der logischen Transaktion können mehrere nachfolgende Bildschirme erreicht werden.

Zu "Logische Transaktion verwendet Bildschirmformular" (Sicht 4): Ein Bildschirm innerhalb einer logischen Transaktion kann möglicherweise von mehreren vorhergehenden Bildschirmen aus erreicht werden.

Zu "Aktion aus Menuposition bewirkt Bildschirm-zu-Bildschirm-Sprung" (Sicht 4): Eine Aktion aus einer Menuposition löst einen Bildschirm-zu-Bildschirm-Sprung aus.

Zu "Aktion aus Befehls- und Steuertaste bewirkt Bildschirm-zu-Bildschirm-Sprung" (Sicht 4): Eine Aktion einer Befehls- und Steuertaste löst einen Bildschirm-zu-Bildschirm-Sprung aus.

Attribute: Logische Transaktion - Nummer der logischen Transaktion, die den Bildschirm verwendet.

Applikation - Name der Applikation, in der die logische Transaktion enthalten ist.

Ursprungsbildschirm - Nummer des Bildschirmformulars, von dem aus der Bildschirmsprung erfolgt.

Zielbildschirm - Nummer des Bildschirmformulars, in den der Bildschirmsprung erfolgt.

Indikator für automatischen Rücksprung - Angabe, ob nach erfolgreicher Verarbeitung des Ziel-Bildschirmes wieder automatisch auf den Ursprungsbildschirm zurückgesprungen werden soll:

A = Automatischer Rücksprung auf Ursprungsbildschirm.

K = Kein automatischer Rücksprung auf Ursprungsbildschirm.

6.2.4.15. Menu auf Menuleiste von Bildschirm

Synonyme: -

Komp.Typ: Assoziativ

Beschreibung: Ein Bildschirm kann eine Menuleiste haben, in dem sich die Menus befinden, die auf diesem Bildschirm angeboten werden.

Beziehungen: Zu "Logische Transaktion verwendet Bildschirmformular" (Sicht 4): Ein Bildschirm einer logischen Transaktion kann Menus in einer Menuleiste anbieten.

Zu "Menu" (Sicht 4): Ein Menu kommt in der Menuleiste eines Bildschirms vor.

Attribute: Logische Transaktion - Nummer der logischen Transaktion, die den Bildschirm verwendet.

Applikation - Name der Applikation, in der die logische Transaktion enthalten ist.

Bildschirm - Nummer des Bildschirmformulars, das die logische Transaktion verwendet.

Menu - Nummer des Menus, das in der Menuleiste des Bildschirms der logischen Transaktion vorkommt.

6.2.4.16. Aktion aus Menuposition bewirkt Bildschirm-zu-Bildschirm-Sprung

Synonyme: -

Komp.Typ: Assoziativ

Beschreibung: Eine Aktion aus einer Menuposition eines Menus kann einen Bildschirmsprung bewirken.

Beziehungen: Zu "Aktion innerhalb Transaktion" (Sicht 4): Eine Aktion innerhalb einer Transaktion kann ein Bildschirm-zu-Bildschirm-Sprung sein. Ein Bildschirm-zu-Bildschirm-Sprung innerhalb einer logischen Transaktion kann durch eine Aktion aus einer Menuposition heraus erfolgen.

Zu "Bildschirm-zu-Bildschirm-Navigation in logischer Transaktion" (Sicht 4): Eine Aktion aus einer Menuposition löst einen Bildschirm-zu-Bildschirm-Sprung aus.

Attribute: Logische Transaktion - Nummer der logischen Transaktion, welche die Bildschirme verwendet.

Applikation - Name der Applikation, in der die logische Transaktion enthalten ist.

Ursprungsbildschirm - Nummer des Bildschirmformulars, von dem aus der Bildschirmsprung erfolgt.

Menu - Nummer des Menus, aus dem der Bildschirmsprung erfolgt.

Menuposition - Nummer der Menuposition des Menus, aus welcher der Bildschirmsprung erfolgt.

Zielbildschirm - Nummer des Bildschirmformulars, in den der Bildschirmsprung erfolgt.

6.2.4.17. Befehls- und Steuertaste von Bildschirm

Synonyme: -

Komp.Typ: Assoziativ

Beschreibung: Ein Bildschirm kann Befehls- und Steuertasten anbieten, deren Betätigung Aktionen auslöst. Eine Aktion kann einen Bildschirm-zu-Bildschirm-Sprung innerhalb der logischen Transaktion bewirken. Befehls und Steuertasten können als PF-Tasten oder Buttons realisiert werden (s. Pkt. 6.1.7.2.).

Beziehungen: Zu "Befehls- und Steuertastentyp" (Sicht 4): Jede Befehls- und Steuertaste eines Bildschirms ist von einem bestimmten Typ.

Zu "Logische Transaktion verwendet Bildschirmformular" (Sicht 4): Ein Bildschirm einer logischen Transaktion kann Befehls- und Steuertasten anbieten.

Zu "Aktion aus Befehls- und Steuertaste bewirkt Bildschirm-zu-Bildschirm-Sprung" (Sicht 4): Eine Aktion, die eine Befehls- und Steuertaste ausgelöst hat, kann zu einem Bildschirm-zu-Bildschirm-Sprung führen. Ein Bildschirm-zu-Bildschirm-Sprung innerhalb einer logischen Transaktion kann durch eine Aktion einer Befehls- und Steuertaste heraus erfolgen.

Attribute: Logische Transaktion - Nummer der logischen Transaktion, die den Bildschirm verwendet.

Applikation - Name der Applikation, in der die logische Transaktion enthalten ist.

Bildschirm - Nummer des Bildschirmformulars, das die logische Transaktion verwendet.

Befehls- und Steuertaste - Code für die Befehls- und Steuertaste, die auf dem Bildschirm der logischen Transaktion vorkommt.

Beschreibung der Aktion (optional) - Verbale Beschreibung der Aktion, die sich durch die Betätigung der Befehls- und Steuertaste ergibt.

6.2.4.18. Befehls- und Steuertastentyp

Synonyme: PF-Key, Function-Key, Button

Komp.Typ: Fundamental

Beschreibung: Befehls- und Steuertasten sind dem Bildschirm zugeordnet und dienen der Navigation auf dem Bildschirm resp. zwischen Bildschirmen. Befehls- und Steuertasten können als PF-Tasten oder Buttons realisiert werden (s. Pkt. 6.1.7.2.). Jede Befehls- und Steuertaste ist von einem bestimmten Typ.

Z.B. [vgl. IBM 6, S. 121ff]:

PF1 = Help.

...

ESC = Rückgängig machen.

...

OK-Button = Bestätigung.

Cancel-Button = Rückgängig machen.

Beziehungen: Zu "Befehls- und Steuertaste von Bildschirm" (Sicht 4): Jede Befehls- und Steuertaste eines Bildschirms ist von einem bestimmten Typ.

Attribute: Befehls- und Steuertasten-Code - Code für die Befehls- und Steuertaste.

Befehls- und Steuertasten-Beschreibung - Beschreibung der prinzipiellen Wirkung der Befehls- und Steuertaste.

6.2.4.19. Aktion aus Befehls-/ Steuertaste bewirkt Bildschirm-zu-Bildschirm-Sprung

Synonyme: -

Komp.Typ: Assoziativ

Beschreibung: Eine Aktion von einer Befehls- und Steuertaste kann einen Bildschirmsprung bewirken.

Beziehungen: Zu "Befehls- und Steuertaste von Bildschirm" (Sicht 4): Eine Aktion, die eine Befehls- und Steuertaste ausgelöst hat kann zu einem Bildschirm-zu-Bildschirm-Sprung führen. Ein Bildschirm-zu-Bildschirm-Sprung innerhalb einer logischen Transaktion kann durch eine Aktion einer Befehls- und Steuertaste heraus erfolgen.

Zu "Bildschirm-zu-Bildschirm-Navigation in logischer Transaktion" (Sicht 4): Eine Aktion einer Befehls- und Steuertaste löst einen Bildschirm-zu-Bildschirm-Sprung aus.

Attribute: Logische Transaktion - Nummer der logischen Transaktion, welche die Bildschirme verwendet.

Applikation - Name der Applikation, in der die logische Transaktion enthalten ist.

Ursprungsbildschirm - Nummer des Bildschirmformulars, von dem der Bildschirmsprung ausgeht.

Befehls- und Steuertaste - Code der Befehls- und Steuertaste, die den Bildschirmsprung auslöst.

Zielbildschirm - Nummer des Bildschirmformulars, in den der Bildschirmsprung erfolgt.

6.2.5. Bildschirm- und Listen-Gestaltung

Sicht 5 in Bild 6.2.5./1 zeigt die Struktur der Metadaten, die bei der Spezifikation der Listen und der Bildschirmformulare anfallen.

Eine Liste ist eine formatierte Ausgabe aus dem EDV-System. Dabei kann es sich um Berichte, Statistiken, Belege, Serienbriefe, Posten-Auszüge etc. handeln. Bildschirme dienen dem Online-Dialog. Sowohl Listen als auch Bildschirme haben Elemente. Ein Element kann ein Feld oder eine Feldgruppe sein.

Bei Bildschirmelementen kann zwischen Eingabe-, Ausgabe- oder kombinierten Ein- und Ausgabe-Elementen unterschieden werden.

Eine Feldgruppe besteht aus weiteren Feldgruppen oder aus elementaren Feldern. Ein Feld selbst kann möglicherweise einer Spalte zugeordnet werden. Durch diese Zuordnung muss das Feld nicht weiter beschrieben werden, da sich die Beschreibung des Feldes aus der Beschreibung der Spalte ableiten lässt.

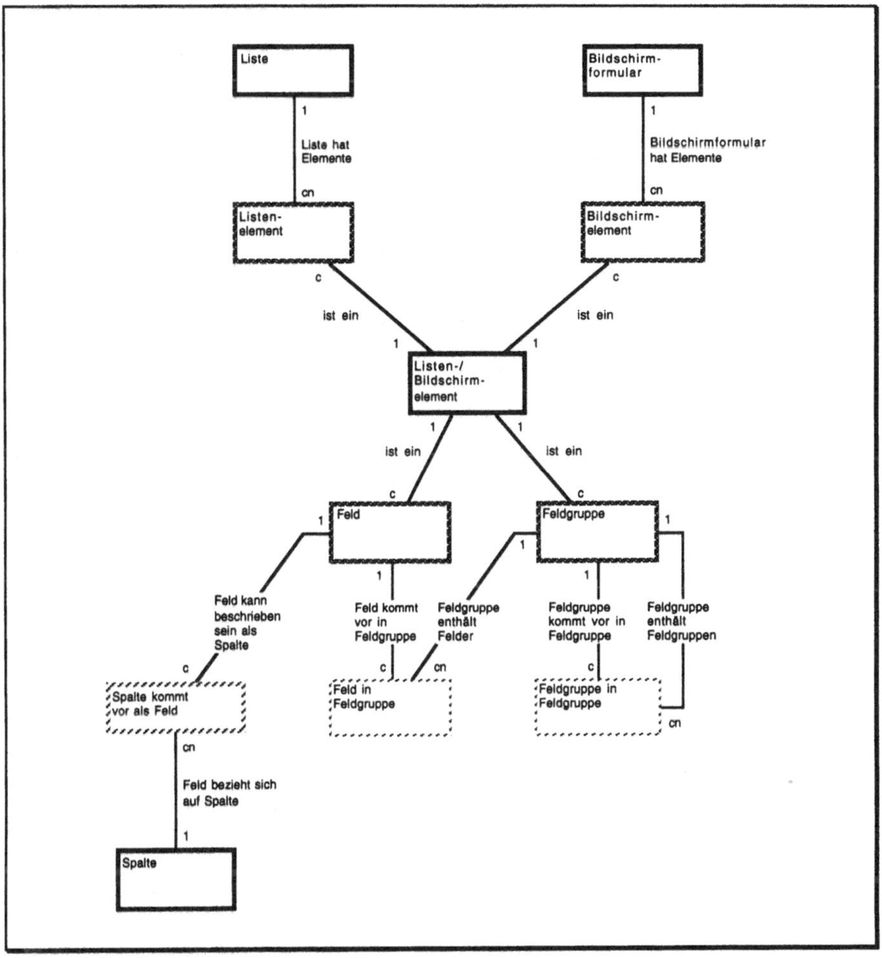

Abb. 6.2.5./1: Sicht 5 - Bildschirm- und Listen-Gestaltung

6.2.5.1. Bildschirmformular

Siehe Beschreibung in Pkt. 6.2.1.9..

6.2.5.2. Bildschirmelement

Synonyme: -

Komp.Typ: Spezialisierung (von Listen-/Bildschirmelement)

Beschreibung: Bildschirmelemente beschreiben die Struktur von Bildschirmformularen.

Beziehungen: Zu "Bildschirmformular" (Sicht 5): Ein Bildschirmformular enthält mehrere Bildschirmelemente.

Zu "Listen-/Bildschirmelement" (Sicht 5): Ein Bildschirmelement ist ein Listen-/Bildschirmelement.

Attribute: Element. - Nummer des Bildschirmelementes.

Verwendungsart des Bildschirmelements - Angabe, wie das Bildschirmelement verwendet wird:

E = Das Bildschirmelement dient der Eingabe von Daten.

A = Das Bildschirmelement dient nur der Ausgabe von Daten.

B = Beides: Eingabe und anschliessend Ausgabe.

Bildschirmelement-Attribute (optional) - Angabe weiterer Attribute des Bildschirmelementes, wie z.B. Farbe oder Ausrichtung (linksbündig, rechtsbündig, zentriert).

6.2.5.3. Liste

Siehe Beschreibung in Pkt. 6.2.1.10..

6.2.5.4. Listenelement

Synonyme: -

Komp.Typ: Spezialisierung (von Listen-/Bildschirmelement)

Beschreibung: Listenelemente beschreiben die Struktur von Listen.

Beziehungen: Zu "Listenelement" (Sicht 5): Eine Liste enthält mehrere Listenelemente.

Zu "Listen-/Bildschirmelement" (Sicht 5): Ein Listenelement ist ein Listen-/Bildschirmelement.

Attribute: Element - Nummer des Listenelementes.

Listenelement-Attribute (optional) - Angabe weiterer Attribute des Listenelementes wie z.B. Zeichensatz, Schriftgrösse, Ausrichtung (linksbündig, rechtsbündig, zentriert) oder Position auf der Liste.

6.2.5.5. Listen-/Bildschirmelement

Synonyme: -

Komp.Typ: Fundamental

Beschreibung: Das Listen-/Bildschirmelement ist eine Generalisierung aus dem Listenelement und Bildschirmelement. Listenelemente und Bildschirmelemente haben die gleichen Eigenschaften. Deshalb werden sie zu einer Komponente "Listen-/Bildschirmelement" zusammengefasst.

Listen-/Bildschirmelemente beschreiben die Struktur von Listen resp. Bildschirmformularen. Sie enthalten strukturierte Feldgruppen und elementare Felder.

Beziehungen: Zu "Listenelement" (Sicht 5): Ein Listenelement ist ein Listen-/Bildschirmelement.

Zu "Bildschirmelement" (Sicht 5): Ein Bildschirmelement ist ein Listen-/Bildschirmelement.

Zu "Feld" (Sicht 5): Ein Listen-/Bildschirmelement kann ein Feld sein. Jedes Feld ist ein Listen-/Bildschirmelement.

Zu "Feldgruppe" (Sicht 5): Ein Listen-/Bildschirmelement kann eine Feldgruppe sein. Jede Feldgruppe ist ein Listen-/Bildschirmelement.

Attribute: Element-Nr. - Fortlaufende Nummer des Listen-/Bildschirmelementes.

Element-Name (optional) - Name des Elementes, wie es auf der Liste resp. auf dem Bildschirm erscheinen soll.

6.2.5.6. Feldgruppe

Synonyme: -

Komp.Typ: Spezialisierung (von Listen-/Bildschirmelement)

Beschreibung: Eine Feldgruppe ist eine strukturierte Zusammenfassung von Feldern. Eine Feldgruppe besteht aus weiteren Feldgruppen oder aus elementaren Feldern.

Beziehungen: Zu "Listen-/Bildschirmelement" (Sicht 5): Ein Listen-/Bildschirmelement kann eine Feldgruppe sein. Jede Feldgruppe ist ein Listen-/Bildschirmelement.

Zu "Feldgruppe in Feldgruppe" (Sicht 5): Eine Feldgruppe kann weitere Feldgruppen enthalten.

Zu "Feldgruppe in Feldgruppe" (Sicht 5): Eine Feldgruppe kann als Bestandteil einer Feldgrupppe vorkommen.

Zu "Feld in Feldgruppe" (Sicht 5): Eine Feldgruppe kann Felder enthalten.

Attribute: Element - Nummer der Feldgruppe.

Anzahl Wiederholungen - Anzahl Wiederholungen der Elemente in der Feldgruppe auf dem Bildschirm resp. in der Liste.

6.2.5.7. Feld

Synonyme: -

Komp.Typ: Spezialisierung (von Listen-/Bildschirmelement)

Beschreibung: Ein Feld ist ein nicht weiter zerlegbares Element auf einer Liste oder auf einem Bildschirm.

Beziehungen: Zu "Listen-/Bildschirmelement" (Sicht 5): Ein Listen-/Bildschirmelement kann ein Feld sein. Jedes Feld ist ein Listen-/Bildschirmelement.

Zu "Feld in Feldgruppe" (Sicht 5): Ein Feld kann als Bestandteil einer Feldgrupppe vorkommen.

Zu "Spalte kommt vor als Feld" (Sicht 5): Ein Feld kann sich auf eine Spalte beziehen.

Attribute: Element - Nummer des Feldes.

6.2.5.8. Feldgruppe in Feldgruppe

Synonyme: -

Komp.Typ: Strukturell (von Feldgruppe)

Beschreibung: Eine Feldgruppe selbst kann weitere Feldgruppen (oder elementare Felder) enthalten.

Beziehungen: Zu "Feldgruppe" (Sicht 5): Eine Feldgruppe kann weitere Feldgruppen enthalten.

Zu "Feldgruppe" (Sicht 5): Eine Feldgruppe kann als Bestandteil einer Feldgrupppe vorkommen.

Attribute: Übergeordnete Feldgruppe - Elementnummer der übergeordneten Feldgruppe.

Untergeordnete Feldgruppe - Elementnummer der untergeordneten Feldgruppe.

6.2.5.9. Feld in Feldgruppe

Synonyme: -

Komp.Typ: Strukturell (von Feldgruppe)

Beschreibung: Eine Feldgruppe selbst kann elementare Felder (oder weitere Feldgruppen) enthalten.

Beziehungen: Zu "Feld" (Sicht 5): Ein Feld kann als Bestandteil einer Feldgrupppe vorkommen.

Zu "Feldgruppe" (Sicht 5): Eine Feldgruppe kann Felder enthalten.

Attribute: Übergeordnete Feldgruppe - Elementnummer der übergeordneten Feldgruppe.

Untergeordnetes Feld - Elementnummer des untergeordneten Feldes.

6.2.5.10. Spalte kommt vor als Feld

Synonyme: -

Komp.Typ: Assoziativ

Beschreibung: Ein Feld auf einem Bildschirm oder auf einer Liste kann beschrieben werden, indem auf eine Spalte aus dem logischen Datenmodell Bezug genommen wird.

Beziehungen: Zu "Feld" (Sicht 5): Ein Feld kann sich auf eine Spalte beziehen.

Zu "Spalte" (Sicht 5): Eine Spalte kann mehrmals als Feld in Bildschirmformularen oder Listen vorkommen.

Attribute: Element - Elementnummer des Feldes.

Spalte - Nummer der referenzierten Spalte.

6.2.5.11. Spalte

Siehe Beschreibung in Pkt. 6.2.1.13..

6.2.6. Organisation

Sicht 6 in Bild 6.2.6./1 stellt die Organisationsperspektive im System-Design dar. Die Metamodell-Komponenten "Organisatorische Einheit", "Standort", "Systemtyp", "Applikation", "Organisatorische Einheit an Standort", "Organisatorische Einheit hat Zugang zu Applikation" und "Organisatorische Einheit nutzt Applikation" sind schon im Analyse-Metamodell enthalten (s. Sichten 5 u. 6 in Pkten. 5.2.5. u. 5.2.6.) und wurden hier der Vollständigkeit halber nochmals aufgenommen.

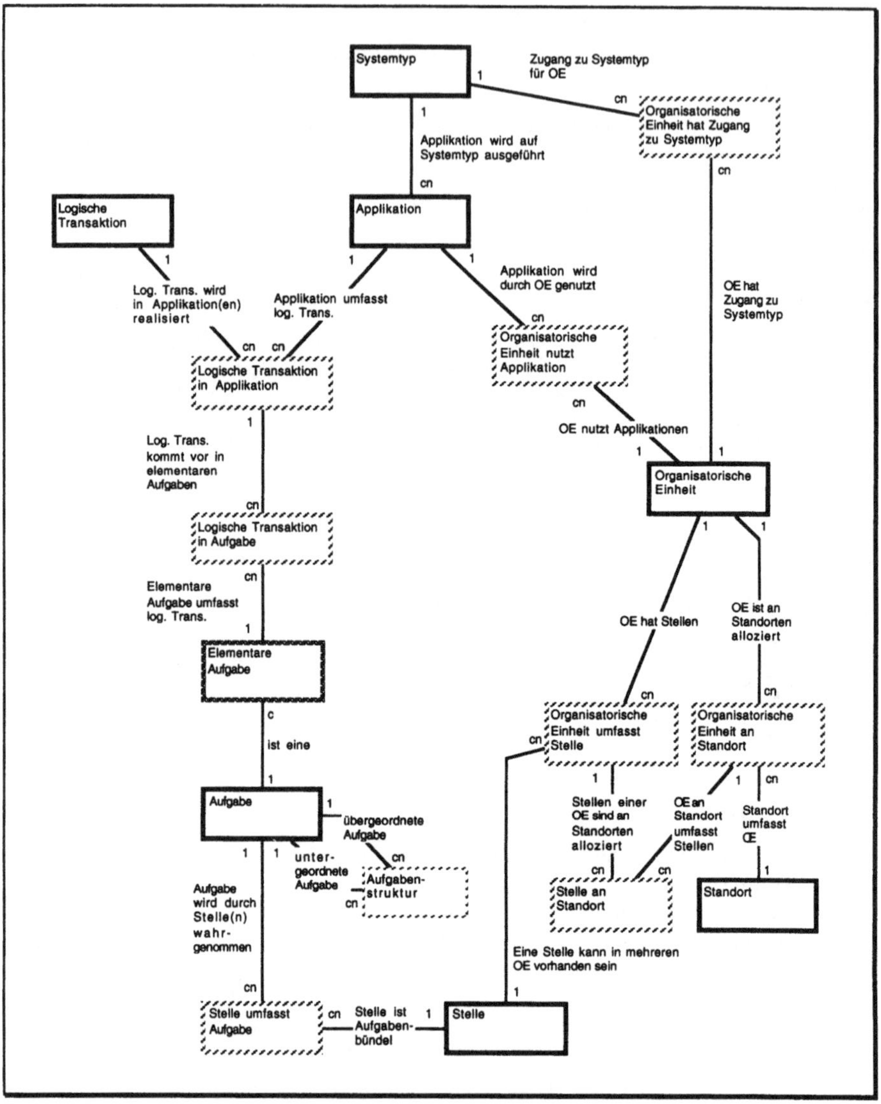

Abb. 6.2.6./1: Sicht 6 - Organisation

Im System-Design wird die Mikro-Organisation betrachtet. Es geht hier im wesentlichen um die Stellenbildung. Datenmodelle für die Darstellung der Organisation sind z.B. enthalten in [Heilmann] und [Rupietta]. Es werden Aufgaben umschrieben und strukturiert. Aufgaben werden schliesslich zu Stellen gebündelt. Stellen werden wiederum organisatorischen Einheiten zugewiesen. Da organisatorische Einheiten auf Standorte verteilt sind, werden auch Stellen auf

Standorte verteilt. In diesem Zusammenhang interessiert vor allem welche Kapazität (Anzahl Mitarbeiter) eine Stelle an einem Standort aufweisen soll.

Elementare Aufgaben sind solche, die nicht weiter zergliedert sind. Sie werden verbal beschrieben. Es wird auch angegeben, welche logischen Transaktionen die Durchführung der entsprechenden Aufgabe unterstützen.

6.2.6.1. Systemtyp

Siehe Beschreibung in Pkt. 6.2.1.1..

6.2.6.2. Applikation

Siehe Beschreibung in Pkt. 6.2.1.2..

6.2.6.3. Logische Transaktion

Siehe Beschreibung in Pkt. 6.2.1.3..

6.2.6.4. Logische Transaktion in Applikation

Siehe Beschreibung in Pkt. 6.2.1.4..

6.2.6.5. Organisatorische Einheit

Synonyme: Organization Unit, Organisationseinheit, OE

Komp.Typ: Fundamental

Beschreibung: Siehe Komponenten-Beschreibung in Pkt. 5.2.5.1..

Beziehungen: Zu "Organisatorische Einheit an Standort" (Sicht 6): Eine Organisationseinheit ist an einem, keinem oder mehreren Standorten alloziert.

Zu "Organisationseinheit nutzt Applikation" (Sicht 6): Eine Organisationseinheit nutzt eine, keine oder mehrere Applikationen.

Zu "Organisationseinheit hat Zugang zu Systemtyp" (Sicht 6): Eine Organisationseinheit hat Zugang zu einem, keinem oder mehreren Systemtypen.

Zu "Organisatorische Einheit umfasst Stelle" (Sicht 6): Eine Organisationseinheit umfasst eine, keine oder mehrere Stellen.

Attribute: OE-Code - Abkürzung für die organisatorische Einheit.

OE-Name - Name der organisatorischen Einheit.

6.2.6.6. Organisatorische Einheit nutzt Applikation

Synonyme: -

Komp.Typ: Assoziativ

Beschreibung: Siehe Komponenten-Beschreibung in Pkt. 5.2.5.4..

Beziehungen: Zu "Organisatorische Einheit" (Sicht 6): Eine Organisationseinheit nutzt eine, keine oder mehrere Applikationen.

Zu "Applikation" (Sicht 6): Eine Applikation wird durch eine, keine oder mehrere Organisationseinheiten genutzt.

Attribute: Organisationseinheit - Code für die organisatorische Einheit.

Applikation - Name der Applikation.

6.2.6.7. Organisatorische Einheit hat Zugang zu Systemtyp

Synonyme: -

Komp.Typ: Assoziativ

Beschreibung: Siehe Komponenten-Beschreibung in Pkt. 5.2.5.5..

Beziehungen: Zu "Organisatorische Einheit" (Sicht 6): Eine Organisationseinheit hat Zugang zu einem, keinem oder mehreren Systemtypen.

Zu "Systemtyp" (Sicht 6): Ein Systemtyp kann in mehreren Organisationseinheiten zum Einsatz kommen.

Attribute: Organisationseinheit - Code für die organisatorische Einheit.

Systemtyp - Code für den Systemtyp.

6.2.6.8. Standort

Synonyme: Location, Lokation

Komp.Typ: Fundamental

Beschreibung: Siehe Komponenten-Beschreibung in Pkt. 5.2.5.6..

Beziehungen: Zu "Organisatorische Einheit an Standort" (Sicht 6): An einem Standort können eine, keine oder mehrere Organisationseinheiten alloziert sein.

Zu "System an Standort" (Sicht 7): An einem Standort können keine, eine oder mehrere Systeme aufgestellt werden. Jedes System ist an einem bestimmten Standort aufgestellt.

Attribute: Standort-Code - Abkürzung für den Standort.

Standort-Adresse - Genaue geographische Bezeichnung des Standortes.

6.2.6.9. Organisatorische Einheit an Standort

Synonyme: -

Komp.Typ: Assoziativ

Beschreibung: Siehe Komponenten-Beschreibung in Pkt. 5.2.5.7..

Beziehungen: Zu "Organisatorische Einheit" (Sicht 6): Eine Organisationseinheit ist an einem, keinem oder mehreren Standorten alloziert.

Zu "Standort" (Sicht 6): An einem Standort können eine, keine oder mehrere Organisationseinheiten alloziert sein.

Zu "Stelle an Standort" (Sicht 6): Eine Organisationseinheit an einem Standort umfasst Stellen.

Attribute: Organisationseinheit - OE-Code der organisatorischen Einheit.

Standort - Standort-Code für den Standort.

6.2.6.10. Stelle

Synonyme: -

Komp.Typ: Fundamental

Beschreibung: Stellen sind Aufgabenbündel. Eine Stelle wird geschaffen, damit sie bestimmte Aufgaben wahrnimmt. Stellen sind in organisatorische Einheiten eingebettet und werden an bestimmten Standorten alloziert.

Beziehungen: Zu "Stelle umfasst Aufgabe" (Sicht 6): Eine Stelle ist ein Aufgabenbündel und umfasst Aufgaben.

Zu "Organisatorische Einheit umfasst Stelle" (Sicht 6): Eine Stelle ist in einer, keiner oder mehreren organisatorischen Einheiten vorhanden.

Zu "Standardberechtigung für Stelle" (Sicht 8): Einer Stelle werden eine, keine oder mehrere Ausführungsberechtigungsklassen zugeordnet, die zusammen das Standardberechtigungsprofil für die Stelle bilden.

Attribute: Stellen-Nr. - Fortlaufende Stellennummer.

Stellen-Name - Name der Stelle.

6.2.6.11. Organisatorische Einheit umfasst Stelle

Synonyme: -

Komp.Typ: Assoziativ

Beschreibung: Eine Organisationseinheit umfasst Stellen. Stellen selbst können in mehreren Organisationseinheiten vorkommen.

Stellen werden an bestimmten Standorten in Organisationseinheiten alloziert.

Beziehungen: Zu "Organisatorische Einheit" (Sicht 6): Eine Organisationseinheit umfasst eine, keine oder mehrere Stellen.

Zu "Stelle" (Sicht 6): Eine Stelle ist in einer, keiner oder mehreren organisatorischen Einheiten vorhanden.

Zu "Stelle an Standort" (Sicht 6): Eine Stelle einer organisatorischen Einheit kann an mehreren Standorten alloziert werden.

Attribute: Organisationseinheit - Code für die organisatorische Einheit.

Stelle - Nummer der Stelle, welche in der Organisationseinheit vorhanden sein soll.

6.2.6.12. Stelle an Standort

Synonyme: -

Komp.Typ: Assoziativ

Beschreibung: Eine Stelle einer Organisationseinheit wird an verschiedenen Standorten alloziert. Die Stelle wird durch einen oder mehrere Mitarbeiter besetzt, je nachdem, wieviel Kapazität benötigt wird.

Eine Stelle an einem Standort nutzt konkrete Systeme.

Beziehungen: Zu "Organisatorische Einheit umfasst Stelle" (Sicht 6): Eine Stelle einer organisatorischen Einheit kann an mehreren Standorten alloziert werden.

Zu "Organisatorische Einheit an Standort" (Sicht 6): Eine Organisationseinheit an einem Standort umfasst Stellen.

Zu "Stelle an Standort nutzt System" (Sicht 7): Eine Stelle an einem Standort nutzt ein, kein oder mehrere Systeme zur Erledigung der zugewiesenen Aufgaben.

Attribute: Stelle - Nummer der Stelle.

Standort - Code des Standortes.

Organisationseinheit - Code für die Organisationseinheit.

Kapazität - Anzahl Mitarbeiter, welche die Stelle in der Organisationseinheit an diesem Standort besetzen.

6.2.6.13. Aufgabe

Synonyme: -

Komp.Typ: Fundamental

Beschreibung: Aufgaben sind periodische Verrichtungen, die Menschen erledigen. Aufgaben können zerlegt und Stellen zur Ausführung zugewiesen werden.

Beziehungen: Zu "Aufgabenstruktur" (Sicht 6): Eine Aufgabe kann in mehrere untergeordnete Aufgaben zerlegt werden.

Zu "Aufgabenstruktur" (Sicht 6): Eine Aufgabe kann mehrere übergeordnete Aufgaben haben.

Zu "Elementare Aufgabe" (Sicht 6): Eine Aufgabe kann elementar, d.h. nicht weiter zerlegt, sein.

Zu "Stelle umfasst Aufgabe" (Sicht 6): Aufgaben werden von Stellen wahrgenommen.

Attribute: Aufgaben-Nr. - Fortlaufende Aufgabennummer.

Aufgaben-Name - Name der Aufgabe.

6.2.6.14. Elementare Aufgabe

Synonyme: -

Komp.Typ: Spezialisierung (von Aufgabe)

Beschreibung: Eine elementare Aufgabe ist eine Aufgabe, die nicht weiter sinnvoll zerlegt werden kann. Für die Durchführung elementarer Aufgaben werden logische Transaktionen auf dem Rechner angewendet.

Beziehungen: Zu "Elementare Aufgabe" (Sicht 6): Eine Aufgabe kann elementar, d.h. nicht weiter zerlegt, sein.

Zu "Logische Transaktion in Aufgabe" (Sicht 6): Die Durchführung einer elementaren Aufgabe kann durch bestimmte logische Transaktionen unterstützt werden.

Attribute: Aufgaben - Nummer der elementaren Aufgabe.

Beschreibung - Verbale Beschreibung der elementaren Aufgabe.

6.2.6.15. Aufgabenstruktur

Synonyme: -

Komp.Typ: Strukturell (von Aufgabe)

Beschreibung: Eine Aufgabe wird in Teilaufgaben zerlegt. Eine Aufgabe selbst kann aber auch in mehrere übergeordnete Aufgaben eingehen.

Beziehungen: Zu "Aufgabe" (Sicht 6): Eine Aufgabe kann in mehrere untergeordnete Aufgaben zerlegt werden.

Zu "Aufgabe" (Sicht 6): Eine Aufgabe kann mehrere übergeordnete Aufgaben haben.

Attribute: Übergeordnete Aufgabe - Nummer der übergeordneten Aufgabe.

Untergeordnete Aufgabe - Nummer der untergeordneten Aufgabe.

6.2.6.16. Stelle umfasst Aufgabe

Synonyme: Standard-Stellenbeschreibung

Komp.Typ: Assoziativ

Beschreibung: Eine Stelle ist ein Aufgabenbündel. Aufgaben selbst können aber auch mehreren Stellen zugewiesen werden.

Beziehungen: Zu "Stelle" (Sicht 6): Eine Stelle ist ein Aufgabenbündel und umfasst Aufgaben.

Zu "Aufgabe" (Sicht 6): Aufgaben werden von Stellen wahrgenommen.

Attribute: Stelle - Nummer der Stelle, der die Aufgaben zugewiesen ist.

Aufgabe - Nummer der Aufgabe, die durch die Stelle wahrgenommen wird.

6.2.6.17. Logische Transaktion in Aufgabe

Synonyme: -

Komp.Typ: Assoziativ

Beschreibung: Für die Erledigung von elementaren Aufgaben können logische Transaktionen verwendet werden, damit Aufgaben rechnergestützt erfüllt werden können.

Eine logische Transaktion selbst kann als Werkzeug in mehreren Aufgaben verwendet werden.

Beziehungen: Zu "Elementare Aufgabe" (Sicht 6): Die Durchführung einer elementaren Aufgabe kann durch bestimmte logische Transaktionen unterstützt werden.

Zu "Logische Transaktion in Applikation" (Sicht 6): Logische Transaktionen werden zur Unterstützung elementarer Aufgaben verwendet.

Attribute: Aufgabe - Nummer der elementaren Aufgabe, die durch eine logische Transaktione unterstützt wird.

Logische Transaktion - Nummer der logischen Transaktion, welche die elementare Aufgabe unterstützt.

Applikation - Name der Applikation, aus der die logische Transaktion zur Unterstützung der elementaren Aufgabe stammt.

6.2.7. Verteilung

Bild 6.2.7./1 stellt das Design-Metamodell für die Verteilung dar.

Applikationen und Datenbanken werden auf konkrete Systeme eines bestimmten Typs (d.h. Prozessoren mit einer bestimmten Systemsoftware-Konfiguration) verteilt. Ein System selbst wird an einem Standort aufgestellt. Das System wird von einer oder mehreren Stellen an bestimmten Standorten in direktem Zugang benutzt. Eine Stelle an einem Standort kann aber auch über den Zugang zu mehreren Systemen verfügen (z.B. zu Applikationen auf dem PC, auf dem Abteilungsrechner und auf dem zentralen Rechner).

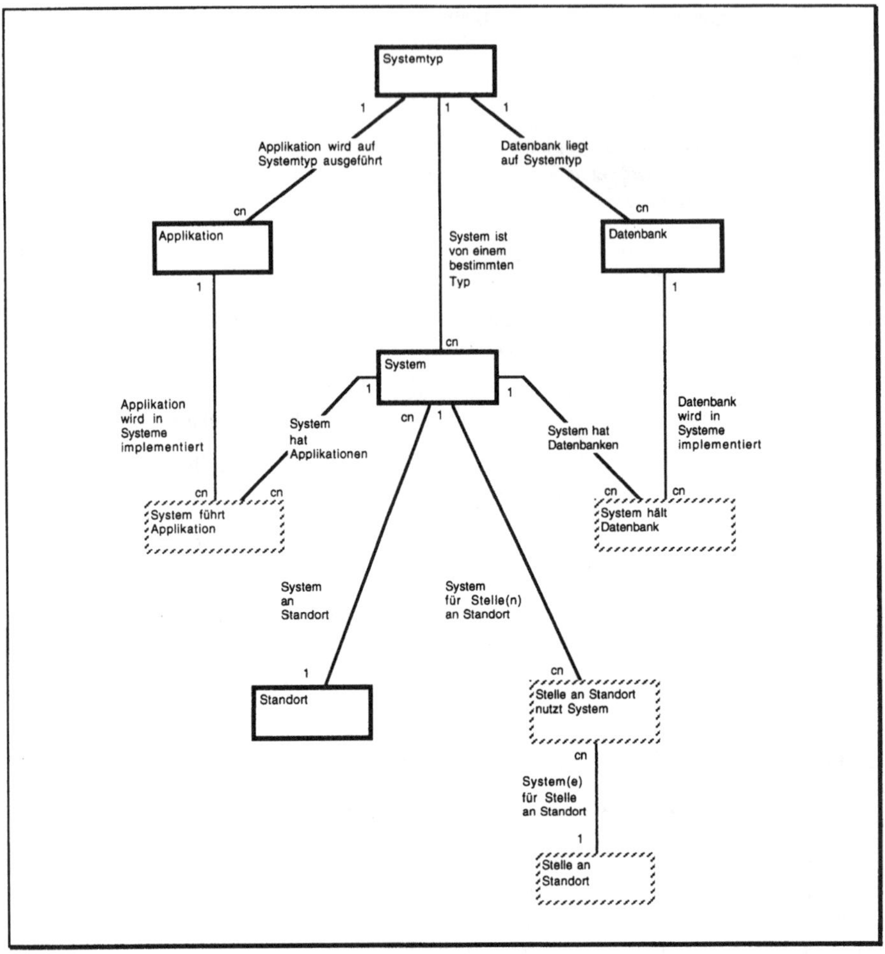

Abb. 6.2.7./1: Sicht 7 - Verteilung von Systemen

6.2.7.1. Systemtyp

Siehe Beschreibung in Pkt. 6.2.1.1..

6.2.7.2. Applikation

Siehe Beschreibung in Pkt. 6.2.1.2..

6.2.7.3. Datenbank

Siehe Beschreibung in Pkt. 6.2.2.2..

6.2.7.4. System

Synonyme: Prozessor, CPU, Rechner, Computer

Komp.Typ: Fundamental

Beschreibung: Ein System ist ein individueller Rechner (Prozessor), der von einem bestimmten Typ ist. Systeme werden auf Standorte verteilt. Sie führen Applikationen und Datenbanken.

Beziehungen: Zu "Systemtyp" (Sicht 7): Es existieren mehrere Systeme eines bestimmten Typs.

Zu "System führt Applikationen" (Sicht 7): Ein System führt eine, keine oder mehrere Applikationen.

Zu "System hält Datenbank" (Sicht 7): Ein System hält eine, keine oder mehrere Datenbanken.

Zu "Standort" (Sicht 7): An einem Standort können keine, eine oder mehrere Systeme aufgestellt werden. Jedes System ist an einem bestimmten Standort aufgestellt.

Zu "Stelle an Standort nutzt System" (Sicht 7): Ein System kann durch mehrere Stellen an bestimmten Standorten genutzt werden.

Attribute: System-Nr. - Eindeutige Nummer des Systems (z.B. Seriennummer).

Systemtyp - Code für den Typ des Systems.

6.2.7.5. System führt Applikation

Synonyme: -

Komp.Typ: Assoziativ

Beschreibung: Auf einem konkreten System werden Applikationen installiert. Eine Applikation selbst kann auf mehreren Systemen desselben Typs installiert werden.

Beziehungen: Zu "Applikation" (Sicht 7): Eine Applikation kann auf mehreren Systemen desselben Systemtyps implementiert werden.

Zu "System" (Sicht 7): Ein System führt eine, keine oder mehrere Applikationen.

Attribute: System - Nummer des Systems, auf dem die Applikation installiert werden soll.

Applikation - Name der Applikation, die auf dem System installiert werden soll.

6.2.7.6. System hält Datenbank

Synonyme: -

Komp.Typ: Assoziativ

Beschreibung: Auf einem konkreten System werden Datenbanken installiert. Eine Datenbank selbst kann auf mehreren Systemen desselben Typs installiert werden.

Beziehungen: Zu "Datenbank" (Sicht 7): Eine Datenbank kann auf mehreren Systemen desselben Systemtyps implementiert werden.

Zu "System" (Sicht 7): Ein System hält eine, keine oder mehrere Datenbanken.

Attribute: System - Nummer des Systems, auf dem die Datenbank installiert werden soll.

Datenbank - Name der Datenbank, die auf dem System installiert werden soll.

6.2.7.7. Stelle an Standort nutzt System

Synonyme: -

Komp.Typ: Assoziativ

Beschreibung: Eine Stelle einer Organisationseinheit an einem Standort nutzt für die Erledigung der zugewiesenen Aufgaben konkrete Systeme.

Beziehungen: Zu "Stelle an Standort" (Sicht 7): Eine Stelle an einem Standort nutzt ein, kein oder mehrere Systeme zur Erledigung der zugewiesenen Aufgaben.

Zu "System" (Sicht 7): Ein System kann durch mehrere Stellen an bestimmten Standorten genutzt werden.

Attribute: Stelle - Nummer der Stelle, die das System nutzt.

Organisationseinheit - Code für die Organisationseinheit, der die Stelle zugeordnet ist.

Standort - Code des Standortes, wo sich die Stelle befindet.

System - Nummer des Systems, das die Stelle an diesem Standort nutzen soll.

6.2.7.8. Stelle an Standort

Siehe Beschreibung in Pkt. 6.2.6.12..

6.2.7.9. Organisatorische Einheit an Standort

Siehe Beschreibung in Pkt. 6.2.6.9..

6.2.7.10. Standort

Siehe Beschreibung in Pkt. 6.2.6.8..

6.2.8. Sicherheit

Bild 6.2.8./1 behandelt die letzte Sicht des Design-Metamodells. Es handelt sich hierbei um Sicherheitsaspekte.

Um Benutzergruppen mit bestimmten Privilegien festzulegen, werden Ausführungsberechtigungsklassen gebildet. Eine Ausführungsberechtigungsklasse umfasst Stellen, was einer Benutzergruppe entspricht. Zu jeder Ausführungsberechtigungsklasse kann angegeben werden, welche logischen Transaktionen diese verwenden können. An eine Ausführungsberechtigung können möglicherweise noch Bedingungen geknüpft werden. Wenn eine Stelle mehrere Ausführungsberechtigungsklassen hat, entspricht dies einem Standardberechtigungsprofil für die Stelle.

Nebst der Spezifikation von Ausführungsberechtigungen für die Ausführung logischer Transaktionen braucht es, vor allem für den individuellen Zugriff auf die Datenbanken, die Spezifikation von Zugriffsbeschränkungen auf ganze Tabellen oder auf Spalten von Tabellen für die durch die Ausführungsberechtigungsklasse repräsentierte Benutzergruppe. Über die Komponente "Zugriffsbeschränkung auf Tabelle und Spalte" können pro Ausführungsberechtigungsklasse die Zugriffsbeschränkungen auf gesamte Tabellen oder detaillierter (über die Metamodell-Komponente "Zugriffsbeschränkung auf Spalte") auch auf bestimmte Spalten von Tabellen formuliert werden. Die Zugriffsbeschränkungsart (z.B. gar kein Zugriff oder nur lesender Zugriff) kann über die Metamodell-Komponente "Zugriffsbeschränkungsart" ausgedrückt werden.

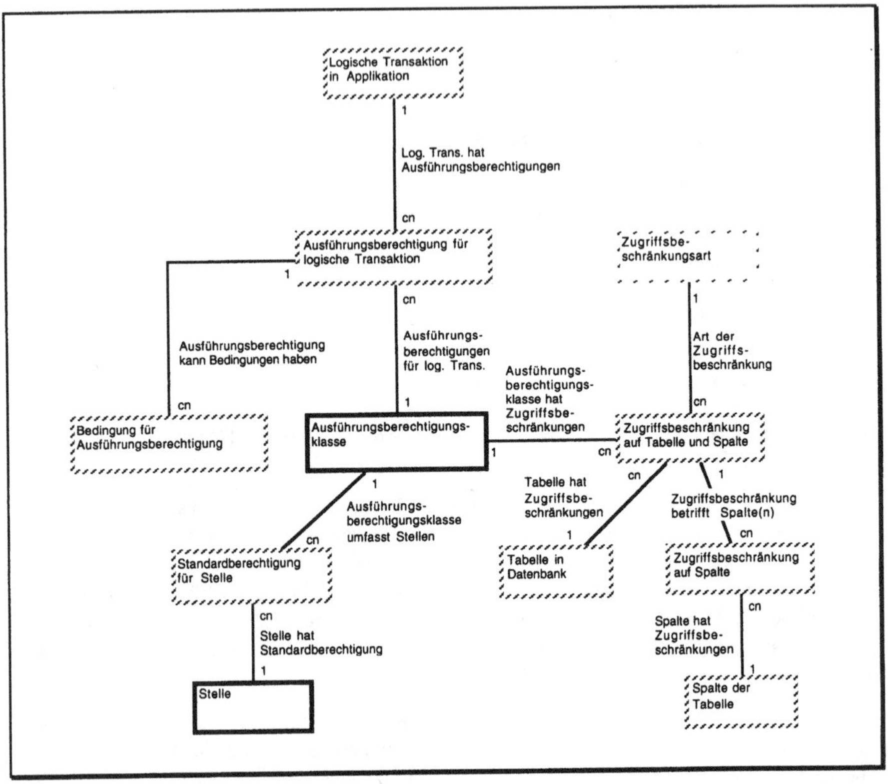

Abb. 6.2.8./1: Sicht 8 - Sicherheit

6.2.8.1. Logische Transaktion in Applikation

Siehe Beschreibung in Pkt. 6.2.1.4..

6.2.8.2. Ausführungsberechtigungsklasse

Synonyme: Access Control Class, Benutzerklasse, Berechtigungsklasse, Benutzergruppe

Komp.Typ: Fundamental

Beschreibung: Diese Komponente erlaubt es, verschiedene Berechtigungsklassen (Benutzergruppen) zu definieren. Die Komponente dient dem Entwurf der Ausführungsberechtigungen für einzelne Transaktionen und für die Spezifikation von Zugriffsbeschränkungen auf Daten für die interaktive Datenbankabfrage.

Ausführungsberechtigungsklassen entstehen durch die Zusammenfassung von Aufgaben, die gleiche Sicherheitsanforderungen haben und die durch eine homogene Benutzergruppe ausgeführt werden. Im Idealfall entspricht jede Stelle einer Ausführungsberechtigungsklasse und vice-versa. Eine Ausführungsberechtigungsklasse kann aber theoretisch mehrere Stellen umfassen. Es ist auch denkbar, dass eine Ausführungsberechtigungsklasse mehrere Stellen umfasst. Dies ist insbesondere dann notwendig, wenn generell Stellvertretungsregelungen bestehen.

Beziehungen: Zu "Ausführungsberechtigung für logische Transaktion" (Sicht 8): Eine Ausführungsberechtigungsklasse ist zu einer, keiner oder mehreren Transaktionen berechtigt.

Zu "Zugriffsbeschränkung auf Tabelle und Spalte" (Sicht 8): Eine Ausführungsberechtigungsklasse unterliegt einer, keiner oder mehreren Beschränkungen für den Zugriff auf ganze Tabellen oder Spalten von Tabellen.

Zu "Standardberechtigung für Stelle" (Sicht 8): Eine Ausführungsberechtigungsklasse kann als Benutzergruppe mehrere Stellen umfassen.

Attribute: Berechtigungsklassen-Code - Code für die Berechtigungsklasse.

Bezeichnung - Name der Berechtigungsklasse.

6.2.8.3. Ausführungsberechtigung für logische Transaktion

Synonyme: Access Right

Komp.Typ: Assoziativ

Beschreibung: Eine Ausführungsberechtigungsklasse kann zur Ausführung mehrerer logischer Transaktionen berechtigt sein. Eine logische Transaktion selbst kann mehreren Ausführungsberechtigungsklassen die Ausführung zugestehen.

Beziehungen: Zu "Logische Transaktion in Applikation" (Sicht 8): Für eine logische Transaktion können mehrere Ausführungsberechtigungen existieren.

Zu "Ausführungsberechtigungsklasse" (Sicht 8): Eine Ausführungsberechtigungsklasse ist zu einer, keiner oder mehreren Transaktionen berechtigt.

Zu "Bedingung für Ausführungsberechtigung" (Sicht 8): Eine Ausführungsberechtigung kann mehrere angeknüpfte Bedingungen haben. Jede Bedingung bezieht sich auf eine bestimmte Ausführungsberechtigung.

Attribute: Ausführungsberechtigungsklasse - Code der Berechtigungsklasse, welche die logische Transaktion ausführen darf.

Logische Transaktion - Nummer der logischen Transaktion, welche die Ausführungsberechtigungsklasse ausführen darf.

Applikation - Name der Applikation, in der die logische Transaktion enthalten ist.

6.2.8.4. Bedingung für Ausführungsberechtigung

Synonyme: Access Right Condition

Komp.Typ: Assoziativ

Beschreibung: Eine Ausführungsberechtigung kann mit bestimmten Bedingungen verknüpft sein.

Beziehungen: Zu "Ausführungsberechtigung für logische Transaktion" (Sicht 8): Eine Ausführungsberechtigung kann mehrere angeknüpfte Bedingungen haben. Jede Bedingung bezieht sich auf eine bestimmte Ausführungsberechtigung.

Attribute: Ausführungsberechtigungsklasse - Code der Berechtigungsklasse, welche die logische Transaktion ausführen darf.

Logische Transaktion - Nummer der logischen Transaktion, die von der Ausführungsberechtigungsklasse ausgeführt werden darf.

Applikation - Name der Applikation, in der die logische Transaktion enthalten ist.

Bedingung - Formulierung der Bedingung, unter der die Ausführungsberechtigung gültig ist.

6.2.8.5. Stelle

Siehe Beschreibung in Pkt. 6.2.6.10..

6.2.8.6. Standardberechtigung für Stelle

Synonyme: Standardberechtigungsprofil

Komp.Typ: Assoziativ

Beschreibung: In einem Standardberechtigungsprofil wird festgelegt, welche Ausführungsberechtigungsklassen eine Stelle umfasst, resp. welche Stellen in einer Ausführungsberechtigungsklasse als Benutzergruppe zusammengefasst sind.

Beziehungen: Zu "Ausführungsberechtigungsklasse" (Sicht 8): Eine Ausführungsberechtigungsklasse kann als Benutzergruppe mehrere Stellen umfassen.

Zu "Stelle" (Sicht 8): Einer Stelle werden eine, keine oder mehrere Ausführungsberechtigungsklassen zugeordnet, die zusammen das Standardberechtigungsprofil für die Stelle bilden.

Attribute: Ausführungsberechtigungsklasse - Code der Ausführungsberechtigungsklasse, die den Stellen zugewiesen wird.

Stelle - Nummer der Stelle, die in die Ausführungsberechtigungsklassen eingeht.

6.2.8.7. Zugriffsbeschränkung auf Tabelle und Spalte

Synonyme: Data Access Restriction

Komp.Typ: Assoziativ

Beschreibung: Für ganze Tabellen oder einzelne Spalten von Tabellen können Zugriffsbeschränkungen formuliert werden.

Falls die Zugriffsbeschränkung nur auf einige Spalten der Tabelle zutrifft, werden die betroffenen Spalten explizit spezifiziert. Falls keine Spalten spezifiziert sind, betrifft die Zugriffsbeschränkung die gesamte Tabelle der Datenbank.

Beziehungen: Zu "Ausführungsberechtigungsklasse" (Sicht 8): Eine Ausführungsberechtigungsklasse unterliegt einer, keiner oder mehreren Beschränkungen für den Zugriff auf ganze Tabellen oder Spalten von Tabellen.

Zu "Tabelle in Datenbank" (Sicht 8): Für eine Tabelle einer Datenbank können mehrere Zugriffsbeschränkungen existieren. Jede Zugriffsbeschränkung betrifft genau eine Tabelle einer Datenbank.

Zu "Zugriffsbeschränkungsart" (Sicht 8): Jede Zugriffsbeschränkung auf eine ganze Tabelle oder eine Spalte einer Tabelle ist von einer bestimmten Art.

Zu "Zugriffsbeschränkung auf Spalte" (Sicht 8): Die Zugriffsbeschränkung gilt nur für bestimmte Spalten aus der Tabelle.

Attribute: Ausführungsberechtigungsklasse - Code der Berechtigungsklasse, die von der Zugriffsbeschränkung betroffen ist.

Tabelle - Nummer der von der Zugriffsbeschränkung betroffenen Tabelle.

Datenbank - Name der Datenbank, in der sich die von der Zugriffsbeschränkung betroffene Tabelle befindet.

Zugriffsbeschränkungsart - Code für die Art der Zugriffsbeschränkung.

6.2.8.8. Tabelle in Datenbank

Siehe Beschreibung in Pkt. 6.2.2.4..

6.2.8.9. Zugriffsbeschränkungsart

Synonyme: Data Access Restriction Types

Komp.Typ: Zentrale Tabelle

Beschreibung: Es können verschiedene Arten von Zugriffsbeschränkungen auf Daten formuliert werden (z.B. nur lesender Zugriff oder gar kein Zugriff).

Beziehungen: Zu "Zugriffsbeschränkung auf Tabelle und Spalte" (Sicht 8): Jede Zugriffsbeschränkung auf eine ganze Tabelle oder eine Spalte einer Tabelle ist von einer bestimmten Art.

Attribute: Zugriffsbeschränkungsart-Code - Code für die Zugriffsbeschränkungsart.

Beschreibung - Detaillierte Beschreibung der Zugriffsbeschränkungsart.

6.2.8.10. Zugriffsbeschränkung auf Spalte

Synonyme: Data Access Restriction

Komp.Typ: Assoziativ

Beschreibung: Eine Zugriffsbeschränkung kann auch nur für einzelne Spalten aus einer Tabelle formuliert werden. In diesem Fall müssen die Spalten, für welche die Beschränkung gilt, alle einzeln aufgeführt werden.

Beziehungen: Zu "Zugriffsbeschränkung auf Tabelle und Spalte" (Sicht 8): Die Zugriffsbeschränkung gilt nur für bestimmte Spalten aus der Tabelle.

Zu "Spalte der Tabelle" (Sicht 8): Für eine Spalte in einer Tabelle einer Datenbank können Zugriffsbeschränkungen existieren.

Attribute: Ausführungsberechtigungsklasse - Code der Berechtigungsklasse, die von der Zugriffsbeschränkung betroffen ist.

Tabelle - Nummer der von der Zugriffsbeschränkung betroffenen Tabelle.

Datenbank - Name der Datenbank, in der sich die von der Zugriffsbeschränkung betroffene Tabelle befindet.

Spalte - Nummer der Spalte, für welche die Zugriffsbeschränkung gilt.

6.2.8.11. Spalte in Tabelle

Siehe Beschreibung in Pkt. 6.2.2.5..

6.3. Ergebnisse der Erstellung der logischen Systemspezifikation

Die Ergebnisse der logischen Systemspezifikation sind untenstehend angegeben. Es handelt sich dabei um die "Outputs" aus den Aktivitäten in Pkt. 6.1..

Die Ergebnisse sind, wie auch schon in der Analyse (s. Pkt. 5.3.), hierarchisch strukturiert. Die einzelnen elementaren Ergebnisse werden weiter unten durch ihre Sicht auf das in Pkt. 6.2. entwickelte Metamodell und durch ein Musterdokument beschrieben.

```
Ergebnisse:

- Logisches Soll-Datenmodell
  - Liste der Tabellen in Datenbanken.
  - Datenbankstrukturdiagramme.
  - Beschreibung von Tabellen.
  - Beschreibung von Spalten.
  - Beschreibung von Integritätsbedingungen.

- Logisches Soll-Funktionsmodell
  - Katalog logischer Transaktionen.
  - Katalog der Listen.
  - Liste der logischen Transaktionen in Applikationen.
  - Transaktionsnetzwerk pro Applikation
    - Online-Transaktionsnetzwerk pro Applikation.
    - Batch-Transaktionsnetzwerk pro Applikation.
    - Beschreibung der Datentransfer-Tabellen pro Applikation.
  - Matrix Tabelle/Logische Transaktion.
  - Entity-Life-History pro Tabelle und Datenbank.
  - Beschreibung der Operationen von logischen Transaktionen.

- Stellen- und Aufgabenstruktur
  - Aufgabenstruktur.
  - Aufgaben der Stellen.
  - Matrix Stelle / Organisationseinheit.
  - Liste der Stellen an Standorten.

- Beschreibung der elementaren Aufgaben.
```

```
- Beschreibung der Verteilung von Systemen
  - Zuweisung von Systemen zu Standorten.
  - Zuweisung von Applikationen zu Systemen.
  - Zuweisung von Datenbanken zu Systemen.
  - Beschreibung des Zugangs von Stellen zu Systemen an Standorten.

- Beschreibung von Listen.

- Dialogspezifikation
  - Menu-Struktur pro Applikation.
  - Dialogflussdiagramm pro logische Transaktion in Applikation.
  - Beschreibung von Bildschirmen.
  - Menu-Struktur pro Bildschirm einer logischen Transaktion
    in Applikation.
  - Beschreibung der Aktionen einzelner Menupositionen pro Bildschirm
    einer logischen Transaktion in Applikation.
  - Beschreibung der Aktionen einzelner Befehls- und Steuertasten pro
    Bildschirm einer logischen Transaktion in Applikation.

- Sicherheitsspezifikation
  - Liste der Ausführungsberechtigungsklassen.
  - Ausführungsberechtigungen für Transaktionen
    - Matrix Ausführungsberechtigungsklasse / logische Transaktion in
      Applikation.
    - Bedingungen für Ausführungsberechtigungen.
  - Zugriffsbeschränkungen auf Daten.

- Detailprojektplan für das Konstruktions-Design und die Konstruktion.
```

Bei den Hauptergebnissen des System-Designs handelt es sich um

- das logische Soll-Datenmodell mit der Verteilung von Tabellen auf Datenbanken,
- das logische Soll-Funktionsmodell mit der Verteilung von Transaktionen auf Applikationen und den applikationsspezifischen Transaktionsnetzwerken,
- die Stellen- und Aufgabenstruktur,
- die Beschreibung von Aufgaben,
- die Verteilung von Systemen,
- die Spezifikation der Listen,
- die Spezifikation des Online-Dialogs,
- die Sicherheitsspezifikation und
- den Detailprojektplan für das Design und das Konstruktionsdesign.

Nachfolgend werden die einzelnen elementaren Ergebnisse im Detail beschrieben.

6.3.1. Liste der Tabellen in Datenbanken

Die Liste der Tabellen in Datenbanken spezifiziert, welche Tabellen in den einzelnen Datenbanken implementiert werden sollen. Die Auswahl der zu realisierenden Datenbanken wurde schon am Ende der Analyse-Phase getroffen (s. Pkt. 5.1.9.). Datenbanken wurden spezifisch für bestimmte Systemtypen definiert.

Auch das Volumen, d.h. die durchschnittlich zu erwartenden Zeilen pro Tabelle und Datenbank, wird festgelegt. Diese Information ist vor allem für den späteren physischen Datenbankentwurf im Konstruktions-Design wichtig.

Als Anhaltspunkt für die Zuweisung von Tabellen zu Datenbanken dient die schon am Ende der Analyse vorgenommene Zuordung von Entitätstypen zu Datenbanken.

Sicht auf das Metamodell:

Datenbank
Tabelle
Tabelle in Datenbank

Beispiel:

Geschäftspartnerdatenbank mit den Tabellen

Partner	mit durchschnittlich	8'500 Zeilen
Partnerdaten alt	mit durchschnittlich	6'000 Zeilen
Bewerber	mit durchschnittlich	100 Zeilen
Kunde	mit durchschnittlich	8'200 Zeilen
Kundendaten alt	mit durchschnittlich	6'000 Zeilen
Geschäftstyp	mit durchschnittlich	5 Zeilen
Region	mit durchschnittlich	3 Zeilen
Vertreter	mit durchschnittlich	800 Zeilen
Kundenbetreuung	mit durchschnittlich	7'000 Zeilen
Zahlungskondition	mit durchschnittlich	6 Zeilen

Erfassungsdatenbank mit den Tabellen

PE[1] Kunde	mit durchschnittlich	9 Zeilen
PE Auftragskopf	mit durchschnittlich	4 Zeilen
PE Auftragsposten	mit durchschnittlich	16 Zeilen
PE Artikel	mit durchschnittlich	4'000 Zeilen
Geschäftstyp	mit durchschnittlich	5 Zeilen
Zahlungskondition	mit durchschnittlich	6 Zeilen
Auftragspriorität	mit durchschnittlich	5 Zeilen
Mengeneinheit	mit durchschnittlich	4 Zeilen

1 Portables Erfassungssystem.

```
Auftragsdatenbank mit den Tabellen
  Auftragskopf                  mit durchschnittlich   300'000 Zeilen
  Auftragsstatus                mit durchschnittlich         7 Zeilen
  Auftragspriorität             mit durchschnittlich         5 Zeilen
  Auftragsmutation              mit durchschnittlich         6 Zeilen
  Auftragsmutationscode         mit durchschnittlich         7 Zeilen
  Auftragsposten                mit durchschnittlich 1'200'000 Zeilen
  Vertreterauftrag              mit durchschnittlich   300'000 Zeilen

Fakturadatenbank mit Tabelle
  Faktura                       mit durchschnittlich   300'000 Zeilen

Artikeldatenbank mit Tabelle
  Artikel                       mit durchschnittlich     4'000 Zeilen
  Mengeneinheit                 mit durchschnittlich         4 Zeilen

Datentransfer-Datenbank Host mit Tabelle
  Fälliger Auftrag              mit durchschnittlich       600 Zeilen
  Ausführbarer Auftrag          mit durchschnittlich       550 Zeilen
  Verarbeitbarer Auftrag        mit durchschnittlich       550 Zeilen
```

Ein Vergleich mit der Liste der zu realisierenden Datenbanken aus der Analyse in Pkt. 5.3.27. zeigt, wie stark sich das Datenmodell zwischen Analyse und System-Design noch verändern kann:

- Es wurden zusätzlich die Tabellen
  - "Partnerdaten alt" und
  - "Kundendaten alt"

  definiert. Diese nehmen alte Versionen von Partner- und Kundendaten auf.
- Die Tabelle "Auftragsmutation" kam neu hinzu. Diese Tabelle führt pro Auftrag nach, wer diesen in welcher Weise wann manipuliert hat.
- Es wurden die Tabellen
  - "Geschäftstyp",
  - "Zahlungskondition",
  - "Mengeneinheit",
  - "Auftragspriorität",
  - "Auftragsstatus" sowie
  - "Auftragsmutationscode"

  neu definiert. Es handelt sich dabei um zentrale Tabellen.

- Die Tabellen
  - "PE Kunde",
  - "PE Auftragskopf",
  - "PE Auftragsposten" und
  - "PE Artikel"

  wurden zusätzlich definiert. Es handelt sich dabei um Tabellen auf dem portablen Erfassungssystem, das die Vertreter benützen. Diese Tabellen mussten definiert werden, weil ihre Struktur von den Ursprungstabellen

  - "Partner",
  - "Kunde",
  - "Auftragskopf"
  - "Auftragsposten" und
  - "Artikel"

  abweicht. Die Tabelle "PE Kunde" umfasst z.B. Spalten aus den Tabellen "Partner" und "Kunde". Weiter übernimmt beispielsweise die Tabelle "PE Artikel" nicht alle Spalten aus der Tabelle "Artikel"; so sind die Spalten "Mindestbestand" und "Lagerbestand" der Tabelle "Artikel" nicht in die Tabelle "PE Artikel" übernommen worden.

- Die Tabellen
  - "Fälliger Auftrag",
  - "Ausführbarer Auftrag" und
  - "Verarbeitbarer Auftrag"

  wurden ebenfalls neu geschaffen. Sie dienen der Batchverarbeitung als Datentransfer-Tabellen für die Auftragsabwicklung zur Verbindung der Transaktionen "Fällige Aufträge bestimmen", "Kreditlimit prüfen", "Lieferbarkeit prüfen" und "Aufträge ausführen".

6.3.2. Datenbankstrukturdiagramme

Pro Datenbank existiert ein Datenbankstrukturdiagramm, das die Tabellen der Datenbank sowie ihre Beziehungen untereinander aufführt [vgl. Vetter 2, S. 367 ff].

Die Beziehungen zwischen Tabellen ergeben sich aus der Existenz von referentiellen Integritätsbedingungen (s. Pkt. 6.3.5.).

Sicht auf das Metamodell:

Datenbank
Tabelle
Tabelle in Datenbank
Spalte
Spalte der Tabelle
Integritätsbedingung für Spalte und Spaltengruppe von Tabelle

Beispiel:

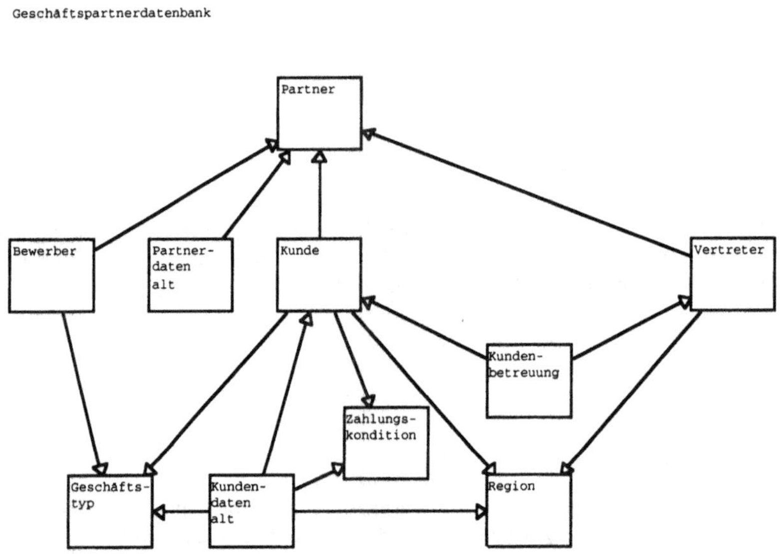

Im obenstehenden Beispiel wird die Geschäftspartnerdatenbank dargestellt. Die Pfeile stehen jeweils für eine referentielle Integritätsbedingung. Die Pfeilspitze zeigt auf die referenzierte Tabelle. Beispielsweise wird aus einer Zeile der Tabelle "Kunde" eine bestimmte Zeile aus der Tabelle "Region" referenziert[1].

---

1 Implizit stellt die referentielle Integrität eine "1:cn"-Beziehung dar. Bei referentieller Integrität mit erlaubten Nullwerten entspricht dies einer "c:cn"-Beziehung.

6.3.3. Beschreibung von Tabellen

Jede Tabelle wird unabhängig davon beschrieben, in welcher Datenbank sie realisiert wird.

Die Beschreibung der Tabelle umfasst

- ihren Bezeichner und
- die Spalten in dieser Tabelle.

Wenn der Bezeichner der Tabelle gleich oder ähnlich gehalten wird wie der Bezeichner des zugehörigen Entitätstyps, kann leicht eruiert werden, welchem Entitätstyp eine Tabelle entsprungen ist.

Die Zuordnung von Tabellen zu Entitätstypen kann auch leicht ausfindig gemacht werden, indem pro Datenbank jene Entitätstypen und Tabellen, die dieser Datenbank zugeordnet sind, miteinander verglichen werden (vgl. Pkte. 5.3.27 mit 6.3.1.).

Sicht auf das Metamodell:

Tabelle
Spalte
Spalte der Tabelle

Beispiel:

Tabelle *Partner* umfasst Spalten
  Partnernummer_Partner
  Userid
  Datum
  Zeit
  Name
  Strasse
  Strassennummer
  PLZ
  Ort
  Land
  Telephonnummer

Tabelle *Partnerdaten alt* umfasst Spalten
  Partnernummer_Partner
  Fortlaufende_Mutationsnummer
  Userid
  ...
  Telephonnummer

```
Tabelle Kunde umfasst Spalten
  Partnernummer_Kunde
  Userid
  Datum
  Zeit
  Regionnummer
  Geschäftstyp
  Kreditlimit
  Kundenrabattsatz
  Zahlungskonditionen
  Kundenaufnahmedatum

Tabelle Kundendaten alt umfasst Spalten
  Partnernummer_Kunde
  Fortlaufende_Mutationsnummer
  Userid
  ...
  Zahlungskonditionen

Tabelle PE Kunde[1] umfasst Spalten
  Partnernummer_Kunde
  Name
  Strasse
  Strassennummer
  PLZ
  Ort
  Land
  Telephonnummer
  Regionnummer
  Geschäftstyp
  Kreditlimit
  Kundenrabattsatz
  Zahlungskonditionen
  Kundenaufnahmedatum
```

Im Vergleich zur Beschreibung von Entitätstypen in Pkt. 5.3.2. zeigt sich, wie sich die zwei Entitätstypen "Partner" und "Kunde" der Analyse nun in die fünf oben aufgeführten Tabellen gewandelt haben.

Neu hinzugekommen sind im Vergleich zu den Attributen aus der Analyse in Pkt. 5.3.2. die Spalten

- "Userid", "Datum" und "Zeit" zur Registrierung der Person und des Zeitpunktes einer Erfassung resp. Modifikation,
- "Fortlaufende Mutationsnummer" zur aufsteigenden Numerierung der Modifikationen und
- "Zahlungskonditionen". Diese Spalte war in der Analyse vergessen worden.

---

1 Portables Erfassungssystem.

6.3.4. Beschreibung von Spalten

Die Beschreibung von Spalten legt jeweils pro Spalte deren Datentyp sowie eine erklärende verbale Beschreibung fest. Diese verbale Beschreibung kann schliesslich auch als Help-Text verwendet werden.

Sicht auf das Metamodell:

Spalte

Beispiel:

Kundenaufnahmedatum

Datentyp:	DATE
Beschreibung:	Ein Bewerber, ser die Bonitätsprüfung bestanden hat, wird als Kunde aufgenommen. Das Kundenaufnahmedatum ist jener Tag, an dem der Bewerber als Kunde aufgenommen worden ist.

Partnernummer_Kunde

Datentyp:	CHAR 16
Beschreibung:	Die Partnernummer ist das Identifikationskriterium für den Kunden. Eine eindeutige Partnernummer wird für Bewerber, Kunden etc. vergeben.

Userid

Datentyp:	CHAR 8
Beschreibung:	Die Userid (<u>User</u> <u>Id</u>entification) ist der Benutzer-Identifikationscode, mit dem sich ein Benutzer beim System anmeldet.

Zahlungskonditionen

Datentyp:	NUM 2
Beschreibung:	Die Spalte "Zahlungskonditionen" ist ein zweistelliger numerischer Code für die in der zentralen Tabelle "Zahlungskondition" beschriebenen Konditionen.

6.3.5. Beschreibung von Integritätsbedingungen

Im logischen Datenmodell werden folgende Arten von Integritätsbedingungen unterschieden (s. Pkt. 6.2.2.11.):

- Eindeutigkeit: Eine Spalte oder eine Spaltengruppe einer Tabelle hat identifizierende Eigenschaften.
- Referentielle Integrität: Eine Spalte oder eine Spaltengruppe ist ein Fremdschlüssel, der aus einer anderen Tabelle stammt.

- Freie Konsistenzbedingung: Für eine Spalte oder eine Spaltengruppe existieren andere Beschränkungen, welche frei formuliert werden.

- Duplikate: Der Wert einer Spalte oder einer Spaltengruppe ist ein Duplikat einer anderen Spalte oder Spaltengruppe.

- Referentielle Integrität mit Nullwerten: Der Wert einer Spalte oder einer Spaltengruppe ist ein Fremdschlüssel, der aber auch ausnahmsweise Null sein darf. Dadurch lassen sich z.B. "c:cn"-Beziehungen leichter realisieren, da diese nicht über Verbindungstabellen aufgelöst werden müssen.

Sicht auf das Metamodell:

Tabelle
Spalte
Integritätsbedingung für Spalte oder Spaltengruppe von Tabelle

Beispiel:

Tabelle	Spaltengruppe	Bedingung
Partnerdaten alt	Partnernummer_Partner Fortlaufende_Mutationsnummer	Eindeutigkeit
"	Fortlaufende_Mutationsnummer	Fortlaufende, lückenlose aufsteigende Numerierung
"	Partnernummer_Partner	Referentielle Integrität auf Spalte *Partnernummer_Partner* der Tabelle *Partner*
PE Kunde	Partnernummer_Kunde	Eindeutigkeit
"	Partnernummer_Kunde Name Strasse Strassennummer PLZ Ort Land Telephonnummer	Duplikat der Spaltengruppe *Partnernummer_Partner, Name, Strasse, Strassennummer, PLZ, Ort, Land, Telephonnummer* der Tabelle *Partner*

"	Partnernummer_Kunde Regionnummer Geschäftstyp Kreditlimit Kundenrabattsatz Zahlungskonditionen Kundenaufnahmedatum	Duplikat der Spaltengruppe *Partnernummer_Kunde, Geschäftstyp, Kreditlimit, Kundenrabattsatz, Zahlungskonditionen, Kundenaufnahmedatum* der Tabelle *Kunde*

6.3.6. Katalog logischer Transaktionen

Der Katalog der logischen Transaktionen führt alle Transaktionen auf, die in dem zu realisierenden Informationssystem vorhanden sein sollen.

Die logischen Transaktionen werden verbal beschrieben und nach dem in Pkt. 6.1.2.1. dargestellten Schema klassifiziert.

Sicht auf das Metamodell:

Logische Transaktion

Beispiel:

a) Übersicht

Transaktion	*Online/Batch*	*Update/Retrieval*
Starttransaktion Kundenverwaltung	Online	Retrieval
Starttransaktion Auftragsverwaltung	Online	Retrieval
Starttransaktion PE[1]	Online	Retrieval
Kundenadresse suchen/anzeigen	Online	Retrieval
Bewerbungen anzeigen	Online	Retrieval
Bewerbung erfassen	Online	Update
Bonitätsanfrage ausdrucken	Online	Retrieval
Bewerbung löschen	Online	Update
Bewerber als Kunde aufnehmen	Online	Update
Bewerber als Kunde ablehnen	Online	Update
Kundendaten modifizieren	Online	Update
Kunde löschen	Online	Update
Kundenbetreuung festlegen	Online	Update
Kundenbetreuung modifizieren	Online	Update
PE Kundendatenmodifikationen an Host senden	Online	Update
PE Kundendaten von Host empfangen	Online	Update

[1] Portables Erfassungssystem.

Aufträge zu Kunde anzeigen	Online	Retrieval
Offene Aufträge zu Kunde anzeigen	Online	Retrieval
Auftrag anzeigen	Online	Retrieval
Nicht abgeschlossene Aufträge anzeigen	Online	Retrieval
Neuen Auftrag erfassen	Online	Update
Auftrag abschliessen	Online	Update
Auftrag löschen	Online	Update
Auftrag kopieren	Online	Update
Auftrag stornieren	Online	Update
Auftrag modifizieren	Online	Update
PE Aufträge an Host senden	Online	Update
Aufträge selektiv archivieren	Online	Update
Archivierte Aufträge selektiv einspielen	Online	Update
Fällige Aufträge bestimmen	Batch	Update
Kreditlimit prüfen	Batch	Update
Lieferbarkeit prüfen	Batch	Update
Aufträge ausführen	Batch	Update
Regionenumsatz ermitteln	Batch	Retrieval
Vertreterumsatz ermitteln	Batch	Retrieval
Kundenumsatz ermitteln	Batch	Retrieval
Storni pro Kunde ermitteln	Batch	Retrieval
Storni pro Vertreter ermitteln	Batch	Retrieval
Umsatz pro Artikel(-Gruppe) ermitteln	Batch	Retrieval
Kunden nach Vertreter ausdrucken	Batch	Retrieval
Etiketten drucken	Batch	Retrieval

b) Detail-Beschreibung der einzelnen Transaktionen

...

Transaktions-Nr:	7
Transaktions-Name:	**Bewerber als Kunde aufnehmen**[1]
Verbale Beschreibung:	Aufnehmen eines Bewerbers als Kunden. Angabe der Konditionen. Ausdruck des Aufnahmebescheides. Einstiegspunkt in die Transaktion ist die Partnernummer des Bewerbers.
Ausführungsart:	Online
Transaktionstyp:	Update
Einstiegsart:	Out-of-the-blue
Aufrufart:	Menugesteuert
Ausführungsgrund:	Person am Terminal

...

Ein Vergleich zur Geschäftsfunktionshierarchie in Pkt. 5.3.3. zeigt, dass die Funktionsbeschreibung erheblich verändert resp. weiterentwickelt wurde.

1 Vgl. verbale Beschreibung der Geschäftsfunktion "1.1.3. Bewerbung akzeptieren" in Pkt.5.3.4.

Aus den 14 elementaren Geschäftsfunktionen

- 1.1.1. Bewerbung erfassen,
- 1.1.2. Bonitätsanfrage veranlassen,
- 1.1.3. Bewerbung akzeptieren,
- 1.1.4. Bewerbung ablehnen,
- 1.1.5. Kundenbetreuung festlegen,
- 1.1.6. Kunden-/Bewerberdaten pflegen,
- 1.2.1. Auftrag erfassen,
- 1.2.2. Auftrag abschliessen,
- 1.2.3. Auftrag mutieren,
- 1.2.4. Auftrag stornieren,
- 1.3.1. Fälligkeit prüfen/bearbeiten,
- 1.3.2. Kreditlimit prüfen/bearbeiten,
- 1.3.3. Lieferbarkeit prüfen/bearbeiten und
- 1.3.4. Auftrag verarbeiten

sind insgesamt 41 logische Transaktionen entstanden. Einige logische Transaktionen sind direkt 1:1 aus den elementaren Geschäftsfunktionen abgeleitet worden. Es handelt sich dabei um die folgenden 14 Transaktionen:

- Bewerbung erfassen (1.1.1. Bewerbung erfassen).
- Bonitätsanfrage ausdrucken (1.1.2. Bonitätsanfrage veranlassen).
- Bewerber als Kunde aufnehmen (1.1.3. Bewerbung akzeptieren).
- Bewerber als Kunde ablehnen (1.1.4. Bewerbung ablehnen).
- Kundenbetreuung festlegen (1.1.5. Kundenbetreuung festlegen).
- Neuen Auftrag erfassen (1.2.1. Auftrag erfassen).
- Auftrag abschliessen (1.2.2. Auftrag abschliessen).
- Auftrag modifizieren (1.2.3. Auftrag mutieren).
- Auftrag stornieren (1.2.4. Auftrag stornieren).
- Fällige Aufträge bestimmen (1.3.1. Fälligkeit prüfen/bearbeiten).
- Kreditlimit prüfen (1.3.2. Kreditlimit prüfen/bearbeiten).
- Lieferbarkeit prüfen (1.3.3. Lieferbarkeit prüfen/bearbeiten).

- Aufträge ausführen (1.3.4. Auftrag verarbeiten).

Die restlichen 28 Transaktionen stellen die Funktionalität dar, die im System-Design neu hinzugekommen ist, um der

- initialen Navigation im Dialog,
- interaktiven Abfrage,
- Erzeugung von Berichten, Statistiken, Auswertungen etc.,
- Modifikation und Löschung von Daten,
- Vereinfachung von Erfassungsvorgängen,
- Archivierung und Reaktivierung von Daten und
- Datenübermittlung und -synchronisation

zu dienen (vgl. Pkt. 6.1.2.1.).

6.3.7. Katalog der Listen

Die aus dem Informationssystem zu erzeugenden Listen werden in Aktivität "A.3.2.1. Identifikation von logischen Transaktionen" festgehalten.

Jede Liste wird von genau einer logischen Transaktion erzeugt. Dies unabhängig davon, in welcher Applikation diese logische Transaktion realisiert wird.

Sicht auf das Metamodell:

Liste
Logische Transaktion

Beispiel:

Erzeugende Transaktion	***Erzeugte Liste***
Bonitätsanfrage ausdrucken	Bonitätsanfrage
Bewerber als Kunde aufnehmen	Aufnahmebescheid
Bewerber als Kunde ablehnen	Ablehnungsbescheid
Auftrag abschliessen	Auftragsbestätigung
Kreditlimit prüfen	Zahlungsaufforderung

Lieferbarkeit prüfen	Meldung über Lieferstörung Stock-Out-Report
Aufträge ausführen	Lieferschein Faktura
Vertreterumsatz ermitteln	Vertreterumsatz
...	...

6.3.8. Liste der logischen Transaktionen in Applikationen

Diese Liste führt auf, welche logischen Transaktionen in einer Applikation realisiert werden. Das Mengengerüst wird applikationsspezifisch erhoben. Pro logische Transaktion und Applikation kann die Anzahl der Ausführungen (jeweils auf ein System bezogen) geschätzt werden.

Sicht auf das Metamodell:

Logische Transaktion
Applikation
Logische Transaktion in Applikation

Beispiel:

Applikation *Kundenverwaltungssystem* umfasst logische Transaktionen

Starttransaktion Kundenverwaltung	mit ∅	2'000	Ausführungen/Tag
Kundenadresse suchen/anzeigen	mit ∅	500	Ausführungen/Tag
Bewerbungen anzeigen	mit ∅	3	Ausführungen/Tag
Bewerbung erfassen	mit ∅	3	Ausführungen/Tag
Bonitätsanfrage ausdrucken	mit ∅	3	Ausführungen/Tag
Bewerbung löschen	mit ∅	0	Ausführungen/Tag
Bewerber als Kunde aufnehmen	mit ∅	2	Ausführungen/Tag
Bewerber als Kunde ablehnen	mit ∅	1	Ausführung/Tag
Kundendaten modifizieren	mit ∅	5	Ausführungen/Tag
Kunde löschen	mit ∅	0	Ausführungen/Tag
Kundenbetreuung festlegen	mit ∅	2	Ausführungen/Tag
Kundenbetreuung modifizieren	mit ∅	5	Ausführungen/Tag

Applikation *Portables Erfassungssystem* umfasst logische Transaktionen

Starttransaktion PE	mit ∅	5	Ausführungen/Tag
Kundenadresse suchen/anzeigen	mit ∅	5	Ausführungen/Tag
Kundendaten modifizieren	mit ∅	1	Ausführung/Monat
PE Kundendatenmodifikationen an Host senden	mit ∅	1	Ausführung/Monat
PE Kundendaten von Host empfangen	mit ∅	1	Ausführung/Monat
Aufträge zu Kunde anzeigen	mit ∅	1	Ausführung/Tag
Auftrag anzeigen	mit ∅	1	Ausführung/Tag
Neuen Auftrag erfassen	mit ∅	1	Ausführung/Tag
Auftrag löschen	mit ∅	1	Ausführung/Tag
Auftrag kopieren	mit ∅	1	Ausführung/Tag
Auftrag modifizieren	mit ∅	1	Ausführung/Tag
PE Aufträge an Host senden	mit ∅	1	Ausführung/Woche

```
Applikation Auftragsverwaltungssystem umfasst logische Transaktion
  Starttransaktion Auftragsverwaltung              mit ø  1'500 Ausführungen/Tag
  Aufträge zu Kunde anzeigen                       mit ø     10 Ausführungen/Tag
  Offene Aufträge zu Kunde anzeigen                mit ø    100 Ausführungen/Tag
  Auftrag anzeigen                                 mit ø    400 Ausführungen/Tag
  Nicht abgeschlossene Aufträge anzeigen           mit ø    400 Ausführungen/Tag
  Neuen Auftrag erfassen                           mit ø    100 Ausführungen/Tag
  Auftrag abschliessen                             mit ø    600 Ausführungen/Tag
  Auftrag löschen                                  mit ø     10 Ausführungen/Tag
  Auftrag kopieren                                 mit ø     10 Ausführungen/Tag
  Auftrag stornieren                               mit ø     20 Ausführungen/Tag
  Auftrag modifizieren                             mit ø    100 Ausführungen/Tag
  Aufträge selektiv archivieren                    mit ø      1 Ausführung/Jahr
  Archivierte Aufträge selektiv einspielen         mit ø      0 Ausführungen/Jahr
  Regionenumsatz ermitteln                         mit ø      1 Ausführung/Tag
  Vertreterumsatz ermitteln                        mit ø     10 Ausführungen/Tag
  Kundenumsatz ermitteln                           mit ø     20 Ausführungen/Tag
  Storni pro Kunde ermitteln                       mit ø      1 Ausführung/Tag
  Storni pro Vertreter ermitteln                   mit ø      1 Ausführung/Tag
  Umsatz pro Artikel(-Gruppe) ermitteln            mit ø      1 Ausführung/Tag
  Kunden nach Vertreter ausdrucken                 mit ø      1 Ausführung/Tag
  Etiketten drucken                                mit ø     10 Ausführungen/Tag

Applikation Auftragsabwicklungssystem umfasst logische Transaktion
  Fällige Aufträge bestimmen                       mit ø      1 Ausführung/Tag
  Kreditlimit prüfen                               mit ø      1 Ausführung/Tag
  Lieferbarkeit prüfen                             mit ø      1 Ausführung/Tag
  Aufträge ausführen                               mit ø      1 Ausführung/Tag
```

Im obigen Beispiel werden die logischen Transaktionen

- Kundenadresse suchen/anzeigen,
- Kundendaten modifizieren,
- Aufträge zu Kunde anzeigen,
- Auftrag anzeigen,
- Neuen Auftrag erfassen,
- Auftrag löschen,
- Auftrag kopieren und
- Auftrag modifizieren

jeweils auf zwei Systemtypen (Host, Portable, s. Pkt. 5.3.28.) verteilt.

6.3.9. Online-Transaktionsnetzwerk pro Applikation

Das Online-Transaktionsnetzwerk gibt jeweils pro Applikation an,

- durch welche Verbindungen zwischen Transaktionen innerhalb der Applikation navigiert werden kann,
- welche Transaktionen ausserhalb der Applikation erreicht werden können,

- unter welchen Bedingungen ein Transaktionssprung durchgeführt werden kann und
- welche Intertransaktionsparameter bei einem Transaktionssprung jeweils verwendet werden.

Im untenstehenden Beispiel sind die möglichen Transaktion-zu-Transaktion-Verbindungen der Applikation "Kundenverwaltungssystem" aufgeführt.

Von der Starttransaktion können alle anderen Transaktionen erreicht werden.

Von der Transaktion "Kundenadresse suchen/anzeigen" können die Transaktionen

- Kundendaten modifizieren,
- Kunde löschen,
- Aufträge zu Kunde anzeigen,
- Offene Aufträge zu Kunde anzeigen oder
- Neuen Auftrag erfassen

direkt erreicht werden, wenn die vorgängige Transaktion "Kundenadresse suchen/anzeigen" erfolgreich beendet wurde, was in diesem Fall heisst, dass ein Kunde selektiert wurde. Als Intertransaktionsparameter dient die Spalte "Partnernummer_Kunde".

Das untenstehende Transaktionsnetzwerk drückt z.B. auch aus, dass von der Transaktion "Kundendaten modifizieren" die Transaktion "Kundenadresse suchen/anzeigen" erreicht werden kann. Dies unabhängig davon, ob die vorgängige Transaktion "Kundendaten modifizieren" erfolgreich beendet oder aber abgebrochen wurde.

Sicht auf das Metamodell:

Logische Transaktion
Applikation
Logische Transaktion in Applikation
Transaktion-zu-Transaktion-Verbindung
Intertransaktionsparameter
Spalte

Beispiel:

a) Online-Transaktionsnetzwerk

	Applikation Kundenverwaltungssystem	1	2	3	4	5	6	7	8	9	10	11	12
1	Starttransaktion Kundenverwaltung	**1**											
2	Kundenadresse suchen/anzeigen	C	**2**							C	C	C	C
3	Bewerbungen anzeigen	C		**3**			C						
4	Bewerbung erfassen	C			**4**								
5	Bonitätsanfrage ausdrucken	C		S	S	**5**							
6	Bewerbung löschen	C		S			**6**						
7	Bewerber als Kunde aufnehmen	C		S				**7**					
8	Bewerber als Kunde ablehnen	C		S					**8**				
9	Kundendaten modifizieren	C	S							**9**			
10	Kunde löschen	C	S								**10**		
11	Kundenbetreuung festlegen	C										**11**	
12	Kundenbetreuung modifizieren	C											**12**
	Applikation Auftragsverwaltungssystem												
	Aufträge zu Kunde anzeigen		S										
	Offene Aufträge zu Kunde anzeigen		S										
	Neuen Auftrag erfassen		S										

Legende: S = Successfull: Transaktion A initiiert Transaktion B, wenn Transaktion A erfolgreich beendet wurde.

C = Conditional: Transaktion A initiiert Transaktion B, wenn Transaktion A erfolgreich beendet oder durch den Benutzer abgebrochen wurde.

b) Intertransaktionsparameter

Von Transaktion	***Nach Transaktion***	***Parameter***
Kundenadresse suchen/anzeigen	Kundendaten modifizieren	Partnernummer_ Kunde
...		
Kundenadresse suchen/anzeigen	Aufträge zu Kunde anzeigen	Partnernummer_ Kunde
...		
Bewerbungen anzeigem	Bonitätsanfrage ausdrucken	Partnernummer_ Bewerber
...		

6.3.10. Batch-Transaktionsnetzwerk pro Applikation

Analog zum Online-Transaktionsnetzwerk spezifiziert das Batch-Transaktionsnetzwerk ebenfalls die Abhängigkeiten zwischen Batch-Transaktionen.

Sicht auf das Metamodell:

Logische Transaktion
Applikation
Logische Transaktion in Applikation
Transaktion-zu-Transaktion-Verbindung
Datenbank
Tabelle
Tabelle in Datenbank
Logische Transaktion verwendet Tabelle
Zugriffsart auf Tabelle

Beispiel:

a) Batch-Transaktionsnetzwerk

	Applikation Auftragsabwicklungssystem	1	2	3	4
1	Fällige Aufträge bestimmen	1			
2	Kreditlimit prüfen	A	2		
3	Lieferbarkeit prüfen		A	3	
4	Aufträge ausführen			A	4

Legende: A = Automatic: Transaktion A initiiert Transaktion B automatisch.

b) Datentransfer-Tabellen

Von Transaktion	*Nach Transaktion*	*Tabelle aus Datenbank*
Fällige Aufträge bestimmen	Kreditlimit prüfen	Fälliger Auftrag in Datentransfer-Datenbank Host
Kreditlimit prüfen	Lieferbarkeit prüfen	Ausführbarer Auftrag in Datentransfer-Datenbank Host
Lieferbarkeit prüfen	Aufträge ausführen	Verarbeitbarer Auftrag in Datentransfer-Datenbank Host

Im obigen Beispiel ist ein einfaches Transaktionsnetzwerk für die Applikation "Auftrags-abwicklungssystem" beschrieben. Die Transaktionen laufen eine nach der anderen ab. Sie sind über die oben aufgeführten Datentransfertabellen miteinander verknüpft.

6.3.11. Beschreibung der Datentransfer-Tabellen pro Applikation

Die Beschreibung von Datentransfer-Tabellen stellt den strukturellen Aufbau der Datentransfer-Tabellen dar.

Da Datentransfer-Tabellen eben Tabellen im Sinne des Datenentwurfs sind, werden Sie auch als solche mit Spalten beschrieben. Da sie nicht Bestandteil des logischen Datenmodells sind, werden sie hier separat beschrieben.

Zusätzlich wird in der Beschreibung auch angegeben, welche logischen Transaktionen die Datentransfer-Tabellen in welcher Weise verwenden.

Sicht auf das Metamodell:

```
Logische Transaktion
Applikation
Logische Transaktion in Applikation
Datenbank
Tabelle
Tabelle in Datenbank
Logische Transaktion verwendet Tabelle
Zugriffsart auf Tabelle
```

Beispiel:

Datentransfer-Tabelle *Fälliger Auftrag*
aus Datenbank *Datentransfer-Datenbank Host*
wird erzeugt von logischer Transaktion *Fällige Aufträge bestimmen*
wird verwendet von logischer Transaktion *Kreditlimit prüfen*
enthält Spalten
  Auftragsnummer
  Partnernummer_Kunde

6.3.12. Matrix Tabelle/Logische Transaktion

Die Matrix "Tabelle/Logische Transaktion" zeigt auf, welche Operationen (Effekte, Zugriffe) logische Transaktionen auf Tabellen in Datenbanken bewirken.

Diese Matrix stellt einen ersten Ansatzpunkt zur Entwicklung von Entity-Life-Histories dar. Deshalb wird sie auch "Entity-Life-History-Matrix" genannt.

Im untenstehenden Beispiel sind die Operationen aller logischen Transaktionen der Applikation "Kundenverwaltungssystem" sowie die Operationen einiger logischer Transaktionen der Applikation "Portables Erfassungssystem" dargestellt.

Wie aus dem Beispiel ersichtlich ist, hat die logische Transaktion "Kundendaten modifizieren", die in den zwei Applikationen "Kundenverwaltungssystem" und "Portables Erfassungssystem" realisiert ist, unterschiedliche Effekte. Einmal werden Kundendaten in der Geschäftspartnerdatenbank und einmal in der Erfassungsdatenbank manipuliert.

Ebenfalls wird aus der obigen Matrix ersichtlich, dass logische Transaktionen auf einem Systemtyp durchaus Operationen auf Datenbanken anderer Systemtypen auslösen können[1]. Z.B. bewirkt die Transaktion "PE Kundenmodifikationen an Host senden" aus dem portablen Erfassungssystem einen Effekt auf der Host-Datenbank.

Sicht auf das Metamodell:

```
Logische Transaktion
Applikation
Logische Transaktion in Applikation
Datenbank
Tabelle
Tabelle in Datenbank
Logische Transaktion verwendet Tabelle
Zugriffsart auf Tabelle
```

1 Effekte auf Datenbanken anderer Systemtypen werden über Programm-zu-Programm-Kommunikation realisiert.

Beispiel:

TANSAKTION IN APPL. / TABELLE IN DB	Kundenverwaltungssystem	Starttransaktion Kundenverwaltung	Kundenadresse suchen/anzeigen	Bewerbungen anzeigen	Bewerbung erfassen	Bonitätsanfrage ausdrucken	Bewerbung löschen	Bewerber als Kunde aufnehmen	Bewerber als Kunde ablehnen	Kundendaten modifizieren	Kunde löschen	Kundenbetreuung festlegen	Kundenbetreuung modifizieren		Portables Erfassungssystem	Starttransaktion PE	Kundenadresse suchen/anzeigen	Kundendaten modifizieren	PE Kundendatenmod. an Host senden	PE Kundendaten von Host empfangen	...		...
Geschäftspartnerdatenbank																							
Partner			R	R	A	R	D	R	RD	RM	D	R	R						M	R			
Partnerdaten alt			R							A	D								A				
Bewerber				R	A	R	D	RD	D														
Kunde			R					AR		RM	D	R	R						M	R			
Kundendaten alt			R							A	D								A				
Geschäftstyp			R	R	R	R				R									R				
Region																							
Vertreter											R	R	R										
Kundenbetreuung											D	A	RM										
Zahlungskonditionen			R					R		R									R				
Erfassungsdatenbank																							
PE Kunde																	R	RM	M	DA			
PE Auftragskopf																							
PE Auftragsposten																							
PE Artikel																							
Geschäftstyp																	R	R					
Zahlungskonditionen																	R	R					
Auftragspriorität																							
Mengeneinheit																							
Auftragsdatenbank																							
Auftragskopf											R												
Auftragsstatus																							
Auftragspriorität																							
Auftragsmutation																							
Auftragsmutationscode																							
Auftragsposten																							
Vertreterauftrag																							
Fakturadatenbank																							
Faktura											R												
...																							

Legende:
R = Lesen von Zeilen in der Tabelle
A = Hinzufügen neuer Zeilen in die Tabelle
M = Modifizieren von Zeilen in der Tabelle
D = Löschen von Zeilen in der Tabelle

6.3.13. Entity-Life-History pro Tabelle und Datenbank

Eine Entity-Life-History zeigt pro Tabelle einer Datenbank auf, was die zulässige Eintreff-Sequenz von Operationen aus logischen Transaktionen ist (s. Pkt. 6.1.2.3.).

Sicht auf das Metamodell:

Logische Transaktion
Applikation
Logische Transaktion in Applikation
Tabelle in Datenbank
Zugriffsart auf Tabelle
Logische Transaktion verwendet Tabelle
Logische Transaktion bewirk ELH-Zustandsübergang
ELH-Zustandsbezeichnung

Beispiel:

Entity Life History der Tabelle Kunde in der Geschäftspartnerdatenbank

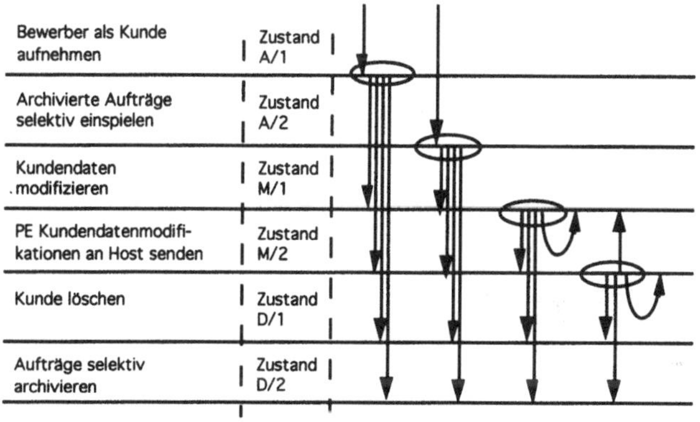

Legende A/n = Hinzufügen einer Zeile in die Tabelle.
M/n= Modifizieren einer Zeile in der Tabelle.
D/n = Löschen einet Zeile in der Tabelle.

Das Beispiel stellt die Entity-Life-History für die Tabelle "Kunde" in der Datenbank "Geschäftspartnerdatenbank" dar. Ein formales Beispiel einer Entity-Life-History befindet sich in Pkt. 6.2.3..

Aus der Entity-Life-History im obigen Beispiel ist in Bezug auf die Tabelle "Kunde" folgendes zu erkennen:

- Ein Eintrag in der Tabelle kann auf zwei Arten entstehen: Zum einen durch die Aufnahme eines Bewerbers als Kunde, zum anderen durch das Einspielen archivierter Aufträge. Ein Eintrag in die Tabelle "Kunde" wird beim Einspielen der archivierten Aufträge dann gemacht, wenn keine Kundendaten vorhanden sind.

- Kundendaten können auf zwei Arten modifiziert werden: Einerseits durch die Host-Transaktion "Kundendaten modifizieren" und andererseits durch die Synchronisations-Transaktion "PE Kundendatenmodifikationen an Host senden", deren Anstoss aus dem portablen Erfassungssystem kommt.
- Ein Kunde kann auf zwei Arten aus der Tabelle entfernt werden. Er kann durch die Online-Transaktion "Kunde löschen" entfernt werden, falls keine Faktura- und Auftragsdaten (mehr) vorhanden sind. Ein Kunde wird aber auch durch die Batch-Transaktion "Aufträge selektiv archivieren" bei der Archivierung der Kunden- und Auftragsdaten dann gelöscht, wenn er seit einer gewissen Zeit keine Aufträge mehr plaziert hat.

Die möglichen Eintreff-Sequenzen von logischen Transaktionen sind durch die Pfeile angegeben. Der Pfeil-Anfang zeigt den Ursprungszustand an, das Pfeil-Ende entsprechend den Zielzustand.

6.3.14. Beschreibung der Operationen von logischen Transaktionen

Die Operationen von logischen Transaktionen in Applikationen auf Spalten von Tabellen in Datenbanken verbindet das Daten- mit dem Funktionsmodell auf der höchsten Detaillierungsstufe des System-Designs.

Für jede Spalte einer Tabelle einer Datenbank müssen ensprechende Operationen aus logischen Transaktionen vorhanden sein, die Daten erzeugen, modifizieren, lesen und vernichten. Damit wird sichergestellt, dass das System-Design diesbezüglich vollständig ist.

Sicht auf das Metamodell:

```
Logische Transaktion
Applikation
Logische Transaktion in Applikation
Tabelle in Datenbank
Zugriffsart auf Tabelle
Logische Transaktion verwendet Tabelle
Spalte
Spalte der Tabelle
Logische Transaktion verwendet Spalte
```

Beispiel:

Logische Transaktion *Kundenbetreuung festlegen*

in Applikation *Kundenverwaltungssystem*

liest Spalte *Partnernummer_Verteter*
aus Tabelle *Vertreter* von *Geschäftspartnerdatenbank*

liest Spalte *Partnernummer_Kunde*
aus Tabelle *Kunde* von *Geschäftspartnerdatenbank*

liest Spalte *Partnernummer*
aus Tabelle *Partner* von *Geschäftspartnerdatenbank*

liest Spalte *Name*
aus Tabelle *Partner* von *Geschäftspartnerdatenbank*

schreibt Spalte *Partnernummer_Kunde*
aus Tabelle *Kundenbetreuung* von *Geschäftspartnerdatenbank*

schreibt Spalte *Partnernummer_Vertreter*
aus Tabelle *Kundenbetreuung* von *Geschäftspartnerdatenbank*

6.3.15. Aufgabenstruktur

Die Aufgabenstruktur ist eine hierarchische Gliederung von Aufgaben.

Aufgaben sind periodische Verrichtungen, die Mitarbeiter durchführen. Dazu werden logische Transaktionen als rechnergestützte Werkzeuge verwendet. Nicht alle Aufgaben können jedoch sinnvoll durch logische Transaktionen unterstützt werden.

Sicht auf das Metamodell:

Aufgabe
Aufgabenstruktur

```
Beispiel:

Jahreszielsetzungen der Vertreter festlegen

Personal rekrutieren und qualifizieren
  Personalqualifikationen durchführen
  Personalrekrutierung

Unterstützung in der Büro-Administration
  Bewirtschaftung des Büromaterials der Abteilung
  Einkommende Post und Telefaxe in der Abteilung verteilen
  Absenzenkontrolle der Mitarbeiter in der Abteilung führen

Einkommende Aufträge und Auftragsänderungen entgegennehmen und bearbeiten
  Einkommende Aufträge entgegennehmen und bearbeiten
  Mutationen entgegennehmen und bearbeiten
  Storni entgegennehmen und bearbeiten

Pflege der Kundendaten
  Bestehende Adressen auf Gültigkeit überprüfen
  Mutationen auf Adressen durchführen

Akquisition von neuen Kunden

Pflege bestehender Kundenbeziehungen

Auslagern alter, nicht mehr verwendeter Auftrags- und Kundendaten aus dem
EDV-System

Erstellen von Verkaufsstatistiken

Reklamationen entgegennehmen und bearbeiten

...
```

6.3.16. Aufgaben der Stellen

Aufgaben werden Stellen zugewiesen, damit Stelleninhaber diese Aufgaben ausführen. Die Zuweisung von Aufgaben zu Stellen resultiert in einem Standard-Stellenprofil resp. einer Standard-Stellenbeschreibung, die auf einen Mitarbeiter bei der Erstellung einer konkreten Stellenbeschreibung angewendet werden kann.

```
Sicht auf das Metamodell:

Aufgabe
Stelle
Stelle umfasst Aufgabe
```

Beispiel:

Stelle *Regionalleiter* umfasst Aufgaben
  Jahreszielsetzungen der Vertreter festlegen
  Personalqualifikationen durchführen
  ...

Stelle *Technische Verkaufsunterstützung für Regionalleiter* umfasst Aufgaben
  Bestehende Adressen auf Gültigkeit überprüfen
  Auslagern alter, nicht mehr verwendeter Auftrags- und Kundendaten aus dem EDV-System
  Erstellen von Verkaufsstatistiken
  ...

Stelle *Verkaufssachbearbeiter* umfasst Aufgaben
  Einkommende Aufträge und Auftragsänderungen entgegennehmen und bearbeiten
  Mutationen auf Adressen durchführen
  ...

...

6.3.17. Matrix Stelle / Organisationseinheit

Stellen werden Organisationseinheiten zugeordnet.

In der Regel ist eine Stelle genau einer Organisationseinheit zuordenbar. Es sind aber auch (seltene) Fälle denkbar, wo dasselbe Aufgabenbündel, das die Stelle darstellt, von mehreren Organisationseinheiten wahrgenommen wird.

Sicht auf das Metamodell:

Organisatorische Einheit
Stelle
Organisatorische Einheit umfasst Stelle

Beispiel:

	ORGANISATIONSEINHEIT							
STELLE	**V**	**Z**	**VD**	**PM**	**R**	**AD**	**VU**	**VT**
Verkaufsleiter	x							
Sekretariat Verkaufsleiter	x							
Regionalleiter					x			
Sekretariat Regionalleiter					x			
Technische Verkaufsunter-stützung für Regionalleiter							x	
Verkaufssachbearbeiter							x	
Vertreter								x
Verkaufsdisponent			x					
Product Manager				x				
Assistent Product Manager				x				

Legende:
V = Verkauf
Z = Zentrale
VD = Verkaufsdisposition
PM = Product Management
R = Regionen
AD = Verkaufsgruppe Aussendienst
VU = Verkaufsunterstützung
VT = Vertreter

6.3.18. Liste der Stellen an Standorten

Organisationseinheiten sind an bestimmten Standorten alloziert. Stellen werden Organisationseinheiten zugeordnet. Auf einer tieferen Verfeinerungsstufe müssen deshalb Stellen ebenfalls Standorten zugewiesen werden.

Mit der Zuweisung von Stellen zu Standorten ist auch ihre Kapazität zu planen, d.h. mit wievielen Mitarbeitern eine Stelle an einem Standort besetzt werden soll.

Sicht auf das Metamodell:

Organisatorische Einheit
Stelle
Organisatorische Einheit umfasst Stelle
Standort
Organisatorische Einheit an Standort
Stelle an Standort

Beispiel:

STELLE	STANDORT ZH	STANDORT SG	STANDORT GE	TOTAL
Verkaufsleiter	1			1
Sekretariat Verkaufsleiter	3			3
Regionalleiter	1	1	1	3
Sekretariat Regionalleiter	2	2	2	6
Technische Verkaufsunterstützung für Regionalleiter	1	1	2	4
Verkaufssachbearbeiter	12	8	20	40
Vertreter	320	160	320	800
Verkaufsdisponent	4			4
Product Manager	8			8
Assistent Product Manager	12			12

Legende: ZH = Zürich
SG = St. Gallen
GE = Genf

Obiges Beispiel zeigt die einzelnen Kapazitäten der Stellen an den einzelnen Standorten. Die Region Genf verfügt z.B. über 20 Verkaufssachbearbeiter. Bei gleichem Geschäftsvolumen wie Zürich hat Genf mehr Verkaufssachbearbeiter, da das portable Erfassungssystem, das an 400 Vertreter ausgeliefert werden soll, nur für die Regionen Zürich und St. Gallen geplant ist (s. Bsp. in Pkt. 6.3.20.).

6.3.19. Beschreibung der elementaren Aufgaben

Elementare Aufgaben sind Aufgaben, die nicht weiter verfeinert sind. Stelleninhaber führen Aufgaben aus. Für die Durchführung elementarer Aufgaben werden logische Transaktionen als rechnergestützte Werkzeuge verwendet.

Anweisungen zur Ausführung von Aufgaben können in der verbalen Beschreibung der elementaren Aufgaben gemacht werden.

Sicht auf das Metamodell:

Aufgabe
Elementare Aufgabe
Applikation
Logische Transaktion
Logische Transaktion in Applikation
Logische Transaktion in Aufgabe

Beispiel:

Aufgabe:	**Mutationen auf Adressen durchführen**
Beschreibung:	Meldet ein Kunde eine Adressänderung, muss diese geänderte Adresse (z.B. neue Telephon-Nummer) im System nachgeführt werden. Adressänderungen können auf zwei Arten durchgeführt werden: 1) Auf dem Host-System durch den Verkaufssachbearbeiter. 2) Auf dem portablen Erfassungssystem durch den Vertreter. Anschliessend an die Adressänderung auf dem portablen Erfassungssystem wird die Adressänderung dem Host mitgeteilt.
Transaktionen:	Kundenverwaltungssystem "Kundenadresse suchen/anzeigen" Kundenverwaltungssystem "Kundendaten modifizieren" Portables Erfassungssystem "Kundenadresse suchen/anzeigen" Portables Erfassungssystem "Kundendaten modifizieren" Portables Erfassungssystem "PE Kundendatenmodifikation an Host senden"
Aufgabe:	**Einkommende Aufträge entgegennehmen und bearbeiten**
Beschreibung:	Aufträge kommen auf drei Arten zum Verkaufssachbearbeiter: 1) Der Kunde bestellt direkt bei der Verkaufsunterstützung in der Region telephonisch, per Telefax oder auch per Brief. 2) Der Vertreter übermittelt einen Kundenauftrag der Verkaufsunterstützung der Region telephonisch, per Telefax oder auch schriftlich. 3) Der Auftrag wird von einem Vertreter aus seinem portablen Erfassungssystem hineingespielt. Im ersten und zweiten Fall erfasst der Verkaufssachbearbeiter den Auftrag. Vorab wird überprüft, ob der Auftrag evtl. schon erfasst ist. Dies kann vorkommen, wenn dieselbe Bestellung über mehrere Kanäle hereinkommt oder von verschiedenen Personen übermittelt wird. Die Auftragserfassung kann möglicherweise vereinfacht werden, wenn ein bestehender Auftrag kopiert und anschliessend modifiziert wird. Nach der Erfassung des Auftrages wird der Vertreter gesucht, der für diesen Kunden als Betreuer zuständig ist. Diesem wird der Auftrag zugeordnet. Anschliessend wird die Auftragsbestätigung erstellt. Im dritten Fall sucht sich der Verkaufssachbearbeiter mit der Transaktion "Nicht abgeschlossene Aufträge anzeigen" einen Auftrag aus, den das portable Erfassungssystem übermittelt hat. Es wird überprüft, ob der Auftrag schon im System vorhanden ist. Wenn ja, wird der übermittelte Auftrag gelöscht. Anschliessend wird der Vertreter gesucht, ders für die Kundenbetreuung zuständig ist. Diesem wird der Vertrag zugeordnet. Anschliessend wird ebenfalls die Auftragsbestätigung gedruckt.

```
Transaktionen:      Kundenverwaltungssystem "Kundenadresse suchen/anzeigen"
                    Auftragsverwaltungssystem "Aufträge zu Kunde anzeigen"
                    Auftragsverwaltungssystem "Offene Aufträge zu Kunde
                    anzeigen"
                    Auftragsverwaltungssystem "Auftrag anzeigen"
                    Auftragsverwaltungssystem "Nicht abgeschlossene Aufträge
                    anzeigen"
                    Auftragsverwaltungssystem "Neuen Auftrag erfassen"
                    Auftragsverwaltungssystem "Auftrag kopieren"
                    Auftragsverwaltungssystem "Auftrag modifizieren"
                    Auftragsverwaltungssystem "Auftrag löschen"
                    Auftragsverwaltungssystem "Auftrag abschliessen"
...
```

6.3.20. Zuweisung von Systemen zu Standorten

Systeme (Prozessoren von einem bestimmten Systemtyp) werden an individuellen Standorten aufgestellt. Die untenstehende Planung der Zuweisung von Systemen zu Standorten zeigt, dass die 400 portablen Erfassungsysteme in den Regionen Zürich und St. Gallen, nicht aber in der Region Genf verteilt werden sollen.

Sicht auf das Metamodell:

System
Systemtyp
Standort

Beispiel:

Systemtyp	*System*	*Standort*
Host	System H0001	Zürich, Davidstrasse 38-40
Portable	Systeme P0001-P0240	Zürich, Davidstrasse 38-40
"	Systeme P0241-P0400	St. Gallen, Dufourstrasse 32

6.3.21. Zuweisung von Applikationen zu Systemen

Systeme führen Applikationen. Nicht jedes System muss alle Applikationen, die für den entsprechenden Systemtyp konzipiert worden sind, auch wirklich führen. Es kommt auf das entsprechende Einsatzgebiet des Systems an, das bestimmt, welche Applikationen es führen muss. Das Einsatzgebeit des Systems wird determiniert durch die Organisationseinheit resp. die Stelle, die das System nutzt.

Sicht auf das Metamodell:

System
Systemtyp
Applikation
System führt Applikation

Beispiel:

System	*Applikation*
System H0001 Host	Kundenverwaltungssystem Auftragsverwaltungssystem Auftragsabwicklungssystem
Systeme P0001-P0400 Portable	Portables Erfassungssystem

6.3.22. Zuweisung von Datenbanken zu Systemen

Datenbanken werden auf konkreten Systemen installiert. Insbesondere ist auch daran zu denken, dass die Systeme mit initialen Daten ausgestattet werden müssen.

Sicht auf das Metamodell:

System
Systemtyp
Datenbank
System hält Datenbank

Beispiel:

System	*Applikation*
System H0001 Host	Geschäftspartnerdatenbank Auftragsdatenbank Fakturadatenbank Artikeldatenbank Datentransfer-Datenbank Host
Systeme P0001-P0400 Portable	Erfassungsdatenbank

6.3.23. Beschreibung des Zugangs von Stellen zu Systemen an Standorten

Stellen brauchen Zugang zu Systemen, damit sie ihre Aufgaben erfüllen können. In der Analyse wurde der Zugang von Organisationseinheiten zu Systemtypen festgelegt. Es handelt sich hier um eine weitere Detaillierung von Pkt. 5.3.31.: Es werden nun Stellen von Organisationseinheiten an bestimmten Standorten betrachtet.

Sicht auf das Metamodell:

Organisatorische Einheit
Stelle
Organisatorische Einheit umfasst Stelle
Standort
Organisatorische Einheit an Standort
Stelle an Standort
Stelle an Standort nutzt System

Beispiel:

	ZH	**SG**	**GE**
Regionalleiter	H0001 Host	H0001 Host	H0001 Host
...			
Vertreter	H0001 Host	H0001 Host	H0001 Host
	P0001- P0240 Portable	P0241- P0400 Portable	-

Legende: ZH = Standort Zürich
SG = Standort St. Gallen
GE = Standort Genf

Aus obigem Beispiel ist ersichtlich, dass

- alle Vertreter Zugang zum Host-System erhalten und dass
- die Vertreter in Genf nicht mit portablen Computern ausgestattet werden, sondern dass diese Geräte zwischen Zürich und St. Gallen aufgeteilt werden.

6.3.24. Beschreibung von Listen

Die Beschreibung von Listen stellt den strukturellen Aufbau der Listen dar, d.h. die Felder und Feldgruppen, die auf Listen vorhanden sind. Ebenfalls werden Felder einzelnen Spalten des logischen Datenmodells zugeordnet.

Im untenstehenden Beispiel ist die Liste "Lieferschein" dargestellt, die von der logischen Transaktion "Aufträge ausführen" erzeugt wird. Die kursiven Bezeichnungen innerhalb der Felder stellen den Bezeichner der dem jeweiligen Feld entsprechenden Spalte aus dem logischen Datenmodell dar.

Sicht auf das Metamodell:

```
Liste
Listenelement
Listen-/Bildschirmelement
Feld
Feldgruppe
Feld in Feldgruppe
Feldgruppe in Feldgruppe
Spalte
Spalte kommt vor als Feld
```

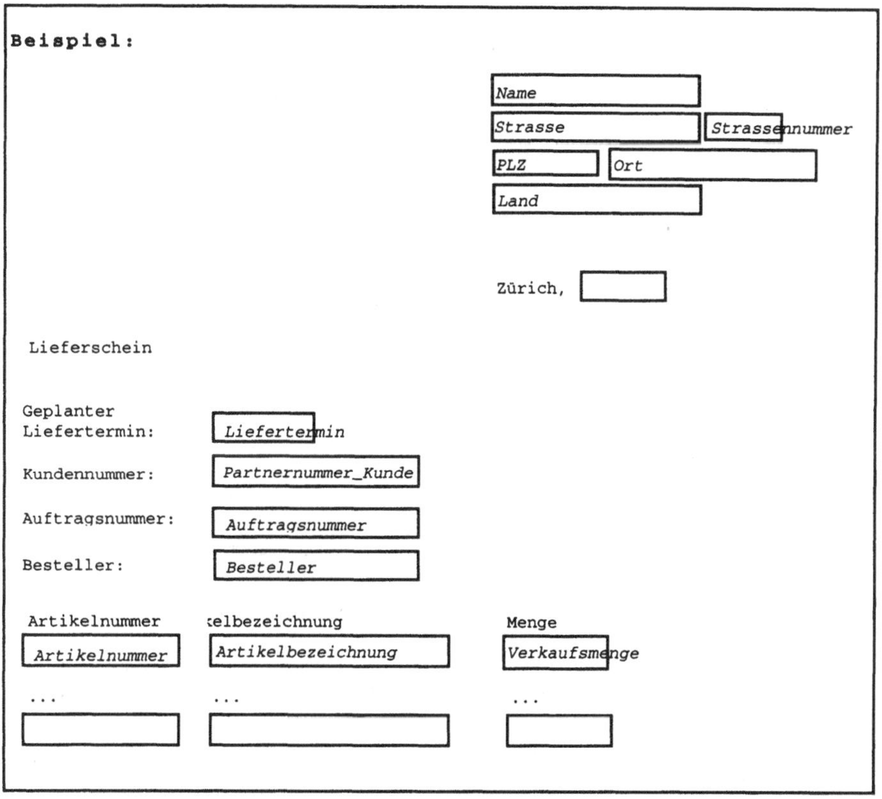

6.3.25. Menu-Struktur pro Applikation

Jede Online-Applikation verfügt üblicherweise über eine Starttransaktion, die den strukturierten Zugang zu den in dieser Applikation vorhandenen Transaktionen erlaubt. Die Menu-Struktur dieser Starttransaktion reflektiert die Menu-Struktur der Applikation. Diese Menu-Struktur kann nach verschiedenen Kriterien strukturiert sein. Eine adäquate Strukturierungsmöglichkeit ist jene nach Benutzergruppen.

```
Sicht auf das Metamodell:

Applikation
Logische Transaktion
Logische Transaktion in Applikation
Starttransaktion von Applikation
Menu von Applikation
Menu
Menuposition
Menu in Menuposition
Aktion zum Wechseln der Transaktion
```

```
Beispiel:

Menu-Struktur für Applikation "Auftragsverwaltungssystem" (Starttrans-
aktion "Auftragsverwaltung")

  Für Regionalleiter (Menu)
    Abfragen für Regionalleiter (Menu in Menuposition)
      Aufträge zu Kunden anzeigen (Aktion zum Wechseln der Transaktion)
      Offene Aufträge zu Kunde anzeigen (Aktion zum Wechseln der Transaktion)
      Auftrag anzeigen (Aktion zum Wechseln der Transaktion)
    Berichte für Regionalleiter (Menu in Menuposition)
      Vertreterumsatz ermitteln (Aktion zum Wechseln der Transaktion)
      Kundenumsatz ermitteln (Aktion zum Wechseln der Transaktion)
      Storni pro Kunde ermitteln (Aktion zum Wechseln der Transaktion)
      Umsatz pro Artikel(-Gruppe) ermitteln (Aktion zum Wechseln der Transaktion)
      Kunden nach Vertreter ausdrucken (Aktion zum Wechseln der Transaktion)
  Für Verkaufssachbearbeiter (Menu)
    Aufträge erfassen (Menu in Menuposition)
      Aufträge zu Kunde anzeigen (Aktion zum Wechseln der Transaktion)
      Offene Aufträge zu Kunde anzeigen (Aktion zum Wechseln der Transaktion)
      Auftrag anzeigen (Aktion zum Wechseln der Transaktion)
      Nicht abgeschlossene Aufträge anzeigen (Aktion zum Wechseln der Transaktion)
      Neuen Auftrag erfassen (Aktion zum Wechseln der Transaktion)
      Auftrag abschliessen (Aktion zum Wechseln der Transaktion)
    Auftragsbestand pflegen (Menu in Menuposition)
      Auftrag löschen (Aktion zum Wechseln der Transaktion)
      Auftrag kopieren (Aktion zum Wechseln der Transaktion)
      Auftrag stornieren (Aktion zum Wechseln der Transaktion)
      Auftrag modifizieren (Aktion zum Wechseln der Transaktion)
    Standardauswertungen (Menu in Menuposition)
      ...
    ...
  ...
```

Im obigen Beispiel ist die Menu-Struktur der Starttransaktion "Auftragsverwaltung" für die Applikation "Auftragsverwaltungssystem" dargestellt. Für jede Benutzergruppe existiert ein Menu. Das Menu selbst hat Menupositionen (Unter-Menu), das den Benutzer schliesslich zu einer Transaktion führt (vgl. Metamodell-Ausschnitt in Pkt. 6.2.4.).

6.3.26. Dialogflussdiagramm pro logische Transaktion in Applikation

Jede logische Online-Transaktion wird durch ein Dialogflussdiagramm beschrieben. Dieses stellt dar, zwischen welchen Bildschirmen der logischen Transaktion navigiert werden kann und zu welchen anderen logischen Transaktionen gewechselt werden kann.

```
Sicht auf das Metamodell:

Applikation
Logische Transaktion
Logische Transaktion in Applikation
Bildschirmformular
Logische Transaktion verwendet Bildschirmformular
Bildschirm-zu-Bildschirm-Navigation in logischer Transaktion
Transaktion-zu-Transaktion-Verbindung
Menu
Menu auf Menuleiste von Bildschirm
Menuposition
Menu in Menuposition
Aktion zum Wechseln der Transaktion
```

Ein formales Beispiel für ein Dialogflussdiagramm wurde in Pkt. 6.2.4. dargestellt.

Im untenstehenden Beispiel wird der Dialogfluss innerhalb der logischen Transaktion "Kundenadresse suchen/anzeigen" der Applikation "Kundenverwaltungssystem" dargestellt.

Die logische Transaktion "Kundenadresse suchen/anzeigen" umfasst folgende Bildschirme:

- "Kunden Übersichtsbild": Dieser Bildschirm dient dazu, Kunden auf einem Übersichtsbild zu zeigen, damit man daraus einen entsprechenden Kunden für die weitere Verarbeitung auswählen kann. Er ist der Einstiegsbildschirm in die Transaktion. Am Anfang ist er noch leer. Die Suchkriterien für die Auswahl von Kunden aus der Datenbank werden im Pop-Up-Bildschirm "Kunden Suchkriterien" angegeben.

- "Kunden Suchkriterien": Dieser Bildschirm dient dazu, die Suchkriterien für die Selektion von Kunden aus der Datenbank anzugeben. Suchkriterien können z.B. der Name oder die Ortschaft sein.

- "Kundendetails": Dieser Bildschirm enthält alle aktuellen Daten zu einem Kunden.

- "Historische Daten zu Kunde": Bei Modifikationen von Kundendaten fallen historische Daten an, welche ebenfalls gespeichert bleiben. Auf diesem Bildschirm wird jeweils ein historischer Stand der Daten eines Kunden dargestellt.

- "Help": Es handelt sich hier um einen allgemeinen Pop-Up-Bildschirm für die Anzeige von Help-Texten.

Beispiel:

Dialogflussdiagramm zur logischen Transaktion "Kundenadresse suchen/anzeigen" der Applikation "Kundenverwaltungssystem".

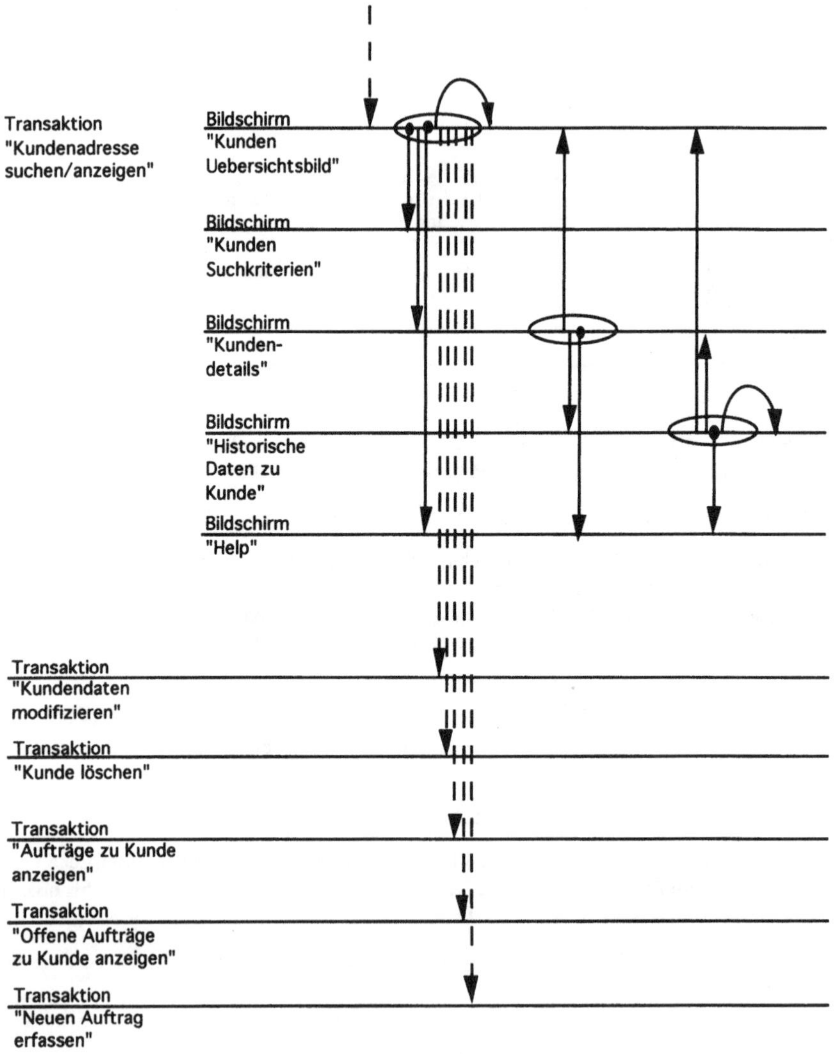

Vom Bildschirm "Kunden Übersichtsbild" sind insgesamt neun Sprünge möglich:

- Zu "Kunden Suchkriterium": Dieser Sprung mit automatischem Rücksprung dient der Angabe der Kriterien, nach welchen Kunden aus der Datenbank selektiert werden sollen.
- Zu "Kundendetails": Wenn Kunden aus der Datenbank selektiert worden sind, kann aus der Kundenübersicht ein konkreter Kunde ausgewählt werden. Von diesem Kunden sind nun die Detail-Daten ersichtlich.
- Zu "Help": Dieser Sprung mit automatischem Rücksprung führt in einen Help-Bildschirm.
- Zu "Kunde Übersichtsbild": Wenn mehrere Kunden selektiert werden, die nicht auf einen Übersichtsbildschirm passen, kann auf dem Übersichtsbildschirm geblättert werden.
- Zu Transaktion "Kundendaten modifizieren": Wenn ein Kunde aus dem Übersichtsbild ausgewählt worden ist, kann in die Transaktion "Kundendaten modifizieren" gewechselt werden, um dort die Daten des ausgewählten Kunden zu modifizieren.
- Zu Transaktion "Kunde löschen": Mit dem aus der Übersicht ausgewählten Kunden kann in die Transaktion "Kunde löschen" gewechselt werden.
- Zu Transaktion "Aufträge zu Kunde anzeigen": Zu einem in der Übersicht ausgewählten Kunden können in einer weiteren Übersicht alle seine Aufträge angezeigt werden.
- Zu Transaktion "Offene Aufträge zu Kunde anzeigen": Zu einem ausgewählten Kunden können alle offenen Aufträge angezeigt werden.
- Zu Transaktion "Neuen Auftrag erfassen": Für einen in der Kundenübersicht ausgewählten Kunden kann ein neuer Auftrag erfasst werden.

6.3.27. Beschreibung von Bildschirmen

Die Beschreibung eines Bildschirmes stellt seinen strukturellen Aufbau dar, d.h. die Felder und die Feldgruppen, welche auf dem Bildschirm vorhanden sind. Ebenfalls werden die Felder, wenn möglich, einzelnen Spalten des logischen Datenmodells zugeordnet.

Sicht auf das Metamodell:

```
Bildschirmformular
Bildschirmelement
Listen-/Bildschirmelement
Feld
Feldgruppe
Feld in Feldgruppe
Feldgruppe in Feldgruppe
Spalte
Spalte kommt vor als Feld
```

Im untenstehenden Beispiel sind die drei Bildschirme "Kunden Übersichtsbild", "Kunden Suchkriterien" und "Kundendetails" dargestellt, die in der Transaktion "Kundenadresse suchen/anzeigen" verwendet werden. Eingabefelder sind schwarz dargestellt. Die kursive Bezeichnung innerhalb eines Feldes stellt die jeweils entsprechende Spalte aus dem logischen Datenmodell dar.

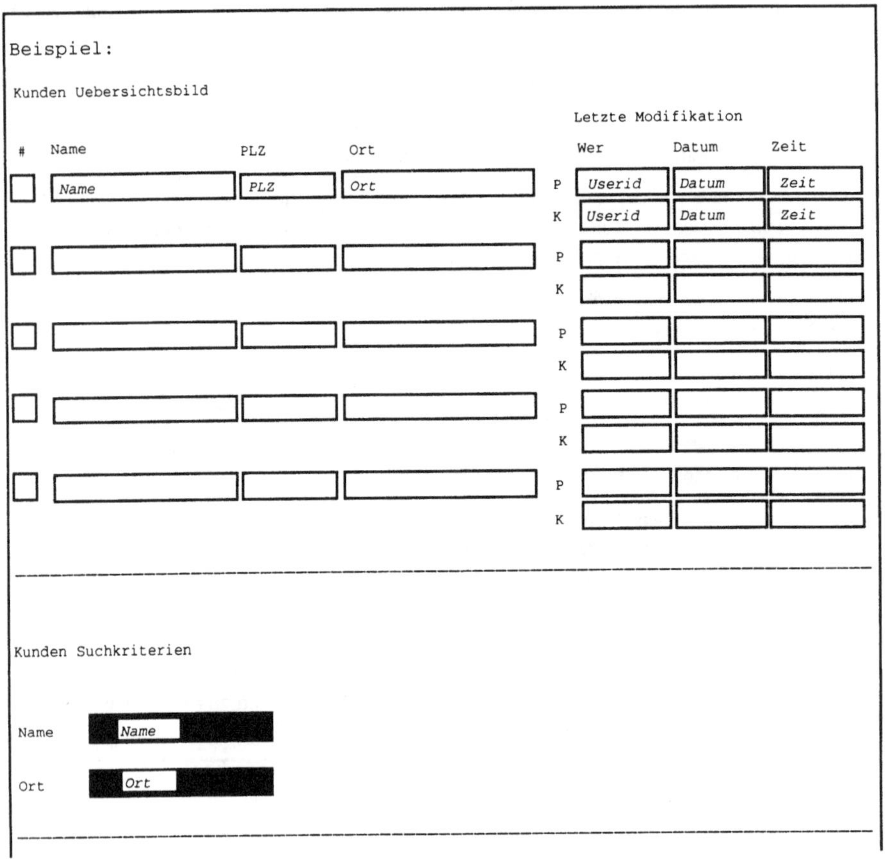

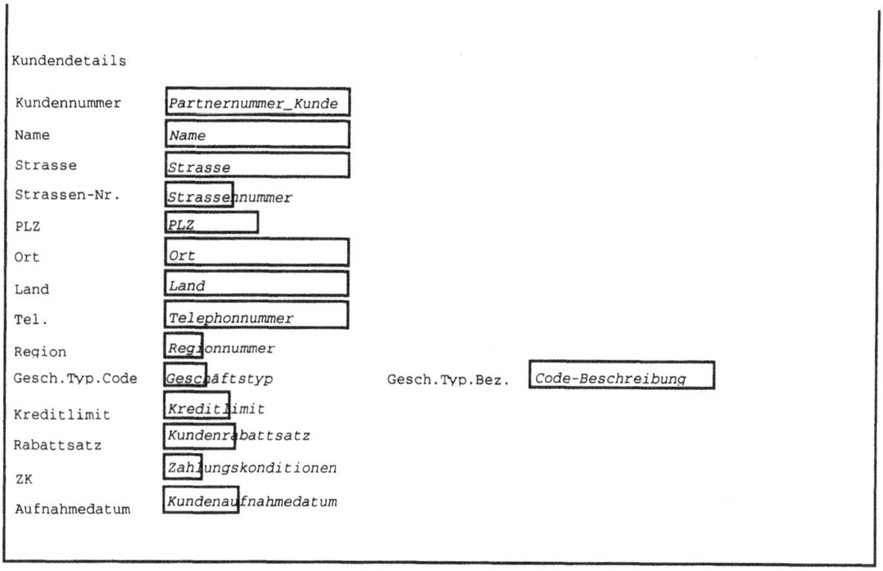

Im ersten Bildschirmformular "Kunden Übersichtsbild" existiert eine Feldgruppe, die fünf Mal wiederholt wird. In der Kundenübersicht wird jeweils in einer solchen Feldgruppe der Name, die Postleitzahl sowie der Ort des Kunden aufgeführt. Ebenfalls wird angezeigt, wann welcher Mitarbeiter die letzte Modifiation an den Kunden- resp. Partnerdaten ("K", "P") vorgenommen hat.

Der zweite Bildschirm dient der Selektion von Kundendaten. Dieser Bildschirm ist ein Pop-Up-Bildschirm für den ersten Bildschirm "Kunden Übersichtsbild" (s. Dialogflussdiagramm in Pkt. 6.3.26.). Auf diesem Bildschirm können die Selektionskriterien für die Abfrage auf der Datenbank eingegeben werden. Es kann nach Namen oder nach Ort gesucht werden.

Der dritte Bildschirm dient der Darstellung der aktuellen Daten eines vom Übersichtsbild ausgewählten Kunden. Wie aus dem Dialogflussdiagramm in Pkt. 6.3.26. ersichtlich ist, kann von diesem zurück auf das Übersichtsbild gesprungen werden.

6.3.28. Menu-Struktur pro Bildschirm einer logischen Transaktion in Applikation

Ein Bildschirm kann eine Menuleiste haben, die Menus anbietet. Ein Menu in der Menuleiste selbst besteht aus Menupositionen. Eine Menuposition kann (s. Pkt. 6.1.7.2.)

- selbst wieder ein Menu (Unter-Menu) sein,
- eine Aktion auslösen, welche zum Wechsel der Transaktion führt oder
- eine Aktion sein, die nur lokal innerhalb der Transaktion wirkt, die aber ggf. einen Bildschirmsprung auslöst.

Untenstehend ist die Menu-Struktur für den Bildschirm "Kunden Übersichtsbild" (s. Bsp. in Pkt. 6.3.26. u. 6.3.27.) dargestellt. Es werden folgende Menus angeboten:

- Selektion: Dieses Menu dient dazu, eine Selektion von Kunden aus der Datenbank zu treffen resp. nach erfolgter Selektion aus der Datenbank einen Kunden auf dem Übersichtsbild als ausgewählt zu markieren.
- Details: Von einem aus dem Übersichtsbild ausgewählten Kunden können seine Details (Adresse, Konditionen etc.) resp. seine historischen Daten angesehen werden.
- Verbindungen: Mit einem via Menu "Selektion - Kunde auswählen" markierten Kunde kann in eine andere Transaktion "out-of-the-blue" eingestiegen werden (s. Pkt. 6.2.1.3.).
- Help: Dieses Menu dient zur Hilfestellung auf Feld-, Bildschirm- oder Transaktions-Ebene. Ebenfalls wird eine allgemeine Hilfestellung angeboten.

Sicht auf das Metamodell:

Applikation
Logische Transaktion
Logische Transaktion in Applikation
Bildschirmformular
Logische Transaktion verwendet Bildschirmformular
Menu
Menu auf Menuleiste von Bildschirm
Menuposition
Menu in Menuposition
Aktion zum Wechseln der Transaktion
Aktion innerhalb Transaktion

Beispiel:

Menu-Struktur zum Bildschirm "Kunden Übersichtsbild" der Transaktion "Kundanadresse suchen/anzeigen" in der Applikation "Kundenverwaltungssystem"

```
Selektion (Menu)
  Selektionskriterium angeben (Aktion innerhalb Transaktion)
  Kunde auswählen (Aktion innerhalb Transaktion)
Details (Menu)
  Kundendaten anzeigen (Aktion innerhalb Transaktion)
  Historische Daten anzeigen (Aktion innerhalb Transaktion)
Verbindungen (Menu)
  Kundendaten modifizieren (Aktion zum Wechseln der Transaktion)
  Kunde löschen (Aktion zum Wechseln der Transaktion)
  Aufträge zu Kunde anzeigen (Aktion zum Wechseln der Transaktion)
  Offene Aufträge zu Kunde anzeigen (Aktion zum Wechseln der Transaktion)
  Neuen Auftrag erfassen (Aktion zum Wechseln der Transaktion)
Hilfe (Menu)
  Feldbezogene Hilfe (Aktion innerhalb Transaktion)
  Bildschirmbezogene Hilfe (Aktion innerhalb Transaktion)
  Transaktionsbezogene Hilfe (Aktion innerhalb Transaktion)
  Allgemeine Hilfe (Aktion innerhalb Transaktion)
```

6.3.29. Beschreibung der Aktionen einzelner Menupositionen pro Bildschirm einer logischen Transaktion in Applikation

Jede Menuposition, die nicht selbst wieder ein Menu ist, löst eine Aktion aus. Diese Aktion kann ein Wechsel einer Transaktion sein. Es kann aber auch eine lokale Aktion innerhalb der Transaktion sein, die ggf. zu einem Bildschirmsprung führt.

Aktionen von Menupositionen können verbal beschrieben werden.

Sicht auf das Metamodell:

Applikation
Logische Transaktion
Logische Transaktion in Applikation
Bildschirmformular
Logische Transaktion verwendet Bildschirmformular
Bildschirm-zu-Bildschirm-Navigation in logischer Transaktion
Transaktion-zu-Transaktion-Verbindung
Menu
Menu auf Menuleiste von Bildschirm
Menuposition
Menu in Menuposition
Aktion zum Wechseln der Transaktion
Aktion innerhalb Transaktion
Aktion aus Menuposition bewirkt Bildschirm-zu-Bildschirm-Sprung

Beispiel:

Applikation:	Kundenverwaltungssystem
Transaktion:	Kundenadresse suchen/anzeigen
Bildschirm:	**Kunden Übersichtsbild**
Menuposition:	**Selektion - Selektionskriterium angeben**
Art der Aktion:	Aktion innerhalb Transaktion
Beschreibung der Aktion:	Wenn in die Transaktion "Kundenadresse suchen/anzeigen" neu eingestiegen wird, müssen zuerst der Kunde oder die Kunden, die in der Übersicht erscheinen sollen, aus der Datenbank selektiert werden, da das Übersichtsbild noch leer ist. Dies geschieht, indem der Benutzer über die Menuposition "Selektionskriterium angeben" den Bildschirm "Kunden Suchkriterien" aufblendet, wo er das Kriterium für die Selektion des Kunden (Name oder Ort) angeben kann.
Nächster Bildschirm:	Kunden Suchkriterien (mit automatischem Rücksprung)
Wechsel nach Transaktion:	-

```
Applikation:               Kundenverwaltungssystem
Transaktion:               Kundenadresse suchen/anzeigen
Bildschirm:                Kunden  Übersichtsbild
Menuposition:              Selektion  -  Kunde  auswählen
Art der Aktion:            Aktion innerhalb Transaktion
Beschreibung der Aktion:   Wenn auf dem Übersichtsbild mehrere Kunden stehen, kann
                           aus der Vielzahl von Kunden einer ausgewählt werden, um
                           von diesem Kunden die Details anzusehen oder zu einer
                           anderen Transaktion zu verzweigen. Der Kunde wird
                           ausgewählt, indem der Cursor auf ein beliebiges Feld aus
                           der Feldgruppe, die den Kunden beschreibt, gesetzt wird
                           und dann die Menuposition "Kunde auswählen" des Menus
                           "Selektion" aktiviert wird.
Nächster Bildschirm:       -
Wechsel nach Transaktion: -


Applikation:               Kundenverwaltungssystem
Transaktion:               Kundenadresse suchen/anzeigen
Bildschirm:                Kunden  Übersichtsbild
Menuposition:              Details  -  Kundendaten  anzeigen
Art der Aktion:            Aktion innerhalb Transaktion
Beschreibung der Aktion:   Nachdem ein Kunde über das Menu "Selektion - Kunde
                           auswählen" ausgewählt worden ist, können die
                           detaillierten Kundendaten auf dem Nachfolgebildschirm
                           "Kundendetails" angesehen werden.
Nächster Bildschirm:       Kundendetails
Wechsel nach Transaktion: -

...

Applikation:               Kundenverwaltungssystem
Transaktion:               Kundenadresse suchen/anzeigen
Bildschirm:                Kunden  Übersichtsbild
Menuposition:              Verbindungen  -  Neuen  Auftrag  erfassen
Art der Aktion:            Aktion zum Wechseln der Transaktion
Beschreibung der Aktion:   Nachdem ein Kunde auf dem Übersichtsbild mit dem Menu
                           "Selektion - Kunde auswählen" ausgewählt worden ist, kann
                           zur Transaktion "Neuen Auftrag erfassen" gewechselt
                           werden.
Nächster Bildschirm:       -
Wechsel nach Transaktion: Neuen Auftrag erfassen

...
```

Im obigen Beispiel sind vier unterschiedliche Aktionen beschrieben, die aus Menupositionen der Menus des Bildschirms "Kunden Übersichtsbild" der logischen Transaktion "Kundenadresse suchen/anzeigen" in der Appikation "Kundenverwaltungssystem" ausgelöst werden:

(1) Die erste Aktion "Selektion - Selektionskriterium angeben" bewirkt einen Bildschirmsprung mit automatischem Rücksprung.

(2) Die Aktion "Selektion - Kunde auswählen" ist eine lokale Aktion innerhalb der Transaktion, die keinen Bildschirmsprung bewirkt.

(3) Aus der lokalen Aktion "Details - Kundendaten anzeigen" erfolgt ein Sprung zum Bildschirm "Kundendetails". Diese Aktion setzt voraus, dass Aktion (2) zuvor schon stattgefunden hat. Wie aus dem Dialogflussdiagramm in Pkt. 6.3.26. ersichtlich ist, gibt es keinen automatischen Rücksprung.

(4) Die letzte Aktion "Verbindungen - Neuen Auftrag erfassen" führt zu einer Transaktion-zu-Transaktion-Verbindung. Auch hier wird vorausgesetzt, dass zuvor Aktion (2) stattgefunden hat bevor zur Transaktion "Neuen Auftrag erfassen" gewechselt wird (mit der Partnernummer des Kunden als Intertransaktions-parameter).

6.3.30. Beschreibung der Aktionen einzelner Befehls- und Steuertasten pro Bildschirm einer logischen Transaktion in Applikation

Zur Navigation im Dialog werden nebst Menus auch Befehls- und Steuertasten eingesetzt (s. Pkt. 6.1.7.2.). Zu jedem Bildschirm existieren gültige Befehls- und Steuertasten, die analog zum Menu Aktionen auslösen, wenn sie betätigt werden. Diese Aktionen sind üblicherweise nur lokale Aktionen innerhalb von Transaktionen, die aber möglicherweise zu Bildschirmsprüngen führen.

So dient z.B. die PF1-Taste für die Hilfestellung, die Taste PAGE DOWN für das Abwärts- und die Taste PAGE UP für das Aufwärtsblättern.

Derselbe Bildschirmsprung kann theoretisch durch eine Aktion

- aus einer Menuposition wie auch
- aus einer Befehls- und Steuertaste

realisiert werden. Dies ist z.B. für die PF1-Taste und dem Menu "Hilfe - Allgemeine Hilfe" der Fall (s. untenstehendes Beispiel).

Sicht auf das Metamodell:

```
Applikation
Logische Transaktion
Logische Transaktion in Applikation
Bildschirmformular
Logische Transaktion verwendet Bildschirmformular
Bildschirm-zu-Bildschirm-Navigation in logischer Transaktion
Befehls- und Steuertastentyp
Befehls- und Steuertaste von Bildschirm
Aktion aus Befehls-/Steuertaste bewirkt Bildschirm-zu-Bildschirm-Sprung
```

Beispiel:

Applikation:	Kundenverwaltungssystem
Transaktion:	Kundenadresse suchen/anzeigen
Bildschirm:	**Kunden Übersichtsbild**
Befehls-/Steuertaste:	**PF1**
Beschreibung der Aktion:	Diese Taste bewirkt, dass der Bildschirm "Help" mit einer allgemeinen Information zum Hilfe-System aufgeblendet wird. Entspricht dem Menu "Hilfe - Allgemeine Hilfe".
Nächster Bildschirm:	Help (mit automatischem Rücksprung)

Applikation:	Kundenverwaltungssystem
Transaktion:	Kundenadresse suchen/anzeigen
Bildschirm:	**Kunden Übersichtsbild**
Befehls-/Steuertaste:	**PAGE DOWN**
Beschreibung der Aktion:	Wenn auf dem Übersichtsbild nicht alle aus der Datenbank selektierten Kunden Platz haben, kann mit der Taste PAGE DOWN nach unten geblättert werden, so dass weitere Kunden aus der Datenbank auf dem Bildschirm sichtbar werden.
Nächster Bildschirm:	Kunden Übersichtsbild

...

6.3.31. Liste der Ausführungsberechtigungsklassen

Ausführungsberechtigungsklassen stellen Benutzergruppen dar, die gleiche Sicherheitsanforderungen haben. Im Idealfall entspricht jede Stelle genau einer Ausführungsberechtigungsklasse.

Ausführungsberechtigungsklassen werden für die Ausführung logischer Transaktionen berechtigt.

Sicht auf das Metamodell:

Ausführungsberechtigungsklasse
Stelle
Standardberechtigung für Stelle

Beispiel:

Ausführungsberechtigungsklasse	Stelle
Regionalleiter	Regionalleiter Verkaufsleiter Technische Verkaufsunterstützung für Regionalleiter
Sekretärin Verkauf	Sekretariat Regionalleiter Sekretariat Verkaufsleiter
Datenverantwortlicher für Verkaufsdaten	Technische Verkaufsunterstützung für Regionalleiter
Product Manager	Product Manager Assistent Product Manager
Verkaufssachbearbeiter	Verkaufssachbearbeiter Verkaufsdisponent
Vertreter	Vertreter

Das obige Beispiel zeigt, dass die Ausführungsberechtigungsklasse "Regionalleiter" die Stellen "Regionalleiter", "Verkaufsleiter" und "Technische Verkaufsunterstützung für Regionalleiter" umfassen kann. Die in dieser Benutzergruppe zusammengefassten Stellen haben die gleichen Sicherheitsanforderungen resp. die gleichen Privilegien für die Verarbeitung auf dem Rechner. Aus der obigen Tabelle wird aber auch ersichtlich, dass die Stelle "Technische Verkaufsunterstützung für Regionalleiter" auch noch einer anderen Ausführungsberechtigungsklasse angehört (Datenverantwortlicher für Verkaufsdaten).

6.3.32. Matrix Ausführungsberechtigungsklasse / logische Transaktion in Applikation

Die Matrix "Ausführungsberechtigungsklasse / logische Transaktion in Applikation" drückt aus, welche logischen Transaktionen eine Berechtigungsklasse ausführen darf.

Aus dem untenstehenden Beispiel wird deutlich, dass die Ausführungsberechtigungsklasse "Verkaufssachbearbeiter" die logischen Transaktionen

- "Kundenbetreuung festlegen",
- "Kundenbetreuung modifizieren",
- "Regionenumsatz ermitteln",
- "Vertreterumsatz ermitteln",
- "Kundenumsatz ermitteln",
- "Storni pro Kunde ermitteln",
- "Storni pro Vertreter ermitteln" und
- "Umsatz pro Artikel(-Gruppe) ermitteln"

im Gegensatz zur Ausführungsberechtigungsklasse "Regionalleiter" nicht ausführen darf. Ebenfalls wird ersichtlich, dass nur die Berechtigungsklasse "Datenverantwortlicher für Verkaufsdaten" die logischen Transaktionen

- "Aufträge selektiv archivieren" und
- "Archivierte Aufträge selektiv einspielen"

ausführen darf.

Sicht auf das Metamodell:

```
Ausführungsberechtigungsklasse
Applikation
Logische Transaktion
Logische Transaktion in Applikation
Ausführungsberechtigung für logische Transaktion
```

Beispiel:

Ausführungs-berechtigungsklasse	Applikation	Transaktion
Regionalleiter	Kundenverwal-tungssystem	Starttransaktion Kundenverwaltung
		Kundenadresse suchen/anzeigen
		Bewerbungen anzeigen
		Bewerbung erfassen
		Bonitätsanfrage ausdrucken
		Bewerbung löschen
		Bewerber als Kunde aufnehmen
		Bewerber als Kunde ablehnen
		Kundendaten modifizieren
		Kunde löschen
		Kundenbetreuung festlegen
		Kundenbetreuung modifizieren
	Auftragsverwal-tungssystem	Starttransaktion Auftragsverwaltung
		Aufträge zu Kunde anzeigen
		Offene Aufträge zu Kunde anzeigen
		Auftrag anzeigen
		Nicht abgeschlossene Aufträge anzeigen
		Neuen Auftrag erfassen
		Auftrag abschliessen
		Auftrag löschen
		Auftrag kopieren
		Auftrag stornieren
		Auftrag modifiizieren
		Regionenumsatz ermitteln
		Vertreterumsatz ermitteln
		Kundenumsatz ermitteln
		Storni pro Kunde ermitteln
		Storni pro Vertreter ermitteln
		Umsatz pro Artikel(-Gruppe) ermitteln
		Kunden nach Vertreter ausdrucken
		Etiketten drucken
Datenverantwortlicher für Verkaufsdaten	Auftragsverwal-tungssystem	Aufträge selektiv archivieren
		Archivierte Aufträge selektiv einspielen
Verkaufssachbearbeiter	Kundenverwal-tungssystem	Starttransaktion Kundenverwaltung
		Kundenadresse suchen/anzeigen
		Bewerbungen anzeigen
		Bewerbung erfassen
		Bonitätsanfrage ausdrucken
		Bewerbung löschen
		Bewerber als Kunde aufnehmen
		Bewerber als Kunde ablehnen
		Kundendaten modifizieren
		Kunde löschen
	Auftragsverwal-tungssystem	Starttransaktion Auftragsverwaltung
		Aufträge zu Kunde anzeigen
		Offene Aufträge zu Kunde anzeigen
		Auftrag anzeigen
		Nicht abgeschlossene Aufträge anzeigen
		Neuen Auftrag erfassen
		Auftrag abschliessen
		Auftrag löschen
		Auftrag kopieren
		Auftrag stornieren
		Auftrag modifiizieren
		Kunden nach Vertreter ausdrucken
		Etiketten drucken
...	...	...

6.3.33. Bedingungen für Ausführungsberechtigungen

Für bestimmte Ausführungsberechtigungen können Bedingungen existieren, welche die Berechtigung einschränken.

So ist es etwa denkbar, dass die Berechtigungsklasse "Verkaufssachbearbeiter" nur Aufträge unter SFr. 50'000.-- abschliessen darf. Aufträge über diesem Volumen darf nur die technische Verkaufsunterstützung bestätigen. Diese Stelle gehört der Berechtigungssklasse "Regionalleiter" an.

```
Sicht auf das Metamodell:

Ausführungsberechtigungsklasse
Applikation
Logische Transaktion
Logische Transaktion in Applikation
Ausführungsberechtigung für logische Transaktion
Bedingung für Ausführungsberechtigung
```

Beispiel:

Applikation:	Auftragsverwaltungssystem
Transaktion:	**Auftrag abschliessen**
Berechtigungsklasse:	**Verkaufssachbearbeiter**
Bedingung:	Die Transaktion darf nur ausgeführt werden, wenn der Auftragswert unter SFr. 50'000.-- liegt.
Applikation:	Auftragsverwaltungssystem
Transaktion:	**Aufträge selektiv archivieren**
Berechtigungsklasse:	**Datenverantwortlicher für Verkaufsdaten**
Bedingung:	Ein Verantwortlicher für Verkaufsdaten kann nur Aufträge aus seiner Region archivieren.

...

6.3.34. Zugriffsbeschränkungen auf Daten

Die Zugriffsbeschränkungen auf Daten gelten für den interaktiven Datenbankzugriff mittels einer Endbenutzersprache (z.B. mit SQL).

Beispielsweise kann die Beschränkung formuliert sein, dass die Berechtigungsklasse "Vertreter" nur lesenden Zugriff auf die Tabelle "Kundenbetreuung" hat.

Zugriffsbeschränkungen können auch nur für einzelne Spalten einer Tabelle formuliert sein.

Sicht auf das Metamodell:

Ausführungsberechtigungsklasse
Datenbank
Tabelle
Spalte
Tabelle in Datenbank
Spalte der Tabelle
Zugriffsbeschränkungsart
Zugriffsbeschränkung auf Tabelle und Spalte
Zugriffsbeschränkung auf Spalte

Beispiel:

Datenbank:	Geschäftspartnerdatenbank
Tabelle:	**Kundenbetreuung**
Spalte(n):	alle
Berechtigungsklasse:	**Vertreter**
Zugriffsbeschränkung:	Nur lesender Zugriff erlaubt.
Datenbank:	Auftragsdatenbank
Tabelle:	**Vertreterauftrag**
Spalte(n):	alle
Berechtigungsklasse:	**Vertreter**
Zugriffsbeschränkung:	Gar kein interaktiver Zugriff erlaubt.

...

6.3.35. Detailprojektplan für das Konstruktions-Design und die Konstruktion

Der Detailprojektplan dient dem Projektleiter für die weitere Strukturierung des Projektes für das Konstruktions-Design und für die Konstruktion.

Sicht auf das Metamodell:

Keine Entsprechung. Informale Beschreibung.

7. Zusammenfassung und Ausblick

In der vorliegenden Arbeit wurde ein umfassendes Referenzmodell für den Entwurf von administrativen, transaktionsorientierten Informationssystemen dargestellt.

Es wurde eine einheitliche Methodenbeschreibungsstruktur in Kapitel 2 geschaffen, welche auf die im CC RIM analysierten Methoden und das daraus abgeleitete Referenzmodell angewendet wurde.

Wesentliche Bestandteile dieser Beschreibungsstruktur sind

- das Metamodell,

- das Vorgehensmodell und

- das Dokumentationsmodell.

Behandelt wurde im Referenzmodell (Kapitel 4 bis 6) jener Teil des Informationssystementwurfs, mit dem sich der Wirtschaftsinformatiker und der Fachbereichsmitarbeiter bis zur Spezifikation eines EDV-Systems befasst. Auf Aspekte der Konstruktion des EDV-Systems als ein System von physischen Datenbankstrukturen und Programmstrukturen wurde nur sehr kurz eingegangen (s. Pkt. 3.1.4.).

Kapitel 3 fasst das Referenzmodell in geraffter Form anhand rudimentärer Metamodelle zusammen. Es ist von Vorteil, dieses Kapitel im Sinne einer Zusammenfassung an dieser Stelle nochmals zu streifen.

Das Referenzmodell, wie es in dieser Arbeit beschrieben ist, basiert auf dem Stand von Wirtschaft und Technik der frühen neunziger Jahre. Die Informationstechnik, der Markt in dem sich Unternehmungen bewegen und die Konzepte der Unternehmungsorganisation entwickeln sich aber ständig weiter. Zum heutigen Zeitpunkt sind folgende wesentliche Trends in Bezug auf den Entwurf von betrieblichen, transaktionsorientierten Informationssystemen zu erkennen [vgl. Oesterle 3, Ward e.a., S. 429ff, Weizer e.a.]:

- Standardlösungen zur Reduktion des Anteils der Eigenentwicklung.

- Zwischenbetriebliche Kooperation.

- Dezentralisierung der Verarbeitung (Down-Sizing).

- Workflow-Management und multimediale Verarbeitung.

Der Einfluss dieser Trends auf den Entwurf von betrieblichen, transaktionsorientierten Informationssystemen soll zum Abschluss dieser Arbeit kurz skizziert werden.

a) Standardlösungen zur Reduktion des Anteils der Eigenentwicklung

Die heute in Unternehmen installierten Applikationen sind weitgehend eigenentwickelt. Die EDV-Entwicklungsabteilungen verwenden den grössten Teil ihrer personellen Kapazität für den Unterhalt und die Weiterentwicklung der bestehenden Applikationen. Die herrschende Situation lässt sich für viele Unternehmungen folgendermassen umschreiben:

- Hohe Komplexität und teilweise schlechter Zustand der eigenentwickelten Software.

- Hohe Abhängigkeit von einzelnen Entwicklern, die sich als einzige in der Struktur der Software auskennen.
- Grosser Anwendungsrückstau in der EDV-Abteilung durch viele unerledigte Unterhalts- und Weiterentwicklungsaufträge der Fachabteilungen.
- Viele neue fachliche Anforderungen, die sich aufgrund der Struktur der bestehenden Anwendungen nicht oder nur mit enormem Aufwand realisieren lassen.
- Im Verhältnis zu den hohen Kosten relativ geringer Nutzen der EDV-Entwicklungsabteilung für den Fachbereich.
- Grosser Zeitdruck seitens des Fachbereichs für die Einführung neuer Lösungen.
- Bestehende EDV-Lösungen basieren vielfach auf veralteter Technologie. Der Einsatz neuer Technologien (z.B. relationale Datenbanken, Client-Server-Architekturen) auf breiter Basis bedingt ein Redesign der bestehenden Applikationen. Die Migrationskosten hierfür sind enorm. Der Nutzen einer solchen Migration ist äusserst gering, wenn die dringenden fachlichen Anforderungen nicht ebenfalls realisiert werden.

Der Einsatz passender Standardanwendungssoftware hat wesentliche Vorteile gegenüber einer Eigenentwicklung. Die Standardanwendungssoftware basiert in der Regel auf einer soliden technischen Lösung, wird vom Hersteller permanent weiterentwickelt, bietet eine reichhaltige Funktionalität und liefert zudem noch bewährtes organisatorisches Know-How. Die Einführung ist schon mehrfach erprobt und spezifisches Einführungs-Know-How kann beim Softwarehersteller oder bei entsprechenden Beratungsgesellschaften beschafft werden. Der Zeitaufwand für die Einführung einer neuen Lösung ist erheblich geringer, und das Risiko des Scheiterns bei einem Einführungsprojekt ist wesentlich kleiner als bei einer Eigenentwicklung.

Für wettbewerbsneutrale betriebliche Unterstützungsfunktionen, wie z.B. der Personalbereich oder das Finanz- und Rechnungswesen, wird der Einsatz von Standardanwendungssoftware in Zukunft mehr die Regel als die Ausnahme sein. Für wettbewerbssensible Unternehmensfunktionen wird der Standardanwendungssoftwareeinsatz mit zunehmender Reife der Standardlösungen attraktiv. Eine moderne Standardanwendungssoftware (wie z.B. R/2 von SAP) kann so aufgebaut sein, dass sie weitgehend auf die unternehmensindividuellen Bedürfnisse eingestellt werden kann und dass Teile mit mitgelieferten Lower-CASE-Werkzeugen "dazugebaut" werden können, ohne dass die Releasefähigkeit[1] verlorengeht.

Vom methodischen Ansatz her ist zu erwarten, dass das Metamodell, das Dokumentationsmodell und das Vorgehensmodell für die Standardsoftwareeinführung anders aussehen, als dies für die Eigenentwicklung der Fall ist. So werden sich spezialisierte Entwurfsmethoden herausbilden, welche die Standardsoftwareeinführung behandeln. Ein erster Ansatz hierzu ist z.B. die jüngst im deutschsprachigen Raum erschienene Methode PROMET [s. IMG], die ausschliesslich auf den Standardsoftwareeinsatz ausgerichtet ist.

---

1 Die Releasefähigkeit geht verloren, wenn aufgrund von kundenindividuellen Modifikationen am Kern des Softwarepakets bei jedem neuen Release der Software der Kunde diese Modifikationen wieder neu nachvollziehen muss.

Neben Standardanwendungssoftware werden auch Applikationsplattformen in Zukunft eine hohe Bedeutung erlangen. Sie gelten als Standardlösungen, erlauben jedoch im Gegensatz zur Standardanwendungssoftware explizit die kundenindividuelle Modifikation, wobei bewusst keine Releasefähigkeit angestrebt wird, weil die Modifikationen (z.B. aus Wettbewerbsgründen) teilweise tiefgreifend sind.

Unter dem Begriff Applikationsplattform verstehen wir einen fertigen und allgemeingültigen Informationssystem-Entwurf für eine Branche (z.B. Bank, Lebensversicherung, Fluggesellschaft, Reiseveranstalter etc.), den ein Konsortium von Anwendern und/oder Dritt-Firmen entwickelt hat. Alle Entwurfsinhalte werden in einer Entwicklungsdatenbank gespeichert und mit entsprechenden Upper- und Lower-CASE-Werkzeugen an den Kunden ausgeliefert. Der Kunde kann nun den ganzen Entwicklungsprozess von der Informationssystemplanung bis zur Konstruktion beschleunigt durchführen, da er schon eine fertige, vollständige und durchdachte Vorlage hat, auf deren Basis er nur noch seine individuellen Anpassungen zu machen braucht. Die Motivation für den Kunden, einen fertigen Entwurf zu verwenden, liegt vor allem im erleichterten Zugang zu qualitativ gutem fachlichen Know-How und in der gewonnenen Sicherheit. Wenn eine Applikationsplattform schon mehrfach implementiert worden ist, kann er damit rechnen, dass die Umsetzung auch für ihn möglich ist und dass das Risiko zum Scheitern wesentlich kleiner ist als im Falle der Eigenentwicklung, in der das Rad jeweils wieder neu erfunden werden muss.

Diese Form von Informationssystementwicklung wird ein Zwitter zwischen reiner Eigenentwicklung und dem Einsatz von Standardanwendungssoftware sein. Auch hier werden neue methodische Ansätze, die eigene Meta-, Vorgehens- und Dokumentationsmodelle hervorbringen, entstehen.

Konkrete Projekte zur Erstellung von Applikationsplattformen sind heute z.B. "Financial Applications Architecture" (FAA) und "Insurance Applications Architecture" (IAA) von IBM für Banken und Versicherer oder die "Frequent Flyer"-Applikationsplattform für Fluggesellschaften von Texas Instruments, das auf dem Werkzeug IEF (Information Engineering Facility) implementiert und schon mehrfach verkauft worden ist.

Die Entwicklung von Applikationsplattformen steht heute erst am Anfang. In diesem Zusammenhang wird die objektorientierte Technologie in den frühen Phasen des Software-Lebenszyklus [vgl. Coad/Yourdon] an Bedeutung gewinnen. Sie wird vor allem bei der Klassifikation von Entwicklungsobjekten eine wichtige Rolle spielen. Damit der Anwender der Applikationsplattform die richtigen Entwurfsobjekte in der Entwicklungsdatenbank finden kann, werden Objekte in der Entwicklungsdatenbank in Typenhierarchien resp. Typennetzwerken eingebunden. Die Spezialisierung von Entwicklungsobjekten erlaubt ausserdem eine grosse Variantenvielfalt, so dass mehrere fachliche Lösungen für einen Problembereich in Frage kommen. So wird es in Zukunft möglich sein, aus mehreren vorhandenen fachlichen Lösungen eine auszuwählen oder aus verschiedenen Varianten eine spezielle zusammenzusetzen. Ein erster objektorientierter Ansatz für Applikationsplattformen wurde kürzlich von [Lindtner] im Rahmen des CC RIM entwickelt. Weitere Forschungsansätze sind dargestellt in [Loucopoulos/Champion; Burlon e.a.].

b) Zwischenbetriebliche Kooperation

Der rasante Fortschritt in der Verbreitung der Kommunikationstechnik, insbesondere im Bereich der Wide Area Networks, die Standardisierung des elektronischen Datenaustausches innerhalb einzelner Branchen (z.B. Transport, Banken, Rückversicherung) und über Branchen hinweg (z.B. Bestellwesen, Fakturierung) sowie die sich aus der Marktentwicklung ergebenden zwischenbetrieblichen vertikalen und horizontalen Kooperationen beeinflussen die Gestaltung des computergestützten betrieblichen Administrations- und Dispositionssystems.

Die Behandlung von Schnittstellen der betriebsinternen Applikationen zur Aussenwelt und vice-versa ist in den heute vorhandenen methodischen Ansätzen zur Informationssystementwicklung nicht vorgesehen und auch im Referenzmodell nur ganz am Rande behandelt (s. Pkt. 6.2.2.7.).

Die Modellierung der Informationsprozesse aus der Perspektive der zwischenbetrieblichen Kooperation in einer elektronischen Hierarchie mit definierter Nachfrager-Anbieter- resp. Anbieter-Nachfrager-Anbindung oder in einem elektronischen Markt, an denen viele Anbieter und Nachfrager beteiligt sind, wird auch beim Entwurf von betrieblichen Informationssystemen zwangsweise zu einer neuen Betrachtungsweise führen. Dies spätestens dann, wenn es um die Integration der normierten, zwischenbetrieblichen Schnittstellen ins betriebliche Informationssystem geht.

Es wird zwangsläufig zu einer Erweiterung von Entwurfsmethoden kommen, damit man dem Aspekt der zwischenbetrieblichen Schnittstellen besser Rechnung tragen kann. Diese Erweiterungen werden sich im Metamodell, im Dokumentationsmodell und im Vorgehensmodell niederschlagen, sei dies bei Methoden für die Eigenentwicklung, für die Einführung von Standardanwendungssoftware oder für die Einführung von Applikationsplattformen.

c) Dezentralisierung der Verarbeitung (Down-Sizing)

Das in dieser Arbeit entwickelte Referenzmodell berücksichtigt die Dezentralisierung der Verarbeitung im Sinne des Client-Server-Computings schon heute. Effekte von Transaktionen auf Tabellen, die auf unterschiedlichen Systemtypen implementiert werden, können spezifiziert werden (s. Pkt. 6.2.3.4). Transaktionsablauffolgen zwischen verschiedenen Applikationen, die sich auf unterschiedlichen Systemtypen befinden, sind definierbar (s. Pkt. 6.2.1.11).

Die Dezentralisierung der Verarbeitung im Sinne eines konsequenten Down-Sizing sieht applikationsspezifische, departementale Rechner resp. Client-Server-Architekturen vor [vgl. Weizer e.a., S. 21ff]. So ist es z.B. für eine Bank in einer Vision des vollständigen Down-Sizing vorstellbar, dass die Applikation "Zahlungsverkehr" auf einem Rechnersystem A ausgeführt wird, die "Hypotheken- und Darlehensverwaltung" auf einem anderen Rechnersystem B abläuft, das "Personalwesen" auf einem Rechnersystem C bearbeitet wird, die "Wertschriftenverwaltung" auf einem Rechnersystem D implementiert ist, das "Finanz- und Rechnungswesen" auf dem Rechnersystem E arbeitet etc.. Die departementalen Anwendungen sind weitgehend autonom und werden mit Vorteil durch Standardanwendungssoftware abgedeckt. Zu einigen zentralen Anwendungen (z.B. "Kundeninformationssystem", "Kontoführungssystem"), die aus allen anderen Anwendungen verwendet werden, bestehen Schnittstellen. Ebenso bestehen

Schnittstellen zu anderen nicht zentralen Anwendungen, mit denen Daten ausgetauscht werden (z.B. zwischen "Finanz- und Rechnungswesen" und "Zahlungsverkehr").

In der oben geschilderten Optik wird das betriebliche Informationssystem als eine Menge von miteinander kommunizierenden Applikationen betrachtet, die in sich stark und untereinander schwach integriert sind. Sie kommunizieren miteinander über innerbetrieblich normierte Schnittstellen. Es besteht eine starke Analogie zur zwischenbetrieblichen Kooperation (s.o., Abschnitt b), mit dem Unterschied, dass nun Applikationen miteinander kooperieren.

Dieser Ansatz, zu dem heute vorwiegend Anregungen aus der Praxis kommen und den die Wirtschaftsinformatikforschung noch nicht aufgegriffen hat, geht nicht mehr von einem vorhandenen unternehmensweiten Datenmodell als Koordinationsbasis aus, sondern von einem unternehmensweiten Schnittstellenmodell, das die Applikationen bezüglich Datenstrukturierung weitgehend autonom lässt. Schwerpunkt der Koordination ist nicht mehr das Datenmanagement, sondern ein neu einzurichtendes Schnittstellenmanagement. Dieser Ansatz bezieht im Gegensatz zur heutigen Situation in Forschung und Praxis die Ist-Informationssystemarchitektur voll ein und geht von einer konstanten, evolutionären Entwicklung des Informationssystems aus. Das Dilemma mit einem unternehmensweiten Datenmodell ist heute, dass das Datenmodell Bestandteil einer Soll-IS-Architektur ist. Die Umsetzung der Soll-Architektur stellt jedoch das grosse Problem dar, weil dieser Prozess Jahre dauert. Er ist extrem aufwendig und risikobehaftet, da sich der Markt in den Jahren der Umsetzung permanent weiterentwickelt.

Die heutigen methodischen Ansätze vernachlässigen die innerbetrieblichen Schnittstellen weitgehend. Heutige Entwurfsmethoden gehen auch ausschliesslich von der Neuentwicklung aus und nicht von der Integration und der Evolution bestehender Applikationen. Die an Schnittstellen orientierte Betrachtungsweise des Informationssystems wird neue methodische Ansätze hervorbringen, die sich stark an die Ist-Architektur anlehnen, die Informationssystementwicklung mehr als einen kontinuierlichen evolutionären Prozess betrachten und das Schnittstellenmanagement als ein Koordinationsinstrument in das Zentrum stellen werden. Auch ein solcher neuer methodischer Ansatz kann in der Form eines Metamodells, eines Dokumentationsmodells und eines Vorgehensmodells beschrieben werden.

d) Workflow-Management und multimediale Verarbeitung

Die Steuerung des administrativen Ablaufes beschränkt sich beim Einsatz von Transaktionssystemen ausschliesslich auf jenen Bereich, in dem formatierte Daten (in definierten Tabellen aus definierten Datenbanken) bearbeitet werden. Es werden Transaktionsablauffolgen und innerhalb der Transaktionen Bildschirmablauffolgen als einzelne Bearbeitungsschritte vorgegeben. Damit unterstützt das Transaktionssystem aber lediglich einzelne Sequenzen eines zusammenhängenden Bearbeitungsprozesses.

Multimediale Verarbeitung berücksichtigt weitere Formen der Information, sei dies nun als Rasterbild, als gesprochener Text, als Ton oder als Video. Die Integration von multimedialen Verarbeitungsformen und administrative Transaktionssysteme zur Steuerung des gesamten administrativen Ablaufes erfolgen heute über sog. Workflow-Software [vgl. Davis]. Damit kann ein zusammenhängender Bearbeitungsablauf beschrieben und standardisiert ausgeführt werden. Heutige Workflow-Management-Ansätze unterstützen das Verteilen und Weiterleiten von gescannten Dokumenten anhand von definierten Ablaufschemas und Statusinformationen, die an Dokumenten angebracht sind. Sie ermöglichen die Ablage und die Suche elektronisch archivierter Dokumente nach diversen Kriterien. Die Integration zum Transaktionssystem erfolgt über gemeinsame Schlüsselbegriffe (z.B. Kundennummer, Auftragsdatum). Von zukünftigen Ansätzen des Workflow-Managements und der Datenbanktechnologie ist zu erwarten, dass eine volle Interoperationabilität zwischen multimedialer Verarbeitung und traditioneller Transaktionsverarbeitung hergestellt werden kann.

Workflow-Management wird die Integration der verschiedenen spezialisierten betrieblichen Informationssystemtypen (s. Pkt. 1.4.), z.B. transaktionsorientierte Administrationssysteme, Büroinformations- und Kommunikationssysteme sowie Archivierungssysteme, vorantreiben. Ziel ist es, die organisatorischen Abläufe den sich ändernden Rahmenbedingungen flexibel anpassen zu können, ohne bestehende Programme jeweils umschreiben zu müssen. Obwohl Workflow-Management heute vor allem im Zusammenhang mit Archivierungssystemen gesehen wird, ist der Einbezug von gesprochenem Text und Video in Zukunft denkbar. Für den Entwurf betrieblicher Informationssysteme bedeutet dies, dass Methoden zur Workflow-Definition entstehen, die vor allem den administrativen Ablauf hervorheben. Diese bringen spezifische Vorgehens-, Meta- und Dokumentationsmodelle hervor. Ein weiteres wichtiges Thema in diesem Zusammenhang wird die Integration verschiedener Applikationen unterschiedlicher Informationssystemtypen sein. Diese Problematik wird auch anhand eines schnittstellenorientierten Ansatzes (s.o., Abschnitt c) gelöst werden müssen.

Das Referenzmodell wird also nicht stehenbleiben. Wegen des zugrundeliegenden "Method-Engineering"-Ansatzes und der Unterstützung durch das Methodenbeschreibungswerkzeug MERET (s. Pkt. 1.7.) ist es einfach wartbar. Mit dem Aufkommen von neuen methodischen Ansätzen, die aus Forschungsanstrengungen in den oben skizzierten Themenbereichen resultieren, soll das Referenzmodell kontinuierlich ausgebaut werden.

Literaturverzeichnis

[Alderson]
Aldeson, A., Meta-CASE Technology, in: [Endres/Weber, S. 81 - 91]

[Ambriola e.a.]
Ambriola, V., Ciancarini, P., Montanegro, C., Software Process Enactment in Oikos, in: ACM SIGSOFT Software Engineering Notes, 15(1990)6, S. 183 - 192

[Andersen e.a.]
Andersen, R., Bubenko jr., J.A., Sølvberg, A. (Hrsg.), Proceedings of the Third International Conference CAiSE, Lecture Notes in Computer Science 498, Springer, Berlin e.a., 1991

[Balzert]
Balzert, H., Die Entwicklung von Software-Systemen, Bibliographisches Institut, Mannheim e.a., 1982

[Barthmes 1]
Barthmes, K., ANALYSE Metamodelle der Methoden IEM/AY, ISOTEC, SSADM, IEM/JMA, Arbeitsbericht des Instituts für Wirtschaftsinformatik an der Hochschule St. Gallen, Bericht Nr. IM2000/CCRIM/9, St. Gallen, 1990

[Barthmes 2]
Barthmes, K., DESIGN Metamodelle der Methoden IEM/EY, ISOTEC, SSADM, IEM/JMA, Arbeitsbericht des Instituts für Wirtschaftsinformatik an der Hochschule St. Gallen, Bericht Nr. IM2000/CCRIM/12, St. Gallen, 1991

[Behdjati e.a.]
Behdjati. A., Bagdon, S., Fleischer, P., Schlüter, P., Objektorientierte Sprachen im Vergleich, in: GI SE Softwaretechnik-Trends, 11(1991)4, S. 11 - 31

[Bérube/Thornton]
Bérubé, J., Thornton, J., Information Systems Engineering Reference Model - Working Draft Version 6, No. N022-6, ISO-IEC JTC1/SC7/WG5, o.O., 1991

[Boehm]
Boehm, B., What we really need are Process Model Generators, in: [IEEE 1, S. 397]

[Boehm/Belz]
Boehm, B., Belz, F., Applying Process Programming to the Spiral Model, in: [Tully, S. 46 - 56]

[Brinkkemper e.a.]
Brinkkemper, S., de Lange, M., Looman, R., van der Steen, F.H.G.C, On the Derivation of Method Comparison by Meta-Modellig, in: ACM SIGSOFT Software Engineering Notes, 15(1990)1, S. 49 - 58

[Brodie]
Brodie, M.L., On the Development of Data Models, in: [Brodie e.a., S. 117 - 160]

[Brodie e.a.]
Brodie, M.L., Mylopoulos, J., Schmidt, J.W. (Hrsg.), On Comceptual Modelling -

Perspectives from Artificial Intelligence, Databases and Programming Languages, Springer, New York e.a., 1984

[Bühner]
Bühner, R., Betriebswirtschaftliche Organisationslehre, Oldenbourg, 4. Auflage, München e.a., 1989

[Bullinger e.a.]
Bullinger, H.-J., Protonatorios, E.N., Bouwhuis, D., Reim, F. (Hrsg.), Proceedings of the EURINFO '88 First European Conference on Information Technology for Organizational Systems, North-Holland, Amsterdam e.a., 1988

[Burlon e.a.]
Burlon, R., Cardile, B., Conti, M., Pietri, F., Puncello, P., KERES: Knowledge-Based Environment for the Requirements Specification, in: [Chikofsky, S. 6.8 - 6.11]

[Bytheway]
Bytheway, A., Software Engineering Reference Model - Product Plan, No. N212, ISO-IEC JTC1/SC7/WG5, o.O., 1991

[CDIF 1]
o.V., CDIF CASE Data Interchange Format Interim Standards, Volume 1: CDIF - Framework for Modelling and Extensibility EIA/IS-81 and CDIF - Transfer Format Definition EIA/IS-82, Electronic Industries Association, Washington D.C., 1991

[CDIF 2]
o.V., CDIF CASE Data Interchange Format Interim Standards, Volume 2: CDIF - Standardized CASE Interchange Meta-Model, Part 1: Semantic Model EIA/IS-83, Electronic Industries Association, Washington D.C., 1991

[CDIF 3]
o.V., CDIF CASE Data Interchange Format Interim Standards, Volume 3: CDIF - Standardized CASE Interchange Meta-Model, Part 2: Presentation Model EIA/IS-83, Electronic Industries Association, Washington D.C., 1991

[Champeaux/Faure]
Champeaux de, D., Faure, P., A comparative study of object-oriented analysis mmethods, in: Journal of object-oriented programming, 5(1992)1, S. 21 - 33

[Chen]
Chen, P.P., The Entity-Relationship-Model - Towards a Univied View of Data, in: ACM Transactions on Database Systems, 1(1976)1, S. 9 - 13

[Chikofsky]
Chikofsky, E.J. (Hrsg.), Advanced Working Papers of the Second International Workshop on Computer Aided Software Engineering, Band 1 und 2, Index Technology, Cambridge, 1988

[Chroust]
Chroust, G., Application Development Project Support (ADPS), in: ACM SIGSOFT Software Engineering Notes, 14(1989)5, S. 83 - 104

[Chroust e.a. 1]
Chroust, G., Gschwander, O., Mutschmann-Sanchez, D., Das Entwicklungssystem ADPS der IBM , in: [Gutzwiller/Oesterle 3, S. 123 - 148]

[Chroust e.a. 2]
Chroust, G., Goldmann, H., Gschwander, O., The role of work management in application development, in: IBM Systems Journal, 29(1990)2, S. 189 - 208

[Coad/Yourdon]
Coad, P., Yourdon, E., Object-Oriented Analysis, Prentice Hall, Englewood Cliffs, 1990

[Codd]
A Relational Model for Large Shared Data Banks, in: Communications of the ACM, 13(1979)6, S. 377 - 387

[Conradi e.a.]
Conradi, R., Didriksen, T.M., Gulla, B., Eidens, H., Karlson, E.-A., Lie, A., Westby, P.H., Design of the Kernel EPOS Software Engineering Environment, in: [Madhavji e.a., S. 3 - 19]

[CSTB]
o.V., Scaling Up: A Research Agenda for Software Engineering, in: Communications of the ACM, 33(1990)3, S. 281 - 293

[Curth/Wyss]
Curth, M.A., Wyss, H.B., Information Engineering, Konzeption und praktische Anwendung, Hanser, München e.a., 1988

[Davenport/Short]
Davenport, Th.H., Short, J.E., The New Industrial Engineering: Information Technology and Business Process Redesign, in: Sloan Management Review, 31(1990)4, S. 11 - 27

[Davis]
Davis, D..B., Software that Makes Your Work Flow, in: Datamation, 37(1991)8, S. 17 - 78

[Deiters/Gruhn]
Deiters, W., Gruhn, V., Managing the Software Processes in the Environment MELMAC, in: ACM SIGSOFT Software Engineering Notes, 15(1990)6, S. 193 - 205

[DeMarco]
DeMarco, T., Structured Analysis and System Specification, Prentice Hall, Englewood Cliffs, 1979

[Devlin/Murphy]
Devlin, B.A., Murphy, P.T., An Architecture for a Business and Information System, in: IBM Systems Journal, 27(1988)1, S. 60 - 81

[Endres/Weber]
Endres, A., Weber, H. (Hrsg.), Software Development Environments and CASE Technology, Lecture Notes in Computer Science 509, Springer, Berlin e.a., 1991

[Euromethod]
o.V., Euromethod - An Introduction and Rationale, Commission of the EC, Brüssel, 1991

[Färberböck e.a.]
Färberböck, H., Gutzwiller, Th., Heym, M., Ein Vergleich von Requirements Enginnering Methoden auf Metamodell-Basis, in: [Timm, S. 40 - 66]

[Fernström]
Fernström, Ch., The ESF Approach to Factory Style Software Production, in: [Madhavji e.a., S. 91 - 98]

[Ferstl/Sinz]
Ferstl, O.K., Sinz, E.J., Objektmodellierung betrieblicher Informationssysteme im semantischen Objektmodell (SOM), Bamberger Beiträge zur Wirtschaftsinformatik Nr. 1/1990, Universität Bamberg, Bamberg, 1990

[Finkelstein]
Finkelstein, A., "Not Waving but Drowning": representation schemes for modelling software development, in: [IEEE 1, S. 402 - 404]

[Fleischer e.a.]
Fleischer, P., Behdjati, A., Bagdon, S., Schlüter, P., Der objektorientierte Entwicklungsprozess und seine Unterstützung durch Werkzeuge, in: GI SE Softwaretechnik-Trends, 11(1991)1, S. 24 - 53

[Forte e.a.]
Forte, G., Madhavji, N.H., Müller, H.A. (Hrsg.), Proceedings of the Fifth International Workshop on Computer-Aided Software Engineering, IEEE Computer Society Press, Los Alamitos e.a., 1992

[Gallo]
Gallo, Th.E., Strategic Inforation Management Planning, Prentice Hall, London e.a., 1988

[Gane/Sarson]
Gane, C., Sarson, T., Structured Systems Analysis: tools and techniques, Improved Systems Technologies, New York, 1977

[Goos/Kastens]
Goos, G., Kastens, U., Programming Languages and the Design of Modular Programs, in: [Hibbard/Schuman, S. 153 - 186]

[Grochla]
Grochla, E., (Hrsg.), Integrierte Gesamtmodelle der Datenverarbeitung - Entwicklung und Anwendung des Kölner Intagrationsmodells (KIM), Hanser, München e.a., 1974

[Grochla e.a.]
Grochla, E., Garbe, H., Gillner, R., Poths, W., Das Kölner Intagrationsmodell, in: [Grochla, S. 189 - 360]

[Gutzwiller]
Gutzwiller, Th., Integrierte Beschreibung betrieblicher Informationssysteme, Dissertation, Hochschule St. Gallen, St. Gallen, 1988

[Gutzwiller/Oesterle 1]
Gutzwiller, Th., Oesterle, H., Konzepte angewandter Analyse- und Design-Methoden, Band 1 - Ein Referenz-Metamodell für die Analyse und das Systemdesign, AIT Verlagsgesellschaft, Hallbergmoos, 1992

[Gutzwiller/Oesterle 2]
Gutzwiller, Th., Oesterle, H., Konzepte angewandter Analyse- und Design-Methoden, Band 2 - Ein Beispiel für die Analyse und das Systemdesign, AIT Verlagsgesellschaft, Hallbergmoos, 1992

[Gutzwiller/Oesterle 3]
Gutzwiller, Th., Oesterle, H. (Hrsg.), Anleitung zu einer praxisorientierten Software-Entwicklungsumgebung, Band 2: Entwicklungssysteme und 4.-Generation-Sprachen, AIT Verlagsgesellschaft, Hallbergmoos, 1988

[Gutzwiller/Oesterle 4]
Gutzwiller, Th., Oesterle, H., Über die Machbarkeit eines integrierten CASE, Arbeitsbericht des Instituts für Wirtschaftsinformatik an der Hochschule St. Gallen, Bericht Nr. IM2000/CCRIM/8, St. Gallen, 1990

[Gutzwiller/Oesterle 5]
Gutzwiller, Th., Oesterle, H., Referenz-Metamodell Analyse, Arbeitsbericht des Instituts für Wirtschaftsinformatik an der Hochschule St. Gallen, Bericht Nr. IM2000/CCRIM/2, St. Gallen, 1990

[Gutzwiller/Oesterle 6]
Gutzwiller, Th., Oesterle, H., Referenz-Metamodell Design, Arbeitsbericht des Instituts für Wirtschaftsinformatik an der Hochschule St. Gallen, Bericht Nr. IM2000/CCRIM/5, St. Gallen, 1990

[Gutzwiller/Oesterle 7]
Gutzwiller, Th., Oesterle, H., Referenzbeispiel Analyse, Arbeitsbericht des Instituts für Wirtschaftsinformatik an der Hochschule St. Gallen, Bericht Nr. IM2000/CCRIM/3, St. Gallen, 1990

[Gutzwiller/Oesterle 8]
Gutzwiller, Th., Oesterle, H., Referenzbeispiel Design, Arbeitsbericht des Instituts für Wirtschaftsinformatik an der Hochschule St. Gallen, Bericht Nr. IM2000/CCRIM/6, St. Gallen, 1990

[Hallmann]
Hallmann, M., EUREKA Software Factory - CASE für das Jahr 2000, in: Informationstechnik it, 33(1991)3, S. 160 - 166

[Heilmann]
Heilmann, H., Entwurfsentscheidungen bei der Gestaltung eines Organisationsinformationssystems, in: [Kurbel e.a., S. 315 - 328]

[Hessinger]
Hessinger, P., Process Management & CASE, in: The SAA and Open Software Spectrum, 5(1992)5, S. 35 - 39

[Heuer]
Heuer, K., Datenmodell für den Entwurf betrieblicher Informationssysteme, Dissertation, Universität Karlsruhe, Karlsruhe, 1984

[Heym 1]
Heym, M., Handbuch des Methodenbeschreibungswerkzeuges MERET, Arbeitsbericht

des Instituts für Wirtschaftsinformatik an der Hochschule St. Gallen, Bericht Nr. IM2000/CCRIM/11, St. Gallen, 1991

[Heym 2]
Heym, M., ANALYSE Vorgehensmodelle der Methoden IEM, ISOTEC, NAVIGATOR, CASE*Method und SSADM, Arbeitsbericht des Instituts für Wirtschaftsinformatik an der Hochschule St. Gallen, Bericht Nr. IM2000/CCRIM/13, St. Gallen, 1991

[Heym 3]
Heym, M., DESIGN Vorgehensmodelle der Methoden IEM, ISOTEC, NAVIGATOR, CASE*Method und SSADM, Arbeitsbericht des Instituts für Wirtschaftsinformatik an der Hochschule St. Gallen, Bericht Nr. IM2000/CCRIM/16, St. Gallen, 1991

[Heym 4]
Heym, M., Übertragung Referenzbeispiel Analyse auf die Methoden IEM/AY, ISOTEC, SSADM, SA/SD, IEM/JMA, Arbeitsbericht des Instituts für Wirtschaftsinformatik an der Hochschule St. Gallen, Bericht Nr. IM2000/CCRIM/4, St. Gallen, 1990

[Heym 5]
Heym, M., Übertragung Referenzbeispiel Design auf die Methoden IEM/EY, ISOTEC, SSADM, SA/SD, IEM/JMA, Arbeitsbericht des Instituts für Wirtschaftsinformatik an der Hochschule St. Gallen, Bericht Nr. IM2000/CCRIM/7, St. Gallen, 1990

[Heym/Oesterle 1]
Heym, M., Oesterle, H., A Reference Model for Information Systems Development, in: [Kendall e.a., S. 215 - 239]

[Heym/Oesterle 2]
Heym, M., Oesterle, H., A Semantic Data Model for Methodology Engineering, in: [Forte e.a., S. 142 - 155]

[Hibbard/Schuman]
Hibbard, P.G., Schumann, S.A. (Hrsg.), Constructing Quality Software, Proceedings of the (1977) IFIP-TC2 Conference, North-Holland, Amsterdam e.a., 1978

[Hilbers]
Hilbers, K., Informationssystem-Architekturen: Zielsetzung, Bestandteile, Erfolgsfaktoren, Arbeitsbericht des Instituts für Wirtschaftsinformatik an der Hochschule St. Gallen, Bericht Nr. IM2000/CCIM2000/1, St. Gallen, 1989

[Hill e.a.]
Hill, W., Fehlbaum, R., Ulrich, P., Organisationslehre, Band 1 und 2, Haupt, 3. Auflage, Bern e.a., 1981

[Humphrey]
Humphrey, W.S., Managing the Software Process, Addison-Wesley, Reading e.a., 1990

[Humphrey/Kellner]
Humphrey, W.S., Kellner, M.I., Software Process Modelling: Principles of Entity Process Models, in: [IEEE 1, S. 331 - 342]

[Hünnekens e.a.]
Hünnekens, H., Junkermann, G., Peuschel, B., Schäfer, W., Vagts, J., A Step Towards Knowledge-based Software Process Modelling, in: [Madhavji, S. 49 - 58]

[IBM 1]
o.V., AD/Cycle Information Model - Overview, IBM, 2. Auflage, Cary, 1991

[IBM 2]
o.V., AD/Cycle Information Model - Guide to the Enterprise Submodel, IBM, Cary, 1991

[IBM 3]
o.V., AD/Cycle Information Model - Reference Volume 1: Enterprise Submodel, IBM, Cary, 1991

[IBM 4]
o.V., AD/Cycle Information Model - Reference Volume 2: Technology and Global Submodels, IBM, Cary, 1991

[IBM 5]
o.V., Systems Application Architecture - AD/Cycle Concepts, IBM, San Jose, 1989

[IBM 6]
o.V., Systems Application Architecture - Common User Access Advanced Interface Design Guide, IBM, Boca Raton, 1989

[IEEE 1]
IEEE (Hrsg.), Proceedings of the 11th International Conference on Software Engineering, IEEE Computer Society Press, Washington e.a., 1989

[IEEE 2]
IEEE (Hrsg.), Proceedings of the 13th International Conference on Software Engineering, IEEE Computer Society Press, Washington e.a., 1991

[IFA]
o.V., IFA-Pass: Projekt-Management-, Abwicklungs- und -Steuer-System, Institut für Automation AG, Zürich, o.J.

[IMG]
o.V., PROMET - Projektmethode zur Einführung von Standardsoftware, IMG - Information Management Gesellschaft, St. Gallen, 1992

[IPGM 1]
o.V., AMADEUS Project : Deliverable D5, Interprogram B.V., Diemen, 1987

[IPGM 2]
o.V., AMADEUS Project : Workpackage D: The Unified Model, Interprogram B.V., Diemen, 1987

[IRDS]
o.V., ANSI X3.138-1988 Information Resource Dictionary System (IRDS), American Standards Institute, New York, 1989

[ISOTEC/ISA/FSA]
o.V., ISOTEC Informationsstrukturanalyse und Funktionsstrukturanalyse, EDV Studio Ploenzke, Wiesbaden, 1989

[ISOTEC/SSF]
o.V., ISOTEC Strukturierung und Spezifikation von Systemfunktionen, EDV Studio Ploenzke, Wiesbaden, 1989

[ISOTEC/VGK/ADM]
o.V., ISOTEC Vorgehenskonzept, EDV Studio Ploenzke, Wiesbaden, 1989

[Jackson]
Jackson, M.A., Principles of Program Design, Academic Press, London e.a., 1975

[Jacob/Mende]
Jacob, O., Mende, M., Informatik und Reorganisation: Integrierte Gestaltung von Informationssystem und Organisation, Arbeitsbericht des Instituts für Wirtschaftsinformatik an der Hochschule St. Gallen, Bericht Nr. IM2000/CCIM2000/9, St. Gallen, 1992

[JMA/BAA]
o.V., Business Area Analysis Handbook, James Martin Associates, Dublin, 1987

[JMA/BSD]
o.V., Business System Design Handbook, James Martin Associates, Dublin, 1987

[JMA/C&T]
o.V., Construction & Transition Handbook, James Martin Associates, Dublin, 1987

[JMA/ISP]
o.V., Information System Planning Handbook, James Martin Associates, Dublin, 1987

[JMA/TD]
o.V., Technical Design Handbook, James Martin Associates, Dublin, 1987

[Kaiser e.a.]
Kaiser, G.E., Feiler, P.H., Popovich, S.S., Intelligent Assistance for Software Development and Maintenance, in: IEEE Software, 14(1988)5, S. 40 - 49

[Kendall e.a.]
Kendall, K.E., Lyytinen, K., DeGross, J. (Hrsg.), The Impact of Computer Supported Technologies on Information Systems Development, North-Holland, Amsterdam e.a., 1992

[Klein]
Klein, J., Vom Informationsmodell zum integrierten Informationssystem, in: Information Management, 5(1990)2, S. 6 - 16

[Krcmar]
Krcmar, H., Bedeutung und Ziele von Informationssystem-Architekturen, in: Wirtschaftsinformatik, 32(1990)5, S. 395 - 402

[Krüger]
Krüger, W., Organisation der Unternehmung, Verlag W. Kohlhammer, Stuttgart e.a., 1984

[Kurbel e.a.]
Kurbel, K., Mertens, P., Scheer, A.W. (Hrsg.), Interaktive betriebswirtschaftliche Informations- und Steuersysteme, de Gruyter, Berlin e.a., 1989

[Lehman]
Lehman, M.M., Some Reservations on Software Process Programming, in: [Tully, S. 111 - 112]

[Lindtner]
Lindtner, P., Domänenwissen in Methoden zur Analyse betrieblicher Informationssysteme, Dissertation, Hochschule St. Gallen, St. Gallen, 1992

[Liu]
Liu, Ch., Software Process Planning and Execution: Coupling vs. Integration, in: [Andersen e.a., S. 356 - 374]

[Loucopoulos/Champion]
Loucopoulos, P., Champoin, R., Knowledge-Based Approach to Requirements Engineering Using Method and Domain Knowledge, in: Knowledge-Based Systems, 1(1988)3, S. 179 - 187

[Madhavji e.a.]
N. Madhavji, Schäfer, W., Weber, H. (Hrsg.), Proceedings of the First International Conference on System Development Environments and Factories, Pitman Publishing, London, 1990

[Madhavji/Schäfer]
N. Madhavji, Schäfer, W., Prism - Methodology and Process-Orientes Environment, in: IEEE Transactions on Software Engineering, 17(1991)12, S. 1270 - 1283

[McMenamin/Palmer]
McMenamin, S.M., Palmer, J.F., Essential Systems Analysis, Prentice-Hall, Englewood Cliffs, 1984

[Meador]
Meador, J.G., Building a Business Information Model, in: Journal of Information Systems Management, 7(1990)4, S. 42 - 47

[Meier 1]
Meier, A., Datenmanagement: Herausforderungen an das Management, in: IO Management Zeitschrift, 58(1989)9, S. 67 - 69

[Meier 2]
Meier, A., Relationale Datenbanken, Eine Einführung für die Praxis, Springer, Berlin e.a., 1992

[Mertens]
Mertens, P., Industrielle Datenverarbeitung 1 - Administrations- und Dispositionssysteme, Gabler, Wiesbaden, 1986

[Mertens e.a.]
Mertens, P., Bodendorf, F., König, W., Picot, A., Schumann, M., Grundzüge der Wirtschaftsinformatik, Springer, Berlin e.a., 1991

[Nakagawa/Futatsugi]
Nakagawa, A.T., Futatsugi, K., Product-Based Process Models, in: [Perry, S. 101 - 105]

[NAVIGATOR/Analysis Phase Manual]
o.V., NAVIGATOR Analysis Phase Manual, Ernst & Young, Chicago, 1990

[NAVIGATOR/Design Phase Manual]
o.V., NAVIGATOR Design Phase Manual, Ernst & Young, Chicago, 1990

[NAVIGATOR/Overview Monograph]
o.V., NAVIGATOR Overview Monograph, Ernst & Young, Chicago, 1990

[NAVIGATOR/Phase Reference Manual/Glossary]
o.V., NAVIGATOR Phase Reference Manual - Glossary, Ernst & Young, Chicago, 1990

[NAVIGATOR/Phase Reference Manual/Knowledge Base Overview]
o.V., NAVIGATOR Phase Reference Manual - Knowledge Base Overview, Ernst & Young, Chicago, 1990

[NAVIGATOR/Planning Phase Manual]
o.V., NAVIGATOR Planning Phase Manual, Ernst & Young, Chicago, 1990

[Norman e.a.]
Norman, R.J., Stevens, W., Chikofsky, E.J., Jenkins, J., Rubenstein, B.L., Forte, G., CASE at the Start of the 1990's, in: [IEEE 2, S. 128 - 139]

[Norman/Van Ghent]
Norman, R.J., Van Ghent, R. (Hrsg.), Advance Working Papers of the Fourth International Workshop on Computer-Aided Software Engineering, IEEE Computer Society Press, Los Alamitos e.a., 1990

[Oesterle 1]
Oesterle, H., Entwurf betrieblicher Informationssysteme, Hanser, Wien, 1981

[Oesterle 2]
Osterle, H., Informationsmanagement im Textilbetrieb, in: [VDI, S. 1 - 45]

[Oesterle 3]
Oesterle, H., Unternehmensstrategie und Standardsoftware: Schlüsselentscheidungen für die 90er Jahre, in: [Oesterle 4, S. 11 - 36]

[Oesterle 4]
Oesterle, H. (Hrsg.), Integrierte Standardsoftware: Entscheidungshilfen für den Einsatz von Softwarepaketen, Band 1: Managemententscheidungen, AIT Verlagsgesellschaft, Hallbergmoos, 1990

[Oesterle e.a.]
Oesterle, H., Brenner, W., Hilbers, K., Unternehmensführung und Informationssystem - Der Ansatz des St. Galler Informationssystem-Managements, Teubner, Stuttgart, 1991

[Olle]
Olle, T.W., An Information Systems Life Cycle and Related Concepts, in: [Bullinger e.a., S. 553 -559]

[Olle e.a. 1]
Olle, T.W., Sol, H.G., Verrijn-Stuart, A.A. (Hrsg.), Information Systems Design Methodologies: A Comparative Review, North-Holland, Amsterdam e.a., 1982

[Olle e.a. 2]
Olle, T.W., Hagelstein, J., Macdonald, I.G., Rolland, C., Sol, H.G., Van Assche, F.J.M., Verrijn-Stuart, A.A., Information Systems Methodologies - A Framework for Understanding, Addison-Wesley, 2. Auflage, Workingham e.a., 1991

[ORACLE]
Barker, R., CASE*Method Tasks and Deliverables, Oracle Corporation, Chertsey, 1988

[Osterweil e.a.]
Osterweil, L.J., Sutton Jr., S.M., Heimberger, D., Language Constructs for Managing Chance in Process-Centered Environments, in: ACM SIGSOFT Software Engineering Notes, 15(1990)6, S. 206 - 217

[Perry]
Perry, D.E. (Hrsg.), Proceedings of the 5th International Software Process Workshop, IEEE Computer Sociery Press, Los Alamitos e.a., 1990

[Pocock]
Pocock, J.N., VSF and its Relationship to Open Systems and Standard Repositories, in: [Endres/Weber, S. 53 - 68]

[Pomberger]
Pomberger, G., Softwaretechnik und Modula-2, Hanser, München e.a., 1984

[Potts]
Potts, C., A Generic Model for Representing Design Methods, in: [IEEE 1, S. 217 - 226]

[Rupietta]
Rupietta, W., Organisationsmodellierung zur Unterstützung kooperativer Vorgangsbearbeitung, in: Wirtschaftsinformatik, 34(1991)1, S. 26 - 37

[Schaschinger e.a.]
Schaschinger, H., Sikora, H., Bäuchler, I., Objektorientierte Analyse- und Designmethoden - Überblick und kritische Betrachtung, in: GI SE Softwaretechnik-Trends, 11(1991)4, S. 32 - 43

[Scheer 1]
Scheer, A.-W., EDV-orientierte Betriebswirtschaftslehre, Springer, 4. Auflage, Berlin e.a., 1990

[Scheer 2]
Scheer, A.-W., CIM (Computer Integrated Manufacturing) - Der computergesteuerte Industriebetrieb, Springer, 4. Auflage, Berlin e.a., 1990

[Scheer 3]
Scheer, A.-W., Architektur integrierter Informationssysteme - Grundlagen der Unternehmensmodellierung, Springer, Berlin e.a., 1991

[Scheer 4]
Scheer, A.-W., Wirtschaftsinformatik - Informationssysteme im Industriebetrieb, Springer, Berlin e.a., 1988

[Schlageter/Stucky]
Schlageter, G., Stucky, W., Datenbanksysteme, Konzepte und Modelle, Teubner, Stuttgart, 1977

[Shepard e.a.]
Sephard, C.D., Sibbald, S.C., Tremblay, J.J.P., Wortley, C.M., A Visual Software Process Language, in: [Norman/Van Ghent, S. 232 - 236]

[Smith/Smith]
Smith, J.M., Smith, D.C.P., Database Abstractions: Aggregation and Generalization, in: ACM Transactions on Database Systems, 2(1977)2, S. 105 - 133

[Smolander e.a.]
Smolander, K., Lyytinen, K., Tahvanainen, V.-P., Marttiin, P., MetaEdit - A Flexible Graphical Environment for Methodology Modelling, in: [Andersen e.a., S. 168 -193]

[SSADM 1]
o.V., SSADM Version 4 Reference Manual, Volume 1, Foundation Feasibility Study, NCC Blackwell Ltd, Oxford, 1990

[SSADM 2]
o.V., SSADM Version 4 Reference Manual, Volume 2, Requirements Analysis Requirements Specification, NCC Blackwell Ltd, Oxford, 1990

[SSADM 3]
o.V., SSADM Version 4 Reference Manual, Volume 3, Logical System Specification Physical Design, NCC Blackwell Ltd, Oxford, 1990

[SSADM 4]
o.V., SSADM Version 4 Reference Manual, Volume 4, Dictionary, NCC Blackwell Ltd, Oxford, 1990

[SSADM 5]
o.V., SSADM Support Tools Conformance Appraisal Scheme, Central Computer and Telecommunications Agency, London, 1989

[SSADM 6]
o.V., SSADM Support Tools Conformance Appraisal Scheme - The Questionnaire, Central Computer and Telecommunications Agency, London, 1989

[SSADM 7]
o.V., SSADM Support Tool Certification, SSADM Research Center, Birmingham Polytechnic, Birmingham, 1989

[SSADM 8]
o.V., IS Notice No. 36 - SSADM Version 4 Tools Conformance Appraisal Scheme, Central Computer and Telecommunications Agency, London, 1992

[Steinbuch]
Steinbuch, P.A., Organisation, Friedrich Kiehl Verlag, 8. Auflage, Ludwigshafen, 1990

[Tardieu e.a. 1]
Tardieu, H., Rochfeld, A., Coletti, R., La Méthode MERISE: Tome 1 - Principles et Outils, Les éditions d'organisation, 2. Auflage, Paris, 1989

[Tardieu e.a. 2]
Tardieu, H., Rochfeld, A., Coletti, R., Panet, G., Vahée, G., La Méthode MERISE: Tome 2 - Démarches et Pratiques, Les éditions d'organisation, Paris, 1985

[Timm]
Timm, M. (Hrsg.), Proceedings Requirements Engineering '91, Informatik Fachberichte 273, Springer, Berlin e.a., 1991

[Tully]
Tully, C. (Hrsg.), Proceedings of the 4th International Software Process Workshop, ACM Press, New York, 1989

[Ulrich 1]
Ulrich, H., Management, Haupt, Bern e.a., 1984

[Ulrich 2]
Ulrich, H., Unternehmenspolitik, Haupt, Bern e.a., 1978

[VDI]
VDI-Gesellschaft Textil und Bekleidung (Hrsg.), Automatisieren im Textilbetrieb 2000, VDI Bericht 879, VDI-Verlag, Düsseldorf, 1991

[Verhoef e.a.]
Verhoef, T.F., ter Hofstede, A.H.M., Wijers, G.M., Structuring modelling knowledge for CASE shells, in: [Andersen e.a., S. 502 - 524]

[Vetter 1]
Vetter, M., Strategie der Anwendungssoftware-Entwicklung, Teubner, Stuttgart, 1988

[Vetter 2]
Vetter, M., Aufbau betrieblicher Informationssysteme mittels konzeptioneller Datenmodellierung, Teubner, 7. Auflage, Stuttgart, 1991

[Ward e.a.]
Ward, J., Griffiths, P., Whitmore, P., Strategic Planning for Information Systems, John Wiley & Sons, Chichester e.a., 1990

[Weizer e.a.]
Weizer, N., Gardner, G.O., Lipoff, S., Roetter, M., Withingthon, F., The Arthir D. Little Forecast on Information Technology and Productivity: Making the Enterprise Work, John Wiley & Sons, New York e.a., 1991

[Wilson]
Wilson, R.J., Einführung in die Graphentheorie, Vandenhoeck und Ruprecht, Göttingen, 1976

[Yourdon]
Yourdon, E., Modern Structured Analysis, Prentice-Hall, Englewood Cliffs, 1989

[Zachman]
Zachman, J.A., A Framework for Information Systems Architecture, in: IBM Systems Journal, 26(1987)3, S. 276 - 292

[Zehnder 1]
Zehnder, C.A., Informationssysteme und Datenbanken, Verlag der Fachvereine, Zürich, 1981

[Zehnder 2]
Zehnder, C.A., Informatik-Projektentwicklung, Verlag der Fachvereine, 2. Auflage, Zürich, 1991

Betriebs- und Wirtschaftsinformatik

Herausgeber: H. R. Hansen, H. Krallmann, P. Mertens
A.-W. Scheer, D. Seibt, P. Stahlknecht, H. Strunz
R. Thome

Band 6: W. Sinzig
Datenbankorientiertes Rechnungswesen
Grundzüge einer EDV-gestützten Realisierung der Einzelkosten- und Deckungsbeitragsrechnung
3. Aufl. 1990. DM 78,– ISBN 3-540-51786-3

Band 8: T. Noth, M. Kretzschmar
Aufwandschätzung von DV-Projekten
Darstellung und Praxisvergleich der wichtigsten Verfahren
2. Aufl. 1985. DM 42,– ISBN 3-540-16069-8

Band 17: A. Schulz (Hrsg.)
Die Zukunft der Informationssysteme
Lehren der 80er Jahre
Dritte gemeinsame Fachtagung der Österreichischen Gesellschaft für Informatik (ÖGI) und der Gesellschaft für Informatik (GI). Johannes Kepler Universität Linz, 16.-18. September 1986
1986. DM 106,– ISBN 3-540-16802-8

Band 19: M. Schumann
Eingangspostbearbeitung in Bürokommunikationssystemen
Expertensystemansatz und Standardisierung
1987. DM 54,– ISBN 3-540-17369-2

Band 20: T. Noth
Unterstützung des Managements von Software-Projekten durch eine Erfahrungsdatenbank
1987. DM 76,– ISBN 3-540-17842-2

Band 21: H. Demmer
Datentransportkostenoptimale Gestaltung von Rechnernetzen
1987. DM 69,– ISBN 3-540-17919-4

Band 22: J. Becker
Architektur eines EDV-Systems zur Materialflußsteuerung
1987. DM 72,– ISBN 3-540-18349-3

Band 23: P. Haun
Entscheidungsorientiertes Rechnungswesen mit Daten- und Methodenbanken
1987. DM 59,– ISBN 3-540-18418-X

Band 24: E. Plattfaut
DV-Unterstützung strategischer Unternehmensplanung
Beispiele und Expertensystemansatz
1988. DM 49,– ISBN 3-540-18631-X

Band 26: F. Schober
Modellgestützte strategische Planung für multinationale Unternehmungen
Konzeption, Potential und Implementierung
1988. DM 78,– ISBN 3-540-18767-7

Band 27: J. Hofmann
Aktionsorientierte Datenverarbeitung im Fertigungsbereich
1988. DM 49,– ISBN 3-540-18798-7

Band 29: R. Oetinger
Benutzergerechte Software-Entwicklung
1988. DM 78,– ISBN 3-540-19135-6

Band 31: P. Mertens, V. Borkowski, W. Geis
Betriebliche Expertensystem-Anwendungen
2., völlig neu bearb. und erw. Aufl. 1990. DM 78,– ISBN 3-540-52599-8

Band 32: R. Thome (Hrsg.)
Systementwurf mit Simulationsmodellen
Anwendergespräch, Universität Würzburg, 10. 12. 1987
1988. DM 59,– ISBN 3-540-19454-1

Band 33: W. Ruf
Ein Software-Entwicklungs-System auf der Basis des Schnittstellen-Management Ansatzes
Für Klein- und Mittelbetriebe
1988. DM 78,– ISBN 3-540-50364-1

Band 34: A. Back-Hock
Lebenszyklusorientiertes Produktcontrolling
Ansätze zur computergestützten Realisierung mit einer Rechnungswesen-Daten- und Methodenbank
1988. DM 58,– ISBN 3-540-50413-3

Band 35: J. Nonhoff
Entwicklung eines Expertensystems für das DV-Controlling
1989. DM 55,– ISBN 3-540-50760-4

Band 36: G. Schmidt
CAM: Algorithmen und Decision Support für die Fertigungssteuerung
1989. DM 55,– ISBN 3-540-51088-5

Band 37: U. Leismann
Warenwirtschaftssysteme mit Bildschirmtext
1990. DM 90,– ISBN 3-540-51844-4

Band 38: C. Petri
Externe Integration der Datenverarbeitung
Unternehmensübergreifende Konzepte
für Handelsunternehmen
1990. DM 78,- ISBN 3-540-51849-5

Band 39: U. Venitz
CIM-Rahmenplanung
1990. DM 78,- ISBN 3-540-51910-6

Band 42: K. Hildebrand
Software Tools: Automatisierung im Software Engineering
Eine umfassende Darstellung der Einsatzmöglichkeiten von Software-Entwicklungswerkzeugen
1990. DM 58,- ISBN 3-540-52628-5

Band 43: K. G. Götzer
Optimale Wirtschaftlichkeit und Durchlaufzeit im Büro
Ein Verfahren zur integrierten Optimierung der Büroinformations- und Kommunikationstechnik
1990. DM 69,- ISBN 3-540-52939-X

Band 44: O. Schweneker
Entwicklung eines Expertensystems für Absatzprognosen durch konzeptionelles Prototyping
1990. DM 58,- ISBN 3-540-53216-1

Band 45: L. Gröner
Entwicklungsbegleitende Vorkalkulation
1991. DM 78,- ISBN 3-540-53444-X

Band 46: R. Winter
Mehrstufige Produktionsplanung in Abstraktionshierarchien auf der Basis relationaler Informationsstrukturen
1991. DM 98,- ISBN 3-540-53546-2

Band 47: J. Becker
CIM-Integrationsmodell
Die EDV-gestützte Verbindung betrieblicher Bereiche
1991. DM 78,- ISBN 3-540-53850-X

Band 48: P. Neu
Strategische Informationssystem-Planung
Konzept und Instrumente
1991. DM 78,- ISBN 3-540-54185-3

Band 49: R. Busch
Operations Research und Wissensbasierte Systeme
Modelle, Konzepte, Perspektiven für betriebliche Anwendungen
1991. DM 85,- ISBN 3-540-54203-5

Band 50: M. Müller-Wünsch
Wissensbasierte Unternehmensstrategieentwicklung
Perspektiven für die Architektur integrierter, computergestützter Führungssysteme
1991. DM 69,- ISBN 3-540-54439-9

Band 51: D. Bartmann
Lösungsansätze der Wirtschaftsinformatik im Lichte der praktischen Bewährung
1991. DM 78,- ISBN 3-540-54574-3

Band 52: M. Schumann
Betriebliche Nutzeffekte und Strategiebeiträge der großintegrierten Informationsverarbeitung
1992. DM 98,- ISBN 3-540-54726-6

Band 53: H. R. Hansen/R. Mühlbacher/G. Neumann
Begriffsbasierte Integration von Systemanalysemethoden
1993. DM 120,- ISBN 3-7908-0653-6

Preisänderung vorbehalten.

SPRINGER NATURE

GPSR Compliance

The European Union's (EU) General Product Safety Regulation (GPSR) is a set of rules that requires consumer products to be safe and our obligations to ensure this.

If you have any concerns about our products, you can contact us on ProductSafety@springernature.com

In case Publisher is established outside the EU, the EU authorized representative is:

Springer Nature Customer Service Center GmbH
Europaplatz 3
69115 Heidelberg, Germany